NICHE(적재적소)시리즈 3

이 冊(책)의 漢字論理(한자논리)를 익히면
5만자 모든 한자의 文理(문리)가 저절로 열린다!

학습용어·실용단어 중심

한자 서당

韓中日漢子現代化硏究所
이학영 · 김휘식 · 오우 지음

각종 한자능력검정시험 대비

표제자 1000자
표제어 2000자

敎友社

머리말

현대는 지식기반 및 속도전쟁의 경쟁사회이다. 경쟁사회에서 슬기롭게 살아가자면, 지식과 속도를 기반으로 하는 경쟁력을 확보해야 한다. 선진국의 미국으로 유학가서 영어를 미국인만큼 하거나, 프랑스로 유학 가서 불어를 프랑스인만큼 할 수도 있다. 그보다는, 한국인으로서, 동양인으로서 지식기반 및 속도전쟁의 경쟁력을 갖추어야 한다.

한국인과 동양인으로서 지식기반 및 속도전쟁의 경쟁력은 다름 아닌 한자지식과 그 공부방법이다. 15억의 중국인도 한자를 기반으로 하고, 1억 2천의 일본인도 한자를 기본으로 한다. 8천만의 한국인도 근원적으로 한자를 기초로 하고 있다. 한자를 기반으로 하는 현대 인구가 감히 17억이니 60억 세계인구의 약 30%이다.

상품을 개발하든 과학기술을 개발하든 세계인구의 30%를 무시하고서는 성공하지 못하고, 그 17억 인구에게 성공하면 어디서든 성공할 수 있다. 그 중에서도 가장 경쟁력을 갖출 수 있는 조건과 인간으로서는 한자지식(漢字知識)을 기반으로 하는 한국인(韓國人)이다.

세계무대에서 한국어에, 한자지식 그리고 영어실력을 갖추고 있는 한국인이라면, 그는 동양인이면서 동시에 세계인이니, 세계 최고의 경쟁력을 갖게 되고, 세계의 CEO(최고 경영자)가 가장 찾고 있는 인재가 된다.

한자를 공부하게 되면 한국문화를 깊이 체득하게 되고 중국문화를 상당히 이해하게 되고 일본문화도 쉽게 이해하게 된다. 한자지식만 충분히 갖추고 있다면, 미국인만큼 영어를 못해도 영어만 아는 사람보다는 훨씬 유리한 경쟁력을 구비하게 된다.

세계에서 가장 경쟁력 있는 한국인을 위해 한자 공부 방법의 현대화를 제시하고자 한다. 우리의 선비들이 한자를 입으로 낭랑하게 외우고 완전하게 뜻풀이한 후에 비로소 글쓰기 하여 자기화한 서당과 서원의 한자 공부 방법을 용용하고, 현대 분석철학의 의미분석론적 기법을 한자 공부 방법에 적용하여 현대화하였다.

이와 같이 전통적으로 계승되어 오는 한국인의 심성과 체질에 맞는 한자 공부 방법을 감히 제시한다고 자부해 마지 않는다.

현대의 지식기반사회는 지식의 속도전쟁(速度戰爭)을 수단으로 하여 발전하고 있다. 한자공부도 지식과 생각의 속도전쟁에서 예외일 수 없다. 우리의 전통적인 서당과 서원에서의 한자공부도 한자지식의 조속한 습득방법을 이용하였고, 현대의 분석철학도 의미론적 해석으로 과학지식의 신속한 습득방법을 활용하고 있다.

지식기반 및 속도전쟁 사회에서의 한자공부에 있어서 학원 · 학습지 · 공부방 · 과외 · 홈스쿨링 · 학교 선생님의 역할은 의미분석론적 기법을 이용하는 분석철학적 공부 방법으로 가르치는 것뿐이다. 그 외는 모두 컴퓨터와 인터넷이 대신하고 있다.

한자의 의미분석론적 및 분석철학적 해석에 있어서도 현대과학적인 이미지 테크닉(imaging technology)을 크게 응용하여 이미지로서 한자공부를 신속하게 공부할 수 있게 하였다. 그 공부 방법은 다음과 같이 제시한다. 즐거운 마음으로 반드시 실천해 보자:

1. 문장 이미지와 글자 이미지 및 단어 이미지를 [1] 눈으로 읽는다. [2] 마음으로 읽는다. [3] 입으로 중얼거리며 읽는다. [4] 입으로 낭랑히 소리내어 읽는다.
2. 입으로 소리내어 읽어보면서 손가락으로 반대편의 손바닥에 써 본다.
3. 연습장에 단어 이미지를 정성들여 연필이나 볼펜으로 쓰면서 읽는다.

그렇게 하면, 한자의 이미지가 머릿속에 남게 된다. 당장 머릿속에 남지 않으면 잠재적으로 남아서 어떠한 연상작용(聯想作用)이 있게 되면 바로 기억하게 된다. 부족하다고 느껴지면 위의 과정을 반복한다. 반복의 회수는 5번! 매번 3~5분으로 제한한다. 잊지 말고 실천하자.

예전 서당과 서원에서는 한자를 낭랑하게 읽으면서, 머릿속에 넣고서야, 입으로 확실하게 해석하고 훈장과 더불어 발표한 후에, 비로소 붓으로 써서 자기화(自己化)하는 토론식 학습(討論式 學習)을 했다. 이러한 토론식 학습을 팽개치고 "침묵의 주입식 학습"이 일반화되고부터는 영어와 한자 등의【언어표출능력】이 곤두박질(↓)치고 말았다.

이제서나마 한자공부에서라도 주입식 학습이 아니라 토론식 학습이 되게 해야겠다. 당연히 선생님이 도와주면 금상첨화이다.

학창시절에 한자 공부해 두지 않으면 먼 훗날 노인이 되어 손자·손녀에게 "하늘 천, 따지" 하면서 한자 배우는 처량한 신세가 될 수 있다. 오늘의 학생들이 노년층이 되기 전에 중국이 세계 최대의 경제대국이 되고 한자 한문의 중국어가 세계어로 되어 있을 것이기 때문이다.

저자

加

더할 가 : 힘 력(力) 부 - 총 5 획

문장 이미지 대학 가는 加감승제 加산제에는 한자 능력이 최고의 加중치!

글자의 유래 힘(力 : 력)에 입(口 : 구)이 붙은 모양새로 힘내라고 입으로 소리쳐 응원하여 더해준다.

단어 이미지
- 가입 → 加입 → 加入
- 가미 → 加미 → 加味
- 가산제 → 加산제 → 加算제 → 加算制
- 가감승제 → 加감승제 → 加減승제 → 加減乘제 → 加減乘除
- 가속도 → 加속도 → 加速도 → 加速度
- 가중 → 加중 → 加重
- 가공 → 加공 → 加工

加 加 加

街

거리 가 : 다닐 행(行) 부 - 총 12 획

문장 이미지 종로의 街로수는 은행나무, 街로등은 수은등, 6街는 동대문시장

글자의 유래 왼쪽에 사람들(彳)이 서 있고, 가운데는 흙(土)을 층층이 쌓아 도로를 만들고 오른쪽에는 광고용 상점 현수막(亍)이 걸려 있는 모양새

단어 이미지
- 가도 → 街도 → 街道
- 가두 → 街두 → 街頭
- 시가지 → 시街지 → 市街지 → 市街地
- 시가행진 → 市가행진 → 市街행진 → 市街行진 → 市街行進
- 가판 → 街판 → 街販
- 가로수 → 街로수 → 街路수 → 街路樹
- 상가 → 상街 → 商街

街 街 街

假

거짓 · 임시 가 : 사람 인(亻 : 人) 부 - 총 12 획

문장 이미지 소녀야! 애정은 假장행위이고 우정은 假식행위인 걸(girl)!

글자의 유래 왼쪽 사람(亻)이 점 패(叚)를 대며 입 벌린 채(コ), 또(又 : 우) 반복하는 모양새는 거짓, 임시의 의미. 약자는 仮

단어 이미지
- 가장 → 假장 → 假裝
- 가식 → 假식 → 假飾
- 가건물 → 假건물 → 假建물 → 假建物
- 가설공사 → 假설공사 → 假設공사 → 假設工사 → 假設工事
- 가수요 → 假수요 → 假需요 → 假需要
- 가정 → 假정 → 假定
- 가상 → 假상 → 假想

假 假 假

겨를 · 휴가 **가** : 날 일(日) 부 - 총 13 획		暇
문장 이미지	올 여름 방학의 휴暇는 울릉도가 최고야 최고!	
글자의 유래	일요일(日)에 어디로 갈까? 점 괘(叚)를 대며 입 벌린 채(コ) 또(又 : 우) 기다리는 모양새. 그런 건 아무래도 휴가뿐!	

단어 이미지	
• 휴가 → 휴暇 → 休暇	• 공가 → 공暇 → 公暇
• 가일 → 暇일 → 暇日	• 여가선용 → 여暇선용 → 餘暇선용 → 餘暇善용 → 餘暇善用
• 병가 → 병暇 → 病暇	• 청가 → 청暇 → 請暇
• 한가 → 한暇 → 閑暇	暇 暇 暇

價	값 **가** : 사람 인(亻 : 人) 부 - 총 15 획	
	문장 이미지	물건을 최고로 만들고 價격도 최고로 받아야지. 안 그래
	글자의 유래	사람(亻)이 매다는 형태의 저울(覀)에 조개 돈(貝:패)을 매달고 있는 모양새 : 예전에는 무게로 값을 결정했다.

단어 이미지	
• 가격 → 價격 → 價格	• 가치 → 價値 → 價値
• 공정가 → 공정價 → 공정價 → 公正價	• 평가절하 → 평價절하 → 平價절하 → 平價切하 → 平價切下
• 정가 → 정價 → 定價	• 원가 → 원價 → 原價
價 價 價	• 주가 → 주價 → 株價

옳을·가능할 **가** : 입 구(口) 부 - 총 5 획		可
문장 이미지	내 소망의 可능과 불可능은 내 하기 나름일 뿐!	
글자의 유래	사람의 얼굴을 간단히 그리면 ㄱ이 되는데, 그 ㄱ속의 입(口 :구)이 옳소! 옳소! 하면서 외치는 형상의 글자	

단어 이미지	
• 가능 → 可능 → 可能	• 가불가→ 可불可 → 可不可
• 가역반응 → 可역반응 → 可逆반응 → 可逆反응 → 可逆反應	• 불가항력 → 불可항력 → 不可항력 → 不可抗력 → 不可抗力
• 가변 → 可변 → 可變	• 가소사 → 可소사 → 可笑사 → 可笑事
• 가연성 → 可연성 → 可燃성 → 可燃性	可 可 可

歌

노래 **가** : 입 벌릴 흠(欠) 부 – 총 14 획

문장 이미지 뽕짝 歌수가 꿈이라면 늙은 노래 많이 불러야 해!

글자의 유래 크게 입 벌리고서(欠), 옳소! 옳소! 하며 합창대에 서서 노래하는 형상의 글자

단어 이미지

- 가수 → 歌수 → 歌手
- 가곡 → 歌곡 → 歌曲
- 애창가요 → 애창歌요 → 애창歌謠 → 애唱歌謠 → 愛唱歌謠
- 고성방가 → 고성방歌 → 고성放歌 → 고聲放歌 → 高聲放歌
- 가사 → 歌사 → 歌詞
- 애국가 → 애국歌 → 애國歌 → 愛國歌
- 목가적 → 목歌적 → 牧歌적 → 牧歌的

歌 歌 歌

家

집 **가** : 지붕·집 면(宀) 부 – 총 10 획

문장 이미지 책상, 걸상, 컴퓨터 등이 모두 家구로다!

글자의 유래 초가지붕 밑에 돼지(豕 : 시)를 키우던 곳이 집이라는 의미. 아주아주 예전에는 사람 사는 집보다 돼지 집이 더 중요했다

단어 이미지

- 가구 → 家구 → 家具
- 가문 → 家문 → 家門
- 가가호호 → 家가호호 → 家家호호 → 家家戶호 → 家家戶戶
- 가정방문 → 家정방문 → 家庭방문 → 家庭訪문 → 家庭訪問
- 가내 → 家내 → 家內
- 가계부 → 家계부 → 家計부 → 家計簿
- 가업 → 家업 → 家業

家 家 家

刻

새길 **각** : 칼 도(刀 : 刂) 부 – 총 8 획

문장 이미지 대학 등록금 대어 주셔서 刻골난망입니다!

글자의 유래 집안의 1호 재산인 돼지(亥 : 해)에다 칼을 대는 모양새. 큰 잔치나 제사가 아니고서는 감히 돼지를 잡지 않았다!

단어 이미지

- 각고 → 刻고 → 刻苦
- 각박 → 刻박 → 刻薄
- 각골난망 → 刻골난망 → 刻骨난망 → 刻骨難망 → 刻骨難忘
- 일도일각 → 일도일刻 → 일도一刻 → 일刀一刻 → 一刀一刻
- 각판본 → 刻판본 → 刻版본 → 刻版本
- 조각 → 조刻 → 彫刻
- 시각→ 시刻 → 時刻

刻 刻 刻

각각 각 : 입 구(口) 부 - 총 6 획

各

문장 이미지 인간이란 各각 태어나서 각各 살다가 各各 죽는다!

글자의 유래 입(口) 위에 뒤쳐질 치(夂)가 올려져 있는 모양새이므로, 밥 먹고 사는 입이 사람마다 뒤쳐져 있으니, 제각각이다.

단어 이미지

- 각급 → 各급 → 各級
- 각자 → 各자 → 各自
- 각개격파 → 各개격파 → 各個격파 → 各個擊파 → 各個擊破
- 각양각색 → 各양각색 → 各양各색 → 各樣각색 → 各樣各色
- 각개인 → 各개인 → 各個인 → 各個人
- 각종 → 各종 → 各種
- 각지 → 各지 → 各地

各 各 各

깨달을 각 : 볼 견(見) 부 - 총 20 획

覺

문장 이미지 감히 나를 왕따시키려고 했던 넘(남? 님? 놈?)들 覺성하라오!

글자의 유래 왼 눈과 귀, 오른 눈과 귀를 각각의 선으로 그리고, 코와 입도 x와 x로 그린 얼굴에 볼 견(見)으로 받친 모양새이니, 깨닫는다는 뜻

단어 이미지

- 각서 → 覺서 → 覺書
- 각오 → 覺오 → 覺悟
- 경각심 → 경覺심 → 警覺심 → 警覺心
- 대오각성 → 대오覺성 → 대오覺醒 → 大悟覺성 → 大悟覺醒
- 시청각 → 시청覺 → 시聽覺 → 視聽覺
- 선각자 → 선覺자 → 先覺자 → 先覺者
- 착각 → 착覺 → 錯覺

覺 覺 覺

뿔 각 : 뿔 각(角) 부 - 총 7 획

角

문장 이미지 너 하고 나 하고는 인생에 대해 시角차가 크다야!

글자의 유래 암소 뿔 보다는 황소 뿔을 나타내는 모양새 사슴 뿔 보다는 염소 뿔을 그려내는 형상의 글자

단어 이미지

- 각도 → 角도 → 角度
- 직각 → 직角 → 直角
- 각막이식 → 角막이식 → 角膜이식 → 角膜移식 → 角膜移植
- 교각살우 → 교角살우 → 矯角살우 → 矯角殺우 → 矯角殺牛
- 각질층 → 角질층 → 角質층 → 角質層
- 대각선 → 대角선 → 對角선 → 對角線
- 총각 → 총角 → 總角

角 角 角

干

방패 · 간여할 간 : 방패 간(干) 부 - 총 3 획

문장 이미지 네 놈의 할 일이나 하지 왜 干섭하려고 해. 기분 나쁘게!

글자의 유래 무게를 줄이려고 두 겹으로 만든 방패를 세워 둔 모양새
짧은 쪽은 적의 창을 막아내고 긴 쪽은 적의 칼을 막아내는 역할

단어 이미지

- 간여 → 干여 → 干與
- 간조 → 干조 → 干潮
- 간섭굴절 → 干섭굴절 → 干涉굴절 → 干涉屈절 → 干涉屈折
- 조석간만 → 조석干만 → 조석干滿 → 潮汐干만 → 潮汐干滿
- 여간 → 여干 → 如干
- 약간 → 약干 → 若干
- 간척 → 干척 → 干拓

干 干 干

看

볼 간 : 눈 목(目) 부 - 총 9 획

문장 이미지 난 말야. 초등학교 때는 남자 看호사 되는 게 꿈이었어!

글자의 유래 손(手 : 수)을 눈(目 : 목) 위로 들어올려서
저 높은 하늘의 비행물체를 가리키는 모양새

단어 이미지

- 간과 → 看과 → 看過
- 간주 → 看주 → 看做
- 간호사 → 看호사 → 看護사 → 看護士
- 주마간산 → 주마看산 → 주마看山 → 走馬看산 → 走馬看山
- 간병 → 看병 → 看病
- 간파 → 看파 → 看破
- 간판 → 看판 → 看板

看 看 看

簡

간소할 간 : 대 죽(竹) 부 - 총 18 획

문장 이미지 여행 중인 데, 簡소하게 지은 簡이역에서 소나기나 피하자!

글자의 유래 저토록 빽빽이 서 있는 대(竹 :죽) 나무들
사이(間 :간)에 있는 것들이라면 간소한 것들일 수밖에!

단어 이미지

- 간소 → 簡소 → 簡素
- 간명 → 簡명→ 簡明
- 간이역 → 簡이역 → 簡易역 → 簡易驛
- 간단명료 → 簡단명료 → 簡單명료 → 簡單明료 → 簡單明瞭
- 간편 → 簡편 → 簡便
- 간략 → 簡략 → 簡略
- 간결 → 簡결 → 簡潔

簡 簡 簡

사이 간 : 문 문(門) 부 - 총 12 획

間

문장 이미지 인間아! 인間아! 공부만 하지 말고 궁리를 많이 해라!

글자의 유래 창호지 문(門) 아래로 해가 쑥 내밀고 있는 모양새 예전의 한지(종이) 사이에는 구멍이 뚫려 있다는 뜻

단어 이미지
- 간첩 → 間첩 → 間諜
- 월간 → 월間 → 月間
- 인간관계 → 인間관계 → 人間관계 → 人間關계 → 人間關係
- 간접선거 → 間접선거 → 間接선거 → 間接選거 → 間接選擧
- 순식간 → 순식間 → 순息間 → 瞬息間
- 간주곡 → 間주곡 → 間奏곡 → 間奏曲
- 이간 → 이間 → 離間

間 間 間

덜 감 : 물 수(氵: 水) 부 - 총 12 획

減

문장 이미지 논리적으로 안 쓰고 답만 쓰면 당연히 減점받게 된다!

글자의 유래 함지의 함(咸) 옆에 물 수(氵)가 붙어 있는 모양새이니 묵과 술을 담는 함지에서 물이 옆으로 새어 줄어든다는 뜻

단어 이미지
- 감속 → 減속 → 減速
- 감점→ 減점 → 減點
- 감수분열 → 減수분열 → 減數분열 → 減數分열 → 減數分裂
- 체중감량 → 체중減량 → 체중減量 → 체重減量 → 體重減量
- 반감 → 반減 → 半減
- 증감 → 증減 → 增減
- 감축 → 減축 → 減縮

減 減 減

달 감 : 달 감(甘) 부 - 총 5 획

甘

문장 이미지 약방에 甘초가 있다면 슈퍼에는 달콤한 사탕이 있다!

글자의 유래 위로 터진 입(凵 :감)에다 가로로 입술의 긴 줄을 쫘악 긋고 맛 봉우리의 짧은 줄을 밑으로 그어, 혀로 식탁의 단 맛을 보는 형상

단어 이미지
- 감초 → 감초 → 甘草
- 감수 → 甘수 → 甘受
- 감언이설 → 甘언이설 → 甘言이설 → 甘言利설 → 甘言利說
- 고진감래 → 고진甘래 → 고진甘來 → 고盡甘來 → 苦盡甘來
- 감미 → 甘味 → 甘味
- 감로 → 甘래 → 甘露
- 감주 → 甘주→ 甘酒

甘 甘 甘

感 느낄 감 : 마음 심(心) 부 - 총 13 획

문장 이미지 내 좋아하는 남(여)친에게 뭘 선물하면 感동할까!

글자의 유래 함지 함(咸)의 아래에 마음(心)이 놓여진 모양새이므로 함지에 들어있는 정성과 선물에 따라 느낌이 달라진다는 의미

단어 이미지
- 감동 → 感동 → 感動
- 감기 → 感기 → 感氣
- 감응전류 → 感응전류 → 感應전류 → 感應電류 → 感應電流
- 감정이입 → 感정이입 → 感情이입 → 感情移입 → 感情移入
- 감탄문 → 感탄문 → 感歎문 → 感歎文
- 민감 → 민感 → 敏感
- 예감 → 豫감 → 豫感

感 感 感

敢 감히 감 : 채찍질 칠 복(攵 : 攴) 부 - 총 12 획

문장 이미지 공부를 잘 하려면 책 한권을 과敢히 다섯 번만 보면 OK인데!

글자의 유래 사나이의 귀(耳) 위에 쇠물 쟁이(工 : 공)가 만든 모자를 둘러쓰고서 채찍(攵 : 복)을 든 채 떡 버티고 있는 모양새

단어 이미지
- 과감 → 과敢 → 果敢
- 감행 → 敢행 → 敢行
- 언감생심 → 언敢생심 → 焉敢생심 → 焉敢生심 → 焉敢生心
- 용감무쌍 → 용敢무쌍 → 勇敢무쌍 → 勇敢無쌍 → 勇敢無雙
- 감투 → 敢투 → 敢鬪
- 감투상 → 敢투상 → 敢鬪상 → 敢鬪賞
- 불감 → 불敢 → 不敢

敢 敢 敢

監 볼 · 살필 감 : 그릇 명(皿) 부 - 총 14 획

문장 이미지 일본말에서는 監옥의 발음과 한국의 발음이 같다니! 에이!

글자의 유래 배급 곡식의 그릇 위에 서 있는 신하의 신(臣)이 곡식을 퍼주는 사람(人)의 잣대(- : ㇏)를 감시하는 모양새

단어 이미지
- 감독 → 監독 → 監督
- 감옥 → 監옥 → 監獄
- 감리업무 → 監리업무 → 監理업무 → 監理業무 → 監理業務
- 감시활동 → 監시활동 → 監視활동 → 監視活동 → 監視活動
- 감금 → 監금 → 監禁
- 감찰 → 監찰 → 監察
- 감호 → 監호 → 監護

監 監 監

甲

갑옷 갑 : 밭 전(田) 부 - 총 5 획

문장 이미지 　남산 위의 저 소나무 철甲을 두른 듯

글자의 유래 　예전의 장수와 군사들이 입던 갑옷의 모양새.
그 갑옷의 형상은 철갑을 두른 듯한 거북의 등에서 본 뜬 것이련

단어 이미지

- 철갑 → 철甲 → 鐵甲
- 육갑 → 육甲 → 六甲
- 갑골문자 → 甲골문자 → 甲骨문자 → 甲骨文자 → 甲骨文字
- 갑남을녀 → 甲남을녀 → 甲男을녀 → 甲男乙女 → 甲男乙女
- 갑판 → 甲판 → 甲板
- 갑부 → 甲부 → 甲富
- 칠갑 → 칠甲 → 漆甲

甲 甲 甲

康

편안할 강 : 집 엄(广) 부 - 총 11 획

문장 이미지 　인간에게는 돈이 먼저가 아니라 건康이 최고야!

글자의 유래 　옛날 옛적 토담 집에서 엄마가 돼지머리(彐)를
정화수(氺: 수) 위에 얹어두고 가족의 건강을 기원하는 모양새

단어 이미지

- 건강 → 건康 → 健康
- 안강 → 안康 → 安康
- 강구연월 → 康구연월 → 康衢연월 → 康衢煙월 → 康衢煙月
- 강희자전 → 康희자전 → 康熙자전 → 康熙字典 → 康熙字典
- 소강 → 소康 → 小康
- 평강 → 평康 → 平康
- 강녕 → 康녕 → 康寧

康 康 康

强

강할 강 : 활 궁(弓) 부 - 총 11 획

문장 이미지 　결국에는 强력한 정신력을 가진 사람만이 성공하게 된다!

글자의 유래 　왼쪽에는 활(弓: 궁)을 세워둔 채로, 오른쪽으로는 입(口 : 구)을
낮추어 벌레(虫 : 충)를 잡아먹으니. 얼마나 강한 군인의 형세인가!

단어 이미지

- 강력 → 强力 → 强力
- 강권 → 强권 → 强權
- 강박관념 → 强박관념 → 强迫관념 → 强迫觀념 → 强迫觀念
- 부국강병 → 부국强병 → 부국强兵 → 富國强병 → 富國强兵
- 강장제 → 强장제 → 强壯제 → 强壯劑
- 강행군 → 强행군 → 强行군 → 强行軍
- 강조 → 强조 → 强調

强 强 强

江

강 **강** : 물 수(氵) 부 - 총 6 획

문장 이미지 친구 따라 江남 가더라도 ,능력 있는 친구인지 판단해야!

글자의 유래 왼쪽에는 물(水 : 氵)이 유유히 흐르는데
오른쪽에는 기술공(工 : 공)들이 쌓은 강둑이 있는 모양새

단어 이미지
- 강남 → 江남 → 江南
- 강변 → 江변 → 江邊(边)
- 금수강산 → 금수江산 → 금수江山 → 錦繡江산 → 錦繡江山
- 화려강산 → 화려江산 → 화려江山 → 華麗江산 → 華麗江山
- 강촌 → 江촌 → 江村
- 도강 → 도江 → 渡江
- 강호 → 江호 → 江湖

江 江 江

降

내릴 **강**, 항복할 **항** : 왼쪽 언덕 부(阝) 부 - 총 9 획

문장 이미지 성문에서 하降하는 장수는 降복한다는 의미

글자의 유래 왼쪽의 언덕(阝)에서 소(牛 : 우)를 타고 뒤져서 내려오는
사람(夂 : 치)의 모양새. 항복하려고 내려오는 뜻이련

단어 이미지
- 하강 → 下강 → 下降
- 강수량 → 降수량 → 降水량 → 降水量
- 승강기 → 승降기 → 昇降기 → 昇降機
- 강하어 → 降하어 → 降河어 → 降河魚
- 항복 → 降복 → 降伏
- 항장 → 降장 → 降將
- 투항 → 投항 → 投降

降 降 降

講

익힐 · 강론 **강** : 말씀 언(言) 부 - 총 17 획

문장 이미지 수학 풀이도 논리적으로 講의해야 공부가 되는 데!

글자의 유래 말씀 언(言)에 짤 구(冓)가 붙은 모양새
말씀을 짜서 체계화 하는 것은 강의한다는 의미

단어 이미지
- 강의 → 講의 → 講義
- 강사 → 講사 → 講師
- 한문강습 → 한문講습 → 한문講習 → 한文講習 → 漢文講習
- 강화조약 → 講화조약 → 講和조약 → 講和條약 → 講和條約
- 강연 → 講연 → 講演
- 강단 → 講단 → 講壇
- 특강 → 특講 → 特講

講 講 講

낱 개 : 사람 인(亻) 부 - 총 10 획

個

문장 이미지 個인주의의 미국이 국가주의의 소련을 이겼다!

글자의 유래 사람(亻)이 고정되어(固) 있는 모양새
사람이 사람으로서 고정되어 있어야 개성이 있다는 의미

단어 이미지

- 개성 → 個성 → 個性
- 개체 → 個체 → 個體
- 개인주의 → 個인주의 → 個人주의 → 個人主의 → 個人主義
- 각개전투 → 각個전투 → 各個전투 → 各個戰투 → 各個戰鬪
- 개인차 → 個인차 → 個人차 → 個人差
- 개중 → 個중 → 個中
- 별개 → 별個 → 別個

個 個 個

고칠 개 : 채찍질 할 복(攵) 부 - 총 7 획

改

문장 이미지 공부하는 방법을 改선하지 않으면 영원히 안 되어!

글자의 유래 몸을 나타내는 기(己)에 채찍으로 치는 복(攵)이
붙어 있는 모양새. 안 좋은 것을 고치라고 채찍질 하는 것이련

단어 이미지

- 개선 → 改선 → 改善
- 개정 → 改정 → 改正
- 개과천선 → 改과천선 → 改過천선 → 改過遷선 → 改過遷善
- 조변석개 → 조변석改 → 조변夕改 → 조變夕改 → 朝變夕改
- 개량 → 改량 → 改良
- 개조 → 改조 → 改造
- 개혁 → 改혁 → 改革

改 改 改

열 개 : 문 문(門) 부 - 총 12 획

開

문장 이미지 마음을 열어젖혀 開방하지 않으면 세계화에 뒤쳐진다오!

글자의 유래 문(門) 안에 평평할 견(幵)이 들어있는 글자로서
대문의 빗장을 손으로 평평하게 열어젖히는 모양새

단어 이미지

- 개방 → 開방 → 開放
- 개폐 → 開폐 → 開閉
- 개척정신 → 開척정신 → 開拓정신 → 開拓精신 → 開拓精神
- 경제개발 → 경제開발 → 경제開發 → 經濟開발 → 經濟開發
- 개업 → 開업 → 開業
- 개화 → 開花 → 開花
- 만개 → 만開 → 滿開

開 開 開

客

손님 **객** : 갓머리 면(宀) 부 - 총 9 획

문장 이미지 백년지客의 사위가 요새는 그만 씨암닭의 천적이라나!

글자의 유래 지붕 아래에 갓(모자) 쓰고 각각으로 앉아있는 모양새
손님이 아니고서는 집안에서 갓 쓰고 있지 않으련

단어 이미지
- 객실 → 客실 → 客室
- 객체 → 客체 → 客體
- 백년지객 → 백년지客 → 백년之客 → 백年之客 → 百年之客
- 객관주의 → 客관주의 → 客觀주의 → 客觀主의 → 客觀主義
- 여객기 → 여客기 → 旅客기 → 旅客機
- 객지 → 客지 → 客地
- 고객 → 고客 → 顧客

客 客 客

更

다시 **갱** · 고칠 **경** : 날 일(日) 부 - 총 7 획

문장 이미지 엄마는 更년기라 안달이고, 아빠는 잦은 술버릇을 변更해야 하고!

글자의 유래 날 일(日) 자의 위에 너라고 지정하여 일(一) 자를 그은 후에
너 놈은 안 되겠다고 아래로 줄긋고(ノ) 가로질러 줄그어(乀) 고친다는 뜻

단어 이미지
- 갱신 → 更신 → 更新
- 경질 → 更질 → 更迭
- 자력갱생 → 자력更생 → 자력更生 → 自力更生 → 自力更生
- 갑오경장 → 갑오更장 → 갑오更張 → 갑午更張 → 甲午更張
- 갱년기 → 更년기 → 更年기 → 更年期
- 경정 → 更정 → 更正
- 변경 → 변更 → 變更

更 更 更

去

갈 **거** : 마늘 모(厶 : 모) 부 - 총 5 획

문장 이미지 빈손으로 오는 공수래와 맨손으로 가는 공수去가 인생이라!

글자의 유래 흙덩이가 수레 바퀴 위에서 옮겨지려고 하는 모양새
선비(士)가 마늘(厶) 위에서 메워서 가려고 안달하는 모양새

단어 이미지
- 제거 → 제去 → 除去
- 거취 → 去취 → 去就
- 거두절미 → 去두절미 → 去頭절미 → 去頭截미 → 去頭截尾
- 주식거래 → 주식去래 → 주식去來 → 주式去來 → 株式去來
- 공수거 → 공수去 → 공手去 → 空手去
- 철거 → 철去 → 撤去
- 과거 → 과去 → 過去

去 去 去

居

살 거 : 주검 시(尸) 부 - 총 8 획

문장 이미지 방안의 컴퓨터 앞에만 안居하는 건 죽은 거나 마찬가지!

글자의 유래 주검 시(尸)의 아래에 오랠 고(古) 자가 있어 오래 산다는 뜻
원래는 집 호(戶) 아래에 오랠 고(古)가 있었는데 그만 실수로 그랬다나

단어 이미지
- 안거 → 안居 → 安居
- 거실 → 居실 → 居室
- 거중조정 → 居중조정 → 居中조정 → 居中調정 → 居中調整
- 은거도인 → 은居도인 → 隱居도인 → 隱居道인 → 隱居道人
- 거처 → 居처 → 居處
- 기거 → 기居 → 寄居
- 군거 → 군居 → 群居

居 居 居

巨

클 거 : 이공계 공(工) 부 - 총 5 획

문장 이미지 巨대한 巨인이야말로 최고의 K-1 선수가 되는 데

글자의 유래 큰 호랑이가 잡아먹으려고 혀를 날름 내는 모양새
미국의 큰 바위 얼굴 같기도 하고, 이집트의 스핑크스 같기도 하고

단어 이미지
- 거대 → 巨대 → 巨大
- 거인 → 巨인 → 巨人
- 거시경제 → 巨시경제 → 巨視경제 → 巨視經제 → 巨視經濟
- 거두회담 → 巨두회담 → 巨頭회담 → 巨頭會담 → 巨頭會談
- 거물 → 巨物 → 巨物
- 거부 → 巨부 → 巨富
- 거금 → 巨금 → 巨金

巨 巨 巨

拒

막을 거 : 손 수(扌 : 手) 부 - 총 8 획

문장 이미지 나의 명령을 拒역하는 자는 모두 총살에 처한다!

글자의 유래 손(扌) 바닥을 크게 세우는 모양새이므로
그건 거절할 때의 몸짓일 뿐이다

단어 이미지
- 거역 → 拒역 → 拒逆
- 거절 → 拒절 → 拒絶
- 거부반응 → 拒부반응 → 拒否반응 → 拒否反응 → 拒否反應
- 거절증서 → 拒절증서 → 拒絶증서 → 拒絶證서 → 拒絶證書
- 거납 → 拒납 → 拒納
- 거지 → 拒지 → 拒止
- 항거 → 항拒 → 抗拒

拒 拒 拒

의지할 거 : 손 수(扌) 부 - 총 16 획

據

문장 이미지 숙제 안 해온 넘들! 안하게 된 증據를 대어 봐?

글자의 유래 호랑이(虍 : 호)의 아래에 돼지(豕 : 시)가 깔려 있다고 손가락으로 가리키는 것은 확실한 증거라는 의미

단어 이미지

- 논거 → 논據 → 論據
- 근거 → 근據 → 根據
- 증거조사 → 증據조사 → 證據調査 → 證據調사 → 證據調査
- 군웅할거 → 군웅할據 → 군웅割據 → 군雄割據 → 群雄割據
- 거점 → 據점 → 據點
- 준거 → 준據 → 準據
- 점거 → 점據 → 占據

據 據 據

들 거 : 손 수(手) 부 - 총 18 획

擧

문장 이미지 국회의원 되려면 합법적으로 선擧에서 이겨야만 해!

글자의 유래 더불어 여(與) 혹은 줄 여(與)의 글자를 손(手)으로 떠받치고 있는 모양새의 글자이므로, 들어 올리는 의미

단어 이미지

- 거수 → 擧수 → 擧手
- 거사 → 擧사 → 擧事
- 거국일치 → 擧국일치 → 擧國일치 → 擧國一치 → 擧國一致
- 직접선거 → 직접선擧 → 직접選擧 → 직接選擧 → 直接選擧
- 거행 → 擧행 → 擧行
- 검거 → 검擧 → 檢擧
- 거개 → 擧개 → 擧皆

擧 擧 擧

수레 거·차 : 수레 거(車) 부 - 총 7 획

車

문장 이미지 인도로 가면 자전車(거)이고, 차도로 가면 자전車(차)!

글자의 유래 예전의 수레 모양을 그린 글자이지만, 엔진이 없는 것은 거(車)라고 하고, 엔진이 달린 것은 차(車)라고 한다

단어 이미지

- 차표 → 車표 → 車票
- 차창 → 車창 → 車窓
- 차량보험 → 車량보험 → 車輛보험 → 車輛保험 → 車輛保險
- 차선변경 → 車선변경 → 車線변경 → 車線變경 → 車線變更
- 정차(거)장 → 정車장 → 停車장 → 停車場
- 세차 → 세車 → 洗車
- 폐차 → 폐車 → 廢車

車 車 車

件 사건 건 : 사람 인(亻) 부 - 총 6 획

문장 이미지 일류대학 가는 요件이 뭔지 알긴 알아!

글자의 유래 사람(亻)이 사람하고 서 있지 않고 소(牛 : 우)하고 서 있으니, 사건은 사건이다

단어 이미지
- 요건 → 요件 → 要件
- 사건 → 사件 → 事件
- 사사건건 → 사사건件 → 사사件件 → 사事件件 → 事事件件
- 조건반사 → 조件반사 → 條件반사 → 條件反사 → 條件反射
- 인건비 → 인件비 → 人件비 → 人件費
- 물건비 → 물件비 → 物件비 → 物件費
- 용건 → 용件 → 用件

件 件 件

建 세울 건 : 민책받침 인(廴) 부 - 총 9 획

문장 이미지 "싸우면서 建설하자"는 배달민족 최상의 구호!

글자의 유래 붓(聿 : 율)을 책받침 위에 세워놓고 있는 모양새 예전 사람들에게 붓을 세운다는 의미는 크게 세운다는 뜻이련

단어 이미지
- 건설 → 建설 → 建設
- 건립 → 建립 → 建立
- 함선건조 → 함선建조 → 함선建造 → 함船建造 → 艦船建造
- 건축양식 → 建축양식 → 建築양식 → 建築樣式 → 建築樣式
- 건물 → 建물 → 建物
- 재건 → 재建 → 再建
- 건의 → 建의 → 建議

建 建 建

健 건장할 건 : 사람 인(亻) 부 - 총 11 획

문장 이미지 적게 먹고 사는 것이 健강의 지름길인 것을 엄마들은 몰라!

글자의 유래 사람 인(亻) 자를 세울 건(建) 자와 함께 세워두고 있으니, 당연히 건장하지 않고는 아니되는 일

단어 이미지
- 건재 → 健재 → 健在
- 건장 → 健장 → 健壯
- 건강식품 → 健강식품 → 健康식품 → 健康食품 → 健康食品
- 건전재정 → 健전재정 → 健全재정 → 健全財정 → 健全財政
- 건망증 → 健망증 → 健忘증 → 健忘症
- 건위제 → 健위제 → 健胃제 → 健胃劑
- 건실 → 健실 → 健實

健 健 健

傑

뛰어날 **걸** : 사람 인(亻) 부 - 총 12 획

문장 이미지 우리 시대의 여傑이 누구이고 호傑이 누구인고!

글자의 유래 중국의 옛날 옛적에 가장 뛰어난 임금이 걸(桀)인데 그 걸(桀) 자를 사람 인(亻)에 붙여놓은 글자의 모양새

단어 이미지
- 여걸 → 여傑 → 女傑
- 인걸 → 인傑 → 人傑
- 걸작소설 → 傑작소설 → 傑作소설 → 傑作小설 → 傑作小說
- 영웅호걸 → 영웅호傑 → 영웅豪傑 → 영雄豪傑 → 英雄豪傑
- 걸물 → 傑물 → 傑物
- 준걸 → 준傑 → 俊傑
- 걸출 → 傑출 → 傑出

傑 傑 傑

儉

검소할 **검** : 사람 인(亻) 부 - 총 15 획

문장 이미지 儉소하게 살아라고 외쳐대던 정치가가 떼돈 먹었다니!

글자의 유래 사람(亻)이 자기 마음속의 인간(人)에게 한계치(一)를 두고서 다만(只 : 지)! 다만(只)! 외치면서 욕심을 억누르고 있는 모양새

단어 이미지
- 검소 → 儉소 → 儉素
- 검약 → 儉약 → 儉約
- 근검절약 → 근儉절약 → 勤儉절약 → 勤儉節약 → 勤儉節約
- 검덕귀신 → 儉덕귀신 → 儉德귀신 → 儉德鬼신 → 儉德鬼神
- 검박 → 儉박 → 儉朴
- 절검 → 절儉 → 節儉
- 빈검 → 빈儉 → 貧儉

儉 儉 儉

檢

검사할 **검** : 나무 목(木) 부 - 총 17 획

문장 이미지 檢사와 檢찰은 엄마들이 최고로 쳐주는 사윗감!

글자의 유래 나무(木)의 옆에서 인간(人)에 대해 한계치(一)를 그어두고 다만(只)! 다만(只)! 두 번 말하는 것은 검사한다는 의미

단어 이미지
- 검사 → 檢사 → 檢事
- 검찰 → 檢찰 → 檢察
- 검역활동 → 檢역활동 → 檢疫활동 → 檢疫活동 → 檢疫活動
- 검사완료 → 檢사완료 → 檢査완료 → 檢査完료 → 檢査完了
- 검색 → 檢색 → 檢索
- 검정 → 檢정 → 檢定
- 검토 → 檢토 → 檢討

檢 檢 檢

激

격심할 **격** : 물 수(氵) 부 - 총 16 획

문장 이미지 한 가지만 잘하는 자기 자신에게도 激려해 줘야 하는 게여!

글자의 유래 물(氵)이 새하얗게(白 : 백) 부서지는 방향(方 : 방)으로 채찍질 치게 되는 모양새이니, 당연히 격심한 기세이런

단어 이미지

- 격려 → 激려 → 激勵
- 격심 → 激심 → 激甚
- 과격사상 → 過격사상 → 過激사상 → 過激思상 → 過激思想
- 자격지심 → 자激지심 → 自激 → 自激之심 → 自激之心
- 격정 → 激정 → 激情
- 격투 → 激투 → 激鬪
- 격변 → 激변 → 激變

激 激 激

擊

칠 **격** : 손 수(手) 부 - 총 17 획

문장 이미지 책 읽기를 끝 쪽까지 돌擊해 나가지 못하면 공부도 못해!

글자의 유래 차(車)에다 받침대(凵)를 채워 놓고, 손(手)에 잡은 몽둥이(殳 : 수)로 내리치는 모양새

단어 이미지

- 돌격 → 돌擊 → 突擊
- 공격 → 공擊 → 攻擊
- 성동격서 → 성동擊서 → 성동擊西 → 聲東擊서 → 聲東擊西
- 격발장치 → 擊발장치 → 擊發장치 → 擊發裝치 → 擊發裝置
- 사격 → 사擊 → 射擊
- 격파 → 擊파 → 擊破
- 목격 → 목擊 → 目擊

擊 擊 擊

格

격식 **격** : 나무 목(木) 부 - 총 10 획

문장 이미지 格식을 너무 차리는 사람은 실속이 없는 인간이여!

글자의 유래 나무(木)가 각각(各)으로 서 있다는 모양새의 글자이므로 나무도 혼자 서 있어야 제 나름대로의 개성과 격식이 있다는 의미

단어 이미지

- 격식 → 格식 → 格式
- 격언 → 格언 → 格言
- 격물치지 → 格물치지 → 格物치지 → 格物致지 → 格物致知
- 자격시험 → 자格시험 → 資格시험 → 資格試험 → 資格試驗
- 체격 → 체格 → 體格
- 규격 → 규格 → 規格
- 품격 → 품格 → 品格

格 格 格

堅

굳을 **견** : 흙 토(土) 부 - 총 11 획

문장 이미지 좋지 않은 전통을 그대로 堅지하면 망하는 길이라오!

글자의 유래 흙(土)을 토대로 하여 우뚝 서 있는 신하(臣 : 신)가 또(又 : 우)! 또! 하면서 다그치는 것은 굳게 하라는 지시

단어 이미지
- 견지 → 堅지 → 堅持
- 견고 → 堅고 → 堅固
- 견인불발 → 堅인불발 → 堅忍불발 → 堅忍不발 → 堅忍不拔
- 중견작가 → 중堅작가 → 中堅작가 → 中堅作가 → 中堅作家
- 견강 → 堅강 → 堅强
- 견과 → 堅과 → 堅果
- 견실 → 堅실 → 堅實

堅	堅	堅		

犬

개 **견** : 개 견(犬) 부 - 총 4 획

문장 이미지 개 대장은 犬공들에게 "개 같은 세상"을 뒤엎자고 한다!

글자의 유래 조금의 불평도 없이 맹인을 항상 이끄는 맹도견에게 달린 개 목걸이와 함께 생각하면 쉽게 이해가 오는 글자모양

단어 이미지
- 견공 → 犬공 → 犬公
- 애견 → 애犬 → 愛犬
- 견원지간 → 犬원지간 → 犬猿지간 → 犬猿之간 → 犬猿之間
- 견토지쟁 → 犬토지쟁 → 犬兎지쟁 → 犬兎之쟁 → 犬兎之爭
- 황견 → 황犬 → 黃犬
- 맹도견 → 맹도犬 → 맹導犬 → 盲導犬
- 군견 → 군犬 → 軍犬

犬	犬	犬		

見

볼 **견** : 볼 견(見) 부 - 총 7 획

문장 이미지 책을 많이 읽으면서 간접적인 見문을 넓혀야 한다!

글자의 유래 눈(目 : 목) 아래에 두 다리 인(儿)이 붙은 글자로서 스파이를 감시하는 로봇이나 사막의 미어캣(meerkat)의 모양

단어 이미지
- 견문 → 見문 → 見聞
- 견학 → 見학 → 見學
- 견물생심 → 見물생심 → 見物생심 → 見物生심 → 見物生心
- 선견지명 → 선見지명 → 先見지명 → 先見之명 → 先見之明
- 견본 → 見본 → 見本
- 발견 → 발見 → 發見
- 식견 → 식見 → 識見

見	見	見		

決

결정할 **결** : 물 수(氵) 부 - 총 7 획

문장 이미지: 한자는 이 책으로만 공부하려고 決정했어!

글자의 유래: 물 수(水 : 氵)의 글자에 깍지 낄 쾌(夬)의 글자가 붙었으니 예전의 어머니가 정화수 떠 놓고 굳게 맹세하는 모양새

단어 이미지
- 결정 → 決정 → 決定
- 결심 → 決심 → 決心
- 결사반대 → 決사반대 → 決死반대 → 決死反대 → 決死反對
- 결선투표 → 決선투표 → 決選투표 → 決選投표 → 決選投票
- 결의 → 決의 → 決意
- 판결 → 판決 → 判決
- 결산 → 決산 → 決算

決 決 決

缺

이지러질 **결** : 그릇 부(缶) 부 - 총 10 획

문장 이미지: 缺석을 할 때에는 학반회장에게 문자라도 보내자!

글자의 유래: 그릇 부(缶)에 깍지 낄 쾌(夬)가 붙어 있는 모양새이니 깍지 낀 것만큼 이지러져 있다는 의미가 아니련

단어 이미지
- 결석 → 缺석 → 缺席
- 결례 → 缺례 → 缺禮
- 결식아동 → 缺식아동 → 缺食아동 → 缺食兒동 → 缺食兒童
- 결손가정 → 缺손가정 → 缺損가정 → 缺損家정 → 缺損家庭
- 결격 → 缺격 → 缺格
- 결여 → 缺여 → 缺如
- 결점 → 缺점 → 缺點

缺 缺 缺

潔

깨끗할 **결** : 물 수(氵) 부 - 총 15 획

문장 이미지: 그는 潔백한데, 저 친구들은 지우개 도둑으로 본단 말야!

글자의 유래: 여쁠 봉(丰)과 칼 도(刀) 및 실 사(糸)가 어우러져 물(氵 : 수)에 씻기고 있는 모양새. 어쩐지 깨끗하다!

단어 이미지
- 순결 → 순潔 → 純潔
- 고결 → 고潔 → 高潔
- 결백증명 → 潔백증명 → 潔白증명 → 潔白證명 → 潔白證明
- 결벽증상 → 潔벽증상 → 潔癖증상 → 潔癖症상 → 潔癖症狀
- 불결 → 불潔 → 不潔
- 청결 → 청潔 → 清潔
- 정결 → 정潔 → 淨潔

潔 潔 潔

結

맺을 **결** : 실 사(糸 : 絲) 부 - 총 12 획

문장 이미지 남녀가 육체적, 정신적으로 結합하는 의식이 結혼이라!

글자의 유래 실 사(糸)에 선비 사(士)와 입 구(口)가 붙어 있는 모양새 말 많은 선비의 입을 실(즉, 끈)로써 묶어둔다는 의미

단어 이미지
- 결합 → 結합 → 結合
- 결혼 → 結혼 → 結婚
- 결자해지 → 結자해지 → 結者해지 → 結者解지 → 結者解之
- 결초보은 → 結초보은 → 結草보은 → 結草報은 → 結草報恩
- 결론 → 結론 → 結論
- 단결 → 단結 → 團結
- 결실 → 結실 → 結實

結 結 結

京

서울 **경** : 머리 두(亠) 부 - 총 8 획

문장 이미지 서울이 조선 때는 한양이고, 일제 때는 京성이다!

글자의 유래 머리 두(亠)의 아래에 입 구(口)와 작을 소(小)가 있으니, 대가리의 임금 밑에 조무래기 서민들이 붙어사는 곳은 서울뿐

단어 이미지
- 경성 → 京성 → 京城
- 상경 → 상京 → 上京
- 경기민요 → 京기민요→ 京畿민요 → 京畿民요 → 京畿民謠
- 경인지방 → 京인지방 → 京仁지방 → 京仁地방 → 京仁地方
- 경향 → 京향 → 京鄕
- 경부선 → 京부선 → 京釜선 → 京釜線
- 귀경 → 歸경 → 歸京

京 京 京

景

경치 **경** : 날 일(日) 부 - 총 12 획

문장 이미지 봄도 오기 전에 미니가 서울의 景치를 먼저 달군다!

글자의 유래 서울 경(京)의 글자 위에 날 일(日)의 해가 비치는 모양새 이보다 경치 좋고 풍경 좋은 곳이 지구상 어디에 있담!

단어 이미지
- 경치 → 景치 → 景致
- 풍경 → 풍景 → 風景
- 경승지지 → 景승지지 → 景勝지지 → 景勝之지 → 景勝之地
- 경기지수 → 景기지수 → 景氣지수 → 景氣指수 → 景氣指數
- 호경기 → 호景기 → 호景氣 → 好景氣
- 조경 → 조景 → 造景
- 광경 → 광景 → 光景

景 景 景

傾

기울어질 **경** : 사람 인(亻) 부 - 총 13 획

문장 이미지 히말라야는 傾사가 너무 심해 그냥 올라가기 힘들어!

글자의 유래 사람 인(亻)과 머리 혈(頁) 의 사이에 비수 비(匕) 자가 들어앉아 있으니, 사람의 머리가 겁먹어 기울어진다는 뜻

단어 이미지
- 경사 → 傾사 → 傾斜
- 경향 → 傾향 → 傾向
- 경국지색 → 傾국지색 → 傾國지색 → 傾國之색 → 傾國之色
- 관동팔경 → 관동팔景 → 관동八景 → 관東八景 → 關東八景
- 경청 → 傾청 → 傾聽
- 우경화 → 우傾화 → 右傾화 → 右傾化
- 좌경화 → 좌傾화 → 左傾화 → 左傾化

傾 傾 傾

敬

공경할 **경** : 채찍질할 복(攵) 부 - 총 13 획

문장 이미지 내가 진실로 공敬하는 사람은 아인슈타인 박사이다!

글자의 유래 구차할 구(苟) 자에 채찍질할 복(攵) 자가 붙은 모양새 세상의 구차한 일에 채찍질 하는 이는 공경 받아야 한다

단어 이미지
- 공경 → 공敬 → 恭敬
- 존경 → 존敬 → 尊敬
- 경건주의 → 敬건주의 → 敬虔주의 → 敬虔主의 → 敬虔主義
- 경천애인 → 敬천애인 → 敬天애인 → 敬天愛인 → 敬天愛人
- 경배 → 敬배 → 敬拜
- 경례 → 敬례 → 敬禮
- 경외 → 敬외 → 敬畏

敬 敬 敬

警

깨우칠 **경** : 말씀 언(言) 부 - 총 20 획

문장 이미지 중국이 위화도를 취하고 일본이 독도를 취하는 警계警보 발령!

글자의 유래 말씀 언(言)의 위에 공경할 경(敬)을 올려놓고 있는 모양새 누구라도 말씀을 공경하니 당연히 깨우칠 수밖에

단어 이미지
- 경구 → 警구 → 警句
- 경비 → 警비 → 警備
- 경계경보 → 警계경보 → 警戒경보 → 警戒警보 → 警戒警報
- 경고표지 → 警고표지 → 警告표지 → 警告標지 → 警告標識
- 경각심 → 警각심 → 警覺 → 警覺心
- 경찰 → 警찰 → 警察
- 경호 → 警호 → 警護

警 警 警

驚

놀랄 **경** : 말 마(馬) 부 - 총 23 획

문장 이미지 2월20일쯤 개구리가 겨울잠을 깨어 폴짝 뛰는 날이 驚칩이라!

글자의 유래 말 마(馬)의 위에 공경할 경(敬) 자가 올려져 있는 모양새
무시해야할 말을 공경하라니 놀라 자빠질 수밖에 없다

단어 이미지

- 경칩 → 驚칩 → 驚蟄
- 경기 → 驚기 → 驚氣
- 경천동지 → 驚천동지 → 驚天동지 → 驚天動지 → 驚天動地
- 대경실색 → 대驚실색 → 大驚실색 → 大驚失색 → 大驚失色
- 경이 → 驚이 → 驚異
- 경탄 → 驚탄 → 驚歎
- 경악 → 驚악 → 驚愕

驚 驚 驚

境

경계선 **경** : 흙 토(土) 부 - 총 14 획

문장 이미지 환境오염이 아니라 환境보전을 해야지!

글자의 유래 흙 토(土)에 두루 미칠 경(竟)이 붙어 있으니
땅의 경계선을 나타내는 의미로다

단어 이미지

- 국경 → 국境 → 國境
- 경계 → 境계 → 境界
- 환경보전 → 환境보전 → 環境보전 → 環境保전 → 環境保全
- 점입가경 → 점입가境 → 점입佳境 → 점入佳境 → 漸入佳境
- 곤경 → 곤境 → 困境
- 지경 → 지境 → 地境
- 역경 → 역境 → 逆境

境 境 境

鏡

거울 **경** : 쇠 금(金) 부 - 총 19 획

문장 이미지 망원鏡, 현미鏡 등은 기술자가 개발한 것!

글자의 유래 쇠 금(金)에 두루 미칠 경(竟)이 붙어있으니
두루 비추이는 거울이라는 의미

단어 이미지

- 안경 → 안鏡 → 眼鏡
- 경대 → 鏡대 → 鏡臺
- 명경지수 → 명鏡지수 → 明鏡지수 → 明鏡止수 → 明鏡止水
- 파경상태 → 파鏡상태 → 破鏡상태 → 破鏡狀태 → 破鏡狀態
- 망원경 → 망원鏡 → 망遠鏡 → 望遠鏡
- 현미경→ 현미鏡 → 현微鏡 → 顯微鏡
- 천리경 → 천리鏡 → 천里鏡 → 千里鏡

鏡 鏡 鏡

다스릴·지날·글 경 : 실 사(糸 : 絲) 부 – 총 13 획

經

문장 이미지 한국은 經제개발 5개년 계획의 완수로 가난에서 벗어난 게여!

글자의 유래 베틀 경(巠) 자에 실 사(糸) 자가 붙어 있는 모양새. 베틀로서 실을 짜면 다스려지고, 실이 지나가면 짜지고, 글 쓰는 것도 그런 것

단어 이미지

- 경영 → 經영 → 經營
- 불경 → 불經 → 佛經
- 경제개발 → 經제개발 → 經濟개발 → 經濟開발 → 經濟開發
- 우이독경 → 우이독經 → 우이讀經 → 우耳讀經 → 牛耳讀經
- 경과 → 經과 → 經過
- 경비 → 經비 → 經費
- 경험 → 經험 → 經驗

經 經 經

가벼울 경 : 차 차(車) 부 – 총 14 획

輕

문장 이미지 초등학교 때 공부 잘했다고 해도 輕거망동하지 말라!

글자의 유래 차 차(車)의 글자에 베틀 경(巠) 자가 붙어 있는 모양새 그렇게 무거운 베틀도 차로 싣고 가면 가벼울 뿐

단어 이미지

- 경감 → 輕감 → 輕減
- 경시 → 輕시 → 輕視
- 경거망동 → 輕거망동→ 輕擧망동 → 輕擧妄동 → 輕擧妄動
- 경미사항 → 輕미사항 → 輕微사항 → 輕微事항 → 輕微事項
- 경멸 → 輕멸 → 輕蔑
- 경유 → 輕유 → 輕油
- 경차 → 輕차 → 輕車

輕 輕 輕

경사 경 : 마음 심(心) 부 – 총 15 획

慶

문장 이미지 慶상도 사람과 전라도 사람을 합하면 서울 사람만큼 많다!

글자의 유래 집 엄(广)에 그물 망(罒)이 걸리고 경사스런 일을 일(一)직선으로 종이에 걸어서는 마음(心) 느긋이 뒤쳐져서(夊 : 치) 경하해 준다

단어 이미지

- 경축 → 慶축 → 慶祝
- 경하 → 慶하 → 慶賀
- 경상전라 → 慶상전라 → 慶尙전라 → 慶尙全라 → 慶尙全羅
- 가내경사 → 가내慶사 → 가내慶事 → 가內慶事 → 家內慶事
- 경전선 → 慶전선 → 慶全선 → 慶全線
- 국경일 → 국慶일 → 國慶일 → 國慶日
- 경조 → 慶조 → 慶弔

慶 慶 慶

競

다툴 **경** : 설 립(立) 부 - 총 20 획

문장 이미지	나의 競쟁상대는 적어도 일본인이지 한국인은 아니야!
글자의 유래	형님 형(兄)의 위에 설 립(立)이 마주보고 서 있는 모양새 형님을 밟고 서 있는 주제에 서로 마주보고 경쟁하니, 나 원 참!

단어 이미지

- 경주 → 競주 → 競走
- 경매 → 競매 → 競賣
- 경쟁상대 → 競쟁상대 → 競爭상대 → 競爭相대 → 競爭相對
- 운동경기 → 운동競기 → 운동競技 → 운動競技 → 運動競技
- 경선 → 競선 → 競選
- 경합→ 競합 → 競合
- 경마 → 競마 → 競馬

競	競	競		

系

추상적으로 이을 **계** : 실 사(糸) 부 - 총 7 획

문장 이미지	공부란 체系있게 해야 성공하는 것인 데
글자의 유래	우측에서 좌측으로 펼친 막대(丿 : 별)의 아래에 실을 매단 형상이니, 추상적으로 실로서 이어놓은 것이련

단어 이미지

- 가계 → 가系 → 家系
- 계통 → 系통 → 系統
- 계열기업 → 系열기업 → 系列기업 → 系列企업 → 系列企業
- 이론체계 → 이론체系 → 이론體系 → 理論體계 → 理論體系
- 직계 → 직系 → 直系
- 은하계 → 은하系 → 은河系 → 銀河系
- 계파 → 系파 → 系派

系	系	系		

係

이어맬 **계** : 사람 인(亻) 부 - 총 9 획

문장 이미지	왕따 친구하고도 관係개선을 해보지 않으련?
글자의 유래	사람 인(人)의 글자에 이을 계(系)가 붙어 있으니, 사람과 사람, 사람과 물건을 구체적으로 이어서 매어주는 의미

단어 이미지

- 계수 → 係수 → 係數
- 계원→ 係원 → 係員
- 관계개선 → 관係개선 → 關係개선 → 關係改선 → 關係改善
- 인과관계 → 인과관係 → 인과關係 → 인果關係 → 因果關係
- 계쟁 → 係쟁 → 係爭
- 계장 → 係장 → 係長
- 계루 → 係루 → 係累

係	係	係		

季

계절 계 : 아들 자(子) 부 - 총 8 획

문장 이미지 봄 여름 가을 겨울의 사季절은 돌고 돈다!

글자의 유래 벼 화(禾)의 글자 아래에 아들 자(子)를 붙여놓은 모양새
벼가 아들을 가져 쌀이 되려면 계절이 바뀌지 않고는 어림없는 일

단어 이미지
- 춘계 → 춘季 → 春季
- 계간 → 季간 → 季刊
- 계절예보 → 季절예보 → 季節예보 → 季節豫보 → 季節豫報
- 동계훈련 → 동季훈련 → 冬季훈련 → 冬季訓련 → 冬季訓練
- 사계절 → 사季절 → 四季절 → 四季節
- 하계 → 하季 → 夏季
- 추계 → 추季 → 秋季

季 季 季

鷄

닭 계 : 새 조(鳥) 부 - 총 21 획

문장 이미지 조류독감으로 양鷄사업이 죽을 지경이라오!

글자의 유래 발톱 조(爫)와 작을 요(幺)와 큰 대(大)의 닭장에 새 조(鳥)가 붙어 있으매, 큰 횃대 위에 앉는 자그만 발톱의 새는 닭일 뿐이련

단어 이미지
- 금계 → 금鷄 → 金鷄
- 계란 → 鷄란 → 鷄卵
- 양계사업 → 양鷄사업 → 養鷄사업 → 養鷄事업 → 養鷄事業
- 군계일학 → 군鷄일학 → 群鷄일학 → 群鷄一학 → 群鷄一鶴
- 오골계 → 오골鷄 → 오骨鷄 → 烏骨鷄
- 계림 → 鷄림 → 鷄林
- 계명 → 鷄명 → 鷄鳴

鷄 鷄 鷄

階

계단 계 : 좌부방(阝 : 언덕 부) 부 - 총 12 획

문장 이미지 階단 오르기가 비탈길 오르기 보다 힘드는 이유는?

글자의 유래 왼쪽 언덕 부(阝)에 모두 개(皆)가 붙어 있는 모양새
언덕에 모두 줄줄이 붙어있는 것이라면 당연 계단이련

단어 이미지
- 계단 → 階단 → 階段
- 석계 → 석階 → 石階
- 군대계급 → 군대階급 → 군대階級 → 軍隊階급 → 軍隊階級
- 위계질서 → 위階질서 → 位階질서 → 位階秩서 → 位階秩序
- 층계 → 층階 → 層階
- 음계 → 음階 → 音階
- 품계 → 품階 → 品階

階 階 階

戒

경계할 **계** : 창 과(戈) 부 - 총 7 획

문장 이미지: 군대는 무엇보다도 경戒태세를 완비하여야 한다!

글자의 유래: 스물 입(廾)이 창 과(戈)에 붙어있는 모양새로서 창으로 경계하는 부대는 20명 단위로 해야 한다는 뜻

단어 이미지
- 계엄 → 戒엄 → 戒嚴
- 계율 → 戒율 → 戒律
- 경계태새 → 경戒태세 → 警戒태세 → 警戒態세 → 警戒態勢
- 일벌백계 → 일벌백戒 → 일벌百戒 → 일罰百戒 → 一罰百戒
- 징계 → 징戒 → 懲戒
- 파계 → 파戒 → 破戒
- 훈계 → 훈戒 → 訓戒

戒 戒 戒

界

경계선 **계** : 밭 전(田) 부 - 총 9 획

문장 이미지: 남친의 집과 여친의 집 사이에 경界선을 그으면 흙담이라!

글자의 유래: 밭 전(田)에 낱낱이 구획지을 개(介)가 붙어있으므로 땅이나 힘 등의 경계선을 만든다는 의미

단어 이미지
- 업세 → 입界 → 業界
- 정계 → 정界 → 政界
- 경계선 → 경界선 → 境界선 → 境界線
- 교육계 → 교육界 → 교育界 → 敎育界
- 생물계 → 생물界 → 생物界 → 生物界
- 종교계 → 종교界 → 종敎界 → 宗敎界
- 시계 → 시界 → 視界

界 界 界

繼

계속할 **계** : 실 사(糸) 부 - 총 20 획

문장 이미지: 繼속해서 영어공부만 하지말고 한자공부도 이 정도는 해야지!

글자의 유래: 작을 요(幺)를 좌우 겹겹이 쌓아 실 사(糸)에 연결한 것으로 실로서 작은 것들을 계속적으로 이어준다는 의미. 약자는 継

단어 이미지
- 계승 → 繼승 → 繼承
- 인계 → 인繼 → 引繼
- 계속비행 → 繼속비행 → 繼續비행 → 繼續飛행 → 繼續飛行
- 중계방송 → 중繼방송 → 中繼방송 → 中繼放송 → 中繼放送
- 승계자 → 승繼자 → 承繼자 → 承繼者
- 중계석 → 중繼석 → 中繼석 → 中繼席
- 후계 → 후繼 → 後繼

繼 繼 繼

셀 **계** : 말씀 언(言) 부 - 총 9 획

計

문장 이미지 남한은 시장경제 사회이고 북한은 計획경제 사회이다!

글자의 유래 말씀 언(言) 자에 열 십(十) 자가 붙은 모양새로
열 번 말할 것을 한 번으로 제시하려면 계산하는 것일 뿐

단어 이미지

- 총계 → 총計 → 總計
- 계략 → 計략 → 計略
- 계산도표 → 計산도표 → 計算도표 → 計算圖도 → 計算圖表
- 계획경제 → 計획경제 → 計劃경제 → 計劃經제 → 計劃經濟
- 생계 → 생計 → 生計
- 삼십육계 → 삼십六計 → 三十六計
- 합계 → 합計 → 合計

計 計 計

옛 **고** : 입 구(口) 부 - 총 5 획

古

문장 이미지 한자는 古래로부터 사용되어 오던 동양의 글자!

글자의 유래 십(十)자가 아래에 입 구(口)가 붙어있는 모양새
동서양을 불문하고 십자가는 예전을 뜻하니 이미 옛날이란 말

단어 이미지

- 고래 → 古래 → 古來
- 고목 → 古목 → 古木
- 고대사회 → 古대사회 → 古代사회 → 古代社회 → 古代社會
- 동서고금 → 동서古금 → 동서古今 → 東西古금 → 東西古今
- 고전 → 古전 → 古典
- 고문 → 古문 → 古文
- 고풍 → 古풍 → 古風

古 古 古

굳을 **고** : 입 구(口) 부 - 총 8 획

固

문장 이미지 생각이 固정되어 있으면 절대로 성공하지 못해. 알간!

글자의 유래 큰 입 구(口)에 옛 고(古)가 들어앉은 모양새
예전의 것을 크게 둘러싸고 있으니 굳을 수밖에

단어 이미지

- 고수 → 固수 → 固守
- 고체 → 固체 → 固體
- 고정자본 → 固정자본 → 固定자본 → 固定資본 → 固定資本
- 확고부동 → 확固부동 → 確固부동 → 確固不동 → 確固不動
- 견고 → 견固 → 堅固
- 고형물 → 固형물 → 固形물 → 固形物
- 응고 → 응固 → 凝固

固 固 固

故

연고 **고** : 채찍질 할 복(攵) 부 - 총 9 획

문장 이미지 故향이 그리워도 못가는 신세! 서울 故향은 아니야!

글자의 유래 옛 고(古)에 채찍질 할 복(攵)이 붙어있으매
옛 생각으로 채찍질 하니, 연고를 찾는 것이로고

단어 이미지

- 고향 → 故향 → 故鄕
- 고장 → 故장 → 故障
- 죽마고우 → 죽마故우 → 죽마故友 → 죽馬故友 → 竹馬故友
- 온고지신 → 온故지신 → 溫故지신 → 溫故知신 → 溫故知新
- 연고 → 연故 → 緣故
- 고국 → 故국 → 故國
- 사고 → 事고 → 事故

故 故 故

苦

쓸 **고** : 풀 초(艹 : 艸) 부 - 총 9 획

문장 이미지 공부도 즐거이 하면 苦진감래가 되는 데!

글자의 유래 풀 초(艹)의 아래에 옛 고(古)가 붙어 있는 모양새
풀이 오래되어 옛 것이 되면 쓴 맛을 띠게 된다는 의미

단어 이미지

- 고난 → 苦난 → 苦難
- 노고 → 노苦 → 勞苦
- 고진감래 → 苦진감래 → 苦盡감래 → 苦盡甘래 → 苦盡甘來
- 동고동락 → 동苦동락 → 同苦동락 → 同苦同락 → 同苦同樂
- 고전 → 고전 → 苦戰
- 고육책 → 苦육책 → 苦育책 → 苦肉策
- 고생 → 苦생 → 苦生

苦 苦 苦

告

알릴 **고** : 입 구(口) 부 - 총 7 획

문장 이미지 솔직히 告백하자면 공부하는 척하고 게임했었지!

글자의 유래 입 구(口)의 위에 두 이(二), 갈고리 궐(亅), 삐침 별(丿)을
조합한 모양새이므로, 입을 열어 알릴 것은 알린다는 뜻

단어 이미지

- 고시 → 告시 → 告示
- 공고 → 공告 → 公告
- 고소고발 → 告소고발 → 告訴고발 → 告訴告발 → 告訴告發
- 고백문학 → 告백문학 → 告白문학 → 告白文학 → 告白文學
- 광고 → 광告 → 廣告
- 충고 → 충告 → 忠告
- 보고 → 보告 → 報告

告 告 告

孤

외로울 고 : 아들 자(子) 부 - 총 8 획

문장 이미지	세상의 더러움을 초월하여 孤고하게 사는 인생도 멋져!
글자의 유래	아들 자(子)에다 오이 조(瓜)를 붙여둔 모양새 구석에서 오이나 처먹고 있는 아들은 외로운 신세일 뿐

단어 이미지

• 고고 → 孤고 → 孤高	• 고아 → 孤아 → 孤兒
• 고군분투 → 孤군분투 → 孤軍분투 → 孤軍奮투 → 孤軍奮鬪	• 고립무원 → 孤립무원 → 孤立무원 → 孤立無원 → 孤立無援
• 고적 → 孤적 → 孤寂	• 고독 → 孤독 → 孤獨
• 고도 → 孤도 → 孤島	孤 孤 孤

庫

창고 고 : 집 엄(广) 부 - 총 10 획

문장 이미지	은행의 금庫에는 항상 돈이 산처럼 쌓여있는데?
글자의 유래	차(車)가 차고의 집에 들어가 있는 모양새 차든 돈이든 물건이든 집의 창고에 넣어둔다

단어 이미지

• 금고 → 금庫 → 金庫	• 보고 → 보庫 → 寶庫
• 국고보조 → 국庫보조 → 國庫보조 → 國庫補조 → 國庫補助	• 출고가격 → 출庫가격 → 出庫가격 → 出庫價격 → 出庫價格
• 창고 → 창庫 → 倉庫	• 냉장고 → 냉장庫 → 냉藏庫 → 冷藏庫
庫 庫 庫	• 서고 → 서庫 → 書庫

考

생각할 고 : 늙을 로(耂 : 老) 부 - 총 6 획

문장 이미지	고등考시 합격은 부잣집 사위가 되는 지름길! 부잣집 며느리도?
글자의 유래	늙을 로(老)에 삐칠 별(丿)로 확 그어놓은 모양새 늙은 사람이 삐치게 되는 경우에는 생각을 많이 한다는 뜻

단어 이미지

• 고려 → 考려 → 考慮	• 고안 → 考안 → 考案
• 고등고시 → 고등考시 → 고등考試 → 高等考시 → 高等考試	• 심사숙고 → 심사숙考 → 심사熟考 → 深思熟고 → 深思熟考
• 고찰 → 考찰 → 考察	• 비고 → 비考 → 備考
• 고고 → 考고 → 考古	考 考 考

높을 고 : 높을 고(高) 부 - 총 10 획

高

문장 이미지 高등동물은 먹거리 보다는 정신력을 추구해야 한다오!

글자의 유래 넓고 빌 경(冂)에 입 구(口)가 들어있고, 그 위에 입 구(口)와 머리 두(亠)가 있는 모양새는 높이 솟아오른 탑의 형상이다

단어 이미지

- 고귀 → 高귀 → 高貴
- 고급 → 高급 → 高級
- 고등동물 → 高등동물 → 高等동물 → 高等動물 → 高等動物
- 고성방가 → 高성방가 → 高聲방가 → 高聲放가 → 高聲放歌
- 최고 → 최高 → 最高
- 고주파 → 高주파 → 高周파 → 高周波
- 숭고 → 숭高 → 崇高

高 高 高

굽을·곡조 곡 : 가로·말할 왈(曰) 부 - 총 6 획

曲

문장 이미지 직선을 구부려야 曲선도 작曲도 되는 원리거든!

글자의 유래 말할 왈(曰)에 갈고리 궐(亅)을 2개(亅亅)나 꽂았으니 말소리도 구부려져 곡조가 되고 직선도 구부려져 곡선이 된다

단어 이미지

- 곡선 → 曲선 → 曲線
- 작곡 → 작曲 → 作曲
- 곡학아세 → 曲학아세 → 曲學아세 → 曲學阿세 → 曲學阿世
- 방방곡곡 → 방방曲곡 → 방방曲曲 → 방坊曲曲 → 坊坊曲曲
- 선곡 → 선曲 → 選曲
- 편곡 → 편曲 → 編曲
- 곡필 → 曲필 → 曲筆

曲 曲 曲

곡식 곡 : 벼 화(禾) 부 - 총 15 획

穀

문장 이미지 한국의 穀창지대는 전라북도 김제, 고창인가?

글자의 유래 선비 사(士)가 식물의 벼 화(禾)를 지팡이 수(殳)로 타작하여 하나(一)로 덮어씌워 두는 것은 쌀과 같은 곡식 뿐

단어 이미지

- 곡식 → 穀식 → 穀食
- 곡물 → 穀물 → 穀物
- 곡창지대 → 穀창지대 → 穀倉지대 → 穀倉地대 → 穀倉地帶
- 오곡백과 → 오穀백과 → 五穀백과 → 五穀百과 → 五穀百果
- 곡류 → 穀류 → 穀類
- 양곡 → 양穀 → 糧穀
- 잡곡 → 잡穀 → 雜穀

穀 穀 穀

곤할 곤 : 입 구(口) 부 - 총 7 획

困

문장 이미지 봄이면 학생들이 춘困증으로 마구 존다. 그 때 난 공부해야지!

글자의 유래 대자연 속에 자유로이 서 있어야할 나무 목(木)이 입 구(口)안에 들어앉아 있으니, 얼마나 곤하겠으랴

단어 이미지
- 곤경 → 困경 → 困境
- 곤란 → 困란 → 困難
- 식곤증 → 식困증 → 食困증 → 食困症
- 춘곤증 → 춘困증 → 春困증 → 春困症
- 노곤 → 노困 → 勞困
- 피곤 → 피困 → 疲困
- 빈곤 → 빈困 → 貧困

困 困 困

뼈 골 : 뼈 골(骨) 부 - 총 10 획

骨

문장 이미지 야밤에 해骨 바가지의 물을 맛있게 마신 원효가 도를 틔웠다니!

글자의 유래 삶이나 동물의 해골을 본 뜬 모양새의 글자 몸체(月 : 육)를 덮고 있는 멱(冖) 위에 머리(冂)에 눈코가 그려져 있다

단어 이미지
- 골격 → 骨격 → 骨格
- 골반 → 骨반 → 骨盤
- 골육상잔 → 骨육상잔 → 骨肉상잔 → 骨肉相잔 → 骨肉相殘
- 백골난망 → 백骨난망 → 白骨난망 → 白骨難망 → 白骨難忘
- 골절 → 骨절 → 骨折
- 연골 → 연骨 → 軟骨
- 철골 → 철骨 → 鐵骨

骨 骨 骨

공평할 공 : 여덟 팔(八) 부 - 총 4 획

公

문장 이미지 公무원은 公정하고 公평하게 일하는 사람이어야 해!

글자의 유래 여덟 팔(八)의 글자 아래에 마늘 모(厶)가 들어있는 모양새 마늘 팔자라는 의미로 마늘은 누구에게나 공평하게 맵다

단어 이미지
- 공정 → 公정 → 公正
- 공평 → 公평 → 公平
- 공공복지 → 公공복지 → 公共복지 → 公共福지 → 公共福祉
- 공중전화 → 公중전화 → 公衆전화 → 公衆電화 → 公衆電話
- 공약수 → 公약수 → 公約수 → 公約數
- 공무원→ 公무원 → 公務원 → 公務員
- 공립 → 公립 → 公立

公 公 公

共

함께 공 : 여덟 팔(八) 부 - 총 6 획

문장 이미지 共산주의는 망하고 자본주의만 살아있는데, 북한은 왜 저래?

글자의 유래 여덟 팔(八) 자의 위에 풀 초(艹)가 서로 얽혀있는 모양새
인간도 잡초같이 서로 엉키고 얽혀 함께 사는 팔자라는 뜻

단어 이미지

- 공공 → 공共 → 公共
- 공동 → 共동 → 共同
- 공산주의 → 共산주의 → 共産주의 → 共産主의 → 共産主義
- 공유결합 → 共유결합 → 共有결합 → 共有結합 → 共有結合
- 공조 → 共조 → 共助
- 공통 → 共통 → 共通
- 공존 → 共존 → 共存

共 共 共

功

공로 공 : 힘 력(力) 부 - 총 5 획

문장 이미지 功리주의적인 실용적 공부를 해야 출세하는 게야!

글자의 유래 이공계(기술계) 공(工)에 힘 력(力)이 붙은 모양새
기술적이고 이공계적으로 노력해야 공을 쌓게 된다는 의미

단어 이미지

- 공과 → 功과 → 功過
- 공덕 → 功덕 → 功德
- 논공행상 → 논功행상 → 論功행상 → 論功行상 → 論功行賞
- 공리주의 → 功리주의 → 功利주의 → 功利主의 → 功利主義
- 공로 → 功로 → 功勞
- 무공 → 武功 → 武功
- 공적 → 功적 → 功績

功 功 功

工

기술계 공 : 장인 공(工) 부 - 총 3 획

문장 이미지 10년(초1-고1) 工부 나무아미타불! 12년(초1-고3) 工부 성공!

글자의 유래 기술계가 기초(一)를 닦고 다릿발(丨)을 세우고 상판(一)을 설치하며 工사해야 다리가 된다. 진짜 工부는 이工계 工부인데 한국인은 그걸 몰라

단어 이미지

- 공부 → 工부 → 工夫
- 공사 → 工사 → 工事
- 공과대학 → 工과대학 → 工科대학 → 工科大학 → 工科大學
- 화학공학 → 화학工학 → 화학工學 → 화學工學 → 化學工學
- 공업 → 工업 → 工業
- 공장 → 工장 → 工場
- 완공 → 완工 → 完工

工 工 工

칠 공 : 채찍질할 복(攵) 부 - 총 7 획

攻

문장 이미지 공부도 경쟁이므로 攻격적으로 해야만 성공한다지오!

글자의 유래 기술계 공(工)에 채찍질 할 복(攵)이 붙은 모양새
전쟁이든 경쟁이든 경제이든 기술계적으로 치고 나가야 승리한다는 말씀

단어 이미지
- 공략 → 攻략 → 攻略
- 공세 → 攻세 → 攻勢
- 공격목표 → 攻격목표 → 攻擊목표 → 攻擊目표 → 攻擊目標
- 전공분야 → 전攻분야 → 專攻분야 → 專功分야 → 專功分野
- 공방 → 攻방 → 攻防
- 침공 → 침攻 → 侵攻
- 속공 → 속攻 → 速攻

攻 攻 攻

빌·하늘 공 : 구멍 혈(穴) 부 - 총 8 획

空

문장 이미지 空기오염이 사람을 가장 힘들게 만든다오!

글자의 유래 기술계 공(工) 위에 구멍 혈(穴)이 있는 모양새
대자연이 기술계적인 대상이므로, 그 위에 구멍을 두어 빈 하늘을 그렸다

단어 이미지
- 공군 → 空군 → 空軍
- 공란 → 空란 → 空欄
- 공기오염 → 空기오염→ 空氣오염 → 空氣汚염 → 空氣汚染
- 공리공론 → 空리공론 → 空理공론 → 空理空론 → 空理空論
- 공항 → 空항 → 空港
- 공허 → 空허 → 空虛
- 공중 → 空중 → 空中

空 空 空

구멍 공 : 아들 자(子) 부 - 총 4 획

孔

문장 이미지 구멍의 크기를 孔극이라고 한다오!

글자의 유래 아들 자(子)에 언덕(乚)을 붙여놓은 모양새인데, 아들
자(子)를 오줌누는 모양(子)으로 나타내어 오줌 구멍을 암시하고 있다

단어 이미지
- 공극 → 孔극 → 孔隙
- 비공 → 비孔 → 鼻孔
- 기공증산 → 기孔증산 → 氣孔증산 → 氣孔蒸산 → 氣孔蒸散
- 공작부인 → 孔작부인 → 孔雀부인 → 孔雀夫인 → 孔雀夫人
- 동공 → 동孔 → 瞳孔
- 공맹 → 孔맹 → 孔孟
- 천공 → 穿孔 → 穿孔

孔 孔 孔

果

과실 **과** : 나무 목(木) 부 - 총 8 획

문장 이미지 동구 밖 果수원 길에 아카시아 꽃이 활짝 폈네!

글자의 유래 나무 목(木)의 위에 밭 전(田)이 걸려 있는 모양새
밭에서 곡물을 거두므로 나무 위에 과실이 달려 밭이 되어있다는 뜻

단어 이미지
- 과목 → 果목 → 果木
- 과실 → 果실 → 果實
- 온실효과 → 온실효果 → 온실效果 → 溫室效과 → 溫室效果
- 인과관계 → 인果관계 → 因果관계 → 因果關계 → 因果關係
- 과수원 → 果수원 → 果樹원 → 果樹園
- 과연 → 果연 → 果然
- 과즙 → 果즙 → 果汁

果 果 果

課

부과할 **과** : 말씀 언(言) 부 - 총 15 획

문장 이미지 수학 課외, 영어 課외, 한자 課외 아유 지겨워!

글자의 유래 말씀 言(언)에 열매과(果)가 붙어 있는 모양새로서
말씀이 열매를 맺도록 과제(課題)로 부과한다는 뜻

단어 이미지
- 부과 → 부課 → 賦課
- 학과 → 학課 → 學課
- 과세표준 → 課세표준 → 課稅표준 → 課稅標준 → 課稅標準
- 과외수업 → 課외수업 → 課外수업 → 課外授업 → 課外授業
- 일과 → 일課 → 日課
- 공과금 → 공課금 → 公課금 → 公課金
- 과제 → 課제 → 課題

課 課 課

過

지날·지나칠 **과** : 달릴 착(辵 : 辶) 부 - 총 13 획

문장 이미지 부끄러운 過거사는 모두 청산하고 넘어가야 한다!

글자의 유래 소용돌이 물(渦 : 와)이 달릴 착(辶) 위에 있으니, 소용돌이가
달려 지나간다는 모양새. 물 수(氵)가 빠진 것은 물 없는 소용돌이의 뜻

단어 이미지
- 과거 → 過거 → 過去
- 간과 → 간過 → 看過
- 과산화물 → 過산화물 → 過酸화물 → 過酸化물 → 過酸化物
- 과잉생산 → 過잉생산 → 過剩생산 → 過剩生산 → 過剩生産
- 과열 → 過열 → 過熱
- 과음 → 過음 → 過飮
- 과속 → 過속 → 過速

過 過 過

과목·과학 **과** : 벼 화(禾) 부 - 총 9 획

科

문장 이미지 중고등학교에서도 필수科목은 반드시 이수해야 한다!

글자의 유래 벼 화(禾)에 곡식 담는 말 두(斗)가 붙은 모양새
예전에는 벼를 1말, 2말, 수리적·과학적으로 재었다.

단어 이미지

- 과제 → 科제 → 課題
- 교과 → 교科 → 敎科
- 백과사전 → 백科사전 → 百科사전 → 百科事전 → 百科事典
- 과학기술 → 科학기술 → 科學기술 → 科學技술 → 科學技術
- 필수과목 → 필수科目 → 必須科目
- 화공과 → 화공科 → 화工科 → 化工科
- 내과 → 內科 → 內科

科	科	科		

벼슬 **관** : 갓머리(宀 : 집 면) 부 - 총 12 획

官

문장 이미지 창의성을 억제하는 官료주의의 폐해를 아시나요?

글자의 유래 돌 하르방(㠯) 같은 벼슬아치가 갓을 쓰고 임금 앞에서
"전하! 백성을 위해 열심히 일하겠습니다"고 말하는 형상

단어 이미지

- 관리 → 官리 → 官吏
- 관공서 → 官공서 → 官公서 → 官公署
- 관료주의 → 官료주의 → 官僚주의 → 官僚主의 → 官僚主義
- 관치행정 → 官치행정 → 官治행정 → 官治行政 → 官治行政
- 관청 → 官청 → 官廳
- 관능미 → 官능미 → 官能미 → 官能美
- 무관 → 무官 → 武官

官	官	官		

관리할·대롱 **관** : 대 죽(竹) 부 - 총 14 획

管

문장 이미지 북한땅은 대한민국의 管할구역이 아니오! 그럼 누구?

글자의 유래 대 죽(竹)의 글자 밑에 벼슬 관(官) 자가 붙어 있는 모양새
예전에는 벼슬아치의 관리행위를 대나무 막대로 지휘했던 탓

단어 이미지

- 관리 → 管리 → 管理
- 관장 → 管장 → 管掌
- 관할구역 → 管할구역 → 管轄구역 → 管轄區역 → 管轄區域
- 관현악단 → 管현악단 → 管絃악단 → 管絃樂단 → 管絃樂團
- 주관 → 主管 → 主管
- 혈관 → 혈管 → 血管
- 주철관 → 주철管 → 주鐵管 → 鑄鐵管

管	管	管		

觀

관찰할 **관** : 볼 견(見) 부 - 총 25 획

문장 이미지 가난을 달觀하는 인생이라면 언제든 꼭 성공하리오!

글자의 유래 수풀속의 두루미가 두 눈 부릅뜨고 노려보는 모양(雚 : 관)에다 볼 견(見)을 붙여놓았으니, 세심히 관찰한다는 의미

단어 이미지
- 관람 → 觀람 → 觀覽
- 관조 → 觀조 → 觀照
- 관념주의 → 觀념주의 → 觀念주의 → 觀念主의 → 觀念主義
- 관광산업 → 觀광산업 → 觀光산업 → 觀光産업 → 觀光産業
- 달관 → 달觀 → 達觀
- 관광 → 觀광 → 觀光
- 방관자 → 방觀자 → 傍觀자 → 傍觀者

觀 觀 觀

關

관여할 **관** : 대문 문(門) 부 - 총 19 획

문장 이미지 미래의 나에 대해 무關심하면 아무 일도 못해요!

글자의 유래 대문의 안쪽에 작을 요(幺)가 두 개씩이나 아래의 쌍 상투 관(丱)을 얽어매고 있는 모양새이므로, 관련짓고 상관한다는 의미

단어 이미지
- 관련 → 關련 → 關聯
- 관계 → 關계 → 關係
- 상관계수 → 상關계수 → 相關계수 → 相關係수 → 相關係數
- 행정기관 → 행정기關 → 행정機關 → 行政機관 → 行政機關
- 세관 → 세關 → 稅關
- 무관심 → 무關심 → 無關심 → 無關心
- 관여 → 關여 → 關與

關 關 關

光

빛 **광** : 사람 다리 인(儿) 부 - 총 12 획

문장 이미지 아줌마 아저씨들은 관光버스에 타기만 하면 제정신을 잃지요!

글자의 유래 사나이가 머리에 월계관을 쓰고 승리의 횃불을 치켜든 모양새 그 보다는 대머리 아저씨의 민둥산 머리 위에서 햇빛이 반짝이는 모습

단어 이미지
- 관광 → 관光 → 觀光
- 광선 → 光선 → 光線
- 광학기계 → 光학기계 → 光學기계 → 光學機계 → 光學機械
- 광전효과 → 光전효과 → 光電효과 → 光電效과 → 光電效果
- 영광 → 영光 → 榮光
- 촉광 → 촉光 → 燭光
- 광화학 → 光화학 → 光化학 → 光化學

光 光 光

廣

넓을 **광** : 집 엄(广) 부 - 총 15 획

문장 이미지 이 넓은 廣야에서 내 님을 목 놓아 부르고 싶노라!

글자의 유래 집 엄(广)의 아래에 누를 황(黃)이 기거하고 있는 모양새
집안이 누렇게 보일 정도라면 얼마나 넓겠는가? 이 집은 우주의 집일 뿐

단어 이미지
- 광야 → 廣야 → 廣野
- 광활 → 廣활 → 廣闊
- 광고매체 → 廣고매체 → 廣告매체 → 廣告媒체 → 廣告媒體
- 광대무변 → 廣대무변 → 廣大무변 → 廣大無변 → 廣大無邊
- 광역화 → 廣역화 → 廣域화 → 廣域化
- 광범 → 廣범 → 廣範
- 광장 → 廣장 → 廣場

廣 廣 廣

鑛

광석 **광** : 쇠 금(金) 부 - 총 23 획

문장 이미지 한반도에는 鑛석은 모두 있지만, 鑛맥은 별로 없어서 탈이야!

글자의 유래 쇠 금(金) 자에 넓을 광(廣) 자가 붙어있는 모양새
쇠가 넓게 퍼져서 존재하는 경우라면 당연히 광석이고, 광맥이다

단어 이미지
- 광석 → 鑛석 → 鑛石
- 광물 → 鑛물 → 鑛物
- 금광탐사 → 金광탐사 → 金鑛탐사 → 金鑛探사 → 金鑛探査
- 광업회사 → 鑛업회사 → 鑛業회사 → 鑛業會사 → 鑛業會社
- 탄광 → 炭광 → 炭鑛
- 광천 → 鑛천 → 鑛泉
- 광부 → 鑛부 → 鑛夫

鑛 鑛 鑛

交

사귈 **교** : 머리 두(亠) 부 - 총 6 획

문장 이미지 남녀交제는 사랑을 전제로 해야 하는데, 돈이 우선이란 말야!

글자의 유래 머리 두(亠)의 아래에 팔자 팔(八)이 있고, 그 아래에는
다스릴 예(乂)가 있으니, 머리로 다스려가며 사귀라는 뜻

단어 이미지
- 교감 → 交감 → 交感
- 교섭 → 交섭 → 交涉
- 교통안전 → 交통안전 → 交通안전 → 交通安전 → 交通安全
- 남녀교제 → 남녀交제 → 남녀交際 → 男女交제 → 男女交際
- 교전 → 交전 → 交戰
- 교환 → 交환 → 交換
- 교향곡 → 交향곡 → 交響곡 → 交響曲

交 交 交

校

학교 **교** : 나무 목(木) 부 - 총 10 획

문장 이미지 학校종이 땡땡땡 어서 가보자. 선생님이 문해서 기다리신다!

글자의 유래 나무 목(木)에 사귈 교(交)가 붙어 있는 모양새
나무를 키우듯 공부와 사귀게 하는 곳은 학교. 학교엔 항상 나무가 있다

단어 이미지
- 교정 → 校정 → 校庭
- 교훈 → 校훈 → 校訓
- 사관학교 → 사관학校 → 사관學校 → 사官學校 → 士官學校
- 고등학교 → 高등학교 → 高等학교 → 高等學교 → 高等學校
- 교우회 → 校우회 → 校友회 → 校友會
- 교복 → 校복 → 校服
- 장교 → 장校 → 將校

校 校 校

教

가르칠 **교** : 채찍질 할 복(攵) 부 - 총 11 획

문장 이미지 사이비(似而非) 教주에게 속아 인생 망치는 경우도 있어!

글자의 유래 우측의 채찍질 할 복(攵)에다, 곱표(X)와 십자가(十) 그리고
아들 자(子)를 둔 형상. 아이들의 잘못을 십자가 지고서 가르치라는 뜻

단어 이미지
- 교수 → 教주 → 教主
- 교양 → 教양 → 教養
- 종교탄압 → 종教탄압 → 宗教탄압 → 宗教彈압 → 宗教彈壓
- 교조주의 → 教조주의 → 教條주의 → 教條主의 → 教條主義
- 교실 → 教실 → 教室
- 기독교 → 기독教 → 기督教 → 基督教
- 불교 → 불教 → 佛教

教 教 教

橋

다리 **교** : 나무 목(木) 부 - 총 16 획

문장 이미지 이 책만으로도 한자공부에 橋두보를 확보할 수 있어요!

글자의 유래 나무 목(木) 자에 높을 교(喬) 자를 붙여둔 모양새
예전에는 모두 통나무를 높이 쌓은 다리만 만들었기 때문

단어 이미지
- 교각 → 橋각 → 橋脚
- 부교 → 부橋 → 浮橋
- 교량공사 → 橋량공사 → 橋梁공사 → 橋梁工사 → 橋梁工事
- 한남대교 → 한남대橋 → 한남大橋 → 한南大橋 → 漢南大橋
- 철교 → 철橋 → 鐵橋
- 교두보 → 橋두보 → 橋頭보 → 橋頭堡
- 육교 → 육橋 → 陸橋

橋 橋 橋

아홉 구 : 새(제비) 을(乙) 부 - 총 2 획

九

문장 이미지 九九표를 달달 외워서 九九셈에 능통해야지!

글자의 유래 비둘기나 닭이 구구구 하면서 모여드는 형상
그 보다는 물찬 제비가 저 높은 하늘을 구구 하면서 나는 모양새

단어 이미지
- 구십 → 九십 → 九十
- 구만 → 九만 → 九萬
- 구사일생 → 九사일생 → 九死일생 → 九死一생 → 九死一生
- 구척장신 → 九척장신 → 九尺장신 → 九尺長신 → 九尺長身
- 구천 → 九천 → 九泉
- 구구표 → 九구표 → 九九표 → 九九表
- 구천 → 九천 → 九天

九 九 九

연구할 구 : 구멍 혈(穴) 부 - 총 7 획

究

문장 이미지 공부를 잘하려면 연究에 연究를 거듭해야 돼!

글자의 유래 구멍 혈(穴)의 아래에 구구셈의 구(九)가 있는 모양새
구중심처의 구멍이라도 구구셈으로 파고들어야 한다는 의미

단어 이미지
- 강구 → 강究 → 講究
- 논구 → 논究 → 論究
- 연구조사 → 연究조사 → 硏究조사 → 硏究調사 → 硏究調査
- 진리탐구 → 진리탐究 → 진리探究 → 진理探究 → 眞理探究
- 궁구 → 궁究 → 窮究
- 추구 → 추究 → 追究
- 학구 → 학究 → 學究

究 究 究

갖출 구 : 여덟 팔(八) 부 - 총 8 획

具

문장 이미지 돈과 재물이 모두 具비되면 깊이 있는 공부는 아니되어!

글자의 유래 눈 목(目)에 두 콧구멍을 一로 그려넣고 그 아래의 입술을
여덟 팔(八) 자로 그려주면 얼굴 앞면이 모두 구비되게 된다

단어 이미지
- 구비 → 具비 → 具備
- 구색 → 具색 → 具色
- 공구상회 → 공具상회 → 工具상회 → 工具商회 → 工具商會
- 운동구점 → 운동具점 → 운動具점 → 運動具점 → 運動具店
- 구체적 → 具체적 → 具體적 → 具體的
- 구현 → 具현 → 具現
- 도구 → 도具 → 道具

具 具 具

區

구분할 **구** : 감출 혜(匚) 부 - 총 11 획

문장 이미지 우리 선거區에 출마하려는 국회의원 후보가 누구인고?

글자의 유래 감출 혜(匚)의 속에다 물품 품(品)을 넣어둔 모양새
언덕배기(匚)에다 네 것과 내 것을 구분하여 쌓아두는 꼴

단어 이미지
- 구분 → 區분 → 區分
- 구별 → 區별 → 區別
- 구획정리 → 區획정리 → 區劃정리 → 區劃整리 → 區劃整理
- 허가구역 → 허가區역 → 허가區域 → 허可區域 → 許可區域
- 구간 → 區간 → 區間
- 선거구 → 선거區 → 선擧區 → 選擧區
- 구청 → 區청 → 區廳

區 區 區

口

입 **구** : 입 구(口) 부 - 총 3 획

문장 이미지 왕따 친구는 口설수가 항상 따라다니는데 모두들 너무해

글자의 유래 엄숙하고 엄격한 선비나 장군의 입 모양
노래 부르고 사는 가수의 입 모양으로는 볼 수 없다

단어 이미지
- 구령 → 口령 → 口令
- 구호 → 口호 → 口號
- 구술시험 → 口술시험 → 口述시험 → 口述試험 → 口述試驗
- 유구무언 → 유口무언 → 有口무언 → 有口無언 → 有口無言
- 항구 → 항口 → 港口
- 구설수 → 口설수 → 口舌수 → 口舌數
- 하구 → 하口 → 河口

口 口 口

句

글월 **구** : 입 구(口) 부 - 총 5 획

문장 이미지 글을 쓸 때에는 句두점을 확실히 찍어주어야 한다오!

글자의 유래 둘러쌀 포(勹)의 속에 입 구(口)가 들어가 있으니
입으로 말한 것을 한지 등으로 둘러싸면 종이에 쓴 글이 된다

단어 이미지
- 구절 → 句절 → 句節
- 문구 → 문句 → 文句
- 자구수정 → 자句수정 → 字句수정 → 字句修정 → 字句修正
- 일언반구 → 일언반句 → 일언半句 → 일言半句 → 一言半句
- 구두점 → 句두점 → 句讀점 → 句讀點
- 시구 → 시句 → 詩句
- 어구 → 어句 → 語句

句 句 句

求

구할 구 : 물 수(氺) 부 - 총 7 획

문장 이미지 　단시간이라도 정신적 求심력으로 집중해 공부하는 게요!

글자의 유래 　십자가(十)에 물 수(氺)를 붙이고 점찍을 주(丶)를 한 모양새
신부가 십자가에 성수를 뿌리고 이를 구하려 한다고 점 찍는 것

단어 이미지
- 구애 → 求애 → 求愛
- 구직 → 求직 → 求職
- 연목구어 → 연목求어 → 연목求魚 → 연木求魚 → 緣木求魚
- 욕구불만 → 욕求불만 → 欲求불만 → 欲求不만 → 欲求不滿
- 구심력 → 求심력 → 求心력 → 求心力
- 요구 → 요求 → 要求
- 촉구 → 촉求 → 促求

求	求	求		

救

구원할 구 : 채찍질 할 복(攵) 부 - 총 11 획

문장 이미지 　보통의 인간들은 먼저 자기자신부터 救원해야 합니다!

글자의 유래 　구할 구(求)에 채찍질 할 복(攵)이 붙은 모양새
바로 너를 구하도록 채찍질 하는 것은 구원하는 것이외다

단어 이미지
- 구출 → 救출 → 救出
- 구제 → 救제 → 救濟
- 구원투수 → 救원투수 → 救援투수 → 救援投수 → 救援投手
- 구호양곡 → 救호양곡 → 救護양곡 → 救護糧곡 → 救護糧穀
- 구명 → 救명 → 救命
- 구조선 → 救조선 → 救助선 → 救助船
- 구난 → 救난 → 救難

救	救	救		

球

공(볼) 구 : 구슬 옥(玉) 부 - 총 11 획

문장 이미지 　이번 일요일에는 야球장의 野球시합이나 보러 갈까!

글자의 유래 　구슬 옥(玉) 자에 구할 구(求) 자가 붙어있는 모양새
구슬 옥에서 점(丶)이 빠진 것을 구하면 둥그런 공이 된다

단어 이미지
- 구형 → 球형 → 球形
- 구기 → 球기 → 球技
- 야구시합 → 야球시합 → 野球시합 → 野球試합 → 野球試合
- 지구과학 → 지球과학 → 地球과학 → 地球科학 → 地球科學
- 축구장 → 축球장 → 蹴球장 → 蹴球場
- 적혈구 → 적혈球 → 적血球 → 赤血球
- 전구 → 전球 → 電球

球	球	球		

구성할 구 : 나무 목(木) 부 - 총 14 획

構

문장 이미지 자원이 없는 한국은 경제構조가 취약하단 말야!

글자의 유래 나무 목(木)에 에 짤 구(冓)가 붙어있는 모양새
과학기술이 발전하지 않은 옛 시대에는 뭐든지 나무로 짜고 구성했다

단어 이미지
- 구도 → 構도 → 構圖
- 구상 → 構상 → 構想
- 경제구조 → 경제構조 → 경제構造 → 경濟構造 → 經濟構造
- 구성요소 → 構성요소 → 構成요소 → 構成要소 → 構成要素
- 구축 → 構축 → 構築
- 기구 → 기構 → 機構
- 허구 → 허構적 → 虛構적 → 虛構的

構 構 構

옛·오랠 구 : 다닐 행(行) 부 - 총 12 획

舊

문장 이미지 친舊야 친舊! 이 친舊를 이해해 주게나

글자의 유래 절구(臼) 위에 새 추(隹), 그 위에 풀 초(艹)가 있는 모양
예전에는 오랜 것을 절구통 위에 새처럼 얹어두고 마른 풀로 덮어뒀다

단어 이미지
- 친구 → 친舊 → 親舊
- 구면 → 舊면 → 舊面
- 구태의연 → 舊태의연 → 舊態의연 → 舊態依연 → 舊態依然
- 수구세력 → 수舊세력 → 守舊세력 → 守舊勢력 → 守舊勢力
- 구태 → 舊태 → 舊態
- 구식 → 舊식 → 舊式
- 복구 → 복舊 → 復舊

舊 舊 舊

나라 국 : 입 구(口) 부 - 총 11 획

國

문장 이미지 國가와 國민만을 위한다고 큰소리 치는 자는 모두 도둑넘?

글자의 유래 작은 입(口 : 구)의 사람들 하나(一) 하나가 창(戈 : 과)을 들고 서 있는데, 바깥으로 큰 입(口)의 테두리를 하고 있는 것은 나라이다

단어 이미지
- 국가 → 國가 → 國家
- 국민 → 國민 → 國民
- 국제문제 → 國제문제 → 國際문제 → 國際問제 → 國際問題
- 국토통일 → 國토통일 → 國土통일 → 國土統일 → 國土統一
- 국군 → 國군 → 國軍
- 국력 → 國력 → 國力
- 국익 → 國익 → 國益

國 國 國

판·장면 국 : 주검 시(尸) 부 - 총 7 획

局

문장 이미지 세상이 온통 사기꾼인 판局에 정신 바짝 차려야 해!

글자의 유래 주검 시(尸) 즉 집 호(戶)의 글자에 가능할 가(可)가 붙었으니 자기만이 가능한 집(주검)으로 자기만의 판(영역)이라는 뜻

단어 이미지
- 결국 → 결局 → 結局
- 판국 → 판局 : 판은 순 한글의 우리말
- 국면전환 → 局면전환 → 局面전환 → 局面轉환 → 局面轉換
- 국외중립 → 局외중립 → 局外중립 → 局外中립 → 局外中立
- 시국 → 시局 → 時局
- 종국 → 종局 → 終局
- 국소 → 局소 → 局所

局	局	局		

임금 군 : 입 구(口) 부 - 총 7 획

君

문장 이미지 임금과 신하 사이에는 의리가 있어야 하니 君신유의라 하고!

글자의 유래 다스릴 윤(尹)의 아래에 입 구(口)가 있는 모양새 임금은 입으로 나라를 다스리고, 사장은 돈으로 회사를 다스린다

단어 이미지
- 대군 → 대君 → 大君
- 성군 → 聖君 → 聖君
- 군신유의 → 君신유의 → 君臣유의 → 君臣有의 → 君臣有義
- 군주국가 → 君주국가 → 君主국가 → 君主國가 → 君主國家
- 현군 → 현君 → 賢君
- 사군자 → 사君자 → 四君자 → 四君子
- 군림 → 君림 → 君臨

君	君	君		

고을 군 : 도읍 읍(邑) 부 - 총 12 획

郡

문장 이미지 우리나라의 행정구역은 도시郡구로 구성된다!

글자의 유래 임금 군(君)의 글자에 고을 읍(邑=阝)이 부어 있는 모양새 임금이 식읍(食邑)으로 밥먹고 살도록 나누어준 고을이라는 뜻

단어 이미지
- 군민 → 郡민 → 郡民
- 군청 → 郡청 → 郡廳
- 도시군구 → 도시郡구 → 도시郡區 → 도市郡區→ 道市郡區
- 민선군수 → 민선郡수 → 민선郡守 → 민選郡守 → 民選郡守
- 군계 → 郡계 → 郡界
- 군도 → 郡도 → 郡道
- 군세 → 郡세 → 郡勢

郡	郡	郡		

群

무리 **군** : 염소 양(羊) 부 - 총 13 획

문장 이미지 식물은 群락이 되고 동물은 群집이 되며, 각각은 개체群이다

글자의 유래 임금 군(君)에 염소 양(羊)이 붙어있는 모양새
임금이 거느리고 있는 염소와 양은 무리가 된다는 의미

단어 이미지
- 군락 → 群락 → 群落
- 군집 → 群집 → 群集
- 군중심리 → 群중심리 → 群衆심리 → 群衆心리 → 群衆心理
- 만휘군상 → 만휘群상 → 만휘群象 → 만彙群象 → 萬彙群象
- 군생 → 群생 → 群生
- 군도 → 群도 → 群島
- 개체군 → 개체群 → 개體群 → 個體群

群 群 群

軍

군사 **군** : 수레 차(車) 부 - 총 9 획

문장 이미지 한국에서 軍대 안가고 미국 가서 軍대 가는 사나이도 있다!

글자의 유래 수레 차(車)의 위에 덮을 멱(冖)이 붙은 모양
군사용의 전차와 차량은 항상 위장하기 위해 덮여있다

단어 이미지
- 군대 → 軍대 → 軍隊
- 육군 → 육軍 → 陸軍
- 군사작전 → 軍사작전→ 軍事작전 → 軍事作전 → 軍事作戰
- 군수산업 → 軍수산업 → 軍需산업 → 軍需産업 → 軍需産業
- 군비 → 軍비 → 軍費
- 해군 → 해軍 → 海軍
- 공군 → 공軍 → 空軍

軍 軍 軍

屈

굽힐 **굴** · 주검 시(尸) 부 - 총 8 획

문장 이미지 공부에도 불屈의 의지가 필요하다는 사실! 아시는가요?

글자의 유래 주검 시(尸)의 아래에 나갈 출(出)이 있는 모양새
죽어나가는 것은 정신적이든 육체적이든 굽히는 의미

단어 이미지
- 불굴 → 불屈 → 不屈
- 굴복 → 屈복 → 屈伏
- 굴절광선 → 屈절광선 → 屈折광선 → 屈折光선 → 屈折光線
- 백절불굴 → 백절불屈 → 백절不屈 → 백折不屈 → 百折不屈
- 굴화성 → 屈화성 → 屈化성 → 屈化性
- 비굴 → 卑屈 → 卑屈
- 굴촉성 → 屈촉성 → 屈觸성 → 屈觸性

屈 屈 屈

宮

궁전 **궁** : 집 면(宀) 부 - 총 10 획

문장 이미지 구중宮궐의 공주와 왕자도 절대로 행복하지 않아요!

글자의 유래 집 면(宀)의 아래에 입 구(口)가 층층으로 붙은 모양새
1층의 방(口)은 크고 2층의 방은 작지만, 궁궐은 주로 이층집이었다

단어 이미지

- 궁전 → 宮전 → 宮殿
- 궁내 → 宮내 → 宮內
- 구중궁궐 → 구중宮궐 → 구중宮闕 → 구重宮闕 → 九重宮闕
- 궁중무용 → 宮중무용 → 宮中무용 → 宮中舞용 → 宮中舞踊
- 궁합 → 宮합 → 宮合
- 궁녀 → 宮녀 → 宮女
- 자궁 → 자宮 → 子宮

宮 宮 宮

窮

궁할·다할 **궁** : 구멍 혈(穴) 부 - 총 15 획

문장 이미지 아무리 궁리窮리 하여도 도대체 특등은 못하겠네!

글자의 유래 구멍 혈(穴)의 아래에 몸체 궁(躬)이 있는 모양새
몸이 구멍 아래에 갇혀 있으니 궁하기도 하고 다하기도 한 것

단어 이미지

- 궁극 → 窮극 → 窮極
- 궁벽 → 窮벽 → 窮僻
- 궁리궁리 → 窮리궁리 → 窮理궁리 → 窮理窮리 → 窮理窮理
- 궁여지책 → 窮여지책 → 窮餘지책 → 窮餘之책 → 窮餘之策
- 궁지 → 窮지 → 窮地
- 빈궁→ 빈窮 → 貧窮
- 추궁 → 추窮 → 追窮

窮 窮 窮

券

문서 **권** : 칼 도(刀) 부 - 총 8 획

문장 이미지 증券투자를 하면 돈 밭이 벌 수 있을까?

글자의 유래 지아비 부(夫)가 양 어깨에 먹(')과 종이(")를 메고서는
칼을 아래로 하여 새기는 모양새이니, 대나무 쪽에 문서 만들던 모습이다

단어 이미지

- 복권 → 복券 → 福券
- 여권 → 여券 → 旅券
- 발권제도 → 발券제도 → 發券제도 → 發券制도 → 發券制度
- 증권투자 → 증券투자 → 證券투자 → 證券投자 → 證券投資
- 입장권 → 입장券 → 입場券 → 入場券
- 채권 → 채券 → 債券
- 승차권 → 승차券 → 승車券 → 乘車券

券 券 券

卷

책·말을 **권** : 힘 력(㔾 : 卩) 부 - 총 8 획

문장 이미지 내가 가진 책의 卷수는 100권 정도 되어. 많지?

글자의 유래 지아비 부(夫)가 양 어깨에 먹(')과 종이(")를 메고 있는 모양새에 병부 절(㔾)이 있는 것은 병정의 장부가 최초의 책이라는 뜻

단어 이미지
- 권수 → 卷수 → 卷數
- 압권 → 압卷 → 壓卷
- 권두사 → 卷두사 → 卷頭사 → 卷頭辭
- 권운층 → 卷운층 → 卷雲층 → 卷雲層
- 통권 → 통卷 → 通卷
- 권적운 → 卷적운 → 卷積운 → 卷積雲
- 석권 → 석卷 → 席卷

卷 卷 卷

勸

권할 **권** : 힘 력(力) 부 - 총 20 획

문장 이미지 엄마야! 공부! 공부! 제발 강勸하지 마시라오!

글자의 유래 수풀 속에서 두 눈 부릅뜨고 관찰할 관(雚)에 힘 력(力)가 붙어있으니, 두눈 부릅뜨고 강하게 권하는 의미

단어 이미지
- 강권 → 강勸 → 强勸
- 권고 → 勸고 → 勸告
- 권선징악 → 勸선징악 → 勸善징악 → 勸善懲악 → 勸善懲惡
- 권장가격 → 勸장가격 → 勸奬가격 → 勸奬價격 → 勸奬價格
- 권유 → 勸유 → 勸誘
- 권려 → 勸려 → 勸勵
- 권면 → 勸면 → 勸勉

勸 勸 勸

權

권세 **권** : 나무 목(木) 부 - 총 22 획

문장 이미지 누구의 權세가 한국에서 가장 센가요? 대통령?

글자의 유래 수풀 속에서 두 눈 부릅뜨고 관찰할 관(雚)에 나무 목(木)이 붙어있으니, 두 눈 부릅뜨고 회초리 막대를 휘두르는 권한이로세

단어 이미지
- 권세 → 權세 → 權勢
- 권한 → 權한 → 權限
- 권력분립 → 權력분립 → 權力분립 → 權力分립 → 權力分立
- 권리침해 → 權리침해 → 權利침해 → 權利侵해 → 權利侵害
- 인권 → 인權 → 人權
- 지배권 → 지배權 → 지配權 → 支配權
- 환경권 → 환경權 → 환境權 → 環境權

權 權 權

歸

돌아올 **귀** : 그칠 지(止) 부 - 총 18 획

문장 이미지 30년후 설날 서울에 歸경한 그는 텁텁한 고향냄새에 녹아든다

글자의 유래 달릴 착(辶)이 빠진 밀 추(追) 밑의 그칠 지(止)가 지어미 추(帚)에 붙었으매, 고향을 지키는 지어미에게로 되돌아간다는 귀향의 의미

단어 이미지
- 귀경 → 歸경 → 歸京
- 귀향 → 歸향 → 歸鄉
- 귀소본능 → 歸소본능 → 歸巢본능 → 歸巢本능 → 歸巢本能
- 사필귀정 → 사필歸정 → 사필歸正 → 사必歸正 → 事必歸正
- 귀화 → 歸화 → 歸化
- 귀농 → 歸농 → 歸農
- 복귀 → 복歸 → 復歸

歸 歸 歸

貴

귀할 **귀** : 조개 패(貝) 부 - 총 12 획

문장 이미지 직업에는 貴천이 없으나 인간에는 됨됨이에 따라 貴천이 있다!

글자의 유래 점 없는 벌레(虫 :충)가 조개를 파먹고 있는 모양새 점이 없으매 무색투명한 벌레이니 참으로 귀하신 몸이련

단어 이미지
- 귀천 → 貴천 → 貴賤
- 귀인 → 貴인 → 貴人
- 귀족정치 → 貴족정치 → 貴族정치 → 貴族政치 → 貴族政治
- 부귀영화 → 부貴영화 → 富貴영화 → 富貴榮화 → 富貴榮華
- 귀하 → 貴하 → 貴下
- 귀중 → 貴중 → 貴重
- 품귀 → 품貴 → 品貴

貴 貴 貴

規

규칙 **규** : 볼 견(見) 부 - 총 11 획

문장 이미지 한국인은 規칙을 잘 안 지키고 독일인은 잘 지킨다!

글자의 유래 지아비 부(夫)에 볼 견(見)이 붙어있는 모양새 예전에는 지아비가 보는 것이 바로 규칙이었다. 좋은 세상이었나?

단어 이미지
- 규격 → 規격 → 規格
- 규칙 → 規칙 → 規則
- 규범과학 → 規범과학 → 規範과학 → 規範科학 → 規範科學
- 규정농도 → 規정농도 → 規定농도 → 規定濃도 → 規定濃度
- 규율 → 規율 → 規律
- 예규 → 예規 → 例規
- 법규 → 법規 → 法規

規 規 規

均

고를 **균** : 흙 토(土) 부 - 총 7 획

문장 이미지: 생물계에는 평均이 없고 무생물계에만 평均이 있다!

글자의 유래: 흙 토(土)에 곡괭이(勹)가 있고, 그 곡괭이로 파서 고르는 모양(冫)이므로, 균등하게 고른다는 뜻

단어 이미지
- 균등 → 均등 → 均等
- 균일 → 均일 → 均一
- 균분상속 → 均분상속 → 均分상속 → 均分相속 → 均分相續
- 기하평균 → 기하평均 → 기하平均 → 기何平均 → 幾何平均
- 균점 → 均점 → 均霑
- 균할 → 均할 → 均割
- 균형 → 均형 → 均衡

均 均 均

劇

연극할 · 심할 **극** : 칼 도(刂 : 刀) 부 - 총 15 획

문장 이미지: 너무 잘 하는 체 연劇하면 劇약처방을 내릴 것이오!

글자의 유래: 범 호(虍)의 아래에 돼지 시(豕)가 있는 격렬한 생사투쟁의 거(豦)에 칼 도(刂)가 붙은 모양새이므로 아주 극심하다는 의미

단어 이미지
- 연극 → 연劇 → 演劇
- 희비극 → 희비劇 → 희悲劇 → 喜悲劇
- 극적장면 → 劇적장면 → 劇的장면 → 劇的場면 → 劇的場面
- 심야극장 → 심야劇장 → 심야劇場 → 심夜劇場 → 深夜劇場
- 극영화 → 劇영화 → 劇映화 → 劇映畫
- 극약 → 劇약 → 劇藥
- 독극물 → 독劇물 → 毒劇물 → 毒劇物

劇 劇 劇

極

다할 · 끝 **극** : 나무 목(木) 부 - 총 13 획

문장 이미지: 한국땅에는 예전부터 極단주의가 성공하고 있단 말야!

글자의 유래: 나무 목(木)에 급할 극(亟)이 붙어있는 모양새 나무는 세월아 네월아 자라는 특징인데 급하다면 끝이고 다한 것

단어 이미지
- 극렬 → 極렬 → 極烈
- 극성 → 極성 → 極盛
- 극한상황 → 極한상황 → 極限상황 → 極限狀황 → 極限狀況
- 극단주의 → 極단주의 → 極端주의 → 極端主의 → 極端主義
- 극도 → 極도 → 極度
- 궁극 → 궁極 → 窮極
- 극찬 → 極찬 → 極讚

極 極 極

勤

근면할 근 : 힘 력(力) 부 - 총 13 획

문장 이미지　인생에서 성공여부는 결국 勤면성의 유무에 지나지 않는다!

글자의 유래　찰흙 근(堇)에 힘 력(力)이 추가된 모양새
찰흙은 차지므로 끈질기게 힘을 가하지 않으면 아무 것도 못해낸다

단어 이미지
- 근검 → 勤검 → 勤儉
- 근면성 → 勤면성 → 勤勉성 → 勤勉性
- 근로조건 → 勤로조건 → 勤勞조건 → 勤勞條건 → 勤勞條件
- 근속연수 → 勤속연수 → 勤續연수 → 勤續年수 → 勤續年數
- 근무 → 勤무 → 勤務
- 결근 → 결勤 → 缺勤
- 퇴근 → 退勤 → 退勤

勤 勤 勤

近

가까울 근 : 달려갈 착(辶) 부 - 총 12 획

문장 이미지　원산에서 近거리 미사일이 날아오면 어쩐다?

글자의 유래　도끼 근(斤)이 달려갈 착(辶)에 실려있는 모양새
도끼를 빠르게 달려가게 하니 가까울 수밖에

단어 이미지
- 근래 → 近래 → 近來
- 근거리 → 近거리 → 近距리 → 近距離
- 근사계산 → 近사계산 → 近似계산 → 近似計산 → 近似計算
- 근해어업 → 近해어업 → 近海어업 → 近海漁업 → 近海漁業
- 부근 → 부近 → 附近
- 근시안 → 近시안 → 近視안 → 近視眼
- 최근 → 최近 → 最近

近 近 近

根

뿌리 근 : 나무 목(木) 부 - 총 10 획

문장 이미지　공부 잘하는 根원은 끈질기게 책 보는 정신에 있다!

글자의 유래　머물러 나아가지 않는 산의 간(艮)이
나무 목(木)에 붙어 있으니 나무의 뿌리를 의미하련

단어 이미지
- 근본 → 根본 → 根本
- 근원 → 根원 → 根源
- 비리근절 → 비리根절 → 비리根絶 → 非理根절 → 非理根絶
- 초근목피 → 초根목피 → 草根목피 → 草根木피 → 草根木皮
- 근지수 → 根지수 → 根指수 → 根指數
- 근저 → 根저 → 根底
- 모근 → 모根 → 毛根

根 根 根

힘줄 근 : 대 죽(竹) 부 - 총 12 획

筋

문장 이미지 筋육강화 운동을 좀 하게나! 자신 있어?

글자의 유래 대나무 죽(竹)의 아래에 살코기 육(月 : 肉)과 힘 력(力)이 함께 있는 모양새이니, 살 속에 대나무 같은 것이 힘도 쓰게 하므로 힘줄이다

단어 이미지

- 근력 → 筋력 → 筋力
- 근골 → 筋골 → 筋骨
- 근단백질 → 筋단백질 → 筋蛋백질 → 筋蛋白질 → 筋蛋白質
- 근육강화 → 筋육강화 → 筋肉강화 → 筋肉强화 → 筋肉强化
- 근조직 → 筋조직 → 筋組직 → 筋組織
- 심근 → 心筋 → 心筋
- 철근 → 철筋 → 鐵筋

筋 筋 筋

이제 금 : 사람 인(人) 부 - 총 4 획

今

문장 이미지 今년에는 반드시 한자공부의 기초를 쌓고 말겠다!

글자의 유래 사람 인(人)이 외줄 위에서 줄타기 타고 있는 모양새 외줄 위에 똑바로 서 있지 못하면 떨어져야 하는 이제 이 순간의 뜻

단어 이미지

- 금년 → 今년 → 今年
- 금주 → 今주 → 今週
- 금시초문 → 今시초문 → 今時초문 → 今時初문 → 今時初聞
- 동서고금 → 동서고今 → 동서古今 → 東西古今 → 東西古今
- 지금 → 지今 → 只今
- 금세기 → 今세기 → 今世紀기 → 今世紀
- 금방 → 今방 → 今方

今 今 今

금할 금 : 보일 시(示) 부 - 총 13 획

禁

문장 이미지 어라. 여자 기숙사는 남성 禁지구역이라, 남자 사감도 없네!

글자의 유래 보일 시(示)의 위에 수풀 림(林)이 있는 모양새 보이는 것을 수풀로 덮어두니 금지 사항이라는 뜻

단어 이미지

- 금기 → 禁기 → 禁忌
- 금연 → 禁연 → 禁煙
- 금지구역 → 禁지구역 → 禁止구역 → 禁止區역 → 禁止區域
- 금수품목 → 禁수품목 → 禁輸품목 → 禁輸品목 → 禁輸品目
- 감금 → 감禁 → 監禁
- 엄금 → 엄禁 → 嚴禁
- 구금 → 구禁 → 拘禁

禁 禁 禁

쇠(성) **금(김)** : 쇠 금(金) 부 - 총 8 획

金

문장 이미지 예전 사람도 "돈돈돈, 원수의 金전♪" 하고 노래 불렀으니!

글자의 유래 사람 인(人)의 아래에 임금 왕(王)과 괭이질('')이 있으니,
백성이 괭이로 파서 임금에게 바치는 것은 금일 뿐

단어 이미지
- 금전 → 金전 → 金錢
- 금은 → 金은 → 金銀
- 금융기관 → 金융기관 → 金融기관 → 金融機관 → 金融機關
- 금속활자 → 金속활자 → 金屬활자 → 金屬活자 → 金屬活字
- 금고 → 金고 → 金庫
- 금액 → 金액 → 金額
- 벌금 → 벌金 → 罰金

金 金 金

등급 **급** : 실 사(糸) 부 - 총 10 획

級

문장 이미지 내신등級을 잘 받아야 엄마가 원하는 대학가는데? 미치겠네

글자의 유래 실 사(糸)에 미칠 급(及)이 붙어있는 모양새
실의 길이가 미치는 것이 바로 자신의 등급이라는 뜻

단어 이미지
- 급수 → 級수 → 級數
- 중급 → 중級 → 中級
- 내신등급 → 내신등級 → 내신等級 → 내申等級 → 內申等級
- 상급학년 → 상級학년 → 上級학년 → 上級學년 → 上級學年
- 계급 → 계級 → 階級
- 진급 → 진級 → 進級
- 고급 → 고級 → 高級

級 級 級

급할 **급** : 마음 심(心) 부 - 총 9 획

急

문장 이미지 공부도 잘 안되면 추진방향을 急회전해야 된다!

글자의 유래 쌀 포(勹)에 돼지머리 계(彐)에 마음 심(心)이 붙었으니
돼지머리가 푹 싸여 있다면 돼지 마음이라도 얼마나 급하겠는가?

단어 이미지
- 급변 → 急변 → 急變
- 급회전 → 急회전 → 急回전 → 急回轉
- 급전직하 → 急전직하 → 急轉직하 → 急轉直하 → 急轉直下
- 급행요금 → 急행요금 → 急行요금 → 急行料금 → 急行料金
- 급성 → 急성 → 急性
- 급파 → 急 → 急派
- 급경사 → 急경사 → 急傾사 → 急傾斜

急 急 急

給

공급 **급** : 실 사(糸) 부 – 총 12 획

문장 이미지 사막 한 복판에서도 給유할 주유소가 있는 게요?

글자의 유래 실 사(糸)에 합할 합(合)이 붙어있는 모양새
누에마다 흩어져 있는 실을 합할 때에는 비단으로 공급하기 위한 것이지요

단어 이미지
- 급유 → 給유 → 給油
- 등급 → 등給 → 等給
- 급여소득 → 給여소득 → 給與소득 → 給與所득 → 給與所得
- 급수작전 → 給수작전 → 給水작전 → 給水作전 → 給水作戰
- 월급 → 월給 → 月給
- 공급 → 공給 → 供給
- 배급 → 배給 → 配給

給 給 給

基

기초 **기** : 흙 토(土) 부 – 총 11 획

문장 이미지 基초가 튼튼해야 공부도 성공하는 건데! 왜 문제만?

글자의 유래 흙 토(土)의 위에 그것 기(其)가 있는 모양새
흙 위에다 무엇이든 그것을 올려둬야 기초가 되는 게지요

단어 이미지
- 기초 → 基초 → 基礎
- 기금 → 基금 → 基金
- 기본단위 → 基본단위 → 基本단위 → 基本單위 → 基本單位
- 기조연설 → 基조연설 → 基調연설 → 基調演설 → 基調演說
- 기반 → 基반 → 基盤
- 기준 → 基준 → 基準
- 기지 → 基지 → 基地

基

旗

깃발 **기** : 방향 방(方) 부 – 총 14 획

문장 이미지 황금의 석양빛을 旗폭에 걸고 흘러가는 저 배는 어디로?

글자의 유래 사람 인(人)과 그것 기(其)에 방향 방(方)이 있는 모양새
사람이 깃발 날릴 때에는 뭐든 그것 위에 올라가 사방으로 손 흔든다

단어 이미지
- 기폭 → 旗폭 → 旗幅
- 기수 → 旗수 → 旗手
- 기국주의 → 旗국주의 → 旗國주의 → 旗國主의 → 旗國主義
- 수기신호 → 수旗신호 → 手旗신호 → 手旗信호 → 手旗信號
- 국기 → 국旗 → 國旗
- 기치 → 旗치 → 旗幟
- 기함 → 旗함 → 旗艦

旗 旗 旗

期

시기 **기** : 달 월(月) 부 - 총 12 획

문장 이미지 극성 엄마의 성화로부터 내가 독립할 시期는?

글자의 유래 그것 기(其)에 달 월(月)이 붙어있는 모양새
예전에는 달 보고 시기를 알고 별 보고 미래를 점쳤다

단어 이미지
- 시기 → 시期 → 時期
- 만기 → 만期 → 滿期
- 시험기간 → 시험期간 → 시험期間 → 試驗期간 → 試驗期間
- 주기운동 → 주期운동 → 週期운동 → 週期運동 → 週期運動
- 기대 → 期대 → 期待
- 환절기 → 환절期 → 환節期 → 換節期
- 사춘기 → 사춘期 → 사春期 → 思春期

期 期 期

奇

기묘할 **기** : 큰 대(大) 부 - 총 8 획

문장 이미지 공부에는 奇상천외할 방법이 없고 끈질기게 물고 늘어져야!

글자의 유래 큰 대(大)가 가능할 가(可) 위에 있는 모양새
큰 것은 뭐든 가능하지 않는데, 가능하다니 기묘한 게지요

단어 이미지
- 기묘 → 奇묘 → 奇妙
- 호기심 → 호奇심 → 好奇심 → 好奇心
- 기상천외 → 奇상천외 → 奇想천외 → 奇想天외 → 奇想天外
- 기암괴석 → 奇암괴석 → 奇巖괴석 → 奇巖怪석 → 奇巖怪石
- 기이 → 奇이 → 奇異
- 신기 → 신奇 → 新奇
- 기적 → 奇적 → 奇蹟

奇 奇 奇

寄

기생할 **기** : 집 면(宀) 부 - 총 11 획

문장 이미지 돈을 많이 벌어! 돈 많아지거든 寄부도 많이 하라오!

글자의 유래 기묘할 기(奇)가 집 면(宀)의 아래에 붙어있다니
참으로 기이하게도 기생충 같이 기거하는 것들이라는 뜻

단어 이미지
- 기거 → 寄거 → 寄居
- 기부 → 寄부 → 寄附
- 기증재산 → 寄증재산 → 寄贈재산 → 寄贈財산 → 寄贈財産
- 기생식물 → 寄생식물 → 寄生식물 → 寄生植물 → 寄生植物
- 기여 → 寄여 → 寄與
- 기착 → 寄착 → 寄着
- 기항지 → 寄항지 → 寄港지 → 寄港地

寄 寄 寄

그릇 기 : 입 구(口) 부 - 총 16 획

器

문장 이미지 대器만성의 인생경영에서 한자는 반드시 알아야 한다!

글자의 유래 개 견(犬)의 위에도 아래에도 입 구(口)가 2개씩 있으니 모름지기 그릇이란 아무리 고급이라도 쓰이고 나면 모두 개밥그릇이 될뿐

단어 이미지
- 용기 → 용器 → 容器
- 기물 → 器물 → 器物
- 대기만성 → 대器만성 → 大器만성 → 大器晩성 → 大器晩成
- 호흡기관 → 호흡器관 → 호흡器官 → 호吸器官 → 呼吸器官
- 이기 → 이器 → 利器
- 무기 → 무器 → 武器
- 흉기 → 흉器 → 凶器

器 器 器

기술 기 : 손 수(扌 : 水) 부 - 총 7 획

技

문장 이미지 재주와 技술이 많은 사람은 항상 바삐 살아야 하는 팔자여!

글자의 유래 손 수(扌)에 버티고 가를 지(支)가 붙어있는 모양새 모든 기술은 손에서 나오므로,, 손으로 버티고 가르며 사는 것이 기술

단어 이미지
- 기교 → 技교 → 技巧
- 기예 → 技예 → 技藝
- 과학기술 → 과학技술 → 과학技術 → 과學技術 → 科學技術
- 기능검사 → 技능검사 → 技能검사 → 技能檢사 → 技能檢査
- 경기 → 경技 → 競技
- 기량 → 技량 → 技倆
- 묘기 → 묘技 → 妙技

技 技 技

몸 기 : 몸 기(己) 부 - 총 3 획

己

문장 이미지 己미년 3월 1일 정오, 터지자 밀물 같은 대한독립 만세♬

글자의 유래 몸 기(己)는 아무래도 건장한 남자의 몸체를 보고 그린 것이 아니고, 호리낭창한 자己의 몸매나 왕비의 몸매를 보고 그린 글자이련

단어 이미지
- 자기 → 자己 → 自己
- 이기심 → 이己심 → 利己심 → 利己心
- 극기훈련 → 극己훈련 → 克己훈련 → 克己訓련 → 克己訓鍊
- 지피지기 → 지피지己 → 지피知己 → 지彼知己 → 知彼知己
- 기미년 → 己미년 → 己未년 → 己未年
- 기유년 → 己유년 → 己酉년 → 己酉年
- 기출 → 己출 → 己出

己 己 己

紀 — 규율 기 : 실 사(糸) 부 – 총 9 획

문장 이미지 紀율반장은 좀 무섭게 생긴 친구가 하는 게야!

글자의 유래 실 사(糸)에 몸 기(己)가 붙어있는 모양새
몸을 실로써 묶어두는 것은 몸의 기율을 잡기 위한 것

단어 이미지
- 기강 → 紀강 → 紀綱
- 서기 → 서紀 → 西紀
- 기율반장 → 紀율반장 → 紀律반장 → 紀律班장 → 紀律班長
- 기념우표 → 紀념우표 → 紀念우표 → 紀念郵표 → 紀念郵票
- 기행문 → 紀행문 → 紀行문 → 紀行文
- 세기 → 세紀 → 世紀
- 신기원→ 신紀원 → 신紀元 → 新紀元

紀 紀 紀

記 — 기록할 기 : 말씀 언(言) 부 – 총 10 획

문장 이미지 애정행각도 記록해 두어야 손해배상을 받을 수 있다!

글자의 유래 말씀 언(言)에 몸 기(己)에 붙어있는 모양새
말씀은 반드시 기록해 두어야 몸에도 유익하다는 진실

단어 이미지
- 기억 → 記억 → 記憶
- 기재 → 記재 → 記載
- 기록영화 → 記록영화 → 記錄영화 → 記錄映화 → 記錄映畵
- 기사광고 → 記사광고 → 記事광고 → 記事廣고 → 記事廣告
- 등기 → 등記 → 登記
- 기술 → 記술 → 記述
- 기호 → 記호 → 記號

記 記 記

起 — 일어날 기 : 달아날 주(走) 부 – 총 10 획

문장 이미지 起상나팔에는 투덜대지만, 그래도 신나는 김 일병♫

글자의 유래 달아날 주(走)에 몸 기(己)를 얹어둔 모양새
달아나려면 무엇보다 먼저 몸을 일으켜야 한다는 뜻

단어 이미지
- 기립 → 起립 → 起立
- 기소 → 起소 → 起訴
- 기사회생 → 起사회생 → 起死회생 → 起死回생 → 起死回生
- 기상나팔 → 起상나팔 → 起床나팔 → 起床喇팔 → 起床喇叭
- 기전력 → 起전력 → 起電력 → 起電力
- 제기 → 제起 → 提起
- 기안 → 起안 → 起案

起 起 起

機

기계 **기** : 나무 목(木) 부 - 총 16 획

문장 이미지 機계공학을 전공할까? 우선 한자공부나 더 해!

글자의 유래 나무 목(木)에 낌새 기(幾)가 붙어있는 모양새
나무에 낌새를 줘야 기계가 되지만, 예전에는 기계도 나무도 만들었다

단어 이미지
- 기능 → 機능 → 機能
- 기관 → 機관 → 機關
- 기계공학 → 機계공학 → 機械공학 → 機械工학 → 機械工學
- 시기상조 → 시機상조 → 時機상조 → 時機尙조 → 時機尙早
- 기지 → 機지 → 機智
- 전기 → 전機 → 轉機
- 기회 → 機회 → 機會

機 機 機

汽

증기날 **기** : 기운 기(气) 부 - 총 7 획

문장 이미지 汽차 길옆 오막살이 아기아기 잘도 잔다♪

글자의 유래 물 수(氵)의 글자에 기운 기(汽)를 붙여둔 모양새
물이 기운을 가지려면 증발시켜 스팀으로 만들어야 한다

단어 이미지
- 기차 → 汽차 → 汽車
- 기선 → 汽선 → 汽船
- 기통 → 汽통 → 汽筒
- 기관실 → 汽관실 → 汽罐실 → 汽罐室
- 기관 → 汽관 → 汽管
- 기적 → 汽적 → 汽笛
- 기수 → 汽수 → 汽水 : brackish water

汽 汽 汽

氣

공기·기운날 **기** : 기운 기(气) 부 - 총 10 획

문장 이미지 신선한 공氣를 마셔야 사람이 산다. 대氣오염 주의!

글자의 유래 기운 기(气)의 속에 쌀 미(米)가 들어있는 모양새
쌀 밥을 먹어야 기운이 나고 공기 마시며 살아갈 수 있다는 의미

단어 이미지
- 공기 → 공氣 → 空氣
- 기분 → 氣분 → 氣分
- 대기오염 → 대氣오염 → 大氣오염 → 大氣汚염 → 大氣汚染
- 기체운동 → 氣체운동 → 氣體운동 → 氣體運동 → 氣體運動
- 수증기 → 수증氣 → 수蒸氣 → 水蒸氣
- 기세 → 氣세 → 氣勢
- 기운 → 氣압 → 氣壓

氣 氣 氣

吉

길할 **길** : 입 구(口) 부 - 총 6 획

문장 이미지 吉몽을 꾸고서도 불吉한 일은 생긴다!

글자의 유래 입 구(口)의 위에 선비 사(士)가 올려져 있는 모양새
선비는 반드시 길한 말만을 해야 한다는 엄명

단어 이미지

- 길몽 → 吉몽 → 吉夢
- 불길 → 불吉 → 不吉
- 길흉화복 → 吉흉화복 → 吉凶화복 → 吉凶禍복 → 吉凶禍福
- 입춘대길 → 입춘대吉 → 입춘大吉 → 입春大吉 → 立春大吉
- 길일 → 吉일 → 吉日
- 길운 → 吉운 → 吉運
- 길조 → 吉조 → 吉兆

吉 吉 吉

暖

따스할 **난** : 날 일(日) 부 - 총 13 획

문장 이미지 온暖전선이 몰려오면 봄비가 추적추적 내린다오!

글자의 유래 날 일(日)에 도달할 원(爰)이 붙어있는 모양새
해(日)의 햇볕이 도달해야 기후와 날씨가 따스해진다는 의미

단어 이미지

- 난류 → 暖류 → 暖流
- 난국 → 暖국 → 暖國
- 온난전선 → 온暖전선 → 溫暖전선 → 溫暖前선 → 溫暖前線
- 난대지역 → 暖대지역 → 暖帶지역 → 暖帶地역 → 暖帶地域
- 난동 → 暖동 → 暖冬
- 한난 → 한暖 → 寒暖
- 난풍 → 暖풍 → 暖風

暖 暖 暖

難

어려울 **난** : 새 추(隹) 부 - 총 19 획

문장 이미지 지금의 難관을 박차고 나가는 배짱이 필요하다오!

글자의 유래 꼬리짧은 새 추(隹)가 진흙 근(堇)에 붙어있는 모양새
꼬리짧은 새가 진흙에 빠져있으니 대단히 어렵다는 뜻

단어 이미지

- 난관 → 難관 → 難關
- 난제 → 難제 → 難題
- 기대난망 → 기대難망 → 기대難望 → 期待難망 → 期待難望
- 난민구조 → 難민구조 → 難民구조 → 難民救조 → 難民救助
- 난점 → 難점 → 難點
- 난산 → 難산 → 難産
- 도난 → 도難 → 盜難

難 難 難

南

남쪽 **남** : 열 십(十) 부 - 총 9 획

문장 이미지 南한의 시장경제가 북한의 계획경제를 이긴다? 창의성 때문!

글자의 유래 지붕의 십자가(十) 밑에 빌 경(冂)이 위치하고 그 속의 가닥 아(丫)을 둘(二)로 질러 매어둔 디딜방아는 얼지 않게 항상 남쪽에 둔다

단어 이미지

- 남향 → 南향 → 南向
- 남한 → 南한 → 南韓
- 남남북녀 → 南남북녀 → 南男북녀 → 南男北녀 → 南男北女
- 남북통일 → 南북통일 → 南北통일 → 南北統일 → 南北統一
- 남서풍 → 南서풍 → 南西풍 → 南西風
- 남대문 → 南대문 → 南大문 → 南大門
- 남동풍 → 南동풍 → 南東풍 → 南東風

南 南 南

男

남자 **남** : 밭 전(田) 부 - 총 7 획

문장 이미지 男존여비에서 男녀동등의 사회로 바뀌었다네!

글자의 유래 밭 전(田)의 아래에 남자 남(男)을 받쳐둔 모양새 남자는 본래 밭에서 힘쓰며 일하는 머슴 아(兒)이지요

단어 이미지

- 남성 → 男성 → 男性
- 남편 → 男편 → 男便
- 남존여비 → 男존여비 → 男尊여비 → 男尊女비 → 男尊女卑
- 남녀동등 → 男녀동등 → 男女동등 → 男女同등 → 男女同等
- 남아 → 男아 → 男兒
- 장남 → 장男 → 長男
- 미남 → 미男 → 美男

男 男 男

納

들일 **납** : 실 사(糸) 부 - 총 10 획

문장 이미지 納세의무의 위반이라 도대체 納득이 안 되네!

글자의 유래 실 사(糸)에 내부 내(內)가 붙어있는 모양새 실을 안으로 묶어두면 확실히 들이게 된다는 의미

단어 이미지

- 납득 → 納득 → 納得
- 납기 → 納기 → 納期
- 납세의무 → 納세의무 → 納稅의무 → 納稅義무 → 納稅義務
- 체납처분 → 체納처분 → 滯納처분 → 滯納處분 → 滯納處分
- 납품 → 納품 → 納品
- 출납 → 출納 → 出納
- 납량 → 納량 → 納涼

納 納 納

안·속 **내** : 들 입(入) 부 - 총 4 획

內

문장 이미지 內실이 부실할까 內심 불안하다오!

글자의 유래 빌 경(冂)의 글자에 들 입(入)의 글자가 들어가 있는 모양새이므로, 안이나 속을 의미하고 있다

단어 이미지

- 내실 → 內실 → 內實
- 내심 → 內심 → 內心
- 내정간섭 → 內정간섭 → 內政간섭 → 內政干섭 → 內政干涉
- 국내체제 → 국內체제 → 國內체제 → 國內體제 → 國內體制
- 내과 → 內과 → 內科
- 시내 → 시內 → 市內
- 내항 → 內항 → 內港

內 內 內

여자 **녀** : 여자 녀(女) 부 - 총 3 획

女

문장 이미지 꼬리치는 女자 웃음에 녹아나는 사내들♪♫♫♬

글자의 유래 어여쁜 묘령의 아가씨가 청바지 입고서 땅바닥에 쪼그려 앉아 있는 모양새를 나타낸 글자

단어 이미지

- 여자 → 女자 → 女子
- 여걸 → 女걸 → 女傑
- 여권신장 → 女권신장 → 女權신장 → 女權伸장 → 女權伸張
- 여성해방 → 女성해방 → 女性해방 → 女性解방 → 女性解放
- 독신녀 → 독신女 → 독身女 → 獨身女
- 여장부 → 女장부 → 女丈부 → 女丈夫
- 금녀 → 금女 → 禁女

女 女 女

해 **년** : 방패 간(干) 부 - 총 6 획

年

문장 이미지 거창한 年차계획이야 30대에서나 세우는 거지요!

글자의 유래 대낮 오(午)의 글자에 상자 방(匚)의 글자가 걸쳐서 ⺧로 되어 있는 모양새로서, 대낮이 상자떼기로 지나면 해가 바뀌게 된다는 뜻

단어 이미지

- 연상 → 年상 → 年上
- 연하 → 年하 → 年下
- 연중무휴 → 年중무휴 → 年中무휴 → 年中無휴 → 年中無休
- 연차계획 → 年차계획 → 年次계획 → 年次計획 → 年次計劃
- 연대기 → 年대기 → 年代기 → 年代記
- 청소년 → 청소年 → 청少年 → 青少年
- 청장년 → 청장年 → 청壯年 → 青壯年

年 年 年

念

생각 **념** : 마음 심(心) 부 - 총 8 획

문장 이미지 　 평화는 기도나 念원으로 지키지 못하고 전쟁대비로 지킨다!

글자의 유래 　 이제 금(今)의 아래에 마음 심(心)이 놓여있는 모양새로서 이제 지금의 마음이야말로 다름 아닌 생각이라는 것이다

단어 이미지

- 염원 → 念원 → 念願
- 상념 → 상念 → 想念
- 무념무상 → 무念무상 → 無念무상 → 無念無상 → 無念無想
- 무한집념 → 무한집念 → 무한執念 → 무限執念 → 無限執念
- 개념적 → 개念적 → 概念적 → 概念的
- 잡념 → 잡念 → 雜念
- 여념 → 여念 → 餘念

念 念 念

努

힘쓸 **노** : 힘 력(力) 부 - 총 7 획

문장 이미지 　 공부를 잘 하려면 피나는 努력을 해야 한다오!

글자의 유래 　 노예 노(奴)의 아래에 힘 력(力)이 붙은 글자로서, 아무런 대가없이 힘써 일하는 의미의 노력이다. 그냥 공부하는 것을 努力한다고 한다

단어 이미지

- 노력 → 努력 → 努力
- 노유 → 努유 → 努肉 : 굳은 살
- 노예처럼 아무런 대가도 받지 않는 노력을 의미하는 경우에 사용한다
- 노예가 사라진 시대이므로 사용하지 않는 한자이다
- 노예의 의미가 있어 사용하기 싫은 한자이다
- 비속어인 노가다(努方)의 의미도 있다
- 현재는 일할 로(勞)를 주로 쓴다 : 노력(勞力)

努 努 努

怒

성낼 **노** : 마음 심(心) 부 - 총 9 획

문장 이미지 　 컴퓨터로도 공부하는 데요. 너무 怒발대발 하지 말아유!

글자의 유래 　 마음 심(心)의 위에 노예 노(奴)가 버티고 있는 모양새 노예라는 생각만 해도 참으로 성내고 노하지 않을 수 없다

단어 이미지

- 노기 → 怒기 → 怒氣
- 대노 → 대怒 → 大怒
- 노발대발 → 怒발대발 → 怒髮대발 → 怒發大발 → 怒發大發
- 노기충천 → 怒기충천 → 怒氣충천 → 怒氣衝천 → 怒氣衝天
- 희노애락 → 희怒애락 → 喜怒애락 → 喜怒哀락 → 喜怒哀樂
- 격노 → 격怒 → 激怒
- 분노 → 분怒 → 忿怒 = 憤怒

怒 怒 怒

농사 농 : 별 진(辰) 부 - 총 13 획

農

문장 이미지: 예전에는 農업이 천하지대본(天下之大本)이었다!

글자의 유래: 밭 전(田)의 아래에 별 진(辰)이 위치한 모양새
예전에는 별보고 농사를 짓고 풍년과 흉년을 점쳤다

단어 이미지
- 농업 → 農업 → 農業
- 농장 → 農장 → 農場
- 농경사회 → 農경사회 → 農耕사회 → 農耕社회 → 農耕社會
- 중농주의 → 중農주의 → 重農주의 → 重農主의 → 重農主義
- 농번기 → 農번기 → 農繁기 → 農繁期
- 농약 → 農약 → 農藥
- 귀농 → 귀農 → 歸農

農 農 農

능할 능 : 고기 육(肉 : 月) 부 - 총 10 획

能

문장 이미지: 能수能란한 사람은 대개 사기성을 갖고 있지요!

글자의 유래: 고기 육(月)의 위에 마늘 모(厶)가 있고, 그 옆에 비수 비(匕)가 포개어져 있는 모양새. 쌍칼로 고기를 자르고 마늘 양념도 하니 능할 수밖에

단어 이미지
- 능력 → 能력 → 能力
- 본능 → 본能 → 本能
- 능수능란 → 能수능란 → 能手능란 → 能手能란 → 能手能爛
- 전지전능 → 전지전能 → 전지全能 → 전知全能→ 全知全能
- 능률 → 能률 → 能率
- 가능성→ 가能성 → 可能성 → 可能性
- 성능 → 성能 → 性能

能 能 能

많을 다 : 저녁 석(夕) 부 - 총 6 획

多

문장 이미지: 독서는 많이 할수록 좋은 多多익선이라네!

글자의 유래: 저녁 석(夕)이 층층이 포개어져 있는 모양새
저녁은 거두어들이는 때인데, 포개어져 있으니 많다는 의미

단어 이미지
- 다대 → 多대 → 多大
- 다능 → 多능 → 多能
- 다각무역 → 多각무역 → 多角무역 → 多角貿역 → 多角貿易
- 다다익선 → 多다익선 → 多多익선 → 多多益선 → 多多益善
- 다소 → 多소 → 多少
- 다수결 → 多수결 → 多數결 → 多數決
- 다정 → 多정 → 多情

多 多 多

홑·단일 단 : 입 구(口) 부 - 총 12 획

單

문장 이미지 單도직입적으로 말해, 그이는 내 여친(남친)이야!

글자의 유래 십자가(十) 위에 밭 전(田)이 있고, 그 위에 입 구(口)가 나란히 있으니. 십자가 지고 밭에 나가 일해 봐야 혼자 먹고살 수 있을 정도일 뿐

단어 이미지
- 단일 → 單일 → 單一
- 단순 → 單순 → 單純
- 단성생식 → 單성생식 → 單性생식 → 單性生식 → 單性生殖
- 단도직입 → 單도직입 → 單刀직입 → 單刀直입 → 單刀直入
- 단가 → 單가 → 單價
- 단위계 → 單위계 → 單位계 → 單位系
- 단독→ 單독 → 單獨

單 單 單

모일 단 : 입 구(口) 부 - 총 14 획

團

문장 이미지 團체행동이 잘못되면 아주 위험하게 된다!

글자의 유래 오로지 전(專)이 하나의 입 구(口)로 둘러싸여 있으니 하나의 단체로 모여 있다는 의미

단어 이미지
- 단결 → 團결 → 團結
- 단원 → 團원 → 團員
- 단체행동 → 團체행동 → 團體행동 → 團體行동 → 團體行動
- 음주단속 → 음주團속 → 음주團束 → 飮酒團속 → 飮酒團束
- 집단 → 집團 → 集團
- 대표단 → 대표團 → 대表團 → 代表團
- 기단 → 기團 → 氣團

團 團 團

단상 단 : 흙 토(土) 부 - 총 16 획

壇

문장 이미지 교사 자격증을 가진 사람만이 교壇에 설 수 있다!

글자의 유래 흙 토(土)에 미쁠 단(亶)이 붙어있는 모양새 미쁨(믿음성)을 주는 흙이라면, 신뢰성을 주는 단상이다

단어 이미지
- 교단 → 교壇 → 敎壇
- 문단 → 문壇 → 文壇
- 야단법석 → 야壇법석 → 野壇법석 → 野壇法석 → 野壇法席
- 단상단하 → 壇상단하 → 壇上단하 → 壇上壇하 → 壇上壇下
- 시단 → 시壇 → 詩壇
- 화단 → 화壇 → 花壇
- 강단 → 강壇 → 講壇

壇 壇 壇

檀

박달나무·단군 **단** : 나무 목(木) 부 - 총 17 획

문장 이미지 檀군조선은 기원전 2333년에 생긴 나라이다?

글자의 유래 나무 목(木)에 미쁠 단(亶)이 붙어있는 모양새. 미쁨이 주어지는 나무는 믿음직한 바둑판의 박달나무이고, 사람이라면 땅을 연 단군이시다

단어 이미지
- 단군 → 檀군 → 檀君
- 단기 → 檀기 → 檀紀
- 단군왕검 → 檀군왕검 → 檀君왕검 → 檀君王검 → 檀君王儉
- 단군조선 → 檀군조선 → 檀君조선 → 檀君朝선 → 檀君朝鮮
- 백단 → 백檀 → 白檀
- 단궁 → 檀궁 → 檀弓
- 흑단 → 흑檀 → 黑檀

檀 檀 檀

端

끝 **단** : 설 립(立) 부 - 총 14 획

문장 이미지 이제는 첨端과학으로 눈을 돌려야 한다오!

글자의 유래 설 립(立)에 구멍 단(耑)이 붙어있는 모양새 구멍에 붙어있는 위치라면 당연히 끄트머리이다

단어 이미지
- 극단 → 극端 → 極端
- 단서 → 端서 → 端緖
- 혼수폐단 → 혼수폐端 → 혼수弊端 → 혼需弊端 → 婚需弊端
- 첨단과학 → 첨端과학 → 尖端과학 → 尖端科학 → 尖端科學
- 단장 → 端장 → 端裝
- 발단 → 발端 → 發端
- 말단 → 말端 → 末端

端 端 端

斷

끊을 **단** : 도끼 근(斤) 부 - 총 18 획

문장 이미지 무조건 법대에 가려는 생각은 斷념하고 적성에 맞게 가시오!

글자의 유래 작을 요(幺)가 좌우상하 층층으로 쌓인 글자에 도끼 근(斤)이 붙어있으니, 도끼로 자그맣게 잘라서 쌓아둔다는 뜻

단어 이미
- 단념 → 斷념 → 斷念
- 단수 → 斷수 → 斷水
- 국교단절 → 國교단절 → 國交단절 → 國交斷절 → 國交斷絶
- 단식투쟁 → 斷식투쟁 → 斷食투쟁 → 斷食鬪쟁 → 斷食鬪爭
- 단죄 → 斷죄 → 斷罪
- 단전 → 斷전 → 斷電
- 진단 → 診단 → 診斷

斷 斷 斷

段

계단 **단** : 지팡이 수(殳) 부 - 총 9 획

문장 이미지 한 段계 한 段계 밟아가면서 공부하는 방법을 터득해야지!

글자의 유래 나무 지팡이 수(殳)에 4 단의 사다리를 세워놓은 모양새
나무 지팡이로써 4개의 다리가 있는 사다리를 만든다는 뜻

단어 이미지
- 단계 → 段계 → 段階
- 상단 → 상段 → 上段
- 삼단논법 → 三단논법 → 三段논법 → 三段論법 → 三段論法
- 최적수단 → 최적수段 → 최적手段 → 최適手段 → 最適手段
- 계단 → 계段 → 階段
- 유단자 → 유段자 → 有段자 → 有段者
- 단락 → 段락 → 段落

段	段	段		

短

짧을 **단** : 화살 시(矢) 부 - 총 12 획

문장 이미지 공부에서는 短거리 선수처럼 뛰어서는 성공할 수 없지요!

글자의 유래 화살 시(矢)에 콩 두(豆)가 붙어있는 모양새
화살로 콩을 쏘면 아주 짧고 작은 조각이 되어버린다는 뜻

단어 이미지
- 短期 → 短期 → 短期
- 단견 → 短견 → 短見
- 단편소설 → 短편소설 → 短篇소설 → 短篇小설 → 短篇小說
- 조업단축 → 조업短축 → 조업短縮 → 操業短축 → 操業短縮
- 단시일 → 短시일 → 短時일 → 短時日
- 단거리 → 短거리 → 短距리 → 短距離
- 단파 → 短파 → 短波

短	短	短		

達

통달할 **달** : 쉬엄쉬엄 갈 착(辶) 부 - 총 13 획

문장 이미지 영어참고서 1권을 다섯 번 끝까지 보면 영어에 통達한다!

글자의 유래 양(羊)이 흙 토(土)를 머리에 이고서 쉬엄쉬엄 갈 착(辶)으로 가고 있는 모양새. 순하디 순한 양이 달통해야만 그렇게 할 수 있는 일

단어 이미지
- 통달 → 통達 → 通達
- 달관 → 達관 → 達觀
- 배달민족 → 배達민족 → 倍達민족 → 倍達民족 → 倍達民族
- 기술발달 → 기술발達 → 기술發達 → 技術發달 → 技術發達
- 숙달 → 숙達 → 熟達
- 달인 → 達인 → 達人
- 달성 → 達성 → 達成

達	達	達		

擔

담당할 **담** : 손 수(扌) 부 – 총 16 획

문장 이미지 그렇게 힘든 일을 擔당할 능력이 있기는 있는 게야?

글자의 유래 손 수(扌 : 手)에 도달할 첨(詹)이 붙어있는 모양새
손이 도달할 수 있다는 것은 담당한다는 의미

단어 이미지
- 담당 → 擔당 → 擔當
- 가담 → 가擔 → 加擔
- 담보계약 → 擔보계약 → 擔保계약 → 擔保契약 → 擔保契約
- 담세능력 → 擔세능력 → 擔稅능력 → 擔稅能력 → 擔稅能力
- 담임 → 擔임 → 擔任
- 전담 → 전擔 → 全擔
- 부담 → 부擔 → 負擔

擔 擔 擔

談

말씀 **담** : 말할 언(言) 부 – 총 15 획

문장 이미지 한일 간의 정상회談은 항상 독도문제로 비틀거린다!

글자의 유래 말할 언(言)에 불꽃 염(炎)이 붙어있는 모양새
말하는데 불꽃이 튀어야 가치 있는 말씀이 된다는 의미

단어 이미지
- 담소 → 談소 → 談笑
- 담화 → 談화 → 談話
- 정상회담 → 정상회談 → 정상會談 → 정上會談 → 頂上會談
- 여고괴담 → 여고괴談 → 여고怪談 → 여高怪談 → 女高怪談
- 미담 → 미談 → 美談
- 상담 → 상談 → 相談
- 담판 → 談판 → 談判

談 談 談

答

대답할 **답** : 대나무 죽(竹) 부 – 총 12 획

문장 이미지 불러도 불-러도 대答 없는 이름이여 ♪♫♪♬

글자의 유래 대나무 죽(竹)의 아래에 합할 합(合)이 위치한 모양새
응원에서처럼 대나무 짝을 합쳐서 두드려야 대답이 나온다

단어 이미지
- 대답 → 대答 → 對答
- 문답 → 문答 → 問答
- 답안제출 → 答안제출 → 答案제출 → 答案提출 → 答案提出
- 묵묵부답 → 묵묵부答 → 묵묵不答 → 묵黙不答 → 黙黙不答
- 답변 → 答변 → 答辯
- 응답 → 응答 → 應答
- 회답 → 회答 → 回答

答 答 答

堂

집 당 : 흙 토(土) 부 - 총 11 획

문장 이미지 집안이 금과 옥으로 꽉 찬 금옥만堂이면 골치 아파?

글자의 유래 흙 토(土)의 위에 숭상할 상(尙)이 있는 모양새
흙을 숭상하려면 절이든 교회이든 집을 지어야 하는 법

단어 이미지
- 강당 → 강堂 → 講堂
- 서당 → 서堂 → 書堂
- 금옥만당 → 금옥만堂 → 금옥滿堂 → 금玉滿堂 → 金玉滿堂
- 정정당당 → 정정堂당 → 정정堂堂 → 정正堂堂 → 正正堂堂
- 학당 → 학堂 → 學堂
- 식당 → 식堂 → 食堂
- 천당 → 천堂 → 天堂

堂	堂	堂		

當

당연할 당 : 밭 전(田) 부 - 총 13 획

문장 이미지 내가 우리 학교의 회장이 되어야 하는 건 當연지사인 데!

글자의 유래 밭 전(田)의 위에 숭상할 상(尙)이 있는 모양새
예전에는 밭에서 농사지어야 먹고 살았으니 당연한 일이련

단어 이미지
- 당도 → 당到 → 當到
- 당번 → 當번 → 當番
- 정당방위 → 정當방위 → 正當방위 → 正當防위 → 正當防衛
- 당좌수표 → 當좌수표 → 當座수표 → 當座手표 → 當座手票
- 당선 → 當선 → 當選
- 당면 → 當면 → 當面
- 적당 → 적當 → 適當

當	當	當		

黨

무리·정당 당 : 검을 흑(黑) 부 - 총 20 획

문장 이미지 정黨정치는 黨리黨략만 내세우는 정치가 아닌데 말야!

글자의 유래 검을 흑(黑)의 위에 숭상할 상(尙)이 얹혀져 있는 모양새
예전부터 무리지어 정당을 만드는 것은 흑막이 있다는 말씀. 약자는 党

단어 이미지
- 여당 → 여黨 → 與黨
- 야당 → 야黨 → 野黨
- 정당정치 → 정黨정치 → 政黨정치 → 政黨政치 → 政黨政治
- 당리당략 → 黨리당략 → 黨利당략 → 黨利黨략 → 黨利黨略
- 당론 → 黨론 → 黨論
- 당수 → 黨수 → 黨首
- 당권 → 黨권 → 黨權

黨	黨	黨		

代

대신할 **대** : 사람 인(亻) 부 - 총 5 획

문장 이미지 공부하는 것은 누구도 代신할 수 없으니 답답하다!

글자의 유래 사람 인(人)에 화살 쏘는 익(弋)을 붙여놓은 모양새 사람이 화살을 쏘는 일은 그를 죽여서 대신하겠다는 의지가 있으련

단어 이미지

- 대신 → 代신 → 代身
- 대리 → 代리 → 代理
- 신진대사 → 신진代사 → 신진代謝 → 신陳代謝 → 新陳代謝
- 대금상환 → 代금상환 → 代金상환 → 代金相환 → 代金相換
- 대부 → 代부 → 貸付
- 대용 → 代용 → 代用
- 대안 → 代안 → 代案

代 代 代

大

큰 **대** : 큰 대(大) 부 - 총 3 획

문장 이미지 大장부가 사는 데에 컴퓨터와 소형 자동차만 있으면 되어!

글자의 유래 여자가 크게 쭉 뻗으면 큰 대(大) 자가 되고, 남자가 크게 쭉 뻗으면 클 태(太)가 된다. 그 모양새일 뿐이련

단어 이미지

- 대강 → 大강 → 大綱
- 대장부 → 大장부 → 大丈부 → 大丈夫
- 대간사충 → 大간사충 → 大奸사충 → 大奸似충 → 大奸似忠
- 대지여우 → 大지여우 → 大智여우 → 大智如우 → 大智如愚
- 대개 → 大개 → 大概
- 대기 → 大기 → 大氣
- 대권 → 大권 → 大權

大 大 大

對

마주할 **대** : 마디 촌(寸) 부 - 총 14 획

문장 이미지 對각선을 그어보면 모든 이와 친구가 될 수 있다오!

글자의 유래 돼지우리 립(丵)의 밑에 임금 왕(王)이 있고, 마디마디 헤아릴 촌(寸)이 있으매, 지존의 임금이 얼마나 분해서 마주하겠느냐 말이외다

단어 이미지

- 대립 → 對립 → 對立
- 대결 → 對결 → 對決
- 대광반응 → 對광반응 → 對光반응 → 對光反응 → 對光反應
- 대공방어 → 對공방어 → 對空방어 → 對空防어 → 對空防禦
- 대처 → 對처 → 對處
- 대각선 → 對각선 → 對角선 → 對角線
- 대화 → 對화 → 對話

對 對 對

띠 **대** : 수건 건(巾) 부 - 총 11 획

帶

문장 이미지 열帶우림은 지구의 허파이므로 보호되어야 한다!

글자의 유래 두를 잡(帀)의 위에 십자(+), 스물 입(卄), 비수 비(匕)가 있어, 십자수를 스무 개나 잇고 비수로 다듬어야 하나의 띠가 된다는 뜻

단어 이미지

- 대동 → 帶동 → 帶同
- 휴대 → 휴帶 → 携帶
- 비무장지대 → 비무장지帶 → 비무장地帶 → 비무裝地帶 → 비武裝地帶 → 非武裝地帶
- 열대우림 → 열帶우림 → 熱帶우림 → 熱帶雨림 → 熱帶雨林
- 대상 → 帶상 → 帶狀
- 온대 → 온帶 → 溫帶
- 대전 → 帶전 → 帶電

帶	帶	帶		

대기할 **대** : 두 인·조금 걸을 척(彳) 부 - 총 9 획

待

문장 이미지 공부하기 싫은 학생은 졸업을 학수고待하고 있지요!

글자의 유래 조금 걸을 척(彳)에 절 사(寺)가 붙어있는 모양새 절 앞에서 조금 걸으면서 문 열리기를 대기하고 있으련

단어 이미지

- 대기 → 待기 → 待機
- 대우 → 待우 → 待遇
- 대피훈련 → 待피훈련 → 待避훈련 → 待避訓련 → 待避訓練
- 학수고대 → 학수고待 → 학수苦待 → 학首苦待 → 鶴首苦待
- 초대 → 초待 → 招待
- 접대 → 접待 → 接待
- 환대 → 환待 → 歡待

待	待	待		

무리·열지을 **대** : 좌 언덕 부(阝) 부 - 총 12 획

隊

문장 이미지 이 번에는 히말라야 탐험대장으로 참여하게 되었지요!

글자의 유래 왼쪽 언덕 부(阝)에 여덟 팔(八)과 돼지 시(豕)가 붙어있는 모양새로서, 돼지 여덟 마리가 언덕배기에 줄지어 대열을 이루고 있는 모습

단어 이미지

- 군대 → 군隊 → 軍隊
- 대오 → 隊오 → 隊伍
- 행군대열 → 행군隊열 → 행군隊列 → 행軍隊列 → 行軍隊列
- 탐험대장 → 탐험隊장 → 탐험隊長 → 탐險隊長 → 探險隊長
- 입대 → 입隊 → 入隊
- 고적대 → 고적隊 → 고笛隊 → 鼓笛隊
- 제대 → 제隊 → 除隊

隊	隊	隊		

德

큰·도덕 덕 : 두 인·조금 걸을 척(彳) 부 – 총 15 획

문장 이미지 　교장 선생님. 현대는 도德관념이 달라진 시대입니다요!

글자의 유래 　두 사람이 조금 걸을 척(彳)에 큰 덕(悳)이 붙어있는 모양새
두 사람이 조금씩 크게 걸어간다면 도덕성이 있다는 뜻

단어 이미지

- 덕분 → 德분 → 德分
- 덕택 → 德택 → 德澤
- 도덕관념 → 도德관념 → 道德관념 → 道德觀념 → 道德觀念
- 덕업상권 → 德업상권 → 德業상권 → 德業相권 → 德業相勸
- 덕성 → 德성 → 德性
- 후덕 → 후德 → 厚德
- 부덕 → 부德 → 不德

德 德 德

到

당도할 도 : 칼 도(刂 : 刀) 부 – 총 8 획

문장 이미지 　내 남자친구는 참으로 용의주到한 녀석이야!

글자의 유래 　지극할 지(至)에 칼 도(刂)가 붙어있는 모양새
칼을 지극하게 이용한다면 어디라도 이르러 당도하게 마련

단어 이미지

- 도래 → 到래 → 到來
- 도달 → 到달 → 到達
- 도착시간 → 到착시간 → 到着시간 → 到着時간 → 到着時間
- 용의주도 → 용의주到 → 용의周到 → 용意周到 → 用意周到
- 도처 → 到처→ 到處
- 당도 → 당到 → 當到
- 쇄도 → 쇄到 → 殺到

到 到 到

圖

그림 도 : 입 구(口) 부 – 총 14 획

문장 이미지 　설계圖면이 있어야 게임기계도 제작을 할 수 있어요!

글자의 유래 　입 구(口)의 안에 마을 비(啚)가 들어있는 모양새
마을을 둘러싸고 있는 구역을 사각형으로 그리면 도면이 된다는 뜻

단어 이미지

- 도시 → 圖시 → 圖示
- 도안 → 圖안 → 圖案
- 설계도면 → 설계圖면 → 설계圖面 → 설計圖面 → 設計圖面
- 공단약도 → 공단약圖 → 공단略圖 → 공團略圖 → 工團略圖
- 도표 → 圖표 → 圖表
- 도서관 → 圖書관 → 圖書관 → 圖書館
- 지적도 → 지적圖 → 지籍圖 → 地籍圖

圖 圖 圖

道

길 도 : 쉬엄쉬엄 갈 착(辶) 부 - 총 13 획

문장 이미지 경부 고속道로가 한국인의 사고방식을 속도위주로 만들었다오

글자의 유래 머리 수(首)가 쉬엄쉬엄 갈 착(辶) 위에 걸쳐있는 모양새
사람의 머리가 쉬엄쉬엄 가도록 되어있는 것이 길이고 도로

단어 이미지
- 국도 → 국道 →國道
- 지방도 → 지방道 → 지方道 → 地方道
- 철도차량 → 철道차량 → 鐵道차량 → 鐵道車량 → 鐵道車輛
- 고속도로 → 고속道로 → 고속道路 → 고速道路 → 高速道路
- 세도 → 세道 → 勢道
- 도덕 → 道덕 → 道德
- 태권도 → 태권道 → 태拳道 → 跆拳道

道 道 道

導

도입할 도 : 헤아릴 촌(寸) 부 - 총 16 획

문장 이미지 신기술의 導입이 국가의 흥망성쇠를 좌우합니다!

글자의 유래 길 도(道)의 아래에 헤아릴 촌(寸)이 위치한 모양새
길 아래에 서서 헤아리고 있다면, 인도하거나 도입하거나 위한 목적

단어 이미지
- 도선 → 導선 → 導線
- 인도 → 인導 → 引導
- 기술도입 → 기술導입 → 기술導入 → 기術導入 → 技術導入
- 반도체소자 → 반導체소자 → 半導체소자 → 半導體소자 → 半導體素자 → 半導體素子
- 교도 → 교導 → 敎導
- 전도 → 선導 → 傳導
- 도화선 → 導화선 → 導火선 → 導火線

導 導 導

島

섬 도 : 뫼 산(山) 부 - 총 10 획

문장 이미지 다島해의 아름다운 해안島서가 우리의 미래로다!

글자의 유래 부산 갈매기 새(鳥 : 조)가 저멀리 다도해의 바다에
두둥실 떠있는 산 위에 앉아있는 모양새의 형상화

단어 이미지
- 반도 → 반島 → 半島
- 제도 → 제島 → 諸島
- 도국근성 → 島국근성 → 島國근성 → 島國根성 → 島國根性 : 섬나라 근성
- 해안도서 → 해안도嶼 → 해안島嶼 → 해岸島嶼 → 海岸島嶼
- 대도해 → 다島해 → 多島해 → 多島海
- 열도 → 열島 → 列島
- 군도 → 群島 → 群島

島 島 島

정도 도 : 집 엄(广) 부 - 총 9 획

度

문장 이미지 집안의 온度와 습度가 가족의 질병을 결정하는 인자라오!

글자의 유래 집 엄(广)의 아래에 스물 입(廿)이 있고 그 밑에 또 우(又)가 있는 모양새. 집 안에 스무 명이나 앉아서 법도나 정도를 다지고 있는 형국

단어 이미지
- 온도 → 온度 → 溫度
- 정도 → 정度 → 程度
- 상대습도 → 상대습度 → 상대濕度 → 상對濕度 → 相對濕度
- 오염농도 → 오염농度 → 오염濃度 → 오染濃度 → 汚染濃度
- 각도 → 각度 → 角度
- 속도 → 속度 → 速度
- 난이도 → 난이度 → 난易度 → 難易度

度 度 度

무리·걸어다닐 도 : 두 인·조금 걸을 척(彳) 부 - 총 10 획

徒

문장 이미지 무위徒식하는 친구야말로 상팔자요 개팔자이다!

글자의 유래 두 사람이 조금 걸을 척(彳)에 달려갈 주(走)가 붙어있으니 두 사람이 무리지어 걸어 다닌다는 의미

단어 이미지
- 사도 → 사徒 → 司徒
- 신도 → 신徒 → 信徒
- 무위도식 → 무위徒식 → 무위徒食 → 무爲徒食 → 無爲徒食
- 청교도정신 → 청교徒정신 → 청敎徒정신 → 淸敎徒정신 → 淸敎徒精신 → 淸敎徒精神
- 도당 → 徒당 → 徒黨
- 생도 → 생徒 → 生徒
- 도보 → 徒보 → 徒步

徒 徒 徒

도망갈 도 : 쉬엄쉬엄 갈 착(辶) 부 - 총 10 획

逃

문장 이미지 현실로부터 逃피하는 逃피사상으로서는 공부도 인생도 실패!

글자의 유래 조짐 조(兆)가 쉬엄쉬엄 갈 착(辶)에 얹혀져 있는 모양새 쉬엄쉬엄 쉬어갈 조짐이 있는 속내라면 필시 도망갈 것이려

단어 이미지
- 도망 → 逃망 → 逃亡
- 도거 → 逃거 → 逃去
- 도피사상 → 逃피사상 → 逃避사상 → 逃避思상 → 逃避思想
- 야간도주 → 야간逃주 → 야간逃走 → 야間逃走 → 夜間逃走
- 현실도피 → 현실逃피 → 현실逃避 → 현實逃避 → 現實逃避
- 도피문학 → 逃피문학 → 逃避문학 → 逃避文학 → 逃避文學
- 도피행 → 逃피행 → 逃避행 → 逃避行

逃 逃 逃

都

도읍·모두 **도** : 우 부방·고을 읍(阝 : 邑) 부 - 총 12 획

문장 이미지 都시계획이 제대로 되어야 살기 좋은 都회지가 된다!

글자의 유래 사람(놈) 자(者)에 고을 읍이 붙어있는 모양새
사람들이 많이 모여 사는 고을이라면 도시가 된다

단어 이미지
- 도심 → 都심 → 都心
- 도회지 → 都회지 → 都會지 → 都會地
- 도시계획 → 都시계획→ 都市계획 → 都市計획 → 都市計劃
- 도매가격 → 都매가격 → 都賣가격 → 都賣價격 → 都賣價格
- 도급 → 都급 → 都給
- 도합 → 都합 → 都合
- 수도 → 수都 → 首都

都 都 都

盜

도둑 **도** : 그릇 명(皿) 부 - 총 12 획

문장 이미지 강盜와 盜적이 없고 盜벽과 盜용이 없는 한국이었으면!

글자의 유래 물 수(氵)와 하품 흠(欠)이 합쳐 도둑이 담 넘어가는
모양새를 이루고 있다. 아래의 그릇 명(皿)은 도둑의 발판이다

단어 이미지
- 도적 → 盜적 → 盜賊
- 도벽→ 盜벽 → 盜癖
- 강도체포 → 강盜체포 → 强盜체포 → 强盜逮포 → 强盜逮捕
- 도청장치 → 盜청장치 → 盜聽장치 → 盜聽裝치 → 盜聽裝置
- 도굴 → 盜굴 → 盜掘
- 도벌 → 盜벌 → 盜伐
- 도용 → 盜용 → 盜用

盜 盜 盜

獨

홀로 **독** : 개 견(犭 : 犬) 부 - 총 16 획

문장 이미지 獨도는 우리 땅! 獨도를 고獨하게 하지 말자!

글자의 유래 개 견(犭)에 애벌레 촉(蜀)이 붙어있는 모양새
개의 몸둥이에 애벌레 한 마리가 붙어있다면 외로울 수밖에

단어 이미지
- 독도 → 獨도 → 獨島
- 고독 → 고獨 → 孤獨
- 독립선언 → 獨립선언→ 獨立선언 → 獨立宣언 → 獨立宣言
- 독점사업 → 獨점사업 → 獨占사업 → 獨占事업 → 獨占事業
- 독선 → 獨선 → 獨善
- 독학 → 獨학 → 獨學
- 독무대 → 獨무대 → 獨舞대 → 獨舞臺

獨 獨 獨

毒

독할 **독** : 하지말 무(毋) 부 - 총 8 획

문장 이미지 조류毒감 때문에 철새도 미워진다! 어쩌지?

글자의 유래 주인 주(主)의 아래에 하지말 무(毋)가 있는 모양새
주인의 주체성을 가지지 말라는 것이니 참으로 독한 요구이다

단어 이미지
- 독물 → 毒물 → 毒物
- 독소 → 毒소 → 毒素
- 독성평가 → 毒성평가 → 毒性평가 → 毒性評가 → 毒性評價
- 조류독감 → 조류毒감 → 조류毒感 → 조類毒感 → 鳥類毒感
- 독기 → 毒기 → 毒氣
- 해독 → 해毒 → 解毒
- 독초 → 毒초 → 毒草

毒 毒 毒

督

감독할 **독** : 눈 목(目) 부 - 총 13 획

문장 이미지 빚쟁이에게 채무督촉해 봐야 무슨 소용이람!

글자의 유래 아재비 숙(叔)의 아래에 눈 목(目)이 있는 모양새
아재비(아저씨)가 눈을 부라리며 감독한다는 의미

단어 이미지
- 독려 → 督려 → 督勵
- 독납 → 督납 → 督納
- 감독기관 → 감督기관 → 監督기관 → 監督機관 → 監督機關
- 채무독촉 → 채무督촉 → 채무督促 → 채務督促 → 債務督促
- 제독 → 제督 → 提督
- 총독 → 총督 → 總督
- 도독 → 도督 → 都督

督 督 督

讀

읽을 **독** : 말씀 언(言) 부 - 총 22 획

문장 이미지 讀서삼매에 빠질 수 있는 학생이 공부를 잘한다는 사실!

글자의 유래 말씀 언(言)에 팔아먹게 할 매(賣)가 붙어있는 모양새
다른 사람의 말씀을 팔아먹게 한다는 것은 다른 이의 글을 읽는다는 것

단어 이미지
- 정독 → 정讀 → 精讀
- 열독 → 열讀 → 熱讀
- 독서삼매 → 讀서삼매 → 讀書삼매 → 讀書三매 → 讀書三昧
- 주경야독 → 주경야讀 → 주경夜讀 → 주耕夜讀 → 晝耕夜讀
- 독도법 → 讀도법 → 讀圖법 → 讀圖法
- 독본 → 讀본 → 讀本
- 애독 → 애讀 → 愛讀

讀 讀 讀

겨울 동 : 이수 변·얼음 빙(冫) 부 - 총 5 획

冬

문장 이미지 월冬준비는 땔감 준비와 양식 준비이라오!

글자의 유래 뒤처져 올 치(夂)의 아래에 얼음 빙(冫)이 붙어있는 모양새
점점(⺀)은 얼음 빙의 다른 표현. 뒤처져 얼음이 온다면 자연히 겨울

단어 이미지

- 동계 → 冬계 → 冬季
- 동복 → 冬복 → 冬服
- 춘하추동 → 춘하추冬 → 춘하秋冬
  → 춘夏秋冬 → 春夏秋冬
- 월동준비 → 월冬준비 → 越冬준비
  → 越冬準비 → 越冬準備
- 엄동 → 엄冬 → 嚴冬
- 동절기 → 冬절기 → 冬節기 → 冬節期
- 동지 → 冬지 → 冬至

冬 冬 冬

동녘 동 : 나무 목(木) 부 - 총 8 획

東

문장 이미지 東해의 해저에는 메탄하이드레이트 자원이 매장되어 있지요!

글자의 유래 날(해) 일(日)이 나무 목(木)의 글자 사이에 끼여져 있는
모양으로서, 해가 나무 사이로 떠오르는 동쪽을 의미

단어 이미지

- 동해 → 東해 → 東海
- 동서 → 東서 → 東西
- 동분서주 → 東분서주 → 東奔서주
  → 東奔西주 → 東奔西走
- 동남해안 → 東남해안 → 東南해안
  → 東南海안 → 東南海岸
- 동북 → 東북 → 東北
- 동양 → 東양 → 東洋
- 남동 → 남東 → 南東

東 東 東

움직일 동 : 힘 력(力) 부 - 총 11 획

動

문장 이미지 부動산의 땅이 많은 사람이 땅땅 거리며 산다네!

글자의 유래 무거울 중(重)에 힘 력(力)이 붙어있는 모양새
무거운 것에 힘을 더해주면 당연히 움직이기 마련

단어 이미지

- 동산 → 動산 → 動産
- 부동산 → 부動산 → 不動산 → 不動産
- 독립운동 → 독립운動 → 독립運動
  → 독立運動 → 獨立運動
- 동맥경화 → 動맥경화 → 動脈경화
  → 動脈硬화 → 動脈硬化
- 능동 → 능動 → 能動
- 변동 → 변動 → 變動
- 수동태 → 수動태 → 수動態 → 受動態

動 動 動

同 한 가지 동 : 입 구(口) 부 - 총 6 획

문장 이미지 同족상잔의 한국전쟁이 없었다면 통일되었을 텐데!

글자의 유래 얼굴 같이 생긴 멀 경(冂)에 눈썹(一)과 눈구멍(口)을 하나씩만 그려넣은 것은 모두 한 가지이므로 생략한 셈

단어 이미지
- 동감 → 同감 → 同感
- 동기 → 同기 → 同期
- 동상이몽 → 同상이몽 → 同床이몽 → 同床異몽 → 同床異夢
- 동족상잔 → 同족상잔 → 同族상잔 → 同族相잔 → 同族相殘
- 동맹국 → 同맹국 → 同盟국 → 同盟國
- 동행 → 同행 → 同行
- 동급 → 同급 → 同級

同 同 同

洞 동네/통찰할 동/통 : 물 수(氵) 부 - 총 9 획

문장 이미지 洞구 밖에 아카씨아 꽃이 활짝 폈네. 바람 쐬려 가자!

글자의 유래 물 수(氵)에 한 가지 동(同)이 붙어있는 모양새 한 동(洞)네 사람들이란 원래 한 우물을 마시는 사람이련

단어 이미지
- 동구 → 洞구 → 洞口
- 동리 → 洞리 → 洞里
- 동사무소 → 洞사무소 → 洞事무소 → 洞事務소 → 洞事務所
- 시읍면동 → 시읍면洞 → 시읍面洞 → 시邑面洞 → 市邑面洞
- 동굴 → 洞굴 → 洞窟
- 공동화 → 공洞화 → 空洞화 → 空洞化
- 통찰 → 洞찰 → 洞察

洞 洞 洞

銅 구리 동 : 쇠 금(金) 부 - 총 14 획

문장 이미지 맥아더 장군의 銅상철거가 과연 합당한 것인가요?

글자의 유래 쇠 금(金)에 한 가지 동(同)이 붙어있는 모양새 쇠를 통해 전기가 한 가지로 흐르는 것은 예전에는 구리일 뿐

단어 이미지
- 동전 → 銅전 → 銅錢
- 동판 → 銅판 → 銅版
- 동상철거 → 銅상철거 → 銅像철거 → 銅像撤거 → 銅像撤去
- 청동화로 → 청銅화로 → 靑銅화로 → 靑銅火로 → 靑銅火爐
- 동광산 → 銅광산 → 銅鑛산 → 銅鑛山
- 청동기 → 청銅기 → 靑銅기 → 靑銅器
- 황동광 → 황銅광 → 黃銅광 → 黃銅鑛

銅 銅 銅

아이 **동** : 설 립(立) 부 - 총 12 획	童
문장 이미지 童심으로 童요를 부르면 童화같은 세상이 되지요!	
글자의 유래 마을 리(里)의 위에 설 립(立) 자가 자리하고 있는 모양새 예전에는 아이들만이 마을에 서 있었고, 어른들은 들판에 일하러 나갔다	

단어 이미지	
• 동심 → 童심 → 童心	• 동화 → 童화 → 童話
• 동시작가 → 童시작가 → 童詩작가 → 童詩作가 → 童詩作家	• 초동친구 → 樵동친구 → 樵童친구 → 樵童親구 → 樵童親舊
• 동요 → 童요 → 童謠	• 목동 → 목童 → 牧童
• 아동 → 아童 → 兒童	童 童 童

斗	말 **두** : 말 두(斗) 부 - 총 4 획
	문장 이미지 斗주불사하던 씨름선수가 지금은 금주하고 있지요!
	글자의 유래 십자가(十)에 점이 두 개(丶)나 찍혀있는 모양. 십자가 형태의 지게에 20kg을 지고 가는 형상. 오늘날에도 지고 가는 무게기준은 20kg이다

단어 이미지	
• 대두 → 대斗 → 大斗 : 20kg	• 소두 → 소斗 → 小斗 : 10kg
• 두주불사 → 斗주불사 → 斗酒불사 → 斗酒不사 → 斗酒不辭	• 태산북두 → 태산북斗 → 태산北斗 → 태山北斗 → 泰山北斗
• 두락 → 斗락 → 斗落	• 두량 → 斗량 → 斗量
斗 斗 斗	• 승두 → 승斗 → 升斗

콩 **두** : 콩 두(豆) 부 - 총 7 획	豆
문장 이미지 豆유와 豆부만 있었는데 요새는 豆육도 있다오!	
글자의 유래 콩의 새싹(丷)이 대지(-)를 힘차게 밀치면서 입(口) 같은 공간을 만들면서 땅 위로 솟구치는 모양새	

단어 이미지	
• 두유 → 豆유 → 豆乳	• 두육 → 豆육 → 豆肉
• 두부전 → 豆부전 → 豆腐전 → 豆腐煎	• 두초류 → 豆초류 → 豆草류 → 豆草類
• 녹두 → 녹豆 → 綠豆	• 두채 → 豆채 → 豆彩
• 완두 → 완豆 → 豌豆	豆 豆 豆

頭

머리 **두** : 머리채 혈(頁) 부 - 총 16 획

문장 이미지 용頭사미로 강하게 나오는 자는 원래 겁쟁이지요!

글자의 유래 콩 두(豆)에 머리채 혈(頁)이 붙어있는 모양새
콩알 같은 사람의 머리(두상)에다 머리털과 머리채를 추가한 형상

단어 이미지

- 두상 → 頭상 → 頭狀
- 두각 → 頭각 → 頭角
- 두음법칙 → 頭음법칙 → 頭音법칙 → 頭音法칙 → 頭音法則
- 두뇌운동 → 頭뇌운동 → 頭腦운동 → 頭腦運동 → 頭腦運動
- 용두사미 → 용頭사미 → 龍頭사미 → 龍頭蛇미 → 龍頭蛇尾
- 연두 → 연頭 → 年頭
- 두통 → 頭통 → 頭痛

頭	頭	頭		

得

얻을 **득** : 두 인·조금 걸을 척(彳) 부 - 총 11 획

문장 이미지 인생사에서 得도하면 세상사에서 得세하며 살게 된다오!

글자의 유래 두 사람(彳) 변에 일(日)과 일(一)이 헤아릴 촌(寸)이 달라붙어 있으므로, 사람들이 날(日)마다 일일(一 一)이 얻는 것을 헤아리며 산다는 뜻

단어 이미지

- 득도 → 得도 → 得道
- 득세 → 得세 → 得勢
- 득실상반 → 得실상반 → 得失상반 → 得失相반 → 得失相半
- 득표결과 → 得표결과 → 得票결과 → 得票結과 → 得票結果
- 소득 → 소得 → 所得
- 득점 → 得점 → 得點
- 획득 → 획得 → 獲得

得	得	得		

登

오를 **등** : 피어오를 발(癶) 부 - 총 12 획

문장 이미지 역사의 登장인물은 모두 뼈 빠지게 노력한 사람들이지요!

글자의 유래 피어오를 발(癶)의 아래에 콩 두(豆)가 들어있는 모양새
콩 씨앗이 대지를 힘차게 뚫고서 새싹으로 밀어 올라오는 형상

단어 이미지

- 등교 → 登교 → 登校
- 등산 → 登산 → 登山
- 등장인물 → 登장인물 → 登場인물 → 登場人물 → 登場人物
- 등록상표 → 登록상표 → 登錄상표 → 登錄商표 → 登錄商標
- 등용 → 登용 → 登用
- 등기소 → 登기소 → 登記소 → 登記所
- 등극 → 登극 → 登極

登	登	登		

燈

등불 등 : 불 화(火) 부 - 총 16 획

문장 이미지 예전의 燈잔 밑은 어두워도 현대의 전燈 밑은 밝습니다!

글자의 유래 불 화(火)에 오를 등(登)이 붙어있는 모양새
불을 올라오게 하는 기구라면 당연히 등불이 되는 법

단어 이미지
- 등잔 → 燈잔 → 燈盞
- 전등 → 전燈 → 電燈
- 등하불명 → 燈하불명 → 燈下불명 → 燈下不명 → 燈下不明
- 등화관제 → 燈화관제 → 燈火관제 → 燈火管제 → 燈火管制
- 주마등 → 주마燈 → 주馬燈 → 走馬燈
- 점등 → 점燈 → 點燈
- 소등 → 소燈 → 消燈

燈 燈 燈

等

동등할 등 : 대 죽(竹) 부 - 총 12 획

문장 이미지 인간은 等온동물이라 체온이 3℃만 내려가도 죽는다오!

글자의 유래 대 죽(竹)의 아래에 절 사(寺)가 자리한 모양새
크기가 같은 대나무의 숲 아래에 절이 있으니 진정으로 등등하다는 뜻

단어 이미지
- 등급 → 等급 → 等級
- 등수 → 等수 → 等數
- 등차급수 → 等차급수 → 等差급수 → 等差級수 → 等差級數
- 등온동물 → 等온동물 → 等溫동물 → 等溫動물 → 等溫動物
- 등비 → 等비 → 等比
- 등치법 → 等치법 → 等値법 → 等値法
- 월등 → 월等 → 越等

等 等 等

羅

벌릴 · 그물칠 라 : 그물 망(罒) 부 - 총 19 획

문장 이미지 기羅성 같은 동급생 녀석들을 제쳐야 성공하는 법!

글자의 유래 그물 망(罒)의 아래에 실 사(糸)와 새 추(隹)가 있는 모양새
그물로 쳐 둔 실로써 새를 잡고서는 떠벌려 자랑삼는다는 뜻

단어 이미지
- 나열 → 羅열 → 羅列
- 망라 → 망羅 → 網羅
- 나침방위 → 羅침방위 → 羅針방위 → 羅針方위 → 羅針方位
- 삼라만상 → 삼羅만상 → 森羅만상 → 森羅萬상 → 森羅萬象
- 기라성 → 기羅성 → 綺羅성 → 綺羅星
- 탐라 → 탐羅 → 耽羅
- 신라 → 신羅 → 新羅

羅 羅 羅

落

떨어질 **락** : 풀 초(艹) 부 - 총 13 획

문장 이미지 대선에서 落선한 후보는 落향해야 하는데 말야!

글자의 유래 풀 초(艹)의 아래에 물 떨어질 락(洛)이 있는 모양새
풀잎 위의 빗방울이나 이슬이 햇빛을 받고서 떨어지는 형상

단어 이미지
- 낙선 → 落선 → 落選
- 낙향 → 落향 → 落鄕
- 낙락장송 → 落락장송 → 落落장송 → 落落長송 → 落落長松
- 낙후지역 → 落후지역 → 落後지역 → 落後地역 → 落後地域
- 낙서 → 落서 → 落書
- 낙엽 → 落엽 → 落葉
- 누락 → 루落 → 漏落

落 落 落

樂

즐길/노래 **락/악** : 나무 목(木) 부 - 총 15 획

문장 이미지 희로애樂에 예민한 사람은 배우나 탈렌트가 되어야 한다오!

글자의 유래 나무 목(木)의 위에 작을 요(幺) 2개와 흰 백(白)이 있는 모양
나무판 위에 자그만 흰 북이 두개 있는 악기의 형상

단어 이미지
- 고락 → 고樂 → 苦樂
- 낙원 → 樂원 → 樂園
- 영화음악 → 영화음樂 → 영화音樂 → 영畵音樂 → 映畵音樂
- 희로애락 → 희로애樂 → 희로哀樂 → 喜怒哀락 → 喜怒哀樂
- 악보 → 樂보 → 樂譜
- 악극 → 樂극 → 樂劇
- 악대 → 樂대 → 樂隊

樂 樂 樂

亂

어지러울 **란** : 새 을(乙) 부 - 총 13 획

문장 이미지 亂동을 부리고 亂리를 치는 녀석을 겉으로는 무서워하지만!

글자의 유래 손톱 조(爫)와 마(マ), 무(厶), 누(ヌ)가 멀 경(冂)에 걸쳐 있는
모양새로서, 한자 부수와 일본어까지 섞어 놓아 진정 어지럽게 한다

단어 이미지
- 난동 → 亂동 → 亂動
- 난리 → 亂리 → 亂離
- 반란진압 → 반亂진압 → 叛亂진압 → 叛亂鎭압 → 叛亂鎭壓
- 자중지란 → 자중지亂 → 자중之亂 → 자中之亂 → 自中之亂
- 난립 → 亂립 → 亂立
- 난시 → 亂시 → 亂視
- 난맥 → 亂맥 → 亂脈

亂 亂 亂

卵

알 **란** : 병부 절(卩) 부 - 총 7 획

문장 이미지 卵생동물은 산卵기가 되면 오히려 수컷이 멋을 낸다오!

글자의 유래 병부(군대 깃발)가 좌우의 언덕에 꽂혀 있는데, 거기에 알을 낳아 놓았다고 점으로 표지하여 자기의 영역임을 만천하에 알려주고 있다

단어 이미지
- 계란 → 계卵 → 鷄卵
- 난소 → 卵소 → 卵巢
- 난생동물 → 卵생동물 → 卵生동물 → 卵生動물 → 卵生動物
- 누란지세 → 누卵지세 → 累卵지세 → 累卵之세 → 累卵之勢
- 산란기 → 산卵기 → 産卵기 → 産卵期
- 난형 → 卵형 → 卵形
- 부란기 → 부卵기 → 孵卵기 → 孵卵器

卵 卵 卵

覽

관람할 **람** : 볼 견(見) 부 - 총 21 획

문장 이미지 영화든 연극이든 전覽회든 관覽객이 많아야 한다!

글자의 유래 볼 감(監)의 그릇 명(皿) 자 대신에 볼 견(見) 자를 집어넣어 조립한 글자로서, 감독기능이 아닌 관람의 기능을 추가한 글자이다

단어 이미지
- 회람 → 회覽 → 回覽
- 전람회 → 전覽회 → 展覽회 → 展覽會
- 만국박람회 → 만국박覽회 → 만국博覽會 → 만국博覽會 → 만國博覽會 → 萬國博覽會
- 팔도유람 → 팔도유覽 → 팔도遊覽 → 팔道遊覽 → 八道遊覽
- 열람 → 열覽 → 閱覽
- 편람 → 편覽 → 便覽
- 관람객 → 관覽객 → 觀覽객 → 觀覽客

覽 覽 覽

朗

밝을 **랑** : 달 월(月) 부 - 총 11 획

문장 이미지 명朗한 성격에 朗랑한 목소리의 여성이라면 인기 최고!

글자의 유래 좋을 량(良)에 달 월(月)이 붙어있는 모양새 벚꽃이 하얗게 핀 밤에 달이 좋다면 이보다 밝은 세상은 없으련

단어 이미지
- 명랑 → 명朗 → 明朗
- 낭랑 → 朗랑 → 朗朗
- 낭독회 → 朗독회 → 朗讀회 → 朗讀會
- 시조낭송 → 시조朗송 → 시조朗誦 → 시調朗誦 → 時調朗誦
- 낭보 → 朗보 → 朗報
- 낭음 → 朗음 → 朗吟
- 청랑 → 청朗 → 晴朗

朗 朗 朗

來

올 **래** : 사람 인(人) 부 - 총 8 획

문장 이미지 외來식물은 원來 외국산이라 토종에 해롭다오!

글자의 유래 나무 목(木)의 글자를 벌려서는 두 사람(人)이 양쪽에서 끼여들고 있으니, 나무를 사이에 두고서 "올래 말래" 하는 숨박꼭질이다

단어 이미지

- 원래 → 원來 → 元來
- 내방 → 來방 → 來訪
- 외래식물 → 외來식물 → 外來식물 → 外來植물 → 外來植物
- 은행거래 → 은행거來 → 은행去來 → 은行去來 → 銀行去來
- 내력 → 來력→ 來歷
- 도래 → 도來 → 到來
- 초래 → 초來 → 招來

來 來 來

冷

찰 **랭** : 이수·얼음 빙(冫) 부 - 총 7 획

문장 이미지 겨울에 冷수마찰을 해야 건강한 체력이 유지된다!

글자의 유래 얼음 빙(冫 : 氷)에 명령할 령(令)이 붙어 있는 모양새 얼음을 추가하라고 명령한 것이니 차거울 수밖에

단어 이미지

- 냉기 → 冷기 → 冷氣
- 냉방 → 冷방 → 冷房
- 냉수마찰 → 冷수마찰 → 冷水마찰 → 冷水摩찰 → 冷水摩擦
- 냉혈동물 → 冷혈동물 → 冷血동물 → 冷血動물 → 冷血動物
- 냉동 → 冷동 → 冷凍
- 냉해 → 冷해 → 冷害
- 급랭 → 급冷 → 急冷

冷 冷 冷

略

간략할·꽤 **략** : 밭 전(田) 부 - 총 11 획

문장 이미지 정略결혼을 하는 처녀총각이 과연 행복할지 모르겠네!

글자의 유래 밭 전(田)에 각각 각(各)이 붙어있으니, 밭이 각각으로 있다면 간략할 수고 있지만, 크게 모아야 하는 전략도 필요로 한다

단어 이미지

- 약자 → 略자 → 略字
- 약도 → 略도 → 略圖
- 정략결혼 → 정略결혼 → 政略결혼 → 政略結혼 → 政略結婚
- 침략주의 → 침略주의 → 侵略주의 → 侵略主의 → 侵略主義
- 전략 → 전略 → 戰略
- 책략 → 책略 → 策略
- 간략 → 간略 → 簡略

略 略 略

兩 두 량 : 들 입(入) 부 – 총 8 획

문장 이미지 꿩 먹고 알 먹고는 일거兩득이지!

글자의 유래 멀 경(冂)에 송곳(丅)으로 찔러 나누니 들 입(入)이 각각으로 나누어진 모양새이니, 들어가 있는 것이 송곳으로 둘로 나누어진 형상

단어 이미지
- 양가 → 兩가 → 兩家
- 양립 → 兩립 → 兩立
- 양자택일 → 兩자택일 → 兩者택일 → 兩者擇일 → 兩者擇一
- 일거양득 → 일거兩득 → 일거兩得 → 일擧兩得 → 一擧兩得
- 양면 → 兩면 → 兩面
- 양성 → 兩성 → 兩性
- 양친 → 兩친 → 兩親

兩 兩 兩

量 헤아릴 · 용량 량 : 마을 리(里) 부 – 총 12 획

문장 이미지 에너지 불변의 법칙과 질量불변의 법칙은 알고 있어야 한다!

글자의 유래 날 일(日)의 아래에 하나 일(一)이 있고, 그 아래에 이수 리(里)가 있으니, 불빛 아래서 하나하나 세어보는 헤아림과 그 양이련

단어 이미지
- 계량 → 계量 → 計量
- 분량 → 분量 → 分量
- 재량처분 → 재量처분 → 裁量처분 → 裁量處분 → 裁量處分
- 질량불변 → 질量불변 → 質量불변 → 質量不변 → 質量不變
- 역량 → 역量 → 力量
- 용량 → 용量 → 容量
- 측량 → 측量 → 測量

量 量 量

糧 식량 량 : 쌀 미(米) 부 – 총 18 획

문장 이미지 남한의 糧곡창고가 찼으면 북한에 30년 외상으로 보내주면?

글자의 유래 쌀 미(米)에 헤어릴 량(量)이 붙어있는 모양새 예전이든 현대이든 쌀이 식량이니 쌀로써 식량을 측정한다

단어 이미지
- 미량 → 미糧 → 米糧
- 양식 → 糧식 → 糧食
- 양곡창고 → 糧곡창고 → 糧穀창고 → 糧穀倉고 → 糧穀倉庫
- 식량배급 → 식糧배급 → 食糧배급 → 食糧配급 → 食糧配給
- 급량 → 급糧 → 給糧
- 절량 → 절糧 → 絶糧
- 군량미 → 군糧미 → 軍糧미 → 軍糧米

糧 糧 糧

良

좋을 **량** : 괘이름 간(艮) 부 - 총 7 획

문장 이미지 良심의 자유는 헌법상 보장된 인간 최고의 자유이다!

글자의 유래 괘이름 간의 끌 흔(艮)에 바로 이것이라고 점(')을 하나 콱 찍어 두었으니, 좋을 수밖에

단어 이미지
- 양심 → 良심 → 良心
- 양부 → 良부 → 良否
- 불량식품 → 불良식품 → 不良식품 → 不良食품 → 不良食品
- 현모양처 → 현모良처 → 현모良妻 → 현母良妻 → 賢母良妻
- 양호 → 良호 → 良好
- 우량 → 우良 → 優良
- 선량 → 선良 → 善良

良 良 良

慮

사려할 **려** : 마음 심(心) 부 - 총 15 획

문장 이미지 사慮 깊은 사람은 함부로 술을 마시지 않는다오!

글자의 유래 생각할 사(思) 가 호랑이 호(虍)의 아래에 자리잡고 있으니, 얼마나 사려 깊은 자세인가

단어 이미지
- 사려 → 사慮 → 思慮
- 배려 → 배慮 → 配慮
- 염려사항 → 念려사항 → 念慮사항 → 念慮事항 → 念慮事項
- 형편고려 → 형편고慮 → 형편考慮 → 형便考慮 → 形便考慮
- 숙려 → 숙慮 → 熟慮
- 우려 → 우慮 → 憂慮
- 심려 → 심慮 → 深慮

慮 慮 慮

旅

여행할 **려** : 방향 방(方) 부 - 총 10 획

문장 이미지 어른들은 술과 노래의 관광을 旅행으로 안단 말이야!

글자의 유래 방향 방(方)에 사람 인(人)이 붙어있고 그 아래에 사람 씨(氏)가 자리하고 있으니, 사람들이 모여서 여행방향을 잡는 형상

단어 이미지
- 여비 → 旅비 → 旅費
- 여수 → 旅수 → 旅愁
- 여권심사 → 旅권심사 → 旅券심사 → 旅券審사 → 旅券審査
- 여행안내 → 旅행안내 → 旅行안내 → 旅行案내 → 旅行案內
- 여관 → 旅관 → 旅館
- 여장 → 旅장 → 旅裝
- 여객선 → 旅객선 → 旅客선 → 旅客船

旅 旅 旅

麗 수려할 려 : 사슴 록(鹿) 부 - 총 19 획

문장 이미지 한麗수도에 대해서는 미사麗구가 가당치 않다오!

글자의 유래 일(一)과 범상할 범(凡)이 쌍으로 있고, 그 아래에 사슴 록(鹿)이 있으매, 사슴을 보고 일일이 범상하다고 하니 수려한 것이다

단어 이미지
- 수려 → 수麗 → 秀麗
- 미려 → 미麗 → 美麗
- 미사여구 → 미사麗구 → 미사麗句 → 미辭麗句 → 美辭麗句
- 한려수도 → 한麗수도 → 閑麗수도 → 閑麗水도 → 閑麗水道
- 화려 → 화麗 → 華麗
- 유려 → 유麗 → 流麗
- 장려 → 장麗 → 壯麗

麗 麗 麗

力 힘 력 : 힘 력(力) 부 - 총 2 획

문장 이미지 체力이 국力이고 정신力도 국力이외다!

글자의 유래 젊은 청년이 허리를 굽혀서 삽질과 괭이질을 하는 모양새의 글자일 뿐

단어 이미지
- 국력 → 국力 → 國力
- 체력 → 체力 → 體力
- 부력작용 → 부力작용→ 浮力작용 → 浮力作용 → 浮力作用
- 역점사업 → 力점사업 → 力點사업 → 力點事업 → 力點事業
- 능력 → 능力 → 能力
- 정신력 → 정신力 → 정神力 → 精神力
- 역작 → 力작 → 力作

力 力 力

歷 지날·역사 력 : 그칠 지(止) 부 - 총 16 획

문장 이미지 歷사상 가장 잘 사는 사회가 오늘의 한국사회이다!

글자의 유래 언덕 한(厂)의 아래에 벼 화(禾)가 나란하고 그 아래에 그칠 지(止)가 있으매, 시간이 지나 언덕 아래의 벼가 자람을 그친 것이다

단어 이미지
- 역대 → 歷대 → 歷代
- 역사상 → 歷사상 → 歷史상 → 歷史上
- 병력조회 → 병歷조회 → 病歷조회 → 病歷照회 → 病歷照會
- 경력심사 → 경歷심사 → 經歷심사 → 經歷審사 → 經歷審査
- 학력 → 학歷 → 學歷
- 역임 → 歷임 → 歷任
- 내력 → 내歷 → 來歷

歷 歷 歷

連

이을 **련** : 쉬엄쉬엄 갈 착(辶) 부 - 총 11 획

문장 이미지 월드컵 축구에서 한국팀이 連전連승하면 좋으련!

글자의 유래 자동차의 차(車)가 쉬엄쉬엄 갈 착(辶)의 위에 얹혀 있으매, 당연히 연이어 길을 내며 달려가는 것이라오

단어 이미지
- 연결 → 連결 → 連結
- 연락 → 連락 → 連絡
- 강제연행 → 강제連행 → 강제連行 → 강制連行 → 强制連行
- 연전연승 → 連전연승 → 連戰연승 → 連戰連승 → 連戰連勝
- 연발 → 連발 → 連發
- 연타 → 連타 → 連打
- 연재 → 連재 → 連載

連 連 連

練

연습할 **련** : 실 사(糸) 부 - 총 15 획

문장 이미지 한자와 영어 및 수학 공부는 練습이 최우선이라오!

글자의 유래 실 사(糸)에 가릴 간(柬)이 붙어있는 글자로서, 실은 형태가 동일하여 많은 연습이 있어야 가릴 수 있다. 정신적이면 練, 육체적이면 鍊

단어 이미지
- 연습 → 練습 → 練習
- 숙련 → 숙練 → 熟練
- 심신수련 → 심신修련 → 심신修練 → 심身修練 → 心身修練(=修鍊)
- 훈련계획 → 훈練계획 → 訓練계획 → 訓練計획 → 訓練計劃
- 세련 → 세練 → 洗練 → 洗鍊
- 연병장 → 練병장 → 練兵장 → 練兵場

練 練 練

- 정련 → 정練 → 精練 = 精鍊

列

벌릴·나열할 **렬** : 칼 도(刂) 부 - 총 6 획

문장 이미지 능력에 따르게 되면 서列파괴가 되지요!

글자의 유래 부서진 뼈의 알(歹)에 칼 도(刂 : 刀)가 붙어있는 모양새 칼을 대어 알을 부셔버린다면, 그로 인해 벌려져 나열되게 된다오

단어 이미지
- 나열 → 나列 → 羅列
- 배열 → 배列 → 配列
- 남행열차 → 남행列차 → 남행列車 → 남行列車 → 南行列車
- 사열파괴 → 서列파괴 → 序列파괴 → 序列破괴 → 序列破壞
- 병렬 → 병列 → 竝列
- 진열 → 진列 → 陳列
- 직렬 → 직列 → 直列

列 列 列

烈

심할·열렬할 **렬** : 불 화(灬 : 火) 부 - 총 10 획

문장 이미지 애국烈사와 순국선烈들을 위한 묵념! … 바로!

글자의 유래 불 화(灬)의 위에 나열할 렬(列)이 위치한 모양새 불판 위에 나열하고 있으니 얼마나 심하고 열렬하겠는가!

단어 이미지
- 격렬 → 격烈 → 激烈
- 열렬 → 열렬 → 熱烈
- 애국열사 → 애국烈사 → 애국烈士 → 애國烈士 → 愛國烈士
- 순국선열 → 순국선烈 → 순국先烈 → 순國先烈 → 殉國先烈
- 맹렬 → 맹烈 → 猛烈
- 장렬 → 장烈 → 壯烈
- 열녀 → 烈녀→ 烈女

烈 烈 烈

令

명령·좋을 **령** : 사람 인(人) 부 - 총 5 획

문장 이미지 令장을 피해 미국에 가서 미국 군대로 들어간 이도 있다!

글자의 유래 병부 절(卩)의 위에 하나 일(一)과 사람 인(人)이 있으니, 군인징집의 장부 하나로 명령한다는 의미. 장부 하나로 좋다는 뜻

단어 이미지
- 발령 → 발令 → 發令
- 영장 → 令장 → 令狀
- 조령모개 → 조令모개 → 朝令모개 → 朝令暮개 → 朝令暮改
- 명령위반 → 명令위반 → 命令위반 → 命令違反 → 命令違反
- 율령 → 율令 → 律令
- 법령 → 법令 → 法令
- 영부인 → 令부인 → 令夫인 → 令夫人

令 令 令

領

거느릴·받을 **령** : 머리채 혈(頁) 부 - 총 14 획

문장 이미지 독도는 지금 한국과 일본의 嶺토분쟁의 섬인가?

글자의 유래 명령할 령(令)에 머리채 혈(頁)이 붙어있는 모양새 사람의 뇌가 아니라 머리채에 대해 명령하여 거느리는 것일뿐

단어 이미지
- 요령 → 요領 → 要領
- 강령 → 강領 → 綱領
- 영공침투 → 領공침투 → 領空침투 → 領空浸투 → 領空浸透
- 영토분쟁 → 領토분쟁 → 領土분쟁 → 領土紛쟁 → 領土紛爭
- 수령 → 수領 → 受領
- 영해 → 領해 → 領海
- 영수증 → 領수증 → 領收증 → 領收證

領 領 領

본보기 **례** : 사람 인(亻) 부 - 총 8 획

例

문장 이미지 공식과 문제는 사例별로 정리해 두고서 외우게나!

글자의 유래 사람 인(亻)에 나열할 열(列)이 붙어있는 모양새
사람이 나보란 듯이 나열하고 있으니 당연히 본보기이라

단어 이미지
- 예규 → 例규 → 例規
- 예시 → 例시 → 例示
- 예제문제 → 例제문제 → 例題문제 → 例題問제 → 例題問題
- 판례수집 → 판例수집 → 判例수집 → 判例수집 → 判例蒐集
- 사례별 → 사例별 → 事例별 → 事例別
- 반비례 → 반비例 → 반比例 → 反比例
- 범례 → 범例 → 凡例

例 例 例

예의 **례** : 보일 시(示) 부 - 총 18 획

禮

문장 이미지 禮의가 깍듯한 한국인은 대개 禮의범절이 강하다!

글자의 유래 보일 시(示)에 풍성할 풍(豊)이 붙어있는 모양새
인의예지신의 공자시대에는 예의가 많은 사람이 풍성하게 보였던 것

단어 이미지
- 예의 → 禮의 → 禮儀
- 예우 → 禮우 → 禮遇
- 예의범절 → 禮의범절 → 禮儀범절 → 禮儀凡절 → 禮儀凡節
- 청춘예찬 → 청춘禮찬 → 청춘禮讚 → 청春禮讚 → 青春禮讚
- (당선) 사례 → 사禮 → 謝禮
- 예절 → 禮절 → 禮節
- 혼례 → 혼禮 → 婚禮

禮 禮 禮

일할 **로** : 힘 력(力) 부 - 총 12 획

勞

문장 이미지 勞동과 勞심은 모두 勞임을 받아야 하는 勞력입니다!

글자의 유래 힘 력(力)의 위에 덮을 멱(冖)이 있고 그 위에 불 화(火)가
쌍(火火)으로 있으매, 힘에다가 불타는 정신을 추가하여 노력하는 뜻

단어 이미지
- 노동 → 勞동 → 勞動
- 노심 → 勞심 → 勞心
- 근로봉사 → 근勞봉사 → 勤勞봉사 → 勤勞奉사 → 勤勞奉仕
- 노동조합 → 勞동조합 → 勞動조합 → 勞動組합 → 勞動組合
- 과로 → 과勞 → 過勞
- 노력 → 勞력 → 勞力
- 노곤 → 勞곤 → 勞困

勞 勞 勞

老

늙을 로 : 늙을 로(老) 부 - 총 11 획

문장 이미지 老약자석에는 약자도 앉아도 되는데. 누가 약자인가!

글자의 유래 흙 토(土)에 삐칠 별(丿)이 지르고 그 아래에
숟가락 비(匕)가 있으매, 흙에 묻힐 정도로 늙어있다는 뜻

단어 이미지
- 노인 → 老인 → 老人
- 노송 → 老송 → 老松
- 노소동락 → 老소동락 → 老少동락 → 老少同락 → 老少同樂
- 노약자석 → 老약자석 → 老弱자석 → 老弱者석 → 老弱者席
- 노대가 → 老대가 → 老大가 → 老大家
- 양로원 → 양老원 → 養老원 → 養老院
- 경로 → 경老 → 敬老

老 老 老

路

길 로 : 발 족(足) 부 - 총 13 획

문장 이미지 진路상담하여 나의 적성에 맞는 이공계로 가야겠다!

글자의 유래 발 족(足 : ⻊)에 각각 각(各)이 붙어있는 모양새
인간이 발들이 각각으로 움직이는 곳은 다름 아닌 길일뿐

단어 이미지
- 도로 → 도路 → 道路
- 노면 → 路면 → 路面
- 진로상담 → 진路상담 → 進路상담 → 進路相담 → 進路相談
- 항로변경 → 항路변경 → 航路변경 → 航路變경 → 航路變更
- 미로 → 미路 → 迷路
- 농수로 → 농수路 → 농水路 → 農水路
- 통로 → 통路 → 通路

路 路 路

綠

푸를·녹색 록 : 실 사(糸) 부 - 총 14 획

문장 이미지 도시의 綠지대에 상綠수가 무성해야 좋겠다!

글자의 유래 실 사(糸)에 나무껍질 록(彔)이 붙어있는 모양새
나무껍질을 실로써 엮어내게 되면 당연히 나무처럼 푸르러진다

단어 이미지
- 녹차 → 綠차 → 綠茶
- 신록 → 신綠 → 新綠
- 녹색식물 → 綠색식물 → 綠色식물 → 綠色植물 → 綠色植物
- 초록동색 → 초綠동색 → 草綠동색 → 草綠同색 → 草綠同色
- 녹지대 → 綠지대 → 綠地대 → 綠地帶
- 상록수 → 상綠수 → 常綠수 → 常綠樹
- 녹비 → 綠비 → 綠肥

綠 綠 綠

錄

기록할 **록** : 쇠 금(金) 부 - 총 16 획

문장 이미지 생방송이 아니라 錄화방송을 봐도 되어요!

글자의 유래 쇠 금(金)에 나무껍질 록(彔)이 붙어있는 모양새
오늘날에도 나무껍질 같은 금속성의 필름에 기록하고 있다

단어 이미지
- 기록 → 기錄 → 記錄
- 녹음 → 錄음 → 錄音
- 녹화방송 → 錄화방송 → 錄畵방송 → 錄畵放송 → 錄畵放送
- 등록고지 → 등錄고지 → 登錄고지 → 登錄告지 → 登錄告知
- 목록 → 목錄 → 目錄
- 부록 → 부錄 → 附錄
- 실록 → 실錄 → 實錄

錄 錄 錄

論

논리 **론** : 말씀 언(言) 부 - 총 15 획

문장 이미지 국토통일 이전에 국論통일을 먼저 해야 하지요!

글자의 유래 말씀 언(言)에 조리세울 륜(侖)이 붙어있는 모양새
말씀에 조리를 세운다면 마땅히 논리가 서게 된다

단어 이미지
- 논리 → 論리 → 論理
- 논술 → 論술 → 論述
- 논공행상 → 論공행상 → 論功행상 → 論功行상 → 論功行賞
- 국론통일 → 국論통일 → 國論통일 → 國論統일 → 國論統一
- 논증 → 論증 → 論證
- 서론 → 서論 → 序論
- 토론 → 토論 → 討論

論 論 論

料

헤아릴 **료** : 말 두(斗) 부 - 총 10 획

문장 이미지 원料 재料 연料 자料 料금일랑 料량대로 주세요!

글자의 유래 쌀 미(米)에 말 두(斗)가 붙엉T는 모양새
양식으로 가장 중요한 쌀을 1말 2말 헤아려보는 의미이련

단어 이미지
- 원료 → 원料 → 原料
- 재료 → 재料 → 材料
- 자료수집 → 자料수집 → 資料수집 → 資料蒐집 → 資料蒐集
- 연료가격 → 연料가격 → 燃料가격 → 燃料價격 → 燃料價格
- 요금 → 料금 → 料金
- 요량 → 料량 → 料量
- 수업료 → 수업料 → 수業料 → 授業料

料 料 料

용 룡 : 용 룡(龍) 부 - 총 11 획

龍

문장 이미지 龍호상박의 그림에도 화龍점정해야 실감이 난다!

글자의 유래 달 월(月)의 위에 설 립(立)이 있고, 가상의 용이 달밤에 용틀임 하는 모양새가 그 옆에 서 있는 형상의 글자이련

단어 이미지

- 용왕 → 龍왕 → 龍王
- 용좌 → 龍좌 → 龍座
- 용호상박 → 龍호상박 → 龍虎상박 → 龍虎相박 → 龍虎相搏
- 화룡점정 → 화龍점정 → 畵龍점정 → 畵龍點정 → 畵龍點睛
- 용두사미 → 龍두사미 → 龍頭사미 → 龍頭蛇미 → 龍頭蛇尾
- 공룡 → 공龍 → 恐龍
- 용소 → 龍소 → 龍沼

龍	龍	龍		

머무를 류 : 밭 전(田) 부 - 총 10 획

留

문장 이미지 한글도 제대로 알기 전에 留학가면 오히려 경쟁력이 없어!

글자의 유래 밭 전(田)의 위에 병부 절(㔾)과 칼 도(刀)가 있는 모양새 땅 위에서 병사들의 장부와 칼을 세워두고 있으매, 머무른다는 뜻

단어 이미지

- 유학 → 留학 → 留學
- 유임 → 留임 → 留任
- 유급조치 → 留급조치 → 留級조치 → 留級措치 → 留級措置
- 압류명령 → 압留명령 → 押留명령 → 押留命령 → 押留命令
- 보류 → 보留 → 保留
- 구유장 → 구留장 → 拘留장 → 拘留場
- 유념 → 留념 → 留念

留	留	留		

흐를 류 : 물 수(氵) 부 - 총 10 획

流

문장 이미지 비가 많이 와서 급流를 이루면 流속이 빨라진다!

글자의 유래 물 수(氵)에 홍성하게 일어날 운(云)과 아래에 시내 천(川)이 붙어있는 모양새. 물이 홍성하게 일어나 시내를 이룬다면 흐르는 형상

단어 이미지

- 급류 → 급流 → 急流
- 유속 → 流속 → 流速
- 유체역학 → 流체역학 → 流體역학 → 流體力학 → 流體力學
- 유통기구 → 流통기구 → 流通기구 → 流通機구 → 流通機構
- 유행병 → 流행병 → 流行병 → 流行病
- 유동 → 流동 → 流動
- 유역 → 유域 → 流域

流	流	流		

柳

버들 **류** : 나무 목(木) 부 – 총 9 획

문장 이미지 김삿갓은 '버들버들 떨다가 꽃꽃해진다' 고
사람의 죽음을 柳柳화화라고 노래했으니!

글자의 유래 나무 목(木)에 토끼 묘(卯)를 붙여놓은 모양새
토끼가 가장 좋아하는 나뭇잎은 아니나 다를까 버들잎이다

단어 이미지

- 양류 → 양柳→ 楊柳
- 세류 → 세柳 → 細柳
- 유유화화 → 柳류화화 → 柳柳화화 → 柳柳花화 → 柳柳花花
- 화류계 → 화柳계 → 花柳계 → 花柳界
- 안류 → 안柳 → 岸柳
- 청류 → 청柳 → 青柳
- 하류 → 하柳 → 河柳

柳 柳 柳

類

무리 **류** : 머리채 혈(頁) 부 – 총 19 획

문장 이미지 類유상종의 類만부동인 유형의 인간이라면?

글자의 유래 쌀 미(米)의 아래에는 개 견(犬)이 있고 그 옆에는
머리채 혈이 있으매, 그런 것들은 머리채를 잡아끌어야 하는 부류이련

단어 이미지

- 유형 → 類형 → 類型
- 부류 → 부類 → 部類
- 유만부동 → 類만부동 → 類萬부동 → 類萬不동 → 類萬不同
- 유유상종 → 類유상종 → 類類상종 → 類類相종 → 類類相從
- 인류 → 인類 → 人類
- 어류 → 어類 → 魚類
- 유사 → 類사 → 類似

類 類 類

六

여섯 **육** : 여덟 팔(八) 부 – 총 4 획

문장 이미지 한-미-중-일-러-북한의 六자회담에서 북한 삼팔六계를 꿈꾼다!

글자의 유래 아라비아 숫자 6이나 그리스의 VI생겨나기 훨씬 전에,
다섯 손가락을 꼭 쥔 상태에서 위의 하나(丶)를 더해 육(6)으로 했으련

단어 이미지

- 육법 → 六법 → 六法
- 육칠월 → 六칠월 → 六七월 → 六七月
- 육자회담 → 六자회담 → 六者회담 → 六者會담 → 六者會談
- 삼팔육계 → 삼팔六계 → 삼팔六界 → 三八六계 → 三八六界
- 육대주 → 六대주 → 六大주 → 六大洲
- 육기통 → 六기통 → 六氣통 → 六氣筒
- 육각형 → 六각형 → 六角형 → 六角形

六 六 六

육지 륙 : 언덕 부(阝) 부 - 총 11 획

陸

문장 이미지 조선인은 대陸 지향성, 한국인은 해양 지향성! 당신은?

글자의 유래 흙 토(土), 어진 사람 인(儿), 흙 토(土)의 왼쪽에 언덕 부(阝)가 있으매, 언덕 옆에 사람이 바닥과 만댕이 사이의 흙에 사는 곳이 바로 육지

단어 이미지

- 육지 → 陸지 → 陸地
- 육로 → 陸로 → 陸路
- 상륙작전 → 상陸작전 → 上陸작전 → 上陸作전 → 上陸作戰
- 수륙양용 → 수陸양용 → 水陸양용 → 水陸兩용 → 水陸兩用
- 대륙 → 대陸 → 大陸
- 육상 → 陸상 → 陸上
- 착륙 → 착陸 → 着陸

陸 陸 陸

바퀴 륜 : 자동차 차(車) 부 - 총 15 획

輪

문장 이미지 4輪구동의 자동차는 군용이나 고급차이지요!

글자의 유래 자동차 차(車)에 조리세울 륜(侖)이 붙어있는 모양새 자동차가 나름대로 조리를 세우려면 바퀴가 제일 먼저라는 의미이런

단어 이미지

- 윤번 → 輪번 → 輪番
- 차륜 → 차輪 → 車輪
- 사륜구동 → 사輪구동 → 四輪구동 → 四輪驅동 → 四輪驅動
- 윤회사상 → 輪회사상 → 輪廻사상 → 輪廻思상 → 輪廻思想
- 윤작 → 輪작 → 輪作
- 윤전기 → 輪전기 → 輪轉기 → 輪轉機
- 윤화 → 輪화 → 輪禍

輪 輪 輪

법률 률(율) : 두인 · 조금 걸을 척(彳) 부 - 총 9 획

律

문장 이미지 참고서는 친구에게도 빌려주지 않는 것이 不文율이라!

글자의 유래 두 사람이 조금 걸을 척(彳)에 붓에 따를 율(聿)이 있으매, 붓이 써놓은 대로 사람들이 따라가야 하는 것은 법률이라는 뜻

단어 이미지

- 법률 → 법律 → 法律
- 자율 → 자律 → 自律
- 이율배반 → 이律배반 → 二律배반 → 二律背반 → 二律背反
- 천편일률 → 천편일律 → 천편一律 → 천篇一律 → 千篇一律
- 불문율 → 불문律 → 불文律 → 不文律
- 율동 → 律동 → 律動
- 율령 → 律령 → 律令

律 律 律

利

이로울 **리** : 칼 도(刂) 부 - 총 7 획

문장 이미지　사람의 마음은 반드시 利익과 利윤으로 붙잡으라고 했다!

글자의 유래　벼 화(禾)에 칼 도(刂)가 붙어있는 모양새 귀중한 벼를 칼로써 가두어 들인다면 이로울 밖에

단어 이미지
- 이익 → 利익 → 利益
- 이윤 → 利윤 → 利潤
- 이용후생 → 利용후생 → 利用후생 → 利用厚생 → 利用厚生
- 이해타산 → 利해타산 → 利害타산 → 利害打산 → 利害打算
- 이권 → 利권 → 利權
- 이자 → 利자 → 利子
- 금리 → 금利 → 金利

利 利 利

李

오얏·성 **리** : 나무 목(木) 부 - 총 7 획

문장 이미지　李씨조선을 처음 사용한 이는 한일합방 50년전 동학의 창시자 최제우이지만, 일본제국주의자들이 조선을 폄하하기 위해 주로 사용했다!

글자의 유래　나무 목(木)의 아래에 아들 자(子)가 있는 글자로서, 오얏(자두, 풍개)이라기 보다는 이씨 성으로 주로 사용되고 있다

단어 이미지
- 이조 → 李조 → 李朝
- 이왕조 → 李왕조 → 李王조 → 李王朝
- 이씨조선 → 李씨조선 → 李氏조선 → 李氏朝선 → 李氏朝鮮
- 이하부정관 → 李하부정관 → 李下부정관 → 李下不정관 → 李下不整관 → 李下不整冠

조선은 대한제국(한국)으로 바꾸면서 왕은 이씨가 이어가게 이씨왕조라고 명했다는 설도 있다

- 이태조 → 李태조 → 李太조 → 李太祖
- 도리 → 桃리 → 桃李 : 복숭과 자두

李 李 李

里

마을 **리** : 마을 리(里) 부 - 총 7 획

문장 이미지　남녀의 사랑은 일사천里 하루밤에도 만里장성을 쌓는다고!

글자의 유래　밭 전(田)의 아래에 흙 토(土)가 자라한 모양새 밭 아래 녘에서 흙이나 파고 사는 동네가 마을이지요

단어 이미지
- 동리 → 동里 → 洞里
- 이정표 → 里정표 → 里程표 → 里程標
- 만리장성 → 만里장성 → 萬里장성 → 萬里長성 → 萬里長城
- 일사천리 → 일사천里 → 일사千里 → 一瀉千리 → 一瀉千里
- 오리무중 → 五里무중 → 五里霧중 → 五里霧中
- 향리 → 향里 → 鄕里
- 십리 → 십里 → 十里

里 里 里

理

이치 리 : 임금 왕(王) 부 - 총 11 획

문장 이미지 공理공론의 理념논쟁은 끝나고 실용주의가 지배하는데!

글자의 유래 임금 왕(王)의 옆에 마을 리(里)가 붙어있는 모양새
왕조시대, 마을들로 구성되는 나라에서는 임금의 말이 바로 이치라는 뜻

단어 이미지
- 이치 → 理치 → 理致
- 이론 → 理론 → 理論
- 공리공론 → 공理공론 → 空理공론 → 空理空론 → 空理空論
- 이념논쟁 → 理념논쟁 → 理念논쟁 → 理念論쟁 → 理念論爭
- 이공계 → 理공계 → 理工계 → 理工系
- 이상향 → 理상향 → 理想향 → 理想鄕
- 궁리 → 궁理 → 窮理

理 理 理

離

이별할 리 : 새 추(隹) 부 - 총 19 획

문장 이미지 離합집산의 무리들이 離산가족을 만들어낸 원흉!

글자의 유래 흩어질 리(离)에 새 추(隹)가 붙어있는 모양새
새가 흩어진다는 것은 현재 상태로부터 떠나고 이별하는 것

단어 이미지
- 이별 → 離별 → 離別
- 이탈 → 離탈 → 離脫
- 이산가족 → 離산가족 → 離散가족 → 離散家족 → 離散家族
- 이합집산 → 離합집산 → 離合집산 → 離合集산 → 離合集散
- 난리 → 난離 → 亂離
- 이륙 → 離륙 → 離陸
- 괴리 → 괴離 → 乖離

離 離 離

林

수풀 림 : 나무 목(木) 부 - 총 8 획

문장 이미지 열대우林의 파괴가 바로 지구의 허파를 파괴하는 짓이라오!

글자의 유래 나무 목(木)이 두 개나 나란히 붙어있는 모양새
나무가 두 개 이상 존재하는 곳이 숲이라는 사실

단어 이미지
- 수림 → 수林 → 樹林
- 임야 → 林야 → 林野
- 산림녹화 → 산林녹화 → 山林녹화 → 山林綠화 → 山林綠化
- 열대우림 → 열대우林 → 열대雨林 → 열帶雨林 → 熱帶雨林
- 원시림 → 원시林 → 원始林 → 原始林
- 삼림욕 → 삼림욕 → 森林욕 → 森林浴
- 유림 → 유林 → 儒林

林 林 林

설 립 : 설 립(立) 부 - 총 5 획

立

문장 이미지 한국의 젊은이는 자立정신이 가장 부족하다! 마마보이?

글자의 유래 머리 두(亠)를 하늘 위로 가진 사람이 두 발(丶丿)로 땅(一)을 딛고 서 있는 형상의 글자

단어 이미지
- 독립 → 독立 → 獨立
- 창립 → 창立 → 創立
- 입도선매 → 立도선매 → 立稻선매 → 立稻先매 → 立稻先賣
- 자립정신 → 자立정신 → 自立정신 → 自立精신 → 自立精神
- 수립 → 수立 → 樹立
- 중립 → 중立→ 中立
- 입법 → 立법 → 立法

立 立 立

말 마 : 말 마(馬) 부 - 총 10 획

馬

문장 이미지 실패는 새옹지마가 되게 해야 한다! 마이동풍 아니겠지?

글자의 유래 망아지의 모양새를 딴 글자로서 글자의 위를 보면 말의 머리와 목털이 있고, 그 아래에는 네(4) 발이 그려져 있다

단어 이미지
- 마력 → 馬력 → 馬力
- 경마 → 경馬 → 競馬
- 새옹지마 → 새옹지馬 → 새옹之馬 → 새翁之馬 → 塞翁之馬
- 마이동풍 → 馬이동풍 → 馬耳동풍 → 馬耳東풍 → 馬耳東風
- 준마 → 준馬 → 駿馬
- 주마간산 → 주馬간산→ 走馬간산 → 走馬看산 → 走馬看山
- 죽마고우 → 죽馬고우 → 竹馬고우 → 竹馬故우 → 竹馬故友

馬 馬 馬

찰 만 : 물 수(氵) 부 - 총 14 획

滿

문장 이미지 월색이 滿건곤한 봄밤인 데, 산채에 탁배기나 한 잔 합세!

글자의 유래 물 수(氵)에 우물물 퍼올리는 그림문자가 붙어있으매 두레박으로 우물 물을 퍼올려서 드므(독)를 채운다는 의미

단어 이미지
- 만족 → 滿족 → 滿足
- 만건곤 → 滿건곤 → 滿乾곤 → 滿乾坤
- 만면희색 → 滿면희색 → 滿面희색 → 滿面喜색 → 滿面喜色
- 야심만만 → 야심만滿 → 야심滿滿 → 야心滿滿 → 野心滿滿
- 충만 → 충滿 → 充滿
- 원만 → 원滿 → 圓滿
- 만개 → 滿개 → 滿開

滿 滿 滿

萬

일만 **만** : 풀 초(艹) 부 - 총 13 획

문장 이미지 萬부득이 삼라萬상이 萬고풍상에 시달려야 萬사형통이라!

글자의 유래 풀 초(艹)의 글자 아래에 밭(田)과 지하수 퍼 올리는 장치까지 있으매, 농사로 국가부강을 꾀하던 시대에는 많다는 뜻

단어 이미지
- 만능 → 萬능 → 萬能
- 만전 → 萬전 → 萬全
- 삼라만상 → 삼라萬상 → 삼라萬象 → 삼羅萬象 → 森羅萬象
- 만고풍상 → 萬고풍상 → 萬古풍상 → 萬古風상 → 萬古風霜
- 만부득이 → 萬不득이 → 萬不得已
- 만병통치 → 萬病통치 → 萬病通治
- 만물 → 萬물→ 萬物

萬 萬 萬

末

끝 **말** : 나무 목(木) 부 - 총 5 획

문장 이미지 末단의 직위에 있는 사람은 본末전도의 이해를 많이 한다!

글자의 유래 나무 목(木)의 위에 머리 두(亠)이 있는 모양새 저 높은 나무 꼭대기의 위에 머리 뚜껑을 씌워 끝을 의미

단어 이미지
- 말단 → 末단 → 末端
- 말년 → 末년 → 末年
- 발암말기 → 발암末기 → 발암末期 → 발癌末期 → 發癌末期
- 본말전도 → 본末전도 → 本末전도 → 本末顚도 → 本末顚倒
- 말일 → 末일 → 末日
- 말세 → 末세 → 末世
- 종말 → 종末 → 終末

末 末 末

亡

망할 **망** : 머리 두(亠) 부 - 총 3 획

문장 이미지 흥亡이 유수하여 국가존亡이 오거든 亡명정부나 세우게!

글자의 유래 머리 두(亠)의 아래에 고꾸라지는(乚)의 형상의 글자 머리가 아래로 고꾸라지면 당연히 망하는 법

단어 이미지
- 흥망 → 흥亡 → 興亡
- 망조 → 亡조 → 亡兆
- 국가존망 → 국가존亡 → 국가存亡 → 국家存亡 → 國家存亡
- 망명정부 → 亡명정부 → 亡命정부 → 亡命政부 → 亡命政府
- 도망 → 도亡 → 逃亡
- 멸망 → 멸亡 → 滅亡
- 망신 → 亡신 → 亡身

亡 亡 亡

望

바랄 **망** : 달 월(月) 부 - 총 11 획

문장 이미지 당신의 소望은? 그 야望성취를 위해 한자공부 좀 하게나!

글자의 유래 달 월(月)에 망할 망(亡)이 있고 그 아래에 임할 임(壬)이 있으매, 달이 기울어 망하면 전기 없던 시대에는 다음의 보름달을 바란다

단어 이미지
- 소망 → 소望 → 所望
- 열망 → 열望 → 熱望
- 야망성취 → 야望성취 → 野望성취 → 野望成취 → 野望成就
- 신망돈독 → 신望돈독 → 信望돈독 → 信望敦독 → 信望敦篤
- 희망 → 희望 → 希望
- 가망 → 가望 → 可望
- 절망 → 절望 → 絶望

望 望 望

妹

누이 **매** : 여자 여(女) 부 - 총 8 획

문장 이미지 서울과 평양이 수도로서 자妹결연을 맺으면 좋으련!

글자의 유래 여자 여(女)에 아닐 미(未)가 붙어있는 모양새 누이동생은 오빠에게 항상 여자로 보이지 않는다

단어 이미지
- 남매 → 남妹 → 男妹
- 매형 → 妹형 → 妹兄
- 자매결연 → 자妹결연 → 姉妹결연 → 姉妹結연 → 姉妹結緣
- 형제자매 → 형제자妹 → 형제姉妹 → 형弟姉妹 → 兄弟姉妹
- 매제 → 妹제 → 妹弟
- 매부 → 妹夫 → 妹夫
- 매가 → 妹가 → 妹家

妹 妹 妹

每

매일 **매** : 말 무(毋) 부 - 총 7 획

문장 이미지 每일운동을 하는 습관이 있어야 공부도 많이 할 수 있지오!

글자의 유래 사람 인(人)의 아래에 어미 모(母)가 있는 모양새 예전 봉건시대의 어미는 매양 사람(지아비) 아래에 있어야 했다

단어 이미지
- 매양 → 每양 → 每樣
- 매사 → 每사 → 每事
- 매월지불 → 每월지불 → 每月지불 → 每月支불 → 每月支拂
- 매일운동 → 每일운동 → 每日운동 → 每日運동 → 每日運動
- 매주 → 每주 → 每週
- 매시간 → 每시간 → 每時간 → 每時間
- 매회 → 每회 → 每回

每 每 每

買

살(매입할) 매 : 조개 패(貝) 부 - 총 12 획

문장 이미지　買수공작은 후진국에서나 일어나는 돈 정치일 뿐!

글자의 유래　그물 망(罒)이 조개 패(貝)의 위에 얹혀져 있는 모양새 조개는 고대의 돈인데, 조개에 그물을 치는 것은 돈으로 사는 행위

단어 이미지

- 매점 → 買점 → 買占
- 구매 → 구買 → 購買
- 매수공작 → 買수공작 → 買收공작 → 買收工작 → 買收工作
- 매입원가 → 買입원가 → 買入원가 → 買入原가 → 買入原價
- 매매 → 매買 → 賣買
- 매판자본 → 買辦자본 → 買辦資本
- 매집 → 買집 → 買集

買 買 買

賣

팔(매출할) 매 : 조개 패(貝) 부 - 총 15 획

문장 이미지　이윤은 박하게 많이 파는 박리다賣가 상품유통의 근본!

글자의 유래　살 매(買)의 위에 선비 사(士)가 얹혀져 있는 모양새 살 때는 목에 힘주지만, 팔 때는 선비처럼 행동해야 한다는 뜻

단어 이미지

- 매각 → 賣각 → 賣却
- 매도 → 賣도 → 賣渡
- 박리다매 → 박리다賣 → 박리多賣 → 박利多賣 → 薄利多賣
- 매출가액 → 賣출가액 → 賣出가액 → 賣出價액 → 賣出價額
- 비매품 → 非賣품 → 非賣품 → 非賣品
- 매국노 → 賣국노 → 賣國노 → 賣國奴
- 매석 → 賣석 → 賣惜

賣 賣 賣

脈

줄기·맥박 맥 : 육달 월(月) 부 - 총 10 획

문장 이미지　노다지(No-Touch)는 금脈탐사를 위한 명脈이었다!

글자의 유래　고기 육의 육달 월(月)에 언덕 한(厂)과 사람 씨(氏)가 붙어 있으매, 고기의 언덕은 육체이므로 그 안의 동맥, 정맥을 의미

단어 이미지

- 동맥 → 동脈 → 動脈
- 정맥 → 정脈 → 靜脈
- 금맥탐사 → 금脈탐사 → 金脈탐사 → 金脈探사 → 金脈探査
- 일맥상통 → 일脈상통 → 一脈상통 → 一脈相통 → 一脈相通
- 명맥 → 명脈 → 命脈
- 맥동 → 脈동 → 脈動
- 맥박 → 脈박 → 脈搏

脈 脈 脈

힘쓸 면 : 힘 력(力) 부 - 총 9 획

勉

문장 이미지 근勉정신으로 勉학정진해야 바라는 대학에 갈 수 있다!

글자의 유래 면할 면(免)에 힘 력(力)이 얹혀져 있는 모양새
불상사를 면하도록 힘을 실어주는 것이므로 힘 써주는 것

단어 이미지
- 면려 → 勉려 → 勉勵
- 면행 → 勉행 → 勉行
- 면학정진 → 勉학정진 → 勉學정진 → 勉學精진 → 勉學精進
- 근면의지 → 근勉의지 → 勤勉의지 → 勤勉意지 → 勤勉意志
- 권면 → 권勉 → 勸勉
- 위면 → 위勉 → 慰勉
- 책면 → 책勉 → 策勉

勉 勉 勉

얼굴 면 : 눈 목(目) 부 - 총 9 획

面

문장 이미지 한국인은 국제무대에서 체面 때문에 실리를 놓치고 있다!

글자의 유래 상투의 머리칼(丅)의 아래에 있는 동양인의 대표적인
사각형(口)의 얼굴에 눈(目:목)을 그려넣은 형상의 글자

단어 이미지
- 체면 → 체面 → 體面
- 면전 → 面전 → 面前
- 물심양면 → 물심양面 → 물심兩面 → 물心兩面 → 物心兩面
- 사면초가 → 사面초가 → 四面초가 → 四面楚가 → 四面楚歌
- 수면 → 수面 → 水面
- 면담 → 面담 → 面談
- 서면 → 서面 → 書面

面 面 面

이름 명 : 입 구(口) 부 - 총 6 획

名

문장 이미지 名실상부한 名목소득은 한국의 평균에도 못 미치는 데!

글자의 유래 저녁 석(夕)에 입 구(口)가 붙어있는 모양새
옛날 옛적에는 저녁이 되면 살아있는지 이름을 불러보아야 했다

단어 이미지
- 명분 → 名분 → 名分
- 품명 → 품名 → 品名
- 명실상부 → 名실상부 → 名實상부 → 名實相부 → 名實相符
- 명목소득 → 名목소득 → 名目소득 → 名目所득 → 名目所得
- 명목 → 名목 → 名目
- 명곡 → 名곡 → 名曲
- 호명 → 호名 → 呼名

名 名 名

命

목숨 **명** : 입 구(口) 부 - 총 8 획

문장 이미지 生명공학이야말로 오늘의 학생들이 연구해야할 대상이다!

글자의 유래 입 구(口)를 명령할 령(令)의 속에다 넣어둔 형상의 글자
절대왕권시대에는 왕이 모든 생명의 생사여탈권을 쥐고 있었기 때문

단어 이미지
- 명운 → 命운 → 命運
- 사명 → 사命 → 使命
- 생명공학 → 생命공학 → 生命공학 → 生命工학 → 生命工學
- 역성혁명 → 역성혁命 → 역성革命 → 역姓革命 → 易姓革命
- 명중 → 命중 → 命中
- 천명 → 천命 → 天命
- 숙명 → 숙命 → 宿命

命 命 命

明

밝을 **명** : 날 일(日) 부 - 총 8 획

문장 이미지 엄마의 明시거리 내에 있을 때만 책보는 척 하는 데?

글자의 유래 해의 날 일(日)과 달 월(月)이 붙어있는 모양새
해와 달이 함께 있으니 얼마나 밝겠는가 말이오

단어 이미지
- 명암 → 明암 → 明暗
- 분명 → 분明 → 分明
- 명시거리 → 明시거리 → 明視거리 → 明視距리 → 明視距離
- 공명정대 → 공明정대 → 公明정대 → 公明正대 → 公明正大
- 명약관화 → 名若관화 → 明若觀화 → 明若觀火
- 명경지수 → 明鏡지수 → 明鏡止수 → 明鏡止水
- 설명 → 설明 → 說明

明 明 明

鳴

울 **명** : 새 조(鳥) 부 - 총 14 획

문장 이미지 여럿이 부르는 합창도 하나의 共鳴현상이라고 볼 수 있지요 !

글자의 유래 새 조(鳥)에 입 구(口)가 붙어있는 모양새
새에 입을 붙여놓은 형상은 새가 울거나 노래한다는 뜻

단어 이미지
- 비명 → 비鳴 → 悲鳴
- 계명 → 계鳴 → 鷄鳴
- 공명현상 → 공鳴현상 → 共鳴현상 → 共鳴現상 → 共鳴現象
- 이명증상 → 이鳴증상 → 耳鳴증상 → 耳鳴症상 → 耳鳴症狀
- 자명종 → 자鳴종 → 自鳴종 → 自鳴鐘
- 명금 → 鳴금 → 鳴禽
- 명향 → 鳴향 → 鳴響

鳴 鳴 鳴

母

어미 **모** : 말 무(毋) 부 - 총 5 획

문장 이미지 현母양처라는 엄마들은 바가지와 잔소리가 너무 심해!

글자의 유래 예전에는 여자가 사람이 아니어서 시집가서 아이를 낳아 기르는 두 사람의 몫만을 하므로, 말(아닐) 무(毋)를 아래 위의 둘로 갈라둔 것

단어 이미지

- 모계 → 母계 → 母系
- 모교 → 母교 → 母校
- 현모양처 → 현母양처 → 賢母양처 → 賢母良처 → 賢母良妻
- 항공모함 → 항공母함 → 항공母艦 → 항空母艦 → 航空母艦
- 산모 → 산母 → 産母
- 모국 → 母국 → 母國
- 모성애 → 母성애 → 母性애 → 母性愛

母 母 母

模

본뜰·모범 **모** : 나무 목(木) 부 - 총 15 획

문장 이미지 模범생을 模방하자니 내 模양이 말이 아닌 데요 !

글자의 유래 나무 목(木)에 아닐 모(模)가 붙어있는 모양새 나무 자체가 아니고 나무가 가지는 본(본보기)이라는 의미

단어 이미지

- 모방 → 模방 → 模倣
- 모양 → 模양 → 模樣
- 모사전송 → 模사전송 → 模寫전송 → 模寫電송 → 模寫電送(Fax)
- 모의고사 → 模의고사 → 模擬고사 → 模擬考사 → 模擬考査
- 모조품 → 模조품 → 模造품 → 模造品
- 모범생 → 模범생 → 模範생 → 模範生
- 규모 → 규模 → 規模

模 模 模

毛

털 **모** : 털 모(毛) 부 - 총 4 획

문장 이미지 毛세관 현상의 이해는 인체 내의 물흐름을 이해하는 기본!

글자의 유래 터럭이나 털의 모양새를 형상화한 글자이지만 사실은 털보의 가슴털이나 국부의 털을 모사한 글자라는 설이 있다

단어 이미지

- 모피 → 毛피 → 毛皮
- 모근 → 毛근 → 毛根
- 모세관현상 → 毛세관현상 → 毛細관현상 → 毛細管현상 → 毛細管現상 → 毛細管現象
- 불모지대 → 불毛지대 → 不毛지대 → 不毛地대 → 不毛地帶
- 모직 → 毛직 → 毛織
- 모발 → 毛발 → 毛髮
- 양모 → 羊모 → 羊毛

毛 毛 毛

나무 목 : 나무 목(木) 부 - 총 4 획

木

문장 이미지 수입木재로 만든 木조건물이 대다수이니 좀 께름칙해!

글자의 유래 나무의 모양을 본 따서 만든 형상의 글자이지만
살아있는 나무가 아니라 정원의 나무를 살리고자 베어서 묶어놓은 나무이다

단어 이미지
- 목석 → 木석 → 木石
- 수목 → 수木 → 樹木
- 수입목재 → 수입木재 → 수입木材 → 수入木材 → 輸入木材
- 목조건물 → 木조건물 → 木造건물 → 木造建물 → 木造建物
- 초근목피 → 초근木피 → 초근木皮 → 草根목피 → 草根木皮
- 고목 → 고木 → 古木
- 묘목 → 묘木 → 苗木

木 木 木

칠(기를) 목 : 소 우(牛) 부 - 총 8 획

牧

문장 이미지 牧장 길 따라 길을 걸으면 마음이 아주 너그러워지지요!

글자의 유래 소 우(牛)에 칠 복(攵)이 붙어있는 모양새
소를 친다는 뜻이므로, 소를 기른다는 의미이다

단어 이미지
- 목장 → 牧장 → 牧場
- 목동 → 牧동 → 牧童
- 목초지대 → 牧초지대 → 牧草지대 → 牧草地대 → 牧草地帶
- 목축시대 → 牧축시대 → 牧畜시대 → 牧畜時대 → 牧畜時代
- 목가 → 牧가 → 牧歌
- 목사 → 牧사 → 牧師
- 목양 → 牧양 → 牧羊

牧 牧 牧

눈 목 : 눈 목(目) 부 - 총 5 획

目

문장 이미지 目표가 설정되지 않은 젊은이는 目불인견의 인간이지요!

글자의 유래 동양인의 눈은 서양인에 비해 옆으로 찢어져 있기 때문에
동양인의 눈 모양대로 그리게 되면 글자처럼 된다

단어 이미지
- 목표 → 目표 → 目標
- 목전 → 目전 → 目前
- 목불인견 → 目불인견 → 目不인견 → 目不忍견 → 目不忍見
- 명목임금 → 명目임금 → 名目임금 → 名目賃금 → 名目賃金
- 과목 → 과目 → 科目
- 제목 → 제目 → 題目
- 목차 → 目차 → 目次

目 目 目

무덤 묘 : 흙 토(土) 부 – 총 14 획

墓

문장 이미지 공원墓지에서도 관리인들이 墓역단장을 하고 있대요!

글자의 유래 아닐 막(莫)의 아래에 흙 토(土)가 들어가 있는 모양새
흙 위에 있는 것이 흙만이 아니라면 시체가 들어있는 묘지일 뿐이다

단어 이미지

- 묘지 → 墓지 → 墓地
- 묘비 → 墓비 → 墓碑
- 공원묘지 → 공원墓지 → 공원墓地 → 공園墓地 → 公園墓地
- 묘역단장 → 墓역단장 → 墓域단장 → 墓域丹장 → 墓域丹粧
- 묘제 → 墓제 → 墓祭
- 묘혈 → 墓혈 → 墓穴
- 시묘 → 시墓 → 侍墓

墓 墓 墓

묘할 묘 : 여자 녀(女) 부 – 총 7 획

妙

문장 이미지 妙안과 妙책을 좀 내어보시요? 妙안백출이 되게 말이요!

글자의 유래 여자 여(女)에 젊을 소(少)가 붙어있는 모양새
여자가 젊었다면 당연히 예쁘고 묘하다

단어 이미지

- 묘책 → 妙책 → 妙策
- 묘계 → 妙계 → 妙計
- 신묘불측 → 신妙불측 → 神妙불측 → 神妙不측 → 神妙不測
- 묘안백출 → 妙안백출 → 妙案백출 → 妙案百출 → 妙案百出
- 묘미 → 妙미 → 妙味
- 절묘 → 절妙 → 絶妙
- 묘수 → 妙수 → 妙手

妙 妙 妙

힘쓸 무 : 힘 력(力) 부 – 총 11 획

務

문장 이미지 務실역행이란 실질적, 실리적인 일을 힘써 하라는 게요!

글자의 유래 창 모(矛)의 옆에 칠 복(攵)이 있고 그 아래에 힘 력(力)이
있는 글자이므로, 창을 힘으로 치라는 것이니, 힘쓰지 않으면 안된다는 의미

단어 이미지

- 임무 → 임務 → 任務
- 격무 → 격務 → 激務
- 노무관리 → 노務관리 → 勞務관리 → 勞務管리 → 勞務管理
- 무실역행 → 務실역행 → 務實역행 → 務實力행 → 務實力行
- 재무제표 → 재務제표 → 財務제표 → 財務諸표 → 財務諸表
- 업무 → 업務 → 業務
- 실무 → 실務 → 實務

務 務 務

武

무력 **무** : 그칠 지(止) 부 - 총 8 획

문장 이미지 문武겸비한 사람이 험한 세상을 헤쳐 나가는 지도자가 됩니다!

글자의 유래 하늘(一) 아래에 주살 익(弋)이 있고 그 아래에 그칠 지(止)가 있으니, 전쟁터에서도 죽이지 않고 이기는 것이 진실한 무력이라는 의미

단어 이미지
- 무력 → 武력 → 武力
- 무기 → 武기 → 武器
- 문무겸비 → 문武겸비 → 文武겸비 → 文武兼비 → 文武兼備
- 무인시대 → 武인시대 → 武人시대 → 武人時대 → 武人時代
- 무단정치 → 武단정치 → 武斷정치 → 武斷政치 → 武斷政治
- 무술 → 武술 → 武術
- 무장 → 武장 → 武裝

武	武	武		

無

없을 **무** : 불 화(灬 ; 火) 부 - 총 12 획

문장 이미지 無소불위, 無사안일, 無풍지대는 無리수의 원인이지요!

글자의 유래 사람 인(人)의 아래에 목책(卄卄)이 있고 그 아래에 불 화(灬)가 있으니, 죽어 화장되고 다비되므로 이승의 모든 것이 없어진다는 의미

단어 이미지
- 무능 → 無능 → 無能
- 무시 → 無시 → 無視
- 무소불위 → 無소불위 → 無所불위 → 無所不위 → 無所不爲
- 무사안일 → 無사안일 → 無事안일 → 無事安일 → 無事安逸
- 무리수 → 無리수 → 無理수 → 無理手
- 무풍지대 → 無풍지대 → 無風지대 → 無風地대 → 無風地帶
- 무리수 → 無리수 → 無理수 → 無理數

無	無	無		

舞

춤출 **무** : 어그러질 천(舛) 부 - 총 14 획

문장 이미지 외교舞대에서는 가舞음곡으로 안 통한다오!

글자의 유래 어그러져 뒤섞일 천(舛)이 없을 무(無)의 불 화(灬) 대신에 들어있는 모양새로서, 춤추어 뒤섞이면 신분의 구분이 없어진다는 뜻

단어 이미지
- 무용 → 舞용 → 舞踊
- 무악 → 舞악 → 舞樂
- 가무음곡 → 가舞음곡 → 歌舞음곡 → 歌舞音곡 → 歌舞音曲
- 외교무대 → 외교舞대 → 외교舞臺 → 외交舞臺 → 外交舞臺
- 군무 → 군舞 → 群舞
- 난무 → 난舞 → 亂舞
- 윤무 → 윤舞 → 輪舞

舞	舞	舞		

문 문 : 문 문(門) 부 - 총 8 획

門

문장 이미지 門호개방 후에야 門전성시를 이루게 됩니다!

글자의 유래 두 개의 예전 문짝을 합쳐 놓은 형상의 글자이므로, 현대의 문을 생각해서는 이해가 어렵다

단어 이미지

- 가문 → 가門 → 家門
- 입문 → 입門 → 入門
- 문호개방 → 門호개방 → 門戶개방 → 門戶開방 → 門戶開放
- 문전성시 → 門전성시 → 門前성시 → 門前成시 → 門前成市
- 문외한 → 門외한 → 門外한 → 門外漢
- 수문 → 수門 → 水門
- 문하생 → 門하생 → 門下생 → 門下生

門 門 門

물을 문 : 입 구(口) 부 - 총 11 획

問

문장 이미지 검問검색하면서 설問조사도 해보시오!

글자의 유래 문 문(門)의 안에 입 구(口)가 있는 형상의 글자이므로, 대문마다 입을 들이대니 묻는다는 뜻이다

단어 이미지

- 문의 → 問의 → 問議
- 문안 → 問안 → 問安
- 검문검색 → 검問검색 → 檢問검색 → 檢問檢색 → 檢問檢索
- 설문조사 → 설問조사 → 設問조사 → 設問調査 → 設問調査
- 문제 → 問제 → 問題
- 의문 → 의問 → 疑問
- 질문 → 질問 → 質問

問 問 問

들을 문 : 귀 이(耳) 부 - 총 14 획

聞

문장 이미지 서울에는 요즘 전대미聞의 소聞이 파다하다지요!

글자의 유래 문 문(門)의 안에 귀 이(耳)가 들어있는 모양새 대문 안에 귀를 들이 민다면 듣는 것이다

단어 이미지

- 소문 → 소문 → 所聞
- 견문 → 견聞 → 見聞
- 신문기사 → 신聞기사 → 新聞기사 → 新聞記사 → 新聞記事
- 전대미문 → 전대미聞 → 전대未聞 → 전代未聞 → 前代未聞
- 청문회 → 청聞회 → 聽聞회 → 聽聞會
- 풍문 → 문聞 → 風聞
- 염문 → 염聞 → 艶聞

聞 聞 聞

文

글월 문 : 글월 문(文) 부 - 총 4 획

문장 이미지 文예작픔은 길게 보면 모두 文화유산이 되지요!

글자의 유래 머리 두(亠)의 아래에 다스릴 예(乂)가 자리한 형상으로 사람의 머리를 다스리는 내용은 자기 생각의 글월이다

단어 이미지

- 문서 → 文서 → 文書
- 문장 → 文장 → 文章
- 문예작픔 → 文예작픔 → 文藝작픔 → 文藝作픔 → 文藝作品
- 문화유산 → 文화유산 → 文化유산 → 文化遺산 → 文化遺産
- 문방사우 → 文방사우 → 文房사우 → 文房四우 → 文房四友
- 문단 → 文단 → 文段
- 문체 → 文체 → 文體

文 文 文

物

물건 물 : 소 우(牛) 부 - 총 8 획

문장 이미지 物심양면으로 도와 주셔서 참으로 감사합니다!

글자의 유래 소 우(牛)에 아닐(물) 물(勿)이 붙어있는 모양새 집안에서 소가 아닌 것이라면 모든 물건일 뿐일 터

단어 이미지

- 물픔 → 物픔 → 物品
- 물주 → 物주 → 物主
- 물심양면 → 物심양면 → 物心양면 → 物心兩면 → 物心兩面
- 물질주의 → 物질주의 → 物質주의 → 物質主의 → 物質主義
- 물권법 → 物권법 → 物權법 → 物權法
- 동물 → 동物 → 動物
- 식물 → 식物 → 植物

物 物 物

未

아닐 미 : 나무 목(木) 부 - 총 8 획

문장 이미지 아쉬운 과거의 未련에 울지 말고 未래지향적으로 살자!

글자의 유래 나무 목(木)의 윗부분에 약간 모자라는 선(一)을 그어두고 있는 형상의 글자이므로, 그게 아니라는 의미이다

단어 이미지

- 미비 → 未비 → 未備
- 미련 → 未련 → 未練
- 미래지향 → 未래지향 → 未來지향 → 未來指향 → 未來指向
- 미납세액 → 未납세액 → 未納세액 → 未納稅액 → 未納稅額
- 미증유 → 未증유 → 未曾유 → 未曾有
- 미안 → 未안 → 未安
- 미숙 → 未숙 → 未熟

未 未 未

맛 미 : 입 구(口) 부 - 총 8 획

味

문장 이미지 무味건조하게 살지 말고 취味생활이나 합시다!

글자의 유래 입 구(口)에 아닐 미(未)가 붙어있는 모양새
입 자체가 아니고 입이 가진 기능의 맛이라는 의미

단어 이미지
- 미각 → 美각 → 味覺
- 음미 → 음味 → 吟味
- 무미건조 → 무味건조 → 無味건조 → 無味乾조 → 無味乾燥
- 취미생활 → 취味생활 → 趣味생활 → 趣味生활 → 趣味生活
- 감미 → 감味 → 甘味
- 흥미 → 흥味 → 興味
- 미맹 → 味맹 → 味盲

味 味 味

쌀 미 : 쌀 미(米) 부 - 총 6 획

米

문장 이미지 근년의 米곡연도로부터 고米가 정책을 포기했지요!

글자의 유래 나무 목(木)의 위에 두 점(‘ ’)을 찍어둔 모양새
나무 같이 생긴 벼에 열매가 양쪽으로 주렁주렁 달려있음의 의미

단어 이미지
- 미곡 → 米곡 → 米穀
- 미작 → 米작 → 米作
- 미곡연도 → 米곡연도 → 米穀연도 → 米穀年도 → 米穀年度
- 고미가정책 →고米가정책 → 高米가정책 → 高米價정책 → 高米價政책 → 高米價政策
- 백미 → 백米 → 白米
- 정미 → 정미 → 精米
- 현미 → 현米 → 玄米

米 米 米

아름다울 미 : 양 양(羊) 부 - 총 9 획

美

문장 이미지 美적환경으로 美풍양속을 이어갈 수 있어야 한다!

글자의 유래 큰 대(大)의 위에 임금 왕(王)이 있고 연지곤지(‘ ’)를
찍은 모양새, 더 이상 물어보지 않아도 아름다움의 극치이다

단어 이미지
- 미녀 → 美녀 → 美女
- 미인 → 美인 → 美人
- 미적환경 → 美적환경→ 美的환경 → 美的環경 → 美的環境
- 미풍양속 → 美풍양속 → 美風양속 → 美風良속 → 美風良俗
- 미술 → 美술 → 美術
- 미려 → 美려 → 美麗
- 미화 → 美화 → 美化

美 美 美

백성 민 : 사람 씨(氏) 부 - 총 5 획

民

문장 이미지 民족의식과 民본주의는 서로 충돌하는 사상이 아닌가요!

글자의 유래 멀 경(冂)의 아래에 사람 씨(氏)가 놓여져 있는 모양새
임금의 옆에 있는 신하가 아니고 멀리 있는 백성이라는 뜻

단어 이미지
- 민생 → 民생 → 民生
- 민도 → 民도 → 民度
- 민족의식 → 民족의식 → 民族의식 → 民族意식 → 民族意識
- 민본주의 → 民본주의 → 民本주의 → 民本主의 → 民本主義
- 민간 → 民간 → 民間
- 민원 → 民원 → 民願
- 민중 → 民중 → 民衆

民 民 民

빽빽할 밀 : 지붕 면(宀) 부 - 총 11 획

密

문장 이미지 密착취재 해도 기密누설을 해서는 소용없지요 !

글자의 유래 산 산(山)의 위에 필수적 필(必)과 지붕 면(宀)있으니
산 위에 필수적인 것들을 올려서는 지붕으로 눌러덮으니 빽빽하다

단어 이미지
- 밀집 → 密집 → 密集
- 밀림 → 密림 → 密林
- 밀착취재 → 密착취재 → 密着취재 → 密着取재 → 密着取材
- 기밀누설 → 기密누설 → 機密누설 → 機密漏설 → 機密漏泄
- 밀회 → 密회 → 密會
- 면밀 → 면密 → 綿密
- 내밀 → 내密 → 內密

密 密 密

넓을·박식할 박 : 열 십(十) 부 - 총 12 획

博

문장 이미지 20년 공부하여 博사 되면 선비가 되지 백수는 되지 않는다!

글자의 유래 열 십(十)에 넓게 모심을 부(尃)가 붙어있는 모양새
넓게 모심는 벼논이 10마지기라면 매우 엷고 얇고 넓어진다

단어 이미지
- 박사 → 博사 → 博士
- 박애 → 博애 → 博愛
- 박식무식 → 博식무식 → 博識무식 → 博識無식 → 博識無識
- 박학다식 → 博학다식 → 博學다식 → 博學多식 → 博學多識
- 박물관 → 博물관 → 博物관 → 博物館
- 박람회 → 博람회 → 博覽회 → 博覽會
- 해박 → 해博 → 該博

博 博 博

拍 칠·박수 박 : 손 수(扌) 부 - 총 8 획

문장 이미지 拍장대소에 拍수갈채를 받으면 저절로 신이 납니다!

글자의 유래 손 수(扌 : 手)에 흰 백(白)이 붙어있는 모양새
손을 벌려서 하얗게 보이려면 박수를 쳐야 한다

단어 이미지
- 박자 → 拍자 → 拍子
- 박력 → 拍력 → 迫力
- 박장대소 → 拍장대소 → 拍掌대소 → 拍掌大소 → 拍掌大笑
- 박수갈채 → 拍수갈채 → 拍手갈채 → 拍手喝채 → 拍手喝采
- 박진감 → 拍진감 → 迫進감 → 迫進感
- 박도 → 拍도 → 迫到
- 박차 → 拍차 → 拍車

拍 拍 拍

朴 순박할·성 박 : 나무 목(木) 부 - 총 6 획

문장 이미지 역사상 최초의 朴 서방은 순朴한 朴 혁거세였다!

글자의 유래 나무 목(木)에 점쟁이 복(卜)이 붙어있는 모양새
신라를 세운 박씨 성의 혁거세가 세상을 점쳐 열었다

단어 이미지
- 순박 → 순朴 → 淳朴
- 소박 → 소朴 → 素朴
- 박혁거세 → 朴혁거세 → 朴赫거세 → 朴赫居세 → 朴赫居世
- 박서방 → 朴서방 → 朴書방 → 朴書房
- 질박 → 질朴 → 質朴
- 후박 → 후朴 → 厚朴
- 간박 → 간朴 → 簡朴

朴 朴 朴

半 절반 반 : 열 십(十) 부 - 총 5 획

문장 이미지 半제품이나 만드는 半풍수 기술이 세상을 어지럽힌다!

글자의 유래 방패 간(干)의 위에 작을 소(小)가 얹혀 있으니
방패를 자그마하게 절반으로 잘라놓았다는 의미

단어 이미지
- 반반 → 半반 → 半半
- 반액 → 半액 → 半額
- 반관반민 → 半관반민 → 半官반민 → 半官半민 → 半官半民
- 반생반사 → 半생반사 → 半生반사 → 半生半사 → 半生半死
- 반제품 → 半제품 → 半製품 → 半製品
- 반풍수 → 半풍수 → 半風수 → 半風水
- 반도체 → 半도체 → 半導체 → 半導體

半 半 半

反

돌이킬 반 : 또 우(又) 부 - 총 4 획

문장 이미지　화학反응을 이해하면 세상변화의 내부가 훤히 보이지요!

글자의 유래　언덕 한(厂)의 아래에 또 우(又)가 들어있는 모양새
언덕 밑에서 또 하면서 돌이키는 형상이 눈에 선하다

단어 이미지

- 반문 → 反문 → 反問
- 반영 → 反영 → 反映
- 화학반응 → 화학反응 → 화학反應 → 화學反應 → 化學反應
- 조건반사 → 조건反사 → 조건反射 → 조件反射 → 條件反射
- 반론 → 反론 → 反論
- 반증 → 反증 → 反證
- 반성 → 反성 → 反省

反 反 反

班

나눌 반 : 구슬 옥(玉) 부 - 총 10 획

문장 이미지　예전의 양班계급은 양班노릇을 단단히 해야 했다!

글자의 유래　구슬 옥(玉)과 임금 왕(王) 사이에 삐침 별(丿)이 가로질러
위치시켜, 욕심을 줄이라고 구슬을 임금으로부터 나누어놓고 있다

단어 이미지

- 반열 → 班열 → 班列
- 수반 → 수班 → 首班
- 양반계급 → 양班계급 → 兩班계급 → 兩班階급 → 兩班階級
- 반장선거 → 班장선거 → 班長선거 → 班長選거 → 班長選擧
- 합반수업 → 합반수업 → 合班수업 → 合班授업 → 合班授業
- 반상회 → 班상회 → 班常회 → 班常會
- 분반 → 분班 → 分班

班 班 班

髮

터럭 발 : 머리털 늘어질 표(髟) 부 - 총 15 획

문장 이미지　장髮단속을 받던 젊은 사내들이 지금은 백髮의 노인이라오!

글자의 유래　머리털 늘어질 표(髟)의 아래에 뺄 발(犮)이 위치하므로,
머리털이 늘어져 빠져있으니 상투라도 틀어야 하는 형상

단어 이미지

- 백발 → 白발 → 白髮
- 두발 → 두髮 → 頭髮
- 위기일발 → 위기일髮 → 위기一髮 → 위機一髮 → 危機一髮
- 장발단속 → 장髮단속 → 長髮단속 → 長髮團속 → 長髮團束
- 금발 → 금髮 → 金髮
- 가발 → 가髮 → 假髮
- 이발 → 이髮 → 理髮

髮 髮 髮

필 발 : 배반할 발(癶) 부 - 총 12 획

發

문장 이미지 새마을 운동의 發상지는 바로 이 나라 대한민국이지요!

글자의 유래 배반할 발(癶)의 아래에 활 궁(弓)과 몽둥이 수(殳)가 있으니 활과 몽둥이로 배반하므로 발발 피어오르게 되어있다

단어 이미지
- 발견 → 發견 → 發見
- 발상지 → 發상지 → 發祥지 → 發祥地
- 발전도상국 → 發전도상국 → 發展도상국 → 發展途상국 → 發展途上국 → 發展途上國
- 발암물질 → 發암물질 → 發癌물질 → 發癌物질 → 發癌物質
- 발광생물 → 發광생물 → 發光생물 → 發光生물 → 發光生物
- 발명특허 → 發명특허 → 發明特허 → 發明특허 → 發明特許
- 발표 → 發표 → 發表

發 發 發

네모·방향 방 : 모 방(方) 부 - 총 4 획

方

문장 이미지 사方팔方 아무리 둘러봐도 方향감각이 없어!

글자의 유래 머리 두(亠)의 아래에 힘 력(力)이 붙어있는 모양새 머리속에 힘이 차 있으니 사방(네모)의 방향을 먼저 둘러본다

단어 이미지
- 방위 → 方위 → 方位
- 방법 → 方법 → 方法
- 사방팔방 → 사方팔방 → 四方팔방 → 四方팔方 → 四方八方
- 방향감각 → 方향감각 → 方向감각 → 方向感각 → 方向感覺
- 방침 → 方침 → 方針
- 방정식 → 方정식 → 方程식 → 方程式
- 방책 → 方책 → 方策

方 方 方

방해할 방 : 계집 녀(女) 부 - 총 7 획

妨

문장 이미지 妨해물을 놓거나 妨해석을 놓으면 妨해죄가 된다!

글자의 유래 방향 방(方)의 왼쪽에 계집(여자) 녀(女)가 있으니 예전에는 여자가 방정맞다고 생각했으니, 방해가 된다

단어 이미지
- 방해 → 妨해 → 妨害
- 무방 → 무妨 → 無妨
- 업무방해 → 업무妨해 → 업무妨害 → 업務妨害 → 業務妨害
- 진로방해 → 진로妨해 → 진로妨害 → 진路妨害 → 進路妨害
- 방해물 → 妨해물 → 妨害물 → 妨害物
- 방해석 → 妨해석 → 妨害석 → 妨害石
- 방해죄 → 妨해죄 → 妨害죄 → 妨害罪

妨 妨 妨

防

막을 방 : 언덕 부(阝) 부 - 총 7 획

문장 이미지: 防파제는 해일과 쓰나미(지진해일)를 防어해 주는 둑이다 !

글자의 유래: 왼쪽 언덕 부(阝)가 방향 방(方)에 붙어있는 모양새
왼쪽 언덕에 방향을 두고서 무언가의 침입을 박아내려는 의미

단어 이미지

- 방어 → 防어 → 防禦
- 방수 → 防수 → 防水
- 방위산업 → 防위산업 → 防衛산업 → 防衛産업 → 防衛産業
- 소음방지 → 소음防지 → 소음防止 → 소音防止 → 騷音防止
- 방파제 → 防파제 → 防波제 → 防波堤
- 방범 → 防범 → 防犯
- 방비 → 防비 → 防備

防 防 防

房

방 방 : 집 호(戶) 부 - 총 8 획

문장 이미지: 문房사우는 문房구의 네 가지 옛 물건들이다!

글자의 유래: 집 호(戶)의 아래에 네모 방(方)이 들어앉아 있으니
지붕 아래에 네모로 되어 있는 것은 방과 방이다

단어 이미지

- 방문 → 房문 → 房門
- 방장 → 방장 → 房帳 · 모기장
- 독수공방 → 독수공房 → 독수空房 → 독守空房 → 獨守空房
- 문방사우 → 문房사우 → 文房사우 → 文房四우 → 文房四友
- 냉난방 → 냉난房 → 냉煖房 → 冷煖房
- 문방구 → 문房구 → 文房구 → 文房具
- 방세 → 房세 → 房貰

房 房 房

放

놓을 방 : 채찍질할 복(攵) 부 - 총 8 획

문장 이미지: 개放정책으로 경제와 사회를 개放해야 발전한다!

글자의 유래: 방향 방(方)에 채찍질할 복(攵)이 붙어있는 모양새
방향을 정하고서 채찍질을 하는 것은 그 쪽으로 여는 것

단어 이미지

- 방임 → 放임 → 放任
- 방출 → 放출 → 放出
- 방송교육 → 放송교육 → 放送교육 → 放送敎육 → 放送敎育
- 개방정책 → 개放정책 → 開放정책 → 開放政책 → 開放政策
- 방류 → 放류 → 放流
- 방사능 → 放사능 → 放射능 → 放射能
- 해방 → 해放 → 解放

放 放 放

찾을 방 : 말씀 언(言) 부 - 총 11 획

訪

문장 이미지 자연탐訪이 환경시대의 가장 중요한 순訪활동이다!

글자의 유래 말씀 언(言)에 방향 방(方)이 붙어있는 모양새
말씀으로 방향을 결정하므로, 찾고 방문하는 의미

단어 이미지
- 방문 → 訪문 → 訪問
- 답방 → 답訪 → 答訪
- 순방활동 → 순訪활동 → 巡訪활동 → 巡訪活동 → 巡訪活動
- 자연탐방 → 자연탐訪 → 자연探訪 → 자然探訪 → 自然探訪
- 심방 → 심訪 → 尋訪
- 내방 → 내訪 → 來訪
- 방미 → 訪미 → 訪美

訪 訪 訪

곱절 배 : 사람 인(亻) 부 - 총 10 획

倍

문장 이미지 남북한의 공倍수를 용기백倍하여 찾아봄세!

글자의 유래 입 구(口)의 위에 설 립(立)이 있고 그 옆에 사람 인(亻)이
붙어있는 모양새로서, 입을 세워 열배 백배 외치는 형상이다

단어 이미지
- 배가 → 倍가 → 倍加
- 배수 → 倍수 → 倍數
- 배달민족 → 倍달민족 → 倍達민족 → 倍達民족 → 倍達民族
- 용기백배 → 용기백倍 → 용기百倍 → 용氣百倍 → 勇氣百倍
- 배율 → 倍율 → 倍率
- 공배수 → 공倍수 → 公倍수 → 公倍數
- 증배 → 증配 → 增配

倍 倍 倍

절할·숭배할 배 : 손 수(手) 부 - 총 9 획

拜

문장 이미지 拜금주의에 물든 사람들은 백拜사죄해야 합니다!

글자의 유래 손 수(手)에 한 일(一)과 그 아래에 어여쁠 봉(丰)이
붙어있으니, 손으로 하늘을 가리며 어여쁘게 보이는 것으로 절하는 형상이다

단어 이미지
- 예배 → 예拜 → 禮拜
- 숭배 → 숭拜 → 崇拜
- 배금주의 → 拜금주의 → 拜金주의 → 拜金主의 → 拜金主義
- 백배사죄 → 백拜사죄 → 百拜사죄 → 百拜謝죄 → 百拜謝罪
- 경배 → 경拜 → 敬拜
- 참배 → 참拜 → 參拜
- 배상 → 拜상 → 拜上

拜 拜 拜

背

등·배반할 배 : 고기 육(月) 부 - 총 9 획

문장 이미지: 背후관계를 캐어보니 背임혐의에 背은망덕하더라!

글자의 유래: 북쪽 북(北)의 아래에 고기 육(月 : 肉)이 자리한 모양새
북쪽은 뒤쪽이므로 등이고, 등을 돌리면 배반이 된다

단어 이미지
- 배경 → 背경 → 背景
- 배서 → 背서 → 背書
- 배후관계 → 背후관계 → 背後관계 → 背後關계 → 背後關係
- 배임혐의 → 背임혐의 → 背任혐의 → 背任嫌의 → 背任嫌疑
- 배은망덕 → 背은망덕 → 背恩망덕 → 背恩忘덕 → 背恩忘德
- 향배 → 향背 → 向背
- 배반 → 背반 → 背反

背 背 背

配

나눌·짝 배 : 닭 유(酉) 부 - 총 10 획

문장 이미지: 配당소득은 각각의 주주에게 분配한 소득이다!

글자의 유래: 닭 유(酉)에 몸 기(己)가 붙어있는 모양새
닭마다 그 몸무게를 붙이는 것이므로 각각으로 나누어 짝짓는 것

단어 이미지
- 분배 → 분配 → 分配
- 배급 → 配급 → 配給
- 배당소득 → 配당소득 → 配當소득 → 配當所득 → 配當所得
- 배합사료 → 配합사료 → 配合사료 → 配合飼료 → 配合飼料
- 배필 → 配필 → 配匹
- 배우자 → 配우자 → 配偶자 → 配偶者
- 배색 → 配색 → 配色

配 配 配

白

흰 백 : 흰 백(白) 부 - 총 5 획

문장 이미지: 白수건달은 白지상태에서 白의종군해야 한다!

글자의 유래: 해를 가리키는 날 일(日)의 위에 한 줄기의 햇빛이
내리쬐고 있으니, 하얗게 빛나는 것은 당연한 일

단어 이미지
- 백색 → 白색 → 白色
- 백마 → 白마 → 白馬
- 백수건달 → 白수건달 → 白手건달 → 白手乾달 → 白手乾達
- 백지상태 → 白지상태 → 白紙상태 → 白紙狀태 → 白紙狀態
- 백의종군 → 白의종군 → 白衣종군 → 白衣從군 → 白衣從軍
- 백열등 → 白열등 → 白熱등 → 白熱燈
- 청백리 → 청白리 → 淸白리 → 淸白吏

白 白 白

일백 **백** : 흰 백(白) 부 - 총 6 획

百

문장 이미지 百가쟁명은 百해무익하고 百약무효이며 百년하청이 된다!

글자의 유래 흰 백(白)의 위에 하나 일(一)을 그어놓은 모양새
아라비아 숫자 100이 도입되기 전이라 흰 백을 이용했다

단어 이미지
- 백방 → 百방 → 百方
- 백태 → 百태 → 百態
- 백가쟁명 → 百가쟁명 → 百家쟁명 → 百家爭명 → 百家爭鳴
- 백해무익 → 百해무익 → 百害무익 → 百害無익 → 百害無益
- 백약무효 → 百약무효 → 百藥무효 → 百藥無효 → 百藥無效
- 백년하청 → 百년하청 → 百年하청 → 百年河청 → 百年河淸
- 백척간두 → 百척간두 → 百尺간두 → 百尺竿두 → 百尺竿頭

百 百 百

차례 **번** : 밭 전(田) 부 - 총 12 획

番

문장 이미지 지켜야할 番지수를 잘못 찾은 불침番이로다!

글자의 유래 손톱 조(爪)의 아래에 나무 목(木)이 있고, 그 아래에
밭 전(田)이 있으니, 밭의 나무에 손톱으로 자국을 내어 번지를 표시했다

단어 이미지
- 당번 → 당番 → 當番
- 번지수 → 番지수 → 番地수 → 番地數
- 순번조정 → 순番조정 → 順番조정 → 順番調정 → 順番調整
- 우편번호 → 우편番호 → 우편番號 → 우便番號 → 郵便番號
- 비번 → 비番 → 非番
- 불침번 → 불침番 → 불寢番 → 不寢番
- 학번 → 학番 → 學番

番 番 番

칠 **벌** : 사람 인(亻) 부 - 총 6 획

伐

문장 이미지 지리산의 공비토伐 후에 북伐계획을 세워야 했다!

글자의 유래 사람 인(亻)에 창 과(戈)가 붙어있는 모양새
사람에 창을 붙인 형상은 사람을 창으로 무찌른다는 뜻

단어 이미지
- 벌목 → 伐목 → 伐木
- 정벌 → 정伐 → 征伐
- 공비토벌 → 공비토伐 → 공비討伐 → 공匪討伐 → 共匪討伐
- 북벌계획 → 북伐계획 → 北伐계획 → 北伐計획 → 北伐計劃
- 벌초 → 伐초 → 伐草
- 남벌 → 남伐 → 濫伐
- 살벌 → 살伐 → 殺伐

伐 伐 伐

벌줄 **벌** : 그물 망(罒) 부 - 총 14 획

罰

문장 이미지 일罰백계 및 신상필罰의 엄중한 상罰을 내려야 합니다!

글자의 유래 그물 망(罒)의 아래에 말씀 언(言)과 칼 도(刂)가 있으니,
그물을 쳐서 잡아두고서는 말로 꾸짖고 칼로 벌 주는 형상

단어 이미지
- 상벌 → 상罰 → 賞罰
- 처벌 → 처罰 → 處罰
- 일벌백계 → 일罰백계 → 一罰백계 → 一罰百계 → 一罰百戒
- 신상필벌 → 신상필罰 → 신상必罰 → 신賞必罰 → 信賞必罰
- 엄벌 → 엄罰 → 嚴罰
- 벌금 → 罰금 → 罰金
- 벌칙 → 罰칙 → 罰則

罰	罰	罰		

죄 범할 **범** : 개 견(犭) 부 - 총 5 획

犯

문장 이미지 파렴치犯의 犯법행위는 마땅히 엄벌받아야죠!

글자의 유래 개 견(犭)에 병부 절(㔾)이 붙어있는 모양새
사람의 병부(군대장부)에 개를 대신 넣는다면 죄 범하는 것이 된다

단어 이미지
- 범행 → 犯행 → 犯行
- 범죄 → 犯죄 → 犯罪
- 범법행위 → 犯법행위 → 犯法행위 → 犯法行위 → 犯法行爲
- 파렴치범 → 파렴치犯 → 파렴恥犯 → 파廉恥犯 → 破廉恥犯
- 현행범 → 현행犯 → 현行犯 → 現行犯
- 경범죄 → 경犯죄 → 輕犯죄 → 輕犯罪
- 공범 → 공犯 → 共犯

犯	犯	犯		

본보기 **범** : 대 죽(竹) 부 - 총 15 획

範

문장 이미지 이 번에는 모範학생의 시範동작을 보이겠습니다!

글자의 유래 대 죽(竹)의 아래에 차 차(車)와 병부 절(㔾)이 있으므로
종이 이전의 서류(대나무)인 군대장부에 자동차를 등록하니 모범이다

단어 이미지
- 규범 → 규範 → 規範
- 범위 → 範위 → 範圍
- 모범학생 → 모範학생 → 模範학생 → 模範學생 → 模範學生
- 시범동작 → 시範동작 → 示範동작 → 示範動작 → 示範動作
- 광범위 → 범範위 → 廣範위 → 廣範圍
- 교범 → 교範 → 教範
- 사범 → 사範 → 師範

範	範	範		

법 법 : 물 수(氵) 부 - 총 8 획

法

문장 이미지 法치국가의 기본은 준法정신이고 도法자연이 그 기초이다!

글자의 유래 물 수(氵)에 갈 거(去)가 붙어있는 모양새
물 흐르듯이 자연스레 지켜지게 하는 것이 법이라는 뜻

단어 이미지
- 법규 → 法규 → 法規
- 법률 → 法률 → 法律
- 법치국가 → 法치국가 → 法治국가 → 法治國가 → 法治國家
- 준법정신 → 준法정신 → 遵法정신 → 遵法精신 → 遵法精神
- 도법자연 → 도法자연 → 道法자연 → 道法自연 → 道法自然
- 환경법 → 環경법 → 環境법 → 環境法
- 민법 → 민法 → 民法

法 法 法

벽면 벽 : 흙 토(土) 부 - 총 16 획

壁

문장 이미지 절壁강산에서 면壁참선하면 인생에 도통하게 됩니다!

글자의 유래 흙 토(土)의 위에 피할 피(辟)가 얹혀있는 모양새
흙으로 피할 수 있게 하는 것은 벽을 쌓아야 하는 뜻

단어 이미지
- 벽지 → 壁지 → 壁紙
- 벽보 → 壁보 → 壁報
- 면벽참선 → 면壁참선 → 面壁참선 → 面壁參선 → 面壁參禪
- 절벽강산 → 절壁강산 → 絶壁강산 → 絶壁江산 → 絶壁江山
- 성벽 → 성壁 → 城壁
- 암벽 → 암壁 → 岩壁
- 벽화 → 壁화 → 壁畵

壁 壁 壁

가·주변 변 : 쉬엄쉬엄 갈 착(辶) 부 - 총 19 획

邊

문장 이미지 엄마야 누나야 강邊 살자! 생각을 다邊화해야 돈 번다!

글자의 유래 쉬엄쉬엄 갈 착(辶)에 방향 방(方), 구멍 혈(穴), 스스로 자(自)가 얹혀 있으매, 스스로 구멍을 뚫고 방향을 찾아가야 하는 변두리. 약자는 辺

단어 이미지
- 주변 → 주邊 → 周邊
- 강변 → 江변 → 江邊
- 수변공원 → 수邊공원 → 水邊공원 → 水邊公원 → 水邊公園
- 해변도로 → 해邊도로 → 海邊도로 → 海邊道로 → 海邊道路
- 다변화 → 다邊화 → 多邊화 → 多邊化
- 변방 → 邊방 → 邊方
- 신변 → 신邊 → 身邊

邊 邊 邊

變

변할 **변** : 말씀 언(言) 부 - 총 23 획

문장 이미지 　變화무쌍한 첨단세상을 살아가려면 임기응變에 능해야죠!

글자의 유래 　말씀 언(言)을 앞뒤의 실 사(糸)로 얽어놓고 채찍질할 복(攵)으로 받치니, 말씀을 의도적으로 변하게 하려는 의미. 약자는 变

단어 이미지
- 변형 → 變형 → 變形
- 변동 → 變동 → 變動
- 변화무쌍 → 變화무쌍 → 變化무쌍 → 變化無쌍 → 變化無雙
- 임기응변 → 임기응變 → 임기應辯 → 임機應變 → 臨機應變
- 변질 → 變질 → 變質
- 변환 → 變환 → 變換
- 변종 → 變종 → 變種

變 變 變

辯

말 잘할 **변** : 메울 신(辛) 부 - 총 21 획

문장 이미지 　辯론, 辯호, 달辯, 항辯, 웅辯이 궤辯이어서는 아니된다!

글자의 유래 　말씀 언(言)의 앞뒤를 메울 신(辛)이 둘러싸고 있으매 말을 맵게 씹으면서 하라는 뜻, 그러면 말 잘하게 된다

단어 이미지
- 강변 → 강辯 → 强辯
- 변호사 → 辯호사 → 辯護사 → 辯護士
- 변론주의 → 辯론주의 → 辯論주의 → 辯論主의 → 辯論主義
- 궤변론자 → 궤辯론자 → 詭辯론자 → 詭辯論자 → 詭辯論者
- 달변 → 달辯 → 達辯
- 웅변 → 웅辯 → 雄辯
- 항변 → 항辯 → 抗辯

辯 辯 辯

別

다를 · 이별 **별** : 칼 도(刂) 부 - 총 7 획

문장 이미지 　남녀차별과 부부유별은 아니 되지만 구분은 해야 한다!

글자의 유래 　입 구(口)의 아래에 힘 력(力)을 두고 칼로써 자르니 서로 간에 달라질 뿐만이 아니라 나뉘어 이별하게 된다

단어 이미지
- 별미 → 別미 → 別味
- 별개 → 別개 → 別個
- 남녀차별 → 남녀차別 → 남녀差別 → 남女差別 → 男女差別
- 부부유별 → 부부유別 → 부부有別 → 부婦有別 → 夫婦有別
- 식별 → 식別 → 識別
- 이별 → 이別 → 離別
- 별명 → 別명 → 別名

別 別 別

질병 병 : 병들어 누울 녁(疒) 부 - 총 10 획

病

문장 이미지 모든 직업에는 직업病이 생기므로 萬病通治의 약은 없다!

글자의 유래 불에 던져 데울 병(丙)의 위에 병들어 누울 녁(疒)을 덮어서, 질병 병의 글자 형상으로 하고 있다

단어 이미지

- 병원 → 病원 → 病院
- 병실 → 病실 → 病室
- 만병통치 → 만病통치 → 萬病통치 → 萬病通치 → 萬病通治
- 병상일지 → 病상일지 → 病床일지 → 病床日지 → 病床日誌
- 상사병 → 상사病 → 상思病 → 相思病
- 직업병 → 직업病 → 직業病 → 職業病
- 병약 → 病약 → 病弱

病 病 病

병사 병 : 여덟 팔(八) 부 - 총 7 획

兵

문장 이미지 부국강兵을 꾀하지 않는 나라는 침략을 받아 필히 망한다!

글자의 유래 언덕 구(丘)의 아래에 여덟 팔(八)이 있는 모양새 병사들은 고금을 통틀어 언덕 아래에 다리를 팔자로 벌리고서 보초 선다

단어 이미지

- 병기 → 兵기 → 兵器
- 병력 → 兵력 → 兵力
- 국군장병 → 국군장兵 → 국군將兵 → 국軍將兵 → 國軍將兵
- 부국강병 → 부국강兵 → 부국强兵 → 부國强兵 → 富國强兵
- 병사 → 兵사 → 兵士
- 병역제도 → 兵역제도 → 兵役제도 → 兵役制도 → 兵役制度
- 병참 → 병站 → 兵站

兵 兵 兵

지킬·보전할 보 : 사람 인(亻) 부 - 총 9 획

保

문장 이미지 국가의 안전保장, 개인의 생명保험은 자기를 지키는 것!

글자의 유래 사람 인(亻)에 어리석을 매(呆)가 붙어있는 모양새 사람이 자기를 지키는 것은 침략자에겐 어리석게 보인다

단어 이미지

- 보전 → 保전 → 保全
- 보호 → 保호 → 保護
- 안전보장 → 안전保장 → 안전保障 → 안全保障 → 安全保障
- 생명보험 → 생명保험 → 생명保險 → 생命保險 → 生命保險
- 보건체조 → 保건체조 → 保健체조 → 保健體조 → 保健體操
- 보온 → 保온 → 保溫
- 보증 → 保증 → 保證

保 保 保

알릴·갚을 **보** : 흙 토(土) 부 - 총 12 획

報

문장 이미지 비리고발의 報도사진에 결초報은으로 감사합니다!

글자의 유래 다행 행(幸)에 병부 절(卩)이 붙어있고 그 아래에 또 우(又)가 있으니, 병역을 또 통보해도 국가를 위해 갚겠다는 심사

단어 이미지
- 보고 → 報고 → 報告
- 통보 → 통報 → 通報
- 보도사진 → 報도사진 → 報道사진 → 報道寫진 → 報道寫眞
- 결초보은 → 결초報은 → 결초報恩 → 결草報恩 → 結草報恩
- 일기예보 → 일기예報 → 일기豫報 → 일氣豫報 → 日氣豫報
- 보복관세 → 報복관세 → 報復관세 → 報復關세 → 報復關稅
- 홍보 → 홍報 → 弘報

報 報 報

보물 **보** : 갓머리·집 면(宀) 부 - 총 20 획

寶

문장 이미지 금은寶화, 寶석상자, 칠寶단장! 옛 여인의 소망이지요!

글자의 유래 집 면(宀)의 아래에 구슬 옥(玉 : 王)과 골동품의 질그릇 부(缶)를 두고 엽전 돈의 조개 패(貝)까지 두고 있으니, 보물천지이다

단어 이미지
- 보물 → 寶물 → 寶物
- 보물 → 寶물 → 寶物
- 금은보화 → 金은보화 → 金銀보화 → 金銀寶화 → 金銀寶貨
- 보석상자 → 寶석상자 → 寶石상자 → 寶石箱자 → 寶石箱子
- 보탑 → 寶탑 → 寶塔
- 칠보단장 → 七보단장 → 七寶단장 → 七寶丹장 → 七寶丹粧
- 가보 → 가寶 → 家寶

寶 寶 寶

넓을·보통 **보** : 날 일(日) 부 - 총 12 획

普

문장 이미지 普통예금과 普통선거는 普편타당성을 가져야 합니다!

글자의 유래 날 일(日)의 위에 아우를 병(並)이 위치한 모양새 대낮의 햇살 아래에서 모든 것을 아우른다면 보통이고 보편적이다

단어 이미지
- 보급 → 普급 → 普及
- 보편 → 普편 → 普遍
- 보통예금 → 普통예금 → 普通예금 → 普通預금 → 普通預金
- 보통선거 → 普통선거 → 普通선거 → 普通選거 → 普通選擧
- 보편타당 → 普편타당 → 普遍타당 → 普遍妥당 → 普遍妥當
- 보편주의 → 普편주의 → 普遍주의 → 普遍主의 → 普遍主義
- 보통주 → 普통주 → 普通주 → 普通株

普 普 普

걸을 보 : 그칠 지(止) 부 - 총 7 획

步

문장 이미지 步무당당하게 횡단步도를 산步하는 사람이 나일세!

글자의 유래 그칠 지(止)의 아래에 적을 소(少)가 있으매 크게 그치면 서는 것이고, 적게 그치면 걸음을 내딛는 것

단어 이미지
- 보병 → 步병 → 步兵
- 산보 → 산步 → 散步
- 보무당당 → 步무당당 → 步武당당 → 步武堂당 → 步武堂堂
- 횡단보도 → 횡단步도 → 횡단步道 → 횡斷步道 → 橫斷步道
- 진보 → 진步 → 進步
- 답보 → 답步 → 踏步
- 독보 → 독步 → 獨步

步 步 步

엎드릴 복 : 사람 인(亻) 부 - 총 6 획

伏

문장 이미지 애걸伏걸하던 사람이 갑자기 伏지부동하네!

글자의 유래 사람 인(亻)에 개 견(犬)이 붙어있는 모양새 사람에게 개가 붙어있으므로 개가 엎드려 있는 형상

단어 이미지
- 복병 → 伏병 → 伏兵
- 복선 → 伏선 → 伏線
- 복지부동 → 伏지부동 → 伏地부동 → 伏地不동 → 伏地不動
- 애걸복걸 → 애걸伏걸 → 애걸伏乞 → 애乞伏乞 → 哀乞伏乞
- 복마전 → 伏마전 → 伏魔전 → 伏魔殿
- 잠복 → 잠伏 → 潛伏
- 매복 → 매伏 → 埋伏

伏 伏 伏

회복할·다시 복·부 : 두인·조금 걸을 척(彳) 부 - 총 12 획

復

문장 이미지 민족정신의 復흥운동은 원상회復시키려는 운동입니다!

글자의 유래 사람 인(人)과 날 일(日)과 뒤처져올 치(夂)에 조금 걸을 척(彳)이 있으매, 날 잡아 뒤처져 조금씩 걷는 것은 회복하려는 형상

단어 이미지
- 복습 → 復습 → 復習
- 복원 → 復원 → 復元 → 復元
- 부흥운동 → 復흥운동 → 復興운동 → 復興運동 → 復興運動
- 원상회복 → 원상회復 → 원상回復 → 원狀回復 → 原狀回復
- 부활 → 復활 → 復活
- 복고풍 → 復고풍 → 復古풍 → 復古風
- 반복 → 반復 → 反復

復 復 復

複

겹칠 복 : 옷 의(衤) 부 - 총 14 획

문장 이미지 複식경기와 複합비료는 모두 複잡다단한 특성이 있다!

글자의 유래 사람 인(人)과 날 일(日)과 뒤처져올 치(夊)에 옷 의(衤)가 붙어 있으매, 날이 뒤처져 저문 후에는 추우므로 옷을 겹쳐 입어야 한다

단어 이미지

- 복사 → 複사 → 複寫
- 복제 → 複제 → 複製
- 복식경기 → 複식경기 → 複式경기 → 複式競기 → 複式競技
- 복잡다단 → 複잡다단 → 複雜다단 → 複雜多단→ 複雜多端
- 복합비료 → 複합비료 → 複合비료 → 複合肥료 → 複合肥料
- 중복 → 중複 → 重複
- 복소수 → 複소수 → 複素수 → 複素數

複	複	複		

服

옷·따를 복 : 달 월(月) 부 - 총 8 획

문장 이미지 服무규정에 의하면 군인은 제服을 입게 되어 있다!

글자의 유래 달 월(月)에 병부 절(卩)과 또 우(又)가 붙어있는 모양새 군인의 옷(제복)은 달포에 헤어지므로 또 새것으로 대체한다는 뜻

단어 이미지

- 제복 → 제服 → 制服
- 의복 → 의服 → 衣服
- 복장단정 → 服장단정 → 服裝단정 → 服裝端정 → 服裝端正
- 복무규정 → 服무규정 → 服務규정 → 服務規정 → 服務規程
- 복용 → 服용 → 服用
- 복종 → 服종 → 服從
- 극복 → 극服 → 克服

服	服	服		

福

복 복 : 보일 시(示) 부 - 총 14 획

문장 이미지 福지사회에서도 길흉화福 예측은 해주지 않는다!

글자의 유래 밭 전(田)과 입 구(口)와 덴트(一)는 원두막이고 보일 시(示)가 있는 모양새. 거기서 참외와 수박이 보이니 참으로 복 터진 상황이다

단어 이미지

- 복권 → 福권 → 福券
- 천복 → 천福 → 天福
- 복지사회 → 福지사회 → 福祉사회 → 福祉社회 → 福祉社會
- 길흉화복 → 길흉화福 → 길흉禍福 → 길凶禍福 → 吉凶禍福
- 다복 → 다福 → 多福
- 행복 → 행福 → 幸福
- 처복 → 처福 → 妻福

福	福	福		

근본 본 : 나무 목(木) 부 - 총 5 획

本

문장 이미지 앞뒤를 本말전도시키는 행위는 本래 면목이 아니다!

글자의 유래 나무 목(木)의 안 가지에 한 일(一)가 있으매 나무의 중심 가지에다 가로 줄을 그어 그 근본이라고 하는 표지

단어 이미지
- 근본 → 근本 → 根本
- 본질 → 本질 → 本質
- 본말전도 → 本말전도 → 本末전도 → 本末顚도 → 本末顚倒
- 본래면목 → 本래면목 → 本來면목 → 本來面목 → 本來面目
- 견본 → 견本 → 見本
- 본능 → 本능 → 本能
- 본론 → 本론 → 本論

本 本 本

받들 봉 : 큰 대(大) 부 - 총 8 획

奉

문장 이미지 멸사奉공의 정신으로 奉사단체를 이끌어야 한다!

글자의 유래 큰 대(大)를 두 이(二)로 그으면서, 그 아래에 머 리두(亠)와 십자가 십(十)을 두는 것은 머리 숙여 하늘 높이 받들겠다는 의미

단어 이미지
- 봉직 → 奉직 → 奉職
- 봉양 → 奉양 → 奉養
- 멸사봉공 → 멸사奉공 → 멸사奉公 → 멸私奉公 → 滅私奉公
- 봉사단체 → 奉사단체 → 奉仕단체 → 奉仕團체 → 奉仕團體
- 봉헌 → 奉헌 → 奉獻
- 봉축 → 奉축 → 奉祝
- 신봉 → 신奉 → 信奉

奉 奉 奉

고을·관청 부 : 집 엄(广) 부 - 총 8 획

府

문장 이미지 중앙정府와 지방정府는 어떻게 구별해야 할까!

글자의 유래 집 엄(广)의 아래에 줄 부(付)가 들어있는 모양새 국민을 위한 일을 집 아래에서 해 주는 곳은 당연히 관청

단어 이미지
- 관부 → 관府 → 官府
- 행정부 → 행정府 → 행政府 → 行政府
- 중앙정부 → 중앙정府 → 중앙政府 → 中央政부 → 中央政府
- 지방정부 → 지방정府 → 지방政府 → 地方政부 → 地方政府
- 춘부장 → 춘府장 → 春府장 → 春府丈
- 사법부 → 사법府 → 사法府 → 司法府
- 입법부 → 입법府 → 입法府 → 立法府

府 府 府

副

버금 부 : 칼 도(刂) 부 - 총 11 획

문장 이미지 세계화의 副산물로서 副업전선의 副작용이 생겨났지요!

글자의 유래 수박밭의 원두막에 칼 도(刂)를 붙여놓은 모양새
원두막에 칼을 두는 것은 차떼기로 팔고, 부업으로 깎아서도 판다는 뜻

단어 이미지
- 부본 → 副본 → 副本
- 부식 → 副식 → 副食
- 부업전선 → 副업전선 → 副業전선 → 副業前선 → 副業前線
- 관계부사 → 관계副사 → 관계副詞 → 관係副詞 → 關係副詞
- 부산물 → 副산물 → 副産물 → 副産物
- 부작용 → 副작용 → 副作용 → 副作用
- 부제 → 副제 → 副題

副	副	副		

富

부자 부 : 집 면(宀) 부 - 총 12 획

문장 이미지 富익富가 심해지면 사회적으로 富영양화가 된다!

글자의 유래 집 면(宀)의 아래에 참외 원두막이 위치하고 있으니
생각만으로도 저절로 부유해옴을 금할 길 없다

단어 이미지
- 부자 → 富자 → 富者
- 부유 → 富유 → 富裕
- 부귀영화 → 富귀영화 → 富貴영화 → 富貴榮화 → 富貴榮華
- 부영양화 → 富영양화 → 富營양화 → 富營養화 → 富營養化
- 부익부 → 富익부 → 富益부 → 富益富
- 빈부귀천 → 貧富귀천 → 貧富貴賤
- 부강 → 富강 → 富强

富	富	富		

否

아닐·부인할 부 : 입 구(口) 부 - 총 7 획

문장 이미지 유엔의 거否권 행사에 대해 왈가왈否하지 마시오!

글자의 유래 아닐 부(不)의 아래에 입 구(口)가 붙어있는 모양새
입으로 아니라고 말하며 부인하는 형상의 글자이다

단어 이미지
- 부인 → 否인 → 否認
- 안부 → 안否 → 安否
- 부정판단 → 否정판단 → 否定판단 → 否定判단 → 否定判斷
- 왈가왈부 → 왈가왈否 → 왈가曰否 → 왈可曰否 → 曰可曰否
- 거부권 → 거否권 → 拒否권 → 拒否權
- 부정어 → 否정어 → 否定어 → 否定語
- 진부 → 진否 → 眞否

否	否	否		

夫

지아비(남편) **부** : 큰 대(大) 부 - 총 4 획

문장 이미지: 一夫종사하는 대장夫의 아내를 夫인이라 부른다!

글자의 유래: 큰 대(大)에 한 일(一)을 쫙 그어둔 모양새
남자가 성인이 된 후 결혼하면 마누라에게 콱 잡힌다는 뜻

단어 이미지
- 부군 → 夫군 → 夫君
- 범부 → 범夫 → 凡夫
- 일부종사 → 일夫종사 → 一夫종사 → 一夫從사 → 一夫從事
- 필부필부 → 필夫필부 → 匹夫필부 → 匹夫匹부 → 匹夫匹婦
- 대장부 → 대장夫 → 대丈夫 → 大丈夫
- 어부 → 어夫 → 漁夫
- 부인 → 夫인 → 夫人

夫 夫 夫

婦

아내 · 며느리 **부** : 여자 여(女) 부 - 총 11 획

문장 이미지: 남녀구분하고 부婦유별하면 고婦갈등은 적어진다!

글자의 유래: 여자 여(女)에 빗자루 추(帚)가 붙어있는 모양새
예전에는 아내와 주부의 주무기가 주로 빗자루였다

단어 이미지
- 주부 → 주부 → 主婦
- 신부 → 신婦 → 新婦
- 부부유별 → 부婦유별 → 夫婦유별 → 夫婦有별 → 夫婦有別
- 고부갈등 → 고婦갈등 → 姑婦갈등 → 姑婦葛등 → 姑婦葛藤
- 효부 → 효婦 → 孝婦
- 부녀자 → 婦녀자 → 婦女자 → 婦女子
- 질부 → 질婦 → 姪婦

婦 婦 婦

部

떼 · 부문 **부** : 고을 읍(阝 : 邑) 부 - 총 11 획

문장 이미지: 部족국가 시대는 바로 軍部독재의 시대였다!

글자의 유래: 입 구(口)와 설 립(立)이 있고, 그 옆에 고을 읍(阝)가 있으매,
백성들이 입을 세워서 떼지어 살아가는 부문의 읍이라는 의미

단어 이미지
- 부문 → 部문 → 部門
- 부분 → 部분 → 部分
- 군부독재 → 군部독재 → 軍部독재 → 軍部獨재 → 軍部獨裁
- 부족국가 → 部족국가 → 部族국가 → 部族國가 → 部族國家
- 부하 → 部하 → 部下
- 부류 → 部류 → 部類
- 부락 → 部락 → 部落

部 部 部

父

아비 부 : 아비 부(父) 부 - 총 4 획

문장 이미지 父자유친해야 父전자전할 수 있지요!

글자의 유래 여덟 팔(八)의 아래에 다스릴 예(乂)가 있는 모양새
아비가 되면 그 자신의 사방팔방을 잘 다스려야 한다는 뜻

단어 이미지
- 부모 → 父모 → 父母
- 신부 → 신父 → 神父
- 부자유친 → 父자유친 → 父子유친 → 父子有친 → 父子有親
- 부전자전 → 父전자전 → 父傳자전 → 父傳子전 → 父傳子傳
- 친부 → 친父 → 親父
- 의부 → 의父 → 義父
- 조부 → 조父 → 祖父

父 父 父

負

짐질 부 : 조개 패(貝) 부 - 총 9 획

문장 이미지 전쟁의 승負수에서 패하면 남負여대하여 피난해야!

글자의 유래 조개 패(貝)의 위에 보따리 쌀 포(勹)가 얹혀있으매
돈 보따리 싸게 되면 지고 갈 수밖에 없다

단어 이미지
- 부담 → 負담 → 負擔
- 포부 → 포負 → 抱負
- 부채계정 → 負채계정 → 負債계정 → 負債計정 → 負債計定
- 남부여대 → 남負여대 → 男負여대 → 男負女대 → 男負女戴
- 부하 → 負하 → 負荷 : load
- 승부수 → 승負수 → 勝負수 → 勝負手
- 부상 → 負상 → 負傷

負 負 負

北

북쪽 북 : 비수 비(匕) 부 - 총 5 획

문장 이미지 北방정책과 北양어업은 어떤 관계가 있는가요?

글자의 유래 왼쪽의 창과 우측의 비수를 맞대어 서로 등을 지고 있는
형상으로서 예전 중국의 원수는 항상 북쪽에 있다는 뜻

단어 이미지
- 북한 → 北한 → 北韓
- 북진 → 北진 → 北進
- 북방정책 → 北방정책 → 北方정책 → 北方政책 → 北方政策
- 북양어업 → 北양어업 → 北洋어업 → 北洋漁업 → 北洋漁業
- 북두칠성 → 北두칠성 → 北斗칠성 → 北斗七성 → 北斗七星
- 북망산천 → 北망산천 → 北邙산천 → 北邙山천 → 北邙山川
- 북단 → 北단 → 北端

北 北 北

分

나눌 **분** : 칼 도(刀) 부 - 총 4 획

문장 이미지: 分단국가의 分열주기가 과연 존재하는가요!

글자의 유래: 들 입(入)의 아래에 칼 도(刀)가 들어있는 모양새
칼을 들이대니 당연히 잘라서 나누는 법이다

단어 이미지
- 분산 → 分산 → 分散
- 분리 → 分리 → 分離
- 분단국가 → 分단국가 → 分斷국가 → 分斷國가 → 分斷國家
- 분열주기 → 分열주기 → 分裂주기 → 分裂週기 → 分裂週期
- 분류 → 分류 → 分類
- 분해 → 分해 → 分解
- 충분 → 충分 → 充分

分 分 分

粉

가루 **분** : 쌀 미(米) 부 - 총 10 획

문장 이미지: 우리 회사는 粉골쇄신컨데 粉식결산을 하지 않습니다!

글자의 유래: 쌀 미(米)에 나눌 분(分)이 붙어있는 모양새
쌀을 나누게 되면 당연히 가루가 되는 법이다

단어 이미지
- 분말 → 粉말 → 粉末
- 분쇄 → 粉쇄 → 粉碎
- 분골쇄신 → 粉골쇄신 → 粉骨쇄신 → 粉骨碎신 → 粉骨碎身
- 분식결산 → 粉식결산 → 粉飾결산 → 粉飾決산 → 粉飾決算
- 분진 → 粉진 → 粉塵
- 백분 → 백粉 → 白粉
- 화분 → 화粉 → 花粉

粉 粉 粉

憤

분할 **분** : 마음 심(忄) 부 - 총 15 획

문장 이미지: 憤기충천, 비憤강개하여 독도는 한국땅이라고 외칩니다!

글자의 유래: 마음 심(忄 : 心)에 겁낼 분(賁)이 붙어있는 모양새
겁내는 마음이라면 얼마나 분하고 분통이 터지랴

단어 이미지
- 분통 → 憤통 → 憤痛
- 분노 → 憤노 → 憤怒
- 분기충천 → 憤기충천 → 憤氣충천 → 憤氣衝천 → 憤氣衝天
- 비분강개 → 비憤강개 → 悲憤강개 → 悲憤慷개 → 悲憤慷慨
- 분연 → 憤연 → 憤然
- 분패 → 憤패 → 憤敗
- 격분 → 격憤 → 激憤

憤 憤 憤

아닐 불(부) : 한 일(一) 부 - 총 4 획

不

문장 이미지: 不정경쟁 아니하여 不편不당한 사회를 만들어요!

글자의 유래: 한 일(一)의 아래에 작을 소(小)가 있는 모양새 하나가 다시 작아야 한다면 그게 아니라는 말씀

단어 이미지
- 불비 → 不비 → 不備
- 불문 → 不문 → 不問
- 불편부당 → 不편부당 → 不偏부당 → 不偏不당 → 不偏不黨
- 부정경쟁 → 不정경쟁 → 不正경쟁 → 不正競쟁 → 不正競爭
- 불경기 → 不경기 → 不景기 → 不景氣
- 부실 → 不실 → 不實
- 부도 → 不도 → 不渡

不 不 不

부처 불 : 사람 인(亻) 부 - 총 7 획

佛

문장 이미지: 염佛삼매로서도 견성성佛할 수 있다!

글자의 유래: 사람 인(亻)에 강하게 아닌 불(弗)이 있는 모양새 사람 아니면서도 사람인 부처는 예수나 공자 이전 최초의 성인이셨다

단어 이미지
- 불가 → 佛가 → 佛家
- 불경 → 佛경 → 佛經
- 염불삼매 → 염佛삼매 → 念佛삼매 → 念佛三매 → 念佛三昧
- 견성성불 → 견성성佛 → 견성成佛 → 견性成佛 → 見性成佛
- 불심 → 佛심 → 佛心
- 유불선 → 유佛선 → 儒佛선 → 儒佛仙
- 불성 → 佛성 → 佛性

佛 佛 佛

갖출·준비할 비 : 사람 인(亻) 부 - 총 12 획

備

문장 이미지: 준備운동이 건강보전에는 항상 유備무환이다!

글자의 유래: 사람 인(亻)에 풀 초(艹)과 언덕 한(厂) 및 쓸 용(用)이 있는 형상으로서, 언덕 위의 풀을 쓰려는 것은 준비한다는 의미

단어 이미지
- 비치 → 備치 → 備置
- 구비 → 구備 → 具備
- 준비운동 → 준備운동 → 準備운동 → 準備運동 → 準備運動
- 유비무환 → 유備무환 → 有備무환 → 有備無患 → 有備無患
- 상비약 → 상備약 → 常備약 → 常備藥
- 정비 → 정備 → 整備
- 대비 → 대備 → 對備

備 備 備

非

아닐 **비** : 아닐 비(非) 부 - 총 8 획

문장 이미지: 非옹사몽 간에 인생을 보내는 사람도 非일非재하다!

글자의 유래: 3날의 포크를 서로 맞대어 세워놓은 모양새
서로 마주해야 집을 수 있으므로, 아무 것도 아니라는 의미

단어 이미지
- 비난 → 非난 → 非難
- 비리 → 非리 → 非理
- 비몽사몽 → 非몽사몽 → 非夢사몽 → 非夢似몽 → 非夢似夢
- 비일비재 → 非일비재 → 非一비재 → 非一非재 → 非一非再
- 비공식 → 非공식 → 非公식 → 非公式
- 비범 → 非범 → 非凡
- 비정 → 非정 → 非情

非	非	非		

悲

슬플 **비** : 마음 심(心) 부 - 총 12 획

문장 이미지: 무자悲한 悲극영화를 많이 보면 悲관론자가 된다!

글자의 유래: 마음 심(心)의 위에 아닐 비(非)가 있으매
인간의 본래 마음이 아니라면 당연히 슬픈 일

단어 이미지
- 비보 → 悲보 → 悲報
- 비련 → 悲련 → 悲戀
- 비극영화 → 悲극영화 → 悲劇영화 → 悲劇映화 → 悲劇映畵
- 비관론자 → 悲관론자 → 悲觀론자 → 悲觀論자 → 悲觀論者
- 대자대비 → 大慈대비 → 大慈大悲
- 무자비 → 무자悲 → 무慈悲 → 無慈悲
- 비통 → 悲통 → 悲痛

悲	悲	悲		

碑

비석 **비** : 돌 석(石) 부 - 총 13 획

문장 이미지: 구碑문학에도 기념碑적인 예술작품이 더러 있다!

글자의 유래: 돌 석(石)에 낮을 비(卑)가 붙어있는 모양새
돌을 깍아서 산 아래에 낮게 두는 것이 비석의 위치이다

단어 이미지
- 비문 → 碑문 → 碑文
- 비석 → 碑석 → 碑石
- 구비문학 → 구碑문학 → 口碑문학 → 口碑文학 → 口碑文學
- 기념비적 → 기념碑적 → 기念碑적 → 紀念碑적 → 紀念碑的
- 묘비명 → 묘碑명 → 묘碑銘 → 墓碑銘
- 충혼비 → 충혼碑 → 충魂碑 → 忠魂碑
- 척화비 → 척화碑 → 척和碑 → 斥和碑

碑	碑	碑		

批

비판할 비 : 손 수(扌) 부 - 총 7 획

문장 이미지: 批평예술을 하는 이도 있고 批판철학을 하는 이도 있다!

글자의 유래: 순 수(扌)에 견줄 비(比)가 붙어있는 모양새
내 손과 남의 손을 견주어 보면서 비판하고 비평한다

단어 이미지
- 비판 → 批판 → 批判
- 비評 → 批평 → 批評
- 비평예술 → 批평예술 → 批評예술 → 批評藝술 → 批評藝術
- 비판철학 → 批판철학 → 批判철학 → 批判哲학 → 批判哲學
- 비준 → 批준 → 批准
- 비준교환 → 批준교환 → 批准교환 → 批准交환 → 批准交換
- 조약비준 → 條약비준 → 條約비준 → 條約批준 → 條約批准

批 批 批

比

견줄 비 : 견줄 비(比) 부 - 총 4 획

문장 이미지: 比중측정과 比색분석을 해 보면 比례상수를 알 수 있다!

글자의 유래: 비수 비(匕)가 앞뒤로 나란히 놓여있는 모양새
비수의 칼날을 나란히 놓고서 견주어 봐야 그 성능을 알 수 있다

단어 이미지
- 비견 → 比견 → 比肩
- 비교 → 比교 → 比較
- 비중측정 → 比중측정 → 比重측정 → 比重測정 → 比重測定
- 비색분석 → 比색분석 → 比色분석 → 比色分석 → 比色分析
- 비례상수 → 比례상수 → 比例상수 → 比例常수 → 比例常數
- 비율 → 比율 → 比率
- 대비 → 대比 → 對比

比 比 比

秘

숨길 비 : 보일 시(示) 부 - 총 10 획

문장 이미지: 남북통일 이룩할 秘밀결사를 조직한다면 참가할 거야!

글자의 유래: 보일 시(示)에 반드시 필(必)이 붙어있는 모양새
반드시 보일 것은 기회가 올 때까지 숨겨야 한다

단어 이미지
- 비법 → 秘법 → 秘法
- 비결 → 秘결 → 秘訣
- 비밀결사 → 秘밀결사 → 秘密결사 → 秘密結사 → 秘密結社
- 극비문서 → 극秘문서 → 極秘문서 → 極秘文서 → 極秘文書
- 비서관 → 秘서관 → 秘書관 → 秘書官
- 묵비권 → 묵秘권 → 默秘권 → 默秘權
- 비경 → 秘경 → 秘境

秘 秘 秘

쓸·비용 비 : 조개 패(貝) 부 - 총 12 획

費

문장 이미지 식費, 차費, 학費, 회費 등의 비용절감이 급선무이다!

글자의 유래 조개 패(貝)의 위에 달러 불(弗)이 얹혀있는 모양새 금을 보관하던 예전에 달러 돈은 바로 써야할 비용이다

단어 이미지
- 식비 → 식費 → 食費
- 차비 → 차費 → 車費
- 비용절감 → 費용절감 → 費用절감 → 費用節감 → 費用節減
- 소비성향 → 소費성향 → 消費성향 → 消費性향 → 消費性向
- 학비 → 학費 → 學費
- 낭비 → 낭費 → 浪費
- 회비 → 회費 → 會費

費 費 費

날 비 : 날 비(飛) 부 - 총 9 획

飛

문장 이미지 飛조류로부터 조류독감이 飛말감염된다고 아우성이다!

글자의 유래 오를 승(升)의 위와 옆에 새 을(乙)이 두 개씩이나 있고 꼬리털 2개씩(⺀)이나 달려있으므로 새가 날아가는 형상

단어 이미지
- 비상 → 飛상 → 飛上
- 비약 → 飛약 → 飛躍
- 비말감염 → 飛말감염 → 飛沫감염 → 飛沫感염 → 飛沫感染
- 비행기관 → 飛행기관 → 飛行기관 → 飛行機관 → 飛行機關
- 비호 → 飛호 → 飛虎
- 비조류 → 飛조류 → 飛鳥류 → 飛鳥類
- 웅비 → 웅飛 → 雄飛

飛 飛 飛

코 비 : 코 비(鼻) 부 - 총 14 획

鼻

문장 이미지 이목구鼻는 번듯한 데 이현령鼻현령의 말을 하네!

글자의 유래 머리털(丿)의 아래에 눈 목(目)이 있고, 밭 전(田) 같이 생긴 콧구멍이 있고, 그걸 들고 있는 들 공(廾)이 있으니, 영락없는 코의 형상이다

단어 이미지
- 비강 → 鼻강 → 鼻腔
- 비음 → 鼻음 → 鼻音
- 이목구비 → 이목구鼻 → 이목口鼻 → 이目口鼻 → 耳目口鼻
- 이현령비현령 → 耳현령鼻현령 → 耳懸鈴비현령 → 耳懸鈴鼻懸鈴
- 비중격 → 鼻중격 → 鼻中격 → 鼻中隔
- 비염 → 鼻염 → 鼻炎
- 비조 → 鼻조 → 鼻祖

鼻 鼻 鼻

가난할 **빈** : 조개 패(貝) 부 - 총 11 획

貧

문장 이미지 貧부격차, 貧익貧일랑 모두 잊고 안貧낙도 합시다!

글자의 유래 조개 패(貝)의 위에 나눌 분(分)이 있는 모양새
돈(조개)을 모으지 않고 나눈다면 당연히 가난하게 된다

단어 이미지
- 빈곤 → 貧곤 → 貧困
- 빈궁 → 貧궁 → 貧窮
- 빈부격차 → 貧부격차 → 貧富격차 → 貧富隔차 → 貧富隔差
- 안빈낙도 → 안貧낙도 → 安貧낙도 → 安貧樂도 → 安貧樂道
- 빈익빈 → 貧익빈 → 貧익貧 → 貧益貧
- 빈혈 → 貧혈 → 貧血
- 청빈 → 청貧 → 淸貧

貧 貧 貧

얼음 **빙** : 물 수(水) 부 - 총 5 획

氷

문장 이미지 환경오염은 지구의 새로운 氷하시대를 몰고 온다니!

글자의 유래 물 수(水)에 점(丶) 하나가 얹혀있는 모양새
물이 얼어붙게 되면 당연히 한 덩어리가 된다

단어 이미지
- 빙산 → 氷산 → 氷山
- 빙판 → 氷판 → 氷板
- 빙상경기 → 氷상경기 → 氷上경기 → 氷上競기 → 氷上競技
- 빙하시대 → 氷하시대 → 氷河시대 → 氷河時대 → 氷河時代
- 제빙공상 → 製빙공장 → 製氷공장 → 製氷工장 → 製氷工場
- 빙과류 → 氷과류 → 氷菓류 → 氷菓類
- 해빙 → 해氷 → 解氷

氷 氷 氷

일·사무 **사** : 갈고리 궐(亅) 부 - 총 8 획

事

문장 이미지 事리판단이 정확하면 事필귀정의 결과가 온다!

글자의 유래 십자가(十)에 입 구(口)와 돼지머리 계(彐)를 걸어둔 형상
식구(입)와 가축(돼지)을 십자가 지고 일해서 먹여살려야 한다는 뜻

단어 이미지
- 사실 → 事실 → 事實
- 사업 → 事업 → 事業
- 사리판단 → 事리판단 → 事理판단 → 事理判단 → 事理判斷
- 사필귀정 → 事필귀정 → 事必귀정 → 事必歸정 → 事必歸正
- 사사무애 → 事사무애 → 事事무애 → 事事無애 → 事事無碍
- 사무 → 事무 → 事務
- 사물 → 事물 → 事物

事 事 事

士

선비 사 : 선비 사(士) 부 - 총 3 획

문장 이미지 士농공상의 신분의식이 한국엔 아직 좀 남아있어요!

글자의 유래 한 일(一)의 땅위에 십자가(十)를 세우고 있는 모양새
선비는 돈과 권력이 아니라 사회정의를 위해 연구하며 산다는 뜻

단어 이미지
- 신사 → 신士 → 紳士
- 지사 → 지士 → 志士
- 사농공상 → 士농공상 → 士農공상 → 士農工상 → 士農工商
- 사기충천 → 士기충천 → 士氣충천 → 士氣衝천 → 士氣衝天
- 사대부 → 士대부 → 士大부 → 士大夫
- 명사 → 명士 → 名士
- 무사 → 무士 → 武士

士 士 士

仕

섬길 · 벼슬 사 : 사람 인(亻) 부 - 총 5 획

문장 이미지 진사급제하여 출仕해도 봉仕활동보다 만족스럽지 못하다!

글자의 유래 사람 인(亻)에 선비 사(士)가 붙어있는 모양새
사람이 선비한다는 뜻. 예전에는 선비가 벼슬했기 때문

단어 이미지
- 출사 → 출仕 → 出仕
- 봉사 → 봉仕 → 奉仕
- 봉사활동 → 봉仕활동 → 奉仕활동 → 奉仕活동 → 奉仕活動
- 사회봉사 → 사회봉仕 → 사회奉仕 → 사會奉仕 → 社會奉仕
- 급사 → 급仕 → 給仕 : 사동(使童)
- 봉사가격 → 奉사가격 → 奉仕가격 → 奉仕價격 → 奉仕價格
- 봉사료 → 奉仕료 → 奉仕料

仕 仕 仕

使

하게 할 · 부릴 사 : 두 사람 인(亻) 부 - 총 8 획

문장 이미지 외교使절과 특使파견으로 겨우 미국과 화해했지요!

글자의 유래 사람 인(亻)에 관리 리(吏)가 붙어있는 모양새
사람이 관리에게 일을 하게 하거나 부린다는 뜻

단어 이미지
- 사용 → 使용 → 使用
- 사명 → 使명 → 使命
- 외교사절 → 외교使절 → 외교使節 → 외交使節 → 外交使節
- 특사파견 → 특使파견 → 特使파견 → 特使派견 → 特使派遣
- 사신 → 使신 → 使臣
- 사역 → 使역 → 使役
- 밀사 → 밀使 → 密使

使 使 使

史

역사 **사** : 입 구(口) 부 - 총 5 획

문장 이미지 과거의 역史는 역史소설로 이해하는 편이 가장 쉽다!

글자의 유래 다스릴 예(乂)의 위에 가운데 중(中)이 얹혀져 있으니 인간사회의 중심을 다스리려면 역사를 바로 잡아나가는 것

단어 이미지
- 국사 → 국史 → 國史
- 세계사 → 세계史 → 세界史 → 世界史
- 역사소설 → 역史소설 → 歷史소설 → 歷史小설 → 歷史小說
- 유물사관 → 유물史관 → 유물史觀 → 유物史觀 → 唯物史觀
- 삼국사기 → 삼국史기 → 삼국史記 → 三國史기 → 三國史記
- 삼국유사 → 삼국유史 → 三國유사 → 三國遺사 → 三國遺史
- 사료 → 史료 → 史料

史 史 史

四

넷 **사** : 입 구(口) 부 - 총 5 획

문장 이미지 교통이 四통팔달로 발달하니 四해동포가 모두 이웃이다!

글자의 유래 입 구(口)의 안쪽에 어진사람 인(儿)이 들어있는 모양새 어진사람들은 동서남북의 사방에서 보호해 준다는 뜻

단어 이미지
- 사방 → 四방 → 四方
- 사계절 → 四계절 → 四季절 → 四季節
- 사통팔달 → 四통팔달 → 四通팔달 → 四通八달 → 四通八達
- 사해동포 → 四해동포 → 四海동포 → 四海同포 → 四海同胞
- 사면체 → 四면체 → 四面체 → 四面體
- 사고무친 → 四고무친 → 四顧무친 → 四顧無친 → 四顧無親
- 사각형 → 四각형 → 四角형 → 四角形

四 四 四

寫

베낄 · 복사 **사** : 집 면(宀) 부 - 총 15 획

문장 이미지 寫실주의에 입각한 모寫실험이 과학의 첫 단계이다!

글자의 유래 집 면(宀), 절구 구(臼), 보따리 쌀 포(勹), 불 화(灬)가 순서대로 쌓여있으니, 방앗간에서 불로 가열하고 절구로 만드는 복사이다

단어 이미지
- 복사 → 복寫 → 複寫
- 묘사 → 묘寫 → 描寫
- 사실주의 → 寫실주의 → 寫實주의 → 寫實主의 → 寫實主義
- 모寫실험 → 모寫실험 → 模寫실험 → 模寫實험 → 模寫實驗
- 사본 → 寫본 → 寫本
- 사진 → 寫진 → 寫眞
- 투사 → 투寫 → 透寫

寫 寫 寫

寺

절간 **사** : 마디(적을) 촌(寸) 부 - 총 6 획

문장 이미지 산寺불공 시의 寺찰음식이 바로 다이어트 음식이라오!

글자의 유래 흙 토(土)의 아래에 적을(마디) 촌(寸)이 있으매
흙(땅) 즉 재산을 적게 가지는 집이 바로 절간이라는 의미

단어 이미지
- 사원 → 寺원 → 寺院
- 사내 → 寺내 → 寺內
- 산사불공 → 산寺불공 → 山寺불공 → 山寺佛공 → 山寺佛供
- 사찰음식 → 寺찰음식 → 寺刹음식 → 寺刹飮식 → 寺刹飮食
- 고사 → 고寺 → 古寺
- 본사 → 본寺 → 本寺
- 말사 → 말寺 → 末寺

寺 寺 寺

社

회사·모일 **사** : 보일 시(示) 부 - 총 8 획

문장 이미지 社회사업에 관련되는 일을 하는 회社가 社단법인이다!

글자의 유래 보일 시(示)에 흙 토(土)가 붙어있는 모양새
흙(땅) 즉 재산을 목적으로 하는 모임이 바로 회사라는 뜻

단어 이미지
- 사장 → 社장 → 社長
- 공사 → 공社 → 公社
- 사회사업 → 社회사업 → 社會사업 → 社會事업 → 社會事業
- 사단법인 → 社단법인 → 社團법인 → 社團法인 → 社團法人
- 주식회사 → 株式회사 → 株式會社
- 사교 → 社교 → 社交
- 결사 → 결社 → 結社

社 社 社

射

쏠 **사** : 마디 촌(寸) 부 - 총 10 획

문장 이미지 射정거리 내에 들어오거든 정확히 연발로 射격하라!

글자의 유래 몸 신(身)의 옆에 마디(헤아릴) 촌(寸)이 붙어있으매
상대편이나 동물의 몸을 마디마디 헤아리는 것은 쏜다는 뜻

단어 이미지
- 사격 → 射격 → 射擊
- 사수 → 射수 → 射手
- 사정거리 → 射정거리 → 射程거리 → 射程距리 → 射程距離
- 반사작용 → 반射작용 → 反射작용 → 反射作용 → 反射作用
- 방사선 → 방射선 → 放射선 → 放射線
- 일사병 → 일射병 → 日射병 → 日射病
- 사행심 → 射행심 → 射倖심 → 射倖心

射 射 射

사례할 **사** : 말씀 언(言) 부 - 총 17 획	謝
문장 이미지: 멋진 당선謝례를 듣고 보니 신진대謝가 잘 되는군!	
글자의 유래: 말씀 언(言)에 쏠 사(射)가 붙어있는 모양새 말씀을 쏘는 것은 사례이지 험담이나 욕은 아니다	

단어 이미지	
• 감사 → 감謝 → 感謝	• 사과 → 謝과 → 謝過
• 당선사례 → 당선謝례 → 당선謝禮 → 당選謝禮 → 當選謝禮	• 신진대사 → 신진대謝 → 신진代謝 → 신陳代謝 → 新陳代謝
• 사은회 → 謝은회 → 謝恩회 → 謝恩會	• 사절 → 謝절 → 謝絶
• 후사 → 후謝 → 厚謝	謝 謝 謝

師	선생 **사** : 수건 건(巾) 부 - 총 10 획
	문장 이미지: 師범대학을 나왔으면 교師로서의 師표가 되어야!
	글자의 유래: 앞으로 구부린 머리(丿)와 상하 몸체(𠂤)를 학생들을 향하고서 두루(帀:잡) 살펴보고 가르치는 형상의 글자

단어 이미지	
• 교사 → 교師 → 教師	• 사표 → 師표 → 師表
• 사범대학 → 師범대학 → 師範대학 → 師範大학 → 師範大學	• 사제지간 → 師제지간 → 師弟지간 → 師弟之간 → 師弟之間
• 은사 → 은師 → 恩師	• 사친회 → 師친회 → 師親회 → 師親會
師 師 師	• 출사표 → 출師표 → 出師표 → 出師表

집 **사** : 혀 설(舌) 부 - 총 8 획	舍
문장 이미지: 정부청舍도 철도역舍도 요새는 상당히 고급스럽다!	
글자의 유래: 사람 인(人)의 아래에 혀 설(舌)이 위치한 모양새 혀는 사람과 가축에게만 있으니 그 집의 형상	

단어 이미지	
• 관사 → 官사 → 官舍	• 사택 → 舍택 → 舍宅
• 정부청사 → 정부청舍 → 정부廳舍 → 정府廳舍 → 政府廳舍	• 철도역사 → 철도역舍 → 철도驛舍 → 철道驛舍 → 鐵道驛舍
• 기숙사 → 기숙舍 → 기宿舍 → 寄宿舍	• 사랑방 → 舍랑방 → 舍廊방 → 舍廊房
• 축사 → 축舍 → 畜舍	舍 舍 舍

思

생각할 **사** : 마음 심(心) 부 - 총 9 획

문장 이미지　역지思지의 思고방식을 가져야 세상이 당연하게 보인다!

글자의 유래　밭 전(田)이 아래에 마음 심(心)이 위치한 모양새
인간이란 먹고 살만 하면 이런저런 생각이 많아진다는 뜻

단어 이미지
- 사상 → 思상 → 思想
- 사색 → 思색 → 思索
- 사고방식 → 思고방식 → 思考방식 → 思考方식 → 思考方式
- 역지사지 → 역지思지 → 易地思之 → 역地思之 → 易地思之
- 사춘기 → 思춘기 → 思春기 → 思春期
- 사모 → 思모 → 思慕
- 사조 → 思조 → 思潮

思 思 思

査

조사할 **사** : 나무 목(木) 부 - 총 9 획

문장 이미지　지능검査의 결과를 믿지 말고 많이많이 노력해야 한다!

글자의 유래　나무 목(木)의 아래에 또 차(且)가 위치해 있으매
나무를 또 보고 또 보는 것은 세세히 조사한다는 뜻

단어 이미지
- 조사 → 조査 → 調査
- 심사 → 심査 → 審査
- 지능검사 → 지능검査 → 지능檢査 → 지能檢査 → 知能檢査
- 해저탐사 → 해저탐査 → 해저探査 → 해底探査 → 海底探査
- 수사 → 수査 → 搜査
- 내사 → 내査 → 內査
- 사찰 → 査찰 → 査察

査 査 査

死

죽을 **사** : 죽을 사(歹) 부 - 총 6 획

문장 이미지　死생결단하고 공부하면 기死회생할 수 있다!

글자의 유래　부서진 뼈 알(歹)의 글자에 비수 비(匕)가 붙어있으매
비수로 죽여서 뼈마저 부스러지게 한다는 의미

단어 이미지
- 사선 → 死선 → 死線
- 사수 → 死수 → 死守
- 사생결단 → 死생결단 → 死生결단 → 死生決단 → 死生決斷
- 기사회생 → 기死회생 → 起死회생 → 起死回생 → 起死回生
- 사활 → 死활 → 死活
- 사화산 → 死화산 → 死火산 → 死火山
- 사각지대 → 死각지대 → 死角지대 → 死角地帶 → 死角地帶

死 死 死

私

사사로울 사 : 벼 화(禾) 부 - 총 7 획

문장 이미지 私리私욕에 허덕이지 말고 무私무욕하게 살아야!

글자의 유래 벼 화(禾)에 마늘 모(厶)가 붙어있는 모양새
자기의 논에 벼를 심든지 마늘을 심든지 사사로운 일

단어 이미지
- 사유 → 私유 → 私有
- 사학 → 私학 → 私學
- 사리사욕 → 私리사욕 → 私利사욕 → 私利私욕 → 私利私慾
- 무사무욕 → 무私무욕 → 無私무욕 → 無私無욕 → 無私無慾
- 사문서 → 私문서 → 私文서 → 私文書
- 사립학교 → 私립학교 → 私立학교 → 私立學교 → 私立學校
- 사채이자 → 私채이자 → 私債이자 → 私債利자 → 私債利子

私 私 私

絲

실 사 : 실 사(糸) 부 - 총 12 획

문장 이미지 목표를 이루자면 팀의 전원이 일絲불란하게 일해야 한다!

글자의 유래 작을 요(幺)의 아래에 작을 소(小)가 붙어있는 모양새
작고 작은 것은 예전에는 거의 모두 실이었다. 약자는 糸

단어 이미지
- 견사 → 견絲 → 絹絲
- 면사 → 면絲 → 綿絲
- 일사불란 → 일絲불란 → 一絲불란 → 一絲不란 → 一絲不亂
- 제사공장 → 제絲공장 → 製絲공장 → 製絲工장 → 製絲工場
- 방적사 → 방적絲 → 방績絲 → 紡績絲
- 잠사 → 잠絲 → 蠶絲
- 철사 → 철絲 → 鐵絲

絲 絲 絲

辭

말씀 · 사양할 사 : 매울 신(辛) 부 - 총 19 획

문장 이미지 요새는 백과辭전에도 없는 말들이 마구 생겨나고 있다!

글자의 유래 말씀 사의 약자에는 왼편 부분을 혀 설(舌)로 쓰므로
혀를 매웁게 한다는 뜻이므로 말씀이거나 사양의 의미

단어 이미지
- 찬사 → 찬辭 → 讚辭
- 축사 → 축辭 → 祝辭
- 백과사전 → 백과辭전 → 백과辭典 → 백科辭典 → 百科辭典
- 사표수리 → 辭표수리 → 辭表수리 → 辭表受리 → 辭表受理
- 사양 → 辭양 → 辭讓
- 사임 → 辭임 → 辭任
- 사직서 → 辭직서 → 辭職서 → 辭職書

辭 辭 辭

山

메(뫼) **산** : 메 산(山) 부 - 총 3 획

문장 이미지 월드컵 축구 응원하는 붉은 악마들이 인山인해를 이루고!

글자의 유래 창문 바깥의 산들을 가만히 보고 있노라면 우리의 산들이 모두 山의 형상을 하고 있음을 알 수 있다

단어 이미지

- 야산 → 야山 → 野山
- 고산 → 고山 → 高山
- 산천초목 → 山천초목 → 山川초목 → 山川草목 → 山川草木
- 인산인해 → 인山인해 → 人山인해 → 人山人해 → 人山人海
- 산사태 → 山사태 → 山沙태 → 山沙汰
- 산수화 → 山수화 → 山水화 → 山水畵
- 하산 → 하山 → 下山

山 山 山

散

흩을·분산 **산** : 채찍질 할 복(攵) 부 - 총 12 획

문장 이미지 산散조각 나 흩어져 있는 가족을 이散가족이라고 한다!

글자의 유래 둥그런 달 월(月)의 위에 막대(一)를 놓고 스무 명(卄)이 올라간 상태에서 채찍질(攵) 하니 흩어지거나 분산될 수밖에

단어 이미지

- 산산 → 산散 → 散散-조각
- 분산 → 분散 → 分散
- 이산가족 → 이散가족 → 離散가족 → 離散家족 → 離散家族
- 혼비백산 → 혼비백散 → 혼비魄散 → 혼飛魄散 → 魂飛魄散
- 산포도 → 散포도 → 散布도 → 散布度
- 산문시 → 散문시 → 散文시 → 散文詩
- 산란 → 散란 → 散亂

散 散 散

産

낳을·생산할 **산** : 날 생(生) 부 - 총 11 획

문장 이미지 부동産, 동産, 자産, 재産이 産업혁명을 이루지 못한다!

글자의 유래 날 생(生)의 왼쪽에 삐칠 별(丿), 위에 설 립(立)이 있으매 물건을 만들어서는 옆으로 제쳐서 세워놓는 생산을 의미

단어 이미지

- 동산 → 동産 → 動産
- 자산 → 자産 → 資産
- 산업혁명 → 産업혁명 → 産業혁명 → 産業革명 → 産業革命
- 생산관리 → 생産관리 → 生産관리 → 生産管리 → 生産管理
- 부동산 → 부동産 → 부動産 → 不動産
- 재산 → 재産 → 財産
- 산물 → 産물 → 産物

産 産 産

계산할 **산** : 대 죽(竹) 부 - 총 14 획

算

문장 이미지 국회의 예算심의에서도 의원들의 이해타算은 작용한다!

글자의 유래 대 죽(竹)의 아래에 눈 목(目)과 스물 입(廿)이 있으니 대나무에 스무 개의 눈을 새겨 이십진법으로 계산한다는 뜻

단어 이미지

- 산법 → 算법 → 算法
- 계산 → 계算 → 計算
- 예산심의 → 예算심의 → 豫算심의 → 豫算審의 → 豫算審議
- 이해타산 → 이해타算 → 이해打算 → 利害打산 → 利害打算
- 검산 → 검算 → 檢算
- 추산 → 추算 → 推算
- 환산 → 환算 → 換算

算 算 算

죽일 **살** : 몽둥이 수(殳) 부 - 총 11 획

殺

문장 이미지 殺생유택해야만 殺신성인이 될 수 있다!

글자의 유래 나무(木)를 몽둥이(殳)로 한 방(丶) 때려서 없애 버리려는 모양새(x)로서, 죽여 없애 버리는 형상이다

단어 이미지

- 살벌 → 殺벌 → 殺伐
- 말살 → 말殺 → 抹殺
- 살생유택 → 殺생유택 → 殺生유택 → 殺生有택 → 殺生有擇
- 살신성인 → 殺신성인 → 殺身성인 → 殺身成인 → 殺身成仁
- 살기등등 → 殺기등등 → 殺氣등등 → 殺氣騰등 → 殺氣騰騰
- 살충제 → 殺충제 → 殺蟲제 → 殺蟲劑
- 살풍경 → 殺풍경 → 殺風경 → 殺風景

殺 殺 殺

셋 **삼** : 하나 일(一) 부 - 총 3 획

三

문장 이미지 작심三일로서는 三각관계도 三권분립도 걱정없어!

글자의 유래 서까래를 3개 쌓아올려 놓은 모양새 오늘날 막대기 3개를 쌓아놓고 3으로 나타내는 표시

단어 이미지

- 삼한 → 三한 → 三韓
- 삼척동자 → 三척동자 → 三尺동자 → 三尺童자 → 三尺童子
- 작심삼일 → 작심三일 → 작심三日 → 작心三日 → 作心三日
- 삼각관계 → 三각관계 → 三角관계 → 三角關계 → 三角關係
- 삼부요인 → 三부요인 → 三府요인 → 三府要인 → 三府要人
- 삼권분립 → 三권분립 → 三權분립 → 三權分립 → 三權分立
- 삼한사온 → 三한사온 → 三寒사온 → 三寒四온 → 三寒四溫

三 三 三

上

윗 **상** : 하나 일(一) 부 - 총 3 획

문장 이미지 상고시대, 상승기류, 상후하박은 "위" 의 뜻이 있다!

글자의 유래 땅을 가리키는 일(一)의 위에 수직의 막대기(1)를 꽂고 다시 수평의 표시(-)를 한 형상의 글자이다

단어 이미지

- 상공 → 上공 → 上空
- 상부 → 上부 → 上部
- 상고시대 → 上고시대 → 上古시대 → 上古時대 → 上古時代
- 상승기류 → 上승기류 → 上昇기류 → 上昇氣류 → 上昇氣流
- 상후하박 → 上후하박 → 上厚하박 → 上厚下박 → 上厚下薄
- 설상가상 → 雪상가상 → 雪上가상 → 雪上加상→ 雪上加霜
- 상류사회 → 上류사회 → 上流사회 → 上流社회 → 上流社會

上 上 上

傷

다칠 · 상처 **상** : 사람 인(亻) 부 - 총 13 획

문장 이미지 傷이군경을 보면 전쟁 傷처의 감傷주의에 접어든다!

글자의 유래 사람 인(人)의 아래에 아침 단(旦)과 아닐 물(勿)을 두고. 그 왼쪽에 사람 인(亻)을 두니, 상처 입어 아침 사람이 아니라는 뜻

단어 이미지

- 상심 → 傷심 → 傷心
- 상처 → 傷처 → 傷處
- 상이군경 → 傷이군경 → 傷痍군경 → 傷痍軍경 → 傷痍軍警
- 감상주의 → 감傷주의 → 感傷주의 → 感傷主의 → 感傷主義
- 부상 → 負傷 → 負傷
- 치명상 → 치명傷 → 치命傷 → 致命傷
- 손상 → 손傷 → 損傷

傷 傷 傷

象

코끼리 · 상징할 **상** : 돼지 시(豕) 부 - 총 12 획

문장 이미지 천태만象이 모두 추象예술의 象징주의일 뿐이라!

글자의 유래 코는 보자기 쌀 포(⺈) 같고, 몸통은 중간(罒)인 데, 다리는 돼지(豕)를 닮았다면, 코끼리의 형상일 뿐

단어 이미지

- 형상 → 형象 → 形象
- 대상 → 대象 → 對象
- 상징주의 → 象징주의 → 象徵주의 → 象徵主의 → 象徵主義
- 천태만상 → 천태만象 → 천태萬象 → 천態萬象 → 千態萬象
- 상아탑 → 象아탑 → 象牙탑 → 象牙塔
- 표상 → 표象 → 表象
- 현상 → 현象 → 現象

象 象 象

常

일상 **상** : 수건 건(巾) 부 - 총 11 획

문장 이미지　비常사태에 의한 常비군 투입은 후진국에선 常존한다!

글자의 유래　고상할 상(尙)의 아래에 수건 건(巾)이 있는 모양새
일상적으로 쓰는 수건이 고상하다면 통상적인 일이라는 뜻

단어 이미지
- 일상 → 일常 → 日常
- 통상 → 통常 → 通常
- 경상수입 → 경常수입 → 經常수입 → 經常收입 → 經常收入
- 비상사태 → 비常사태 → 非常사태 → 非常事태 → 非常事態
- 상비군 → 常비군 → 常備군 → 常備軍
- 기체상수 → 기체常數 → 氣體常數
- 상존 → 常존 → 常存

常 常 常

賞

상줄 **상** : 조개 패(貝) 부 - 총 15 획

문장 이미지　업적에 따른 논공행賞은 신賞필벌에 의해야 한다!

글자의 유래　고상할 상(尙)의 아래에 조개 패(貝)가 있는 모양새
조개는 돈인데 돈을 고상하게 하려면 상으로 주는 것이다

단어 이미지
- 금상 → 금賞 → 金賞
- 상장 → 狀장 → 賞狀
- 논공행상 → 논공행賞 → 논공行賞 → 논功行賞 → 論功行賞
- 신상필벌 → 신賞필벌 → 信賞필벌 → 信賞必벌 → 信賞必罰
- 상여금 → 賞여금 → 賞與금 → 賞與金
- 현상금 → 현賞금 → 懸賞금 → 懸賞金
- 수상 → 수賞 → 受賞

賞 賞 賞

商

장사·상공 **상** : 입 구(口) 부 - 총 11 획

문장 이미지　商공지역에서는 商품광고가 주류를 이룬다!

글자의 유래　머리 두(亠), 여덟 팔(八), 멀 경(冂), 다리 인(儿), 입 구(口)가 있으매, 머리와 입을 갖고 멀리 다리로 돌아다니는 팔자는 장사

단어 이미지
- 상업 → 商업 → 商業
- 상점 → 商점 → 商店
- 상공지역 → 商공지역 → 商工지역 → 商工地역 → 商工地域
- 상품광고 → 商품광고 → 商品광고 → 商品廣고 → 商品廣告
- 상도덕 → 商도덕 → 商道덕 → 商道德
- 상표권 → 商표권 → 商標권 → 商標權
- 행상 → 행商 → 行商

商 商 商

탁자 상 : 집 엄(广) 부 - 총 7 획

床

문장 이미지 부부는 온床재배로 벼락부자가 되려는 동床이몽을 꾼다!

글자의 유래 집 엄(广)의 아래에 나무 목(木)이 앉아 있는 모양새
밥상이든 평상이든 병상이든 집안에 자리하는 것이 원칙

단어 이미지
- 평상 → 평床 → 平床
- 병상 → 병床 → 病床
- 온상재배 → 온床재배 → 溫床재배 → 溫床栽배 → 溫床栽培
- 동상이몽 → 동床이몽 → 同床이몽 → 同床異몽 → 同床異夢
- 제사상 → 제사床 → 제祀床 → 祭祀床
- 책상 → 책床 → 冊床
- 주안상 → 주안床 → 주案床 → 酒案床

床 床 床

서로 상 : 눈 목(目) 부 - 총 9 획

相

문장 이미지 相대평가는 서로에게 이해相반의 相관관계를 가진다!

글자의 유래 나무 목(木)에 눈 목(目)을 옆으로 마주 놓으매
서로 상대적인 위치를 차지하게 된다는 의미

단어 이미지
- 상생 → 相생 → 相生
- 상담 → 相담 → 相談
- 상대평가 → 相대평가 → 相對평가 → 相對評價 → 相對評價
- 이해상반 → 이해相반 → 이해相半 → 이害相半 → 利害相半
- 상보성 → 相보성 → 相補성 → 相補性
- 상관관계 → 相관관계 → 相關관계 → 相關關계 → 相關關係
- 상속 → 相속 → 相續

相 相 相

생각할 상 : 마음 심(心) 부 - 총 13 획

想

문장 이미지 想상임신은 무념무想의 이想향일 수도 있다!

글자의 유래 서로 상(相)의 아래에 마음 심(心)이 위치하매
서로에게 마음만 주는 것은 생각이나 상상일뿐

단어 이미지
- 상념 → 想념 → 想念
- 사상 → 사想 → 思想
- 상상임신 → 想상임신 → 想像임신 → 想像妊신 → 想像妊娠
- 무념무상 → 무념무想 → 무념無想 → 무念無想 → 無念無想
- 이상향 → 이想향 → 理想향 → 理想鄕
- 공상 → 공想 → 空想
- 환상 → 환想 → 幻想

想 想 想

狀

상태/문서 **상/장** : 개 견(犬) 부 - 총 8 획

문장 이미지 원狀회복할 것인가? 현狀타파할 것인가? 문제로다!

글자의 유래 나무의 왼쪽 조각 장(爿)에 개 견(犬)이 있으매 사람과 가까운 개의 상태를 새겨 넣는다는 형상의 글자

단어 이미지
- 상태 → 狀태 → 狀態
- 상황 → 狀황 → 狀況
- 원상회복 → 원狀회복 → 原狀회복 → 原狀回복 → 原狀回復
- 현상타파 → 현狀타파 → 現狀타파 → 現狀打파 → 現狀打破
- 고소장 → 고소狀 → 고訴狀 → 告訴狀
- 초대장 → 초대狀 → 초待狀 → 招待狀
- 초청장 → 초청狀 → 초請狀 → 招請狀

狀 狀 狀

色

색깔·색정 **색** : 색깔 색(色) 부 - 총 6 획

문장 이미지 재色겸비하다고 희色만면하니 대경실色이로고!

글자의 유래 보따리 쌀 포(勹)의 아래에 소용돌이 파(巴)가 있으매 마음의 소용돌이를 일으키는 색상이거나 그런 여자의 은유

단어 이미지
- 색상 → 色상 → 色相
- 색소 → 色소 → 色素
- 희색만면 → 희色만면 → 喜色만면 → 喜色滿면 → 喜色滿面
- 대경실색 → 대경실色 → 대경失色 → 대驚失色 → 大驚失色
- 염색질 → 염色질 → 染色실 → 染色質
- 재색겸비 → 재色겸비 → 才色겸비 → 才色兼비 → 才色兼備
- 색채 → 色채 → 色彩

色 色 色

生

날·생생할 **생** : 날 생(生) 부 - 총 5 획

문장 이미지 生존경쟁이 치열한 사회에서는 평生교육을 받아야 한다!

글자의 유래 하나 일(一)의 위에 소 우(牛)가 위치한 모양새 지평선의 땅 위에서 소가 하늘로 뛰어오르는 생생한 형상

단어 이미지
- 생명 → 生명 → 生命
- 생산 → 生산 → 生産
- 생존경쟁 → 生존경쟁 → 生存경쟁 → 生存競쟁 → 生存競爭
- 평생교육 → 평生교육 → 平生교육 → 平生敎육 → 平生敎育
- 기사회생 → 기사회生 → 기사回生 → 기死回生 → 起死回生
- 견물생심 → 견물生심 → 견물生心 → 견物生心 → 見物生心
- 생로병사 → 生로병사 → 生老병사 → 生老病사 → 生老病死

生 生 生

序 차례·실마리 서 : 집 엄(广) 부 - 총 7 획

문장 이미지 공序양속을 해치는 무질序한 행위는 용서받기 어렵다!

글자의 유래 집 엄(广)의 아래에 줄 여(予)가 들어앉은 모양새
집 안에서 누구에게 무엇이든 줄려면 순서가 있어야 한다

단어 이미지
- 순서 → 순序 → 順序
- 서열 → 序열 → 序列
- 공서양속 → 공序양속 → 公序양속 → 公序良속 → 公序良俗
- 장유유서 → 장유유序 → 장유有序 → 장幼有序 → 長幼有序
- 무질서 → 무질序 → 무秩序 → 無秩序
- 서곡 → 序곡 → 序曲
- 서론 → 序론 → 序論

序 序 序

書 글·문서 서 : 가로 왈(曰) 부 - 총 10 획

문장 이미지 書면계약도 모르는 백면書생이라고 대書특필되어 있다!

글자의 유래 가로 왈(曰) 위의 흙 토(土)가 큰 가로 왈(⺕)을 관통하므로
자그만 생각을 흙 위에 새기면 문서로서 큰 힘을 갖게 된다는 뜻

단어 이미지
- 서류 → 書류 → 書類
- 문서 → 문書 → 文書
- 서면계약 → 書면계약 → 書面계약 → 書面契약 → 書面契約
- 대서특필 → 대書특필 → 大書특필 → 大書特필 → 大書特筆
- 분서갱유 → 분書갱유 → 焚書갱유 → 焚書坑유 → 焚書坑儒
- 백면서생 → 백면書생 → 백면書生 → 白面書생 → 白面書生
- 증서 → 증書 → 證書

書 書 書

西 서쪽 서 : 덮을 아(襾) 부 - 총 6 획

문장 이미지 동문西답, 동분西주하며 西방정토를 좇아온 현대화입니다!

글자의 유래 하나 일(一)의 위에 덮을 아(襾)가 얹혀있는 모양새
하나뿐인 땅위를 덮어오는 때는 해질녘의 서쪽부터라는 뜻

단어 이미지
- 서기 → 西기 → 西紀
- 서풍 → 西풍 → 西風
- 동문서답 → 동문西답 → 동문西答 → 동問西答 → 東問西答
- 동분서주 → 동분西주 → 동분西走 → 동奔西走 → 東奔西走
- 서해안 → 西해안 → 西海안 → 西海岸
- 서방정토 → 西방정토 → 西方정토 → 西方淨토 → 西方淨土
- 대서양 → 대西양 → 대西洋 → 大西洋

西 西 西

夕 저녁 석 : 저녁 석(夕) 부 - 총 3 획

문장 이미지 마지막 夕양 빛을 돛대에 걸고 흘러가는 저 배는 어디로!

글자의 유래 보따리 쌀 포(勹)에 점 하나(丶)가 들어있는 모양새
해가 점 하나로 넘어가니 장사는 보따리 싸서 저녁 챙기라는 뜻

단어 이미지
- 석양 → 夕양 → 夕陽
- 석조 → 夕조 → 夕潮
- 일조일석 → 일조일夕 → 일조一夕 → 일朝一夕 → 一朝一夕
- 조변석개 → 조변夕개 → 朝變夕改 → 조變夕改 → 朝變夕改
- 석간신문 → 夕간신문 → 夕刊신문 → 夕刊新문 → 夕刊新聞
- 추석 → 추夕 → 秋夕
- 칠석 → 칠夕 → 七夕

夕 夕 夕

席 자리 석 : 수건 건(巾) 부 - 총 10 획

문장 이미지 법정에 안 나가면 궐席재판이라 좌불안席이군!

글자의 유래 집 엄(广)의 아래에 스물 입(廿)과 수건 건(巾)이 있으매
집 안에서 스무 명이 수건 깔고 자리를 만들고 앉은 형상

단어 이미지
- 석권 → 席권 → 席卷
- 석차 → 席차 → 席次
- 궐석재판 → 궐席재판 → 闕席재판 → 闕席裁판 → 闕席裁判
- 좌불안석 → 좌불안席 → 좌불安席 → 좌不安席 → 坐不安席
- 출결석 → 출결席 → 출缺席 → 出缺席
- 관람석 → 관람席 → 관覽席 → 觀覽席
- 특석 → 특席 → 特席

席 席 席

石 돌 석 : 돌 석(석) 부 - 총 5 획

문장 이미지 무엇이든 타산지石으로 삼아야 일石이조가 되는 법!

글자의 유래 언덕 한(厂)의 아래에 입 구(口)가 위치한 모양새
언덕 아래에 입의 형상을 하고 있는 것은 돌이다

단어 이미지
- 석유 → 石유 → 石油
- 석재 → 石재 → 石材
- 일석이조 → 일石이조 → 一石이조 → 一石二조 → 一石二鳥
- 타산지석 → 타산지石 → 타산之石 → 타山之石 → 他山之石
- 석간수 → 石간수 → 石間수 → 石間水
- 시금석 → 시금石 → 시金石 → 試金石
- 초석 → 초石 → 礎石

石 石 石

신선 선 : 사람 인(亻) 부 - 총 5 획

仙

문장 이미지 仙인, 시仙, 仙녀들이 사는 곳이 신선놀음의 仙경일세!

글자의 유래 사람 인(亻)에 뫼 산(山)이 붙어있는 모양새
사람이 산에 살면서 욕심을 버리면 신선이 될 수 있다

단어 이미지
- 신선 → 신仙 → 神仙
- 시선 → 시仙 → 詩仙
- 선풍도인 → 仙풍도인 → 仙風도인 → 仙風道인 → 仙風道人
- 봉선화가 → 봉仙화가 → 鳳仙화가 → 鳳仙花가 → 鳳仙花歌
- 유불선 → 유불仙 → 유佛仙 → 儒佛仙
- 선녀 → 仙녀 → 仙女
- 선경 → 仙경 → 仙境

仙 仙 仙

먼저·앞설 선 : 사람다리 인(儿) 부 - 총 6 획

先

문장 이미지 仙입견 없이 先견지명이 있어야 先구자가 된다!

글자의 유래 삐칠 별(丿)에 흙 토(土)가 있고 사람다리 인(儿)이 있으매
묶은 흙을 삐치고 털며 일어서는 사람이 앞서 가는 사람이다

단어 이미지
- 선행 → 先행 → 先行
- 선결 → 先결 → 先決
- 선견지명 → 先견지명 → 先見지명 → 先見之명 → 先見之明
- 선물거래 → 先물거래 → 先物거래 → 先物去래 → 先物去來
- 선불 → 先불 → 先拂
- 선구자 → 先구자 → 先驅자 → 先驅者
- 선제공격 → 先제공격 → 先制공격 → 先制攻격 → 先制攻擊

先 先 先

착할·선할 선 : 입 구(口) 부 - 총 12 획

善

문장 이미지 권善징악하고 善인善과라도 상대적이므로 善악상반이다!

글자의 유래 면양 양(羊)에 입벌릴 감(凵)에 입 구(口)의 있으매
양이 입 벌려 풀 뜯고 있는 모양이므로 참으로 선한 형상이다

단어 이미지
- 선량 → 善량 → 善良
- 친선 → 친善 → 親善
- 권선징악 → 권善징악 → 勸善징악 → 勸善懲악 → 勸善懲惡
- 선인선과 → 善인선과 → 善因선과 → 善因善과 → 善因善果
- 선린외교 → 善린외교 → 善隣외교 → 善隣外교 → 善隣外交
- 선악상반 → 善악상반 → 善惡상반 → 善惡相반 → 善惡相半
- 최선 → 최善 → 最善

善 善 善

宣

베풀·널리 펼 **선** : 흙 토(土) 부 - 총 11 획

문장 이미지 宣무공작하여 국위宣양하는 사람이 바로 정보원이다!

글자의 유래 집 면(宀)의 아래에 뻗칠 긍(亘)이 놓여있는 모양새
집안에서 밖으로 뻗치는 것은 베풀고 펴는 것이다

단어 이미지
- 선고 → 宣고 → 宣告
- 선포 → 宣포 → 宣布
- 선무공작 → 宣무공작 → 宣撫공작 → 宣撫工작 → 宣撫工作
- 국위선양 → 국위宣양 → 국위宣揚 → 國威宣양 → 國威宣揚
- 선언 → 宣언 → 宣言
- 선전 → 宣전 → 宣傳
- 선교 → 宣교 → 宣教

宣 宣 宣

選

가릴·선택 **선** : 달려갈 착(辶) 부 - 총 16 획

문장 이미지 選거소송에서 지게 되면 당選무효가 된다!

글자의 유래 두개의 뱀 사(巳)와 함께 공(共) 및 달려갈 착(辶)이매
두 마리의 뱀처럼 함께 어울려 달려가는 것은 선거뿐

단어 이미지
- 선출 → 選출 → 選出
- 선별 → 選별 → 選別
- 선거소송 → 選거소송 → 選擧소송 → 選擧訴송 → 選擧訴訟
- 당선무효 → 당選무효 → 當選무효 → 當選無효 → 當選無效
- 민선 → 민選 → 民選 : 민선시장
- 선집 → 選집 → 選集
- 결선 → 결選 → 決選

選 選 選

線

줄·끈 **선** : 실 사(糸) 부 - 총 15 획

문장 이미지 곡線운동에 각線미까지 갖춘 다리라면 가히 최고!

글자의 유래 실 사(糸)에 샘솟을 천(泉)이 붙어있는 모양새
실이 샘솟듯이 줄줄 이어지면 줄이고 끈이라는 의미

단어 이미지
- 법선 → 법線 → 法線
- 접선 → 접線 → 接線
- 곡선운동 → 곡線운동 → 曲線운동 → 曲線運동 → 曲線運動
- 선형동물 → 線형동물 → 線形동물 → 線形動물 → 線形동물
- 직선거리 → 직線거리 → 直線거리 → 直線距離 → 直線距리
- 각선미 → 각線미 → 脚線미 → 脚線美
- 광선 → 광線 → 光線

線 線 線

船

배 · 선박 **선** : 배 주(舟) 부 - 총 11 획

문장 이미지 무역船, 연락船, 화물船처럼 큰 배가 船박이다!

글자의 유래 일엽편주처럼 작은 배의 주(舟)에 걸상 궤(几)와 입 구(口)가 있으매, 큰 선실이 있고 그 위에 갑판이 있는 선박의 형상이다

단어 이미지
- 선실 → 船실 → 船室
- 상선 → 상船 → 商船
- 선박등기 → 船박등기 → 船舶등기 → 船舶登기 → 船舶登記
- 선하증권 → 船하증권 → 船荷증권 → 船荷證권 → 船荷證券
- 무역선 → 무역船 → 무易船 → 貿易船
- 연락선 → 연락船 → 연絡船 → 連絡船
- 화물선 → 화물船 → 화物船 → 貨物船

船 船 船

鮮

고울 · 신선할 **선** : 고기 어(魚) 부 - 총 17 획

문장 이미지 생鮮의 鮮도유지가 원양어업의 관건이다!

글자의 유래 고기 어(魚)에 면양 양(羊)이 붙어있는 모양새 고기를 면양으로 표시하니 참으로 곱고 신선한 느낌

단어 이미지
- 생선 → 생鮮 → 生鮮
- 신선 → 신鮮 → 新鮮
- 선도유지 → 鮮도유지 → 鮮度유지 → 鮮度維지 → 鮮度維持
- 조선왕조 → 조鮮왕조 → 朝鮮왕조 → 朝鮮王조 → 朝鮮王朝
- 선명 → 鮮명 → 鮮明
- 선혈 → 鮮혈 → 鮮血
- 신선도 → 新鮮도 → 新鮮度

鮮 鮮 鮮

舌

혀 **설** : 혀 설(舌) 부 - 총 6 획

문장 이미지 정치판에서는 필舌로 다할 수 없는 독舌의 舌전을 펼친다!

글자의 유래 입 구(口)의 위에 일천 천(千)이 놓여있는 모양새 입이 일천 개나 있다면 입으로 말을 뱉어내는 혀의 의미

단어 이미지
- 설전 → 舌전 → 舌戰
- 필설 → 필舌 → 筆舌
- 구설수 → 구舌수 → 口舌수 → 口舌數
- 독설만발 → 독舌만발 → 毒舌만발 → 毒舌滿발 → 毒舌滿發
- 설측음 → 舌측음 → 舌側음 → 舌側音
- 장광설 → 장광舌 → 장廣舌 → 長廣舌
- 설화 → 舌화 → 舌禍

舌 舌 舌

設

건설·베풀 **설** : 말씀 언(言) 부 – 총 11 획

문장 이미지 設계도면을 보고서 設비투자를 결정하는 것이 상례이다!

글자의 유래 말씀 언(言)에 지팡이 수(殳)가 붙어있는 모양새
일꾼들을 막대기로 지휘하면서 말로 시키는 것이 건설이다

단어 이미지

- 건설 → 건設 → 建設
- 설정 → 設정 → 設定
- 설계도면 → 設계도면 → 設計도면 → 設計圖면 → 設計圖面
- 설비투자 → 設비투자 → 設備투자 → 設備投자 → 設備投資
- 설문 → 設문 → 設問
- 설립 → 設립 → 設立
- 시설 → 시設 → 施設

設 設 設

說

설명할 **설** : 말씀 언(言) 부 – 총 14 획

문장 이미지 감언이說로 꼬시는 자는 반드시 說왕說래한다!

글자의 유래 말씀 언(言)에 날카로울 태(兌)가 붙어있으매
날카로운 말씀이 바로 설명이고 해설이다

단어 이미지

- 설명 → 說명 → 說明
- 해설 → 해說 → 解說
- 감언이설 → 감언이說 → 감언以說 → 감言利說 → 甘言利說
- 설왕설래 → 설왕說래 → 설왕說來 → 說往說래 → 說往說來
- 설득 → 說득 → 說得
- 설교 → 說교 → 說敎
- 논설 → 논說 → 論說

說 說 說

雪

눈 **설** : 비 우(雨) 부 – 총 11 획

문장 이미지 반딧불이가 없어졌으니 형雪지공도 없어지고 말았다!

글자의 유래 돼지머리 계(彐)의 위에 비 우(雨)가 앉아있는 모양새
돼지머리의 털에 비가 앉으려면 눈이 되어야 한다는 의미

단어 이미지

- 설맹 → 雪맹 → 雪盲
- 폭설 → 폭雪 → 暴雪
- 형설지공 → 형雪지공 → 螢雪지공 → 螢雪之공 → 螢雪之功
- 설중송백 → 雪중송백 → 雪中송백 → 雪中松백 → 雪中松柏
- 설해 → 雪해 → 雪害
- 잔설 → 잔雪 → 殘雪
- 제설작업 → 제雪작업 → 除雪작업 → 除雪作업 → 除雪作業

雪 雪 雪

成

이룰 **성** : 창 과(戈) 부 - 총 7 획

문장 이미지 成형수술이 成장산업이란 것은 어불成설이다!

글자의 유래 창 과(戈)에 힘 력(力)이 뒷받침 하고 있는 모양새
창을 힘으로 밀어부쳐야 무엇이든 이룰 수 있다는 뜻

단어 이미지

- 성공 → 成공 → 成功
- 성과 → 成과 → 成果
- 성형수술 → 成형수술 → 成形수술 → 成形手술 → 成形手術
- 성장산업 → 成장산업 → 成長산업 → 成長産업 → 成長産業
- 어불성설 → 어불成설 → 어불成說 → 語不成설 → 語不成說
- 육성 → 육成 → 育成
- 성인 → 성人 → 成人

成 成 成

城

성곽 **성** : 흙 토(土) 부 - 총 10 획

문장 이미지 만리장城을 쌓는 축城기술은 어느 정도나 될까!

글자의 유래 흙 토(土)에 이룰 성(成)이 붙어있는 모양새
흙으로 이루는 것은 성이고 그중에서도 토성이다

단어 이미지

- 토성 → 토城 → 土城
- 아성 → 아城 → 牙城
- 만리장성 → 만리장城 → 만리長城 → 만里長城 → 萬里長城
- 축성기술 → 축城기술 → 築城기술 → 築城技술 → 築城技術
- 성곽 → 城곽 → 城郭
- 성벽 → 城벽 → 城壁
- 성문 → 城문 → 城門

城 城 城

盛

성할·왕성 **성** : 그릇 명(皿) 부 - 총 12 획

문장 이미지 국가의 흥망盛쇠는 제쳐 두고 진수盛찬이나 즐기세!

글자의 유래 그릇 명(명)의 위에 이룰 성(成)이 앉아있는 모양새
그릇 위에서 이루게 된다면 풍성하게 된다는 의미

단어 이미지

- 왕성 → 왕盛 → 旺盛
- 극성 → 극盛 → 極盛
- 흥망성쇠 → 흥망盛쇠 → 흥망盛衰 → 흥亡盛衰 → 興亡盛衰
- 진수성찬 → 진수盛찬 → 진수盛饌 → 진羞盛饌 → 珍羞盛饌
- 성업중 → 盛업중→ 盛業중 → 盛業中
- 풍성 → 풍盛 → 豊盛
- 성황 → 盛황 → 盛況

盛 盛 盛

誠

성실 **성** : 말씀 언(言) 부 - 총 14 획

문장 이미지: 誠심誠의로 노력하면 지誠감천으로 보답받게 된다!

글자의 유래: 말씀 언(言)에 이룰 성(成)이 붙어있는 모양새
말씀을 이루자면 성심성의껏 노력해야 한다는 뜻

단어 이미지
- 성실 → 誠실 → 誠實
- 정성 → 精성 → 精誠
- 성심성의 → 誠심성의 → 誠心성의 → 誠心誠의 → 誠心誠意
- 지성감천 → 지誠감천 → 至誠감천 → 至誠感천 → 至誠感天
- 성금 → 誠금 → 誠金
- 충성 → 충誠 → 忠誠
- 효성지극 → 효誠지극 → 孝誠지극 → 孝誠至극 → 孝誠至極

誠 誠 誠

姓

성명 **성** : 마음 심(忄) 부 - 총 8 획

문장 이미지: 동명이인은 주로 먼 친척의 동姓동본 사이에 있다!

글자의 유래: 여자 여(女)에 날 생(生)이 붙어있는 모양새
여자는 그 성이 이미 정해진 아이를 낳는다는 의미

단어 이미지
- 성씨 → 姓씨 → 姓氏
- 백성 → 백姓 → 百姓
- 동성동본 → 동姓동본 → 同姓동본 → 同姓同본 → 同姓同本
- 성명부지 → 姓명부지 → 姓名부지 → 姓名不지 → 姓名不知
- 타성 → 타姓 → 他姓 : 타성바지
- 통성명 → 통姓명 → 통姓名 → 通姓名
- 각성 → 각姓 → 各姓 : 각성바지

姓 姓 姓

性

성격 **성** : 마음 심(忄) 부 - 총 8 획

문장 이미지: 개같은 性질의 개性에 대한 性격묘사의 연극이 많다!

글자의 유래: 마음 심(心)에 날 생(生)이 붙어있는 모양새
개성과 성질은 타고나는 천성이고 본성이라는 뜻

단어 이미지
- 성질 → 性질 → 性質
- 개성 → 개性 → 個性
- 성격묘사 → 性격묘사 → 性格묘사 → 性格描사 → 性格描寫
- 성능개선 → 性능개선 → 性能개선 → 性能改선 → 性能改善
- 내구성 → 내구性 → 내久性 → 耐久性
- 본성 → 본性 → 本性
- 천성 → 천性 → 天性

性 性 性

星

별 **성** : 날 일(日) 부 - 총 9 획

문장 이미지: 인공위星이 북두칠星의 사이에 보이는 경우도 있다!

글자의 유래: 날 일(日)의 아래에 날 생(生)이 자리하고 있는 모양새
해(日)를 밀어넘기고 나면 별들이 총총하게 나타난다는 뜻

단어 이미지

- 성운 → 星운 → 星雲
- 유성 → 유星 → 流星
- 인공위성 → 인공위星 → 인공衛星 → 인工衛星 → 人工衛星
- 성간물질 → 星간물질 → 星間물질 → 星間物질 → 星間物質
- 북두칠성 → 북두칠星 → 북두七星 → 북斗七星 → 北斗七星
- 항성 → 항星 → 恒星
- 혜성 → 혜星 → 彗星

星 星 星

省

생략(살필) **생(성)** : 눈 목(目) 부 - 총 9 획

문장 이미지: 어젯밤 그 친구의 인사불省 잔소리는 省략합시다!

글자의 유래: 눈 목(目)의 위에 젊을 소(小)가 위치한 모양새
눈이 젊어야 살필 수 있고, 그 까짓것은 생략하기도 한다

단어 이미지

- 생략 → 省략 → 省略
- 생력 → 省력 → 省力
- 자기성찰 → 자기省찰 → 자기省察 → 자己省察 → 自己省察
- 인사불성 → 인사불省 → 인사不省 → 인事不省→ 人事不省
- 반성 → 반省 → 反省
- 귀성인파 → 귀省인파 → 歸省인파 → 歸省人파 → 歸省人波
- 성묘 → 省묘 → 省墓

省 省 省

聖

성스러울·성인 **성** : 귀 이(耳) 부 - 총 13 획

문장 이미지: 태평聖대이니 4대聖인의 聖지순례나 해 봄세!

글자의 유래: 간사할 임(壬)의 위에 입 구(口)와 귀 이(耳)가 있으매
간사한 말조차 들어주고 타일러주는 사람은 성인일 뿐

단어 이미지

- 성역 → 聖역 → 聖域
- 성직 → 聖직 → 聖職
- 성지순례 → 聖지순례 → 聖地순례 → 聖地巡례 → 聖地巡禮
- 태평성대 → 태평聖대 → 태평聖代 → 태平聖代 → 太平聖代
- 고해성사 → 告解성事 → 고해聖事 → 告解聖사 → 告解聖事
- 사대성인 → 사대聖인 → 사대聖人 → 四大聖인 → 四大聖人
- 신성 → 신聖 → 神聖

聖 聖 聖

聲

소리 낼 **성** : 귀 이(耳) 부 – 총 17 획

문장 이미지 聲동격서의 허장聲세는 인생에서 항상 주의해야 한다!

글자의 유래 경치며 소리내는 경(磬)의 질그릇 부(缶) 대신에 귀 이(耳)를 채워 넣어서 만든 글자의 형상

단어 이미지
- 성가 → 聲가 → 聲價
- 성원 → 聲원 → 聲援
- 성동격서 → 聲동격서 → 聲東격서 → 聲東擊서 → 聲東擊西
- 허장성세 → 허장聲세 → 허장聲勢 → 허張聲勢 → 虛張聲勢
- 성악 → 聲악 → 聲樂
- 총성 → 총聲 → 銃聲
- 성대모사 → 聲대모사 → 聲帶모사 → 聲帶模사 → 聲帶模寫

聲 聲 聲

世

인간 · 세상 **세** : 하나 일(一) 부 – 총 5 획

문장 이미지 절世가인도 世상만사를 마음대로 하지 못하는 世상!

글자의 유래 스물 입(卄)에 열 십(十)을 하나 더 L을 그어 넣어 30년 인간 세상의 한 세대를 나타내는 형상의 글자

단어 이미지
- 세계 → 世계 → 世界
- 세태 → 世태 → 世態
- 세상만사 → 世상만사 → 世上만사 → 世上萬사 → 世上萬事
- 절세가인 → 절世가인 → 絶世가인 → 絶世佳인 → 絶世佳人
- 세대교체 → 世대교체 → 世代교체 → 世代交체 → 世代交替
- 출세양명 → 출世양명 → 出世양명 → 出世揚명 → 出世揚名
- 혹세무민 → 혹世무민 → 惑世무민 → 惑世誣민 → 惑世誣民

世 世 世

勢

형세 · 세력 **세** : 힘 력(力) 부 – 총 13 획

문장 이미지 파죽지勢로 밀어부쳐야 월드컵을 차지할 수 있다!

글자의 유래 재주 예(埶)의 아래에 힘 력(力)을 붙여놓은 모양새 재주에다 힘을 받쳐주므로 그 세력이 크게 된다

단어 이미지
- 세력 → 勢력 → 勢力
- 형세 → 형勢 → 形勢
- 전세불리 → 전勢불리 → 戰勢불리 → 戰勢不리 → 戰勢不利
- 파죽지세 → 파죽지勢 → 파죽之勢 → 파竹之勢 → 破竹之勢
- 우세판정 → 우勢판정 → 優勢판정 → 優勢判정 → 優勢判定
- 권세 → 권勢 → 權勢
- 여세 → 여勢 → 餘勢

勢 勢 勢

씻을 세 : 물 수(氵) 부 - 총 9 획

洗

문장 이미지 洗뇌공작에서는 洗척제를 사용하지 않는다!

글자의 유래 물 수(氵)에 먼저 선(先)이 붙어있는 모양새
물을 앞세운다면 당연히 씻어내는 활동을 의미한다

단어 이미지
- 세면 → 洗면 → 洗面
- 세수 → 洗수 → 洗手
- 세탁업소 → 洗탁업소 → 洗濯업소 → 洗濯業소 → 洗濯業所
- 세뇌공작 → 洗뇌공작 → 洗腦공작 → 洗腦工작 → 洗腦工作
- 세척제 → 洗척제 → 洗滌제 → 洗滌劑
- 세련미 → 洗련미 → 洗練미 → 洗練味
- 세안장치 → 洗안장치 → 洗眼장치 → 洗眼裝치 → 洗眼裝置

洗 洗 洗

해·세월 세 : 그칠 지(止) 부 - 총 13 획

歲

문장 이미지 歲월은 물같이 흘러 사람을 기다려주지 않는다!

글자의 유래 개 술(戌)에 젊을 소(少)가 들어있고, 그칠 지(止)가 올려져 있으매, 개발에 땀나듯이 뛰지만 말고 그치고서 한 해를 정리하라는 뜻

단어 이미지
- 세월 → 歲월 → 歲月
- 세배 → 歲배 → 歲拜
- 세시풍속 → 歲시풍속 → 歲時풍속 → 歲時風속→ 歲時風俗
- 만세동락 → 만歲동락 → 萬歲동락 → 萬歲同락 → 萬歲同樂
- 세비 → 歲비 → 歲費
- 세모 → 歲모 → 歲暮
- 연세 → 연歲 → 年歲

歲 歲 歲

세금 세 : 벼 화(禾) 부 - 총 12 획

稅

문장 이미지 稅금 안 내는 사업가들은 稅무조사에 벌벌 떤다!

글자의 유래 벼 화(禾)에 날카로울 태(兌)가 붙어있는 모양새
농사지어 거두어 놓은 벼를 세금으로 내라니 날카로워질 수밖에

단어 이미지
- 세금 → 稅금 → 稅金
- 세율 → 稅율 → 稅率
- 세무조사 → 稅무조사 → 世務조사 → 稅務調사 → 稅務調査
- 세제개혁 → 稅제개혁 → 稅制개혁 → 稅制改혁→ 稅制改革
- 납세실적 → 납稅실적 → 納稅실적 → 納稅實적 → 納稅實績
- 세원누락 → 稅원누락 → 稅源누락 → 稅源漏락 → 稅源漏落
- 누진세 → 累진세 → 累進세 → 累進稅

稅 稅 稅

細

가늘 **세** : 실 사(糸) 부 - 총 11 획

문장 이미지 細포분열과 細균무기는 생명과학의 원천 !

글자의 유래 실 사(糸)에 밭 전(田)이 붙어있는 모양새
널찍한 밭이 아니고 실같이 좁고 가는 밭이라는 의미

단어 이미지
- 세밀 → 細밀 → 細密
- 세분 → 細분 → 細分
- 세균무기 → 細균무기 → 細菌무기 → 細菌武기 → 細菌武器
- 세포분열 → 細포분열 → 細胞분열 → 細胞分열 → 細胞分裂
- 상세 → 상細 → 詳細
- 미세 → 미細 → 微細
- 자세 → 자細 → 仔細

細 細 細

小

작을 **소** : 작을 소(小) 부 - 총 3 획

문장 이미지 대하小설은 小매시장에서 팔지 않고 책방에서 판다!

글자의 유래 갈고리 궐(亅)의 양쪽에 자그만 점(丶)이 있으매
갈고리로써 칵 찍어 자그마하게 두 동강 내는 형상

단어 이미지
- 소국 → 小국 → 小國
- 소식 → 小식 → 小食
- 소탐대실 → 小탐대실 → 小貪대실 → 小貪大실 → 小貪大失
- 대하소설 → 대하小설 → 大河小설 → 대河小說 → 大河小說
- 대동소이 → 대동小이 → 대동小異 → 대同小異 → 大同小異
- 소매시장 → 小매시장 → 小賣시장 → 小賣市장 → 小賣市場
- 소아 → 小아 → 小兒

小 小 小

少

적을·젊을 **소** : 작을 소(小) 부 - 총 4 획

문장 이미지 少년과 少녀도 남녀노少에 속하는 인간이다!

글자의 유래 작을 소(小)에 삐칠 별(丿)로 그어놓은 모양새
작은 것을 삐치게 하면 적은 것이거나 젊은 것이다

단어 이미지
- 소년 → 少년 → 少年
- 소녀 → 少녀 → 少女
- 남녀노소 → 남녀노少 → 남녀老少 → 남女老少 → 男女老少
- 소수민족 → 少수민족 → 少數민족 → 少數民족 → 少數民族
- 소액 → 少액 → 少額
- 소량 → 少량 → 少量
- 감소 → 감少 → 減少

少 少 少

掃 청소할 소 : 손 수(扌) 부 - 총 11 획

문장 이미지 掃탕작전, 기총掃사, 掃해정은 모두 청掃하는 뜻이 있다!

글자의 유래 손 수(扌)에 빗자루 추(帚)가 붙어있는 모양새
손에 빗자루를 들고 있다면 당연히 청소하는 법

단어 이미지
- 청소 → 청掃 → 清掃
- 소제 → 掃제 → 掃除
- 소탕작전 → 掃탕작전 → 掃蕩작전 → 掃蕩作전 → 掃蕩作戰
- 기총소사 → 기총掃사 → 기총掃射 → 기銃掃射 → 機銃掃射
- 소해정 → 掃해정 → 掃海정 → 掃海艇 (군함)
- 소지 → 掃지 → 掃地
- 일소 → 일掃 → 一掃

掃 掃 掃

消 사라질·삭일 소 : 물 수(氵) 부 - 총 10 획

문장 이미지 消극적인 사람의 消비성향은 오히려 적극적일 수 있다!

글자의 유래 물 수(氵)에 작을 소(小)와 달 월(月)이 있는 모양새
달이 물 건너 산 너머로 사라지는 형상의 글자

단어 이미지
- 소모 → 消모 → 消耗
- 소실 → 消실 → 消失
- 소비성향 → 消비성향 → 消費성향 → 消費性향 → 消費性向
- 소화효소 → 消화효소 → 消化효소 → 消化酵소 → 消化酵素
- 소멸 → 消멸 → 消滅
- 소극적 → 消극적 → 消極적 → 消極的
- 해소 → 해消 → 解消

消 消 消

所 바·곳 소 : 집 호(戶) 부 - 총 8 획

문장 이미지 무所불위의 所원성취를 바라는 사람들도 더러는 있다!

글자의 유래 집 호(戶)에 나무 베는 도끼 근(斤)이 붙어있는 모양새
도끼로 나무를 베어서 지은 집이므로 자기의 소유라는 뜻

단어 이미지
- 소득 → 所득 → 所得
- 소유 → 所유 → 所有
- 무소불위 → 무所불위 → 無所불위 → 無所不위 → 無所不爲
- 소원성취 → 所원성취 → 所願성취 → 所願成취 → 所願成就
- 주소 → 주所 → 住所
- 소감 → 所감 → 所感
- 장소 → 장所 → 場所

所 所 所

笑

웃음 **소** : 대 죽(竹) 부 - 총 10 획

문장 이미지 박장대笑나 파안대笑 보다는 笑이부답이 더 멋지다!

글자의 유래 대 죽(竹)의 아래에 어릴 요(夭)가 자리한 모양새
대나무가 어리다면 저절로 웃음을 자아내는 형상이다

단어 이미지
- 담소 → 담笑 → 談笑
- 고소 → 고笑 → 苦笑
- 박장대소 → 박장대笑 → 박장大笑 → 박掌大笑 → 拍掌大笑
- 파안대소 → 파안대笑 → 파안大笑 → 파顔大笑 → 破顔大笑
- 소이부답 → 笑이부답 → 笑而부답 → 笑而不답 → 笑而不答
- 미소 → 미笑 → 微笑
- 폭소 → 폭笑 → 爆笑

笑 笑 笑

素

바탕 · 본디 **소** : 실 사(糸) 부 - 총 10 획

문장 이미지 素립자와 素인수에 대한 素양교육을 좀 받고 싶다!

글자의 유래 주인 주(主)의 아래에 실 사(糸)가 위치한 모양새
주인의 실마리를 결정해 주는 것은 그 바탕이다

단어 이미지
- 소재 → 素재 → 素材
- 소질 → 素질 → 素質
- 소복단당 → 素복단당 → 素服단장 → 素服丹장 → 素服丹粧
- 소양교육 → 素양교육 → 素養교육 → 素養敎육 → 素養敎育
- 소립자 → 素립자 → 素粒자 → 素粒子
- 소인수 → 素인수 → 素因수 → 素因數
- 원소 → 원素 → 元素

素 素 素

俗

풍속 **속** : 사람 인(亻) 부 - 총 9 획

문장 이미지 俗물근성을 미풍양俗으로 아는 사람도 더러 있다!

글자의 유래 사람 인(亻)에 골짜기 곡(谷)이 붙어있는 모양새
사람이 얽매이는 골짜기는 사람이 살아가는 풍습이다

단어 이미지
- 풍속 → 풍俗 → 風俗
- 민속 → 민俗 → 民俗
- 속물근성 → 俗물근성 → 俗物근성 → 俗物根성 → 俗物根性
- 미풍양속 → 미풍양俗 → 미풍良俗 → 미風良俗 → 美風良俗
- 토속 → 토俗 → 土俗
- 통속 → 통俗 → 通俗
- 속담 → 俗담 → 俗談

俗 俗 俗

屬

붙을 속 : 신주(주검) 시(尸) 부 - 총 21 획

문장 이미지　전屬계약을 맺으면 그 소屬으로서 활동해야 한다!

글자의 유래　천장 부근의 신주(尸)를 기둥(I)과 양쪽의 서까래(二)에 붙들어 맨 상태에서 애벌레(蜀 : 촉)가 붙어있는 형상

단어 이미지
- 소속 → 소屬 → 所屬
- 직속 → 직屬 → 直屬
- 전속계약 → 전屬계약 → 專屬계약 → 專屬契약 → 專屬契約
- 금속활자 → 금屬활자 → 金屬활자 → 金屬活자 → 金屬活字
- 존비속 → 존비屬 → 존卑屬 → 尊卑屬
- 부속물 → 부屬물 → 附屬물 → 附屬物
- 속국 → 屬국 → 屬國

屬 屬 屬

束

묶을 속 : 나무 목(木) 부 - 총 7 획

문장 이미지　지은 죄에 대한 구束영장이 발부되면 束수무책이다!

글자의 유래　나무 목(木)의 사이로 입 구(口)가 비집고 들어간 모양새 입이 나무에 묶여 있는 형상을 의미하고 있다

단어 이미지
- 속박 → 束박 → 束縛
- 결속 → 결束 → 結束
- 구속영장 → 구束영장 → 拘束영장 → 拘束슈장 → 拘束令狀
- 속수무책 → 束수무책 → 束手무책 → 束手無책 → 束手無策
- 단속 → 단束 → 團束
- 약속 → 약束 → 約束
- 기속 → 기束 → 羈束

束 束 束

速

빠를 속 : 달려갈 착(辶) 부 - 총 12 획

문장 이미지　速전速결로 고速도로를 달려가면 조速히 죽어요!

글자의 유래　묶을 속(束)이 달려갈 착(辶)에 얽혀져 있는 모양새 묶어서 달려가면 그냥 달릴 때보다 훨씬 빠르다

단어 이미지
- 조속 → 조速 → 早速
- 속보 → 速보 → 速報
- 속전속결 → 速전속결 → 速戰속결 → 速戰速결 → 速戰速決
- 고속도로 → 고速도로 → 高速도로 → 高速道로 → 高速道路
- 가속도 → 가速도 → 加速도 → 加速度
- 초음속 → 초음速 → 초音速 → 超音速
- 신속 → 신速 → 迅速

速 速 速

續

이을 **속** : 실 사(糸) 부 - 총 21 획

문장 이미지: 상續재산인지의 여부를 계續 심의해 봅시다!

글자의 유래: 실 사(糸)에 팔 매(賣)가 붙어있는 모양새
실을 팔게 되면 줄줄이 이어가게 된다는 뜻

단어 이미지
- 계속 → 계續 → 繼續
- 속출 → 續출 → 續出
- 상속재산 → 상續재산 → 相續재산 → 相續財산 → 相續財産
- 출국수속 → 출국수續 → 출국手續 → 출國手續 → 出國手續
- 속행 → 續행 → 續行
- 속편 → 續편 → 續編
- 접속 → 접續 → 接續

續 續 續

孫

손자 **손** : 아들 자(子) 부 - 총 10 획

문장 이미지: 孫자병법은 대대孫孫 이어지고 있는 병법이다!

글자의 유래: 아들 자(子)에 이을 계(系)가 붙어있는 모양새
아들을 이어가는 인간은 당연히 손자이다

단어 이미지
- 손녀 → 孫녀 → 孫女
- 손부 → 孫부 → 孫婦
- 손자병법 → 孫자병법 → 孫子병법 → 孫子兵법 → 孫子兵法
- 대대손손 → 대대孫손 → 대대孫孫 → 대代孫孫 → 代代孫孫
- 자손 → 자孫 → 子孫
- 증손 → 증孫 → 曾孫
- 현손 → 현孫 → 玄孫

孫 孫 孫

損

덜·손해 **손** : 손 수(扌) 부 - 총 13 획

문장 이미지: 법도 모른 채 말하고 글 쓰면 명예훼損으로 처벌된다!

글자의 유래: 손 수(扌)에 사람이나 물건의 수효 원(員)이 붙어 있으매
사람이나 물건의 숫자에 손을 대면 손해가 초래된다는 뜻

단어 이미지
- 손상 → 損상 → 損傷
- 손실 → 損실 → 損失
- 손해배상 → 損해배상 → 損害배상 → 損害賠상 → 損害賠償
- 명예훼손 → 명예훼損 → 명예毁損 → 명譽毁損 → 名譽毁損
- 손재수 → 損재수 → 損財수 → 損財數
- 감손 → 감損 → 減損
- 파손 → 파損 → 破損

損 損 損

松

솔·소나무 **송** : 나무 목(木) 부 - 총 8 획

문장 이미지 松죽매국의 사군자 중에서 松죽지절을 최고로 쳐 준다!

글자의 유래 나무 목(木)에 공공연할 공(公)이 붙어있는 모양새 이 땅의 한반도에서 공공연하게 자라는 나무는 소나무 뿐이다

단어 이미지
- 송림 → 松림 → 松林
- 송백 → 松백 → 松柏
- 송죽매국 → 松죽매국 → 松竹매국 → 松竹梅국 → 松竹梅菊
- 낙락장송 → 낙락장松 → 낙락長松 → 낙落長松 → 落落長松
- 송죽지절 → 松죽지절 → 松竹지절 → 松竹之절 → 松竹之節
- 낙엽송 → 낙엽松 → 낙葉松 → 落葉松
- 송어 → 松어 → 松魚

松	松	松		

頌

기릴·칭송 **송** : 머리 혈(頁) 부 - 총 13 획

문장 이미지 그 공덕에 대해 頌시낭독하는 등 칭頌이 자자하다!

글자의 유래 공공연히 상대높일 공(公)에 머리 혈(頁)이 있으매 상대편의 머리를 공공연히 높이는 것이므로 칭송하는 뜻

단어 이미지
- 송덕 → 頌덕 → 頌德
- 송사 → 頌사 → 頌辭
- 송시낭독 → 頌시낭독 → 頌詩낭독 → 頌詩朗독 → 頌詩朗讀
- 칭송자자 → 칭頌자자 → 稱頌자자 → 稱頌藉자 → 稱頌藉藉
- 송덕문 → 頌덕문 → 頌德문 → 頌德文
- 찬송가 → 찬頌가 → 찬頌歌 → 讚頌歌
- 게송 → 게頌 → 偈頌

頌	頌	頌		

送

보낼 **송** : 달려갈 착(辶) 부 - 총 10 획

문장 이미지 送전선, 送풍구, 送유관, 送구영신은 모두 보낸다는 뜻이다!

글자의 유래 사람 인(人)과 어릴 요(夭)를 달려갈 착(辶)의 위에 올려놓고서 어린 사람을 우마차에 실어서 보내는 형상을 만들고 있다

단어 이미지
- 발송 → 발送 → 發送
- 운송 → 운送 → 運送
- 송구영신 → 送구영신 → 送舊영신 → 送舊迎신 → 送舊迎新
- 송금수표 → 送금수표 → 送金수표 → 送金手표 → 送金手票
- 송전선 → 送전선 → 送電선 → 送電線
- 송풍구 → 送풍구 → 送風구 → 送風口
- 송유관 → 送유관 → 送油관 → 送油管

送	送	送		

닦을·고칠 수 : 사람 인(亻) 부 - 총 10 획

修

문장 이미지 修신제가 치국평천하 보다는 치국평천하 修신제가하시오!

글자의 유래 유유자적하게 다스릴 유(攸)의 아래에 그릴 삼(彡)이 있으매 유유자적 그려가며 다스리게 되면 자연히 고쳐져 수양이 된다

단어 이미지

- 수양 → 修양 → 修養
- 수학여행 → 修學여행 → 修學旅行
- 수신제가 → 修신제가 → 修身제가 → 修身齊가 → 修身齊家
- 수호조약 → 修호조약 → 修好조약 → 修好條약 → 修好條約
- 아수라장 → 아修라장 → 阿修라장 → 阿修羅장 → 阿修羅場
- 연수 → 연修 → 硏修
- 기계수리 → 機械수理 → 기계修理 → 機械修리 → 機械修理

修 修 修

받을 수 : 또 우(又) 부 - 총 8 획

受

문장 이미지 受익은 이익을 받고, 收익은 이익을 거두는 것이다!

글자의 유래 움켜잡을 조(爫)의 아래에 덮을 멱(冖)과 또 우(又)가 있으매 덮어놓고 또 잡고 또 잡고 하는 것은 받아내는 역할이다

단어 이미지

- 수령 → 受령 → 受領
- 수강 → 受강 → 受講
- 수탁매매 → 受탁매매 → 受託매매 → 受託賣매 → 受託賣買
- 방송수신 → 방송受신 → 방송受信 → 방送受信 → 放送受信
- 인수 → 인受 → 引受
- 접수 → 접受 → 接受
- 수검 → 受검 → 受檢

受 受 受

줄·수여할 수 : 손 수(扌) 부 - 총 11 획

授

문장 이미지 학생은 수업(受業)을 받고 교사는 수업(授業)을 준다!

글자의 유래 손 수(扌)에 받을 수(受)가 붙어있는 모양새 나의 손을 내밀어 상대방이 받도록 주는 것이다

단어 이미지

- 수유 → 授유 → 授乳
- 뇌물수수 → 뇌물授수 → 뇌물授受 → 뇌物授受 → 賂物授受
- 상장수여 → 상장授여 → 상장授與 → 상狀授與 → 賞狀授與

수업(受業): 학업을 받는 것, 수업(授業): 학업을 주는 것, 수업(修業) : 학업을 닦는 것

수수(授受): 주고받음, 수수(收受): 거두어 받음

수(受)는 소극적으로, 수(收)는 적극적으로 받음

수(受)와 수(授)는 상대적으로 쓰이므로 유의

授 授 授

지킬 수 : 집 면(宀) 부 - 총 6 획

守

문장 이미지: 돈을 끝까지 지키는 사람은 守전노인가 守호신인가!

글자의 유래: 집 면(宀)의 아래에 헤아릴 촌(寸)이 있는 모양새
지붕 아래에서 이것저것 헤아리는 것은 지키기 위한 목적

단어 이미지

- 수비 → 守비 → 守備
- 사수 → 사守 → 死守
- 독수공방 → 독守공방 → 獨守공방 → 獨守空방 → 獨守空房
- 안전수칙 → 안전守칙 → 안전守則 → 안全守則 → 安全守則
- 수전노 → 守전노 → 守錢노 → 守錢奴
- 수호신 → 守호신 → 守護신 → 守護神
- 엄수 → 엄守 → 嚴守

守 守 守

손 수 : 손 수(手) 부 - 총 4 획

手

문장 이미지: 당좌手표가 부도나면 현금화가 속手무책으로 된다!

글자의 유래: 오른 손을 옆으로 수평하게 펼치고서, 다섯 개의
손가락 중에서 별 볼일 없는 무명지와 약지는 무시한 형상이다

단어 이미지

- 수단 → 手단 → 手段
- 수법 → 手법 → 手法
- 당좌수표 → 당좌手표 → 당좌手票 → 당座手票 → 當座手票
- 속수무책 → 속手무책 → 束手무책 → 束手無책 → 束手無策
- 수수료 → 手수료 → 手數료 → 手數料
- 수공예품 → 手공예품 → 手工예품 → 手工藝품 → 手工藝品
- 수족 → 手족 → 手足

手 手 手

거두어들일 수 : 채찍질 할 복(攵) 부 - 총 6 획

收

문장 이미지: 수수(授受)는 주고받는 것! 수수(收受)는 거둬들이는 것!

글자의 유래: 갈고리 궐(亅)을 긋고, 하나 일(一)로 당겨서,
다시 갈고리로 긋고서는, 채찍질(攵) 하여 거두어들이는 형상

단어 이미지

- 수입 → 收입 → 收入
- 환수 → 환收 → 還收
- 금전수수 → 금전收수 → 금전收受 → 금錢收受 → 金錢收受 : 받은 죄
- 수확체감 → 收확체감 → 收穫체감 → 收穫遞감 → 收穫遞減
- 양곡수매 → 양곡收매 → 양곡收買 → 양穀收買 → 糧穀收買
- 수납기관 → 收납기관 → 收納기관 → 收納機관 → 收納機關
- 수지결산 → 收지결산 → 收支결산 → 收支決산 → 收支決算

收 收 收

數

숫자·셈할 **수** : 채찍질 할 복(攵) 부 - 총 15 획

문장 이미지 권모술數가 판치는 세상이라 사회적 불쾌지數가 높아요!

글자의 유래 거두어들이는 루(婁)에 채찍질 할 복(攵)이 있으매 거두어들이면서 채찍질 하는 것은 셈하기 때문

단어 이미지

- 수량 → 數량 → 數量
- 계수 → 계數 → 係數
- 권모술수 → 권모술數 → 권모術數 → 권謀術數 → 權謀術數
- 불쾌지수 → 불쾌지數 → 불쾌指數 → 불快指數 → 不快指數
- 수량경기 → 數량경기 → 數量경기 → 數量景기 → 數量景氣
- 수리철학 → 數리철학 → 數理철학 → 數理哲학 → 數理哲學
- 급수 → 급數 → 級數

數 數 數

樹

나무·수목 **수** : 나 무(木) 부 - 총 16 획

문장 이미지 소나무 등의 침엽樹뿐인 樹종을 개량해야 한다!

글자의 유래 나무 목(木)에 세울 주(尌)가 붙어있는 모양새 나무를 주욱 세워두고 있어야 수목이 되고 수림이 된다

단어 이미지

- 수목 → 樹목 → 樹木
- 수립 → 樹립 → 樹立
- 수종개량 → 樹종개량 → 樹種개량 → 樹種改량 → 樹種改良
- 수상돌기 → 樹상돌기 → 樹狀돌기 → 樹狀突기 → 樹狀突起
- 수액채취 → 樹액채취 → 樹液채취 → 樹液採취 → 樹液採取
- 침엽수림 → 침엽樹림 → 침엽樹林 → 침葉樹林 → 針葉樹林
- 수지 → 樹지 → 樹脂

樹 樹 樹

水

물 **수** : 물 수(水) 부 - 총 4 획

문장 이미지 산자水명한 우리나라도 水질오염에 시달리고 있다!

글자의 유래 갈고리 궐(亅)의 양쪽에 하나 일(一)과 삐칠 별(丿)로 배치한 형상으로, 이산 저산에서 골짜기로 흘러드는 물을 그려내고 있다

단어 이미지

- 수면 → 水면 → 水面
- 수량 → 水량 → 水量
- 산자수명 → 산자水명 → 산자水明 → 산紫水明 → 山紫水明
- 수질오염 → 水질오염 → 水質오염 → 水質汚염 → 水質汚染
- 수산업 → 水산업 → 水産업 → 水産業
- 청산유수 → 청산유水 → 청산流水 → 청山流水 → 青山流水
- 수맥 → 水맥 → 水脈

水 水 水

빼어날 수 : 벼 화(禾) 부 – 총 7 획

秀

문장 이미지 공부 잘하는 秀재도 많지만 공부 못하는 천재도 많다!

글자의 유래 벼 화(禾)의 아래에 이에 내(乃)가 자리한 모양새
인간 양식의 벼가 이에 있소 하면, 모든 게 빼어나오게 되는 법

단어 이미지

- 수재 → 秀재 → 秀才
- 준수 → 준秀 → 俊秀
- 산자수려 → 산자秀려 → 산자秀麗 → 산紫秀麗 → 山紫秀麗
- 최우수상 → 최우秀상 → 최優秀상 → 최優秀賞 → 催優秀賞
- 우수작품 → 우秀작품 → 優秀작품 → 優秀作품 → 優秀作品
- 진수 → 진秀 → 珍秀
- 특수 → 특秀 → 特秀

秀	秀	秀		

머리·우두머리 수 : 머리 수(首) 부 – 총 9 획

首

문장 이미지 首석은 학首고대 하지말고 노력해야 한다!

글자의 유래 머리채 혈(頁)의 위에 점 주(丶)가 두 개 위치한 모양새
머리채 위에 점을 두 개나 찍어 우두머리의 형상을 나타낸 글자

단어 이미지

- 수석 → 首석 → 首席
- 수상 → 首상 → 首相
- 수구초심 → 首구초심 → 首丘초심 → 首丘初심 → 首丘初心
- 학수고대 → 학首고대 → 鶴首고대 → 鶴首苦대 → 鶴首苦待
- 수긍 → 首긍 → 首肯
- 수미상응 → 首미상응 → 首尾상응 → 首尾相응 → 首尾相應
- 수도 → 首도 → 首都

首	首	首		

아재비·아저씨 숙 : 또 우(又) 부 – 총 8 획

叔

문장 이미지 아저씨(아재)와 조카 사이를 叔질간이라 한다!

글자의 유래 윗 상(上)의 아래에 작을 소(小)를 두고서, 또 우(又)를
붙여놓았으니, 예전에는 삼촌뻘 아저씨들이 여럿 있었기 때문

단어 이미지

- 숙모 → 叔모 → 叔母
- 숙부 → 叔부 → 叔父
- 숙질간 → 叔질간 → 叔姪간 → 叔姪間
- 외숙모 → 외叔모 → 外叔모 → 外叔母
- 외숙부 → 외叔부 → 外叔부 → 外叔父
- 백숙 → 백叔 → 伯叔
- 당숙 → 당叔 → 堂叔

叔	叔	叔		

宿 묵을·지킬 숙 : 집 면(宀) 부 – 총 11 획

문장 이미지: 전국대회를 위한 합宿훈련의 宿원사업을 이룩하게 되었다!

글자의 유래: 밭두둑 백(佰)의 위에 집 면(宀)을 위치시킨 모양새
밭두둑의 위에 집을 지으면, 묵거나 지키게 할 수 있다는 뜻

단어 이미지
- 숙박 → 宿박 → 宿泊
- 숙명 → 宿명 → 宿命
- 합숙훈련 → 합宿훈련 → 合宿훈련 → 合宿訓련 → 合宿訓練
- 숙원사업 → 宿원사업 → 宿願사업 → 宿願事업 → 宿願事業
- 숙소 → 宿소 → 宿所
- 숙주 → 宿주 → 宿主
- 숙제 → 宿제 → 宿題

宿 宿 宿

肅 엄숙할·가지런할 숙 : 닦을 율(聿) 부 – 총 13 획

문장 이미지: 자肅자계하여야 肅정, 肅청, 肅군에서 살아남는다!

글자의 유래: 닦을 율(聿)의 왼쪽에 나무조각 편(片), 우측에 나무조각 장(爿)을 붙여서 가지런하게 하여 엄숙하게 한다는 뜻

단어 이미지
- 엄숙 → 엄肅 → 嚴肅
- 숙정 → 肅정 → 肅正
- 자숙자계 → 자肅자계 → 自肅자계 → 自肅自계 → 自肅自戒
- 숙군작업 → 肅군작업 → 肅軍작업 → 肅軍作업 → 肅軍作業
- 정숙 → 정肅 → 靜肅
- 숙청 → 肅청 → 肅淸
- 숙연 → 肅연 → 肅然

肅 肅 肅

純 순진할 순 : 실 사(糸) 부 – 총 10 획

문장 이미지: 純수문학에서도 純결무구한 사실만을 논하지 않는다!

글자의 유래: 실 사(糸)에 고난에 시달릴 둔(屯)이 붙어있는 모양새
실처럼 얽히어 고난에 시달린다면 얼마나 순진한가 말이다

단어 이미지
- 단순 → 단純 → 單純
- 순정 → 純정 → 純情
- 순진무구 → 純진무구 → 純眞무구 → 純眞無구 → 純眞無垢
- 순수문학 → 純수문학 → 純粹문학 → 純粹文학 → 純粹文學
- 순결교육 → 純결교육 → 純潔교육 → 純潔敎육 → 純潔敎育
- 순종 → 純종 → 純種
- 불순분자 → 불純분자 → 不純분자 → 不純分자 → 不純分子

純 純 純

순할·순서 순 : 머리채 혈(頁) 부 - 총 12 획

順

문장 이미지　귀順용사의 행위는 역사적 민족적 順응에 속한다!

글자의 유래　시내 천(川)에 머리채 혈(頁)이 붙어있는 모양새
머리채가 시내 물처럼 흘러야 순리적인 순서라는 뜻

단어 이미지

- 순리 → 順리 → 順理
- 순응 → 順응 → 順應
- 순행운동 → 順행운동 → 順行운동 → 順行運동 → 順行運動
- 귀순용사 → 귀順용사 → 歸順용사 → 歸順勇사 → 歸順勇士
- 순서 → 順서 → 順序
- 순차 → 順차 → 順次
- 순조 → 順조 → 順調

順 順 順

재주·기술 술 : 다닐 행(行) 부 - 총 11 획

術

문장 이미지　권모術수로서는 과학기術의 발전이 절대로 불가능하다!

글자의 유래　다닐 행(行)의 사이에 차조 출(朮)이 끼워져 있으매
술, 떡, 밥이 잘 되는 차조를 갖고 다니면 재주를 부릴 수 있다

단어 이미지

- 도술 → 도術 → 道術
- 마술 → 마術 → 魔術
- 권모술수 → 권모術수 → 권모術數 → 권謀術數 → 權謀術數
- 과학기술 → 과학기術 → 과학技術 → 과學技術 → 科學技術
- 학술 → 학術 → 學術
- 수술 → 수術 → 手術
- 화술 → 화術 → 話術

術 術 術

높을·숭고할 숭 : 뫼 산(山) 부 - 총 11 획

崇

문장 이미지　崇유억불의 정책도 속내적으로는 우상崇배의 타파였다!

글자의 유래　일의 근원 종(宗)의 위에 뫼 산(山)이 올려져 있으매
근원을 산처럼 숭고하게 본다는 뜻(뫼: 큰 산, 메: 작은 산)

단어 이미지

- 숭고 → 崇고 → 崇高
- 숭상 → 崇상 → 崇尙
- 숭유억불 → 崇유억불 → 崇儒억불 → 崇儒抑불 → 崇儒抑佛
- 우상숭배 → 우상崇배 → 우상崇拜 → 우像崇拜 → 偶像崇拜
- 숭앙 → 崇앙 → 崇仰
- 융숭 → 융崇 → 隆崇
- 숭모 → 崇모 → 崇慕

崇 崇 崇

익힐 습 : 깃털 우(羽) 부 - 총 11 획

習

문장이미지 내 고장의 관習과 풍習을 잘 학習해 익혀야지.

글자의유래 날개(羽)를 퍼덕이며 하얀(白) 새들이 나는 걸 익힐 습(習)

단어이미지

- 관습 → 관習 → 慣習
- 풍습 → 풍習 → 風習
- 학습 → 학習 → 學習
- 자습 → 자習 → 自習
- 연습 → 연習 → 演習
- 실습일지 → 실習일지 → 實習일지 → 實習日지 → 實習日誌
- 예습 → 예習 → 豫習

習 習 習

이길 승 : 힘 력(力) 부 - 총 12 획

勝

문장이미지 필勝의 각오로 반드시 勝리의 勝전고를 그대 가슴에.

글자의유래 몸(月)으로 장부(夫)가 땀 흘려 힘(力)을 쓰니 이길 승리다.

단어이미지

- 승리 → 勝리 → 勝利
- 필승 → 필勝 → 必勝
- 승패 → 勝패 → 勝敗
- 승전고 → 勝전고 →勝戰고 → 勝戰鼓
- 전승 → 전勝 → 戰勝
- 백전백승 → 백전백勝 → 백전百勝 → 백戰百勝 → 百戰百勝
- 승산 → 勝산 → 勝算

勝 勝 勝

이을 승 : 손 수(手) 부 - 총 8 획

承

문장이미지 한자시험 합격하면 실력을 承인 받아 결혼도 承낙 !

글자의유래 손(手)에 물건(丞승)을 올려 릴레이로 이어서 승계해 준다.

단어이미지

- 승인 → 承인 → 承認
- 승낙 → 承낙 → 承諾
- 기승전결 → 기承전결 → 起承전결 → 起承轉결 → 起承轉結
- 승정원 → 承정원→ 承政원 → 承政院
- 계승 → 계承 → 繼承
- 전승 → 전承 → 傳承
- 승복 → 承복 → 承服

承 承 承

時

때 **시** : 날 일(日) 부 - 총 10 획

문장이미지 時간을 때우려고 時時때때로 時계만 보는 농땡이가 되지 말자.

글자의유래 해(日)가 절간(寺)에 걸렸으니 하루가 가는 시간.

단어이미지
- 시간 → 時간 → 時間
- 시절 → 時절→ 時節
- 임시 → 임時 → 臨時
- 당시 → 당時 → 當時
- 시각 → 時각 → 時刻
- 표준시 → 표준時 → 표準時 → 標準時
- 시계 → 時계 → 時計

時 時 時

詩

시 **시** : 말씀 언(言) 부 - 총 13 획

문장이미지 詩인의 詩심에서 아름다운 詩가 솟아나오네!

글자의유래 고운 말(言)로 절(寺)에서 노래하니 시가 된다.

단어이미지
- 시론 → 詩론 → 詩論
- 시심 → 詩심 → 詩心
- 동시 → 동詩 → 童詩
- 현대시 → 현대詩 → 현代詩 → 現代詩
- 시집 → 詩집 → 詩集
- 여류시인 → 여류詩인 → 여류詩人 → 여流詩人 → 女流詩人
- 시선 → 詩선 → 詩仙

詩 詩 詩

始

비로소 **시** : 여자 여(女) 부 - 총 8 획

문장이미지 始작이 반이로다. 始초부터 始종일관 노력하세.

글자의유래 여자(女)에 몸에 태(胎)기가 있으니 새 생명이 시작이라.

단어이미지
- 시조 → 始조 → 始祖
- 시작 → 始작 → 始作
- 시종일관 → 始종일관 → 始終일관 → 侍從一관 → 始終一貫
- 시발역 → 始발역 → 始發역 → 始發驛
- 개시 → 개始 → 開始
- 시초 → 始초 → 始初
- 원시인 → 원始인 → 原始인→ 原始人

始 始 始

저자 시 : 수건 건(巾) 부 - 총 5 획

市

문장이미지 市민 여러분, 재래 市장에 문전성市하여 지역경제 살립시다.

글자의유래 수건(巾)에 물건을 펼치고 파는 모습이니 여기가 시장이다.

단어이미지
- 도시 → 도市 → 都市
- 시민 → 市민 → 市民
- 시장 → 市장 → 市長
- 시장 → 市장 → 市場
- 특별시 → 특별市 → 특別市 → 特別市
- 문전성시 → 문전성市 → 문전成市 → 문前成市 → 門前成市
- 약령시 → 약령市 → 약令市 → 藥令市

市 市 市

베풀 · 실시할 시 : 모 방 (方) 부 - 총 9 획

施

문장이미지 施설이 열악한 밀림에서 무료 施술을 실施하는 슈바이처 박사.

글자의유래 모서리(方)에서 깃발을 흔들며(也) 남들에게 신호해서 베풀어 주고 일한다는 뜻

단어이미지
- 시설 → 施설 → 施設
- 실시 → 실施 → 實施
- 시공 → 施공 → 施工
- 시책 → 施책 → 施策
- 시행사 → 施행사 → 施行사 → 施行社
- 무료시술 → 무료施술 → 무료施術 → 무料施術 → 無料施術
- 시상식 → 施상식 → 施賞식 → 施賞式

施 施 施

옳을 시 : 날 일(日) 부 - 총 9 획

是

문장이미지 혹是 무슨 是是비비가 있어도 저 뺀질이는 절대 是인 안할 걸.

글자의유래 해(日)는 늘 우주의 바른(正) 궤도를 가므로 옳다라는 뜻.

단어이미지
- 혹시 → 혹是 → 或是
- 시인 → 是인 → 是認
- 시비곡직 → 是비곡직 → 是非곡직 → 是非曲직 → 是非曲直
- 시시비비 → 是시비비 → 是是비비 → 是是非비 → 是是非非
- 필시 → 필是 → 必是
- 국시 → 국是 → 國是
- 역시 → 역是 → 亦是

是 是 是

示

보일 시 : 보일 시(示) 부 - 총 5 획

문장이미지 전示회장에서 알몸 示위하다 잡혀 일장훈示 듣는 엽기남.

글자의유래 사람이 두 팔을 벌리고 자 다 보아라(示)하는 모습이로다.

단어이미지
- 시위 → 示위 → 示威
- 암시 → 암示 → 暗示
- 교시 → 교示 → 教示
- 지시 → 지示 → 指示
- 시달 → 示달 → 示達
- 전시회장 → 전示회장 → 展示회장 → 展示會장 → 展示會場
- 일장훈시 → 일장훈示 → 일장訓示 → 一장訓示 → 一場訓示

示 示 示

視

볼 시 : 볼 견(見) 부 - 총 12 획

문장이미지 視야가 넓어야 현실을 직視하고 일을 중視한다네.

글자의유래 보고(示) 또 바라보니(見) 잘 볼 수밖에.

단어이미지
- 시야 → 視야 → 視野
- 중시 → 중視 → 重視
- 직시 → 직視 → 直視
- 거시적 → 거視적 → 巨視적 → 巨視的
- 시신경 → 視신경 → 視神경 → 視神經
- 근시안 → 근視안 → 近視안 → 近視眼
- 시찰 → 視찰 → 視察

視 視 視

試

시험할 시 : 말씀 언(言) 부 - 총 13 획

문장이미지 나는 대학試험 입試, 형은 고등고試 응試. 누가 붙나 試합해 !

글자의유래 말(言)하는 바가 격식(式)에 맞는 지 시험해 본다.

단어이미지
- 입시 → 입試 → 入試
- 시식 → 試식 → 試食
- 시제품 → 試제품 → 試製품 → 試製品
- 대학시험 → 대학試험 → 대학試驗 → 대學試驗 → 大學試驗
- 응시 → 응試 → 應試
- 시합 → 試합 → 試合
- 사법고시 → 사법고詩 → 사법考試 → 사法考試 → 司法考試

試 試 試

式 법 식 : 주살 익(弋) 부 - 총 6 획

문장이미지 예式장 式순에 의거 최신式 결혼式을 올립니다, 여러분 !

글자의유래 공인(工)이 화살(弋)을 바르게 만들어 격식을 갖춘다는 뜻

단어이미지
- 식순 → 式순 → 式順
- 최신식 → 최신式 → 최新式 → 最新式
- 서식 → 서式 → 書式
- 예식장 → 예式장 → 禮式장 → 禮式場
- 정식 → 정式 → 正式
- 요식행위 → 요式행위 → 要式행위 → 要式行위 →要式行爲
- 구식 → 구式 → 舊式

式 式 式

息 쉴 식 : 마음 심(心) 부 - 총 10 획

문장이미지 자息이 많아 휴息하기도 힘들다, 탄息하는 어버이 마음.

글자의유래 스스로((自) 마음(心)을 가라앉혀 쉬는 모습이다.

단어이미지
- 휴식 → 휴息 → 休息
- 자식 → 자息 → 子息
- 탄식 → 탄息 → 歎息
- 무소식 → 무소息 → 무消息 → 無消息
- 안식일 → 안息일 → 安息일 → 安息日
- 희소식 → 희소息 → 희消息 → 喜消息
- 여식 → 여息 → 女息

息 息 息

植 심을 식 : 나무 목(木) 부 - 총 12 획

문장이미지 남의 植민지가 되면 植물을 植목하는 것도 마음대로 못하지.

글자의유래 나무(木)를 바로(直) 세워 심는다는 뜻이다.

단어이미지
- 식재 → 植재 → 植栽
- 식목 → 植목 → 植木
- 식물인간 → 植물인간 → 植物인간 → 植物人간 → 植物人間
- 식민지 → 植민지 → 植民지 → 植民地
- 동식물 → 동植물 → 동植物 → 動植物
- 식자 → 植자 → 植字
- 식수 → 植수 → 植樹

植 植 植

識

알 **식** : 말씀 언(言) 부 - 총 19 획

문장이미지 지識인은 의識적으로 많은 상識을 인識해야 합니다.

글자의유래 말(言)과 소리(音)를 듣고 화살(弋)로 글 새겨 알게 된다는 뜻.

단어이미지
- 인식 → 인識 → 認識
- 의식 → 의識 → 意識
- 상식 → 상識 → 常識
- 지식인 → 지識인 → 知識인 → 知識人
- 학식 → 학識 → 學識
- 의식구조 → 의識구조 → 意識구조 → 意識構조 → 意識構造
- 식별 → 識별 → 識別

識 識 識

食

밥 **식** : 밥 식(食) 부 - 총 9 획

문장이미지 食당에 온 손님이 食비가 없으니 단食하실 수밖에.

글자의유래 사람(人)은 몸에 좋은(良) 밥을 먹어야 잘 산다.

단어이미지
- 단식 → 단食 → 斷食
- 식당 → 食당 → 食堂
- 식비→ 食비→ 食費
- 식료품 → 食료품 → 食料품 → 食料品
- 식생활 → 食생활 → 食生활 → 食生活
- 식도락 → 食도락 → 食道락 → 食道樂
- 식품 → 食품 → 食品

食 食 食

申

납 · 펼 · 신고할 **신** : 밭 전(田) 부 - 총 5 획

문장이미지 율곡을 낳아 출생申고 申청하러 申사임당 납신다.

글자의유래 거북이가 몸(甲)에서 머리를 내밀어 나와 아뢰는 모양(申)

단어이미지
- 신청 → 申청 → 申請
- 신고 → 申고 → 申告
- 출생신고 → 출생申고→ 출생申告 → 출生申告 → 出生申告
- 신사임당 → 申사임당 → 申師임당 → 申師任당 → 申師任堂
- 신문고 → 申문고 → 申聞고 → 申聞鼓
- 신고처 → 申고처 → 申告처 →申告處
- 상신 → 상申 → 上申

申 申 申

神

귀신 **신** : 보일 시(示) 부 - 총 10 획

문장이미지 神부님이 강神한 귀神을 쫓는 영화 엑소시스트.

글자의유래 보이는(示) 것이 사람 형상이 아니니(申) 귀신이로다.

단어이미지

- 신부 → 神부 → 神父
- 강신 → 강神 → 降神
- 귀신 → 鬼神 → 鬼神
- 신통력 → 神통력 → 神通력 → 神通力
- 신화 → 神화 → 神話
- 수호신 →수호神 → 수護神 → 守護神
- 신기 → 神기 → 神奇

神 神 神

信

믿을 **신** : 사람 인(人) 부 - 총 9획

문장이미지 信자들이 목사님 말을 信용하니 信앙의 청信호로다.

글자의유래 사람(人)은 말(言)함에 있어 반드시 믿음이 있어야 한다.

단어이미지

- 신자 → 信자→ 信者
- 신용 → 信용 → 信用
- 신념 → 信념→ 信念
- 청신호 → 청信호 → 青信호 → 青信號
- 공신력 → 공信력 → 公信력 → 公信力
- 확신 → 확信 → 確信
- 회신 → 회信 → 回信

信 信 信

新

새 **신** : 도끼 근(斤) 부 - 총 13 획

문장이미지 에이, 新라의 달밤은 최新곡이 아니니 新작 노래를 불러라!

글자의유래 서 있는(立) 나무(木)를 도끼(斤)로 다듬어 새 물건을 만든다는 뜻

단어이미지

- 신라 → 新라 → 新羅
- 신작 → 新작 → 新作
- 온고지신 → 온고지新 → 온고知新 → 온故知新 → 溫故知新
- 최신곡 → 최新곡 → 最新곡 → 最新曲
- 신혼 → 新혼 → 新婚
- 신세계 → 新세계 → 新世계 → 新世界
- 신설 → 新설 → 新設

新 新 新

신하 · 백성 **신** : 신하 신(臣) 부 - 총 6 획

臣

문장이미지 사육臣이 없으니 이제 충臣없는 가臣들만 궁 안에 버글버글 ~

글자의유래 왕 앞에 몸을 꿇어 고개를 숙이고 복종하는 신하와 백성 모습(臣)

단어이미지

- 충신 → 충臣 → 忠臣
- 가신 → 가臣 → 家臣
- 대신 → 대臣 → 大臣
- 사육신 → 사육臣 → 사六臣 → 死六臣
- 신하 → 臣하 → 臣下
- 군신유의 → 군臣유의 → 君臣유의 → 君臣有의 → 君臣有義
- 공신 → 공臣 → 功臣

臣 臣 臣

몸 **신** : 몸 신(身) 부 - 총 7 획

身

문장이미지 독身주의 고집하는 당身은 이 시대의 불사身 !

글자의유래 스스로(自) 몸을 세워 서 있는 몸의 형상.

단어이미지

- 독신주의 → 독身주의 → 獨身주의 → 獨身主의 → 獨身主義
- 투신 → 투身 → 投身
- 망신 → 망身 → 亡身
- 불사신 → 불사身 → 불死身 → 不死身
- 살신성인 → 살身성인 → 殺身성인 → 殺身成인 → 殺身成仁
- 당신 → 당身 → 當身
- 자신 → 자身 → 自身

身 身 身

잃을 **실** : 큰 대(大) 부 - 총 5 획

失

문장이미지 失향민들에게 손失을 입힌 失책은 정부의 과失이다.

글자의유래 손(手)에서 새(乙)가 빠져나가는 모양에서 '잃다'라는 뜻

단어이미지

- 실업대책 → 失업대책 → 失業대책 → 失業對책 → 失業對策
- 손실 → 손失 → 損失
- 이해득실 → 이해득失 → 이해得失 → 이害得失 → 利害得失
- 실향민 → 失향민 → 失鄕민 → 失鄕民
- 과실 → 과失 → 過失
- 실망 → 失망 → 失望
- 실책 → 失책 → 失策

失 失 失

집 **실** : 움집 면(宀) 부 - 총 9 획

室

문장이미지 거室도 아니고 객室도 아니고 그대여 밀室로 가자!

글자의유래 땅(土)위에 방을 지어 지붕을 덮어 집이 된 모양(室)

단어이미지

- 거실 → 거室 → 居室
- 객실 → 객室 → 客室
- 밀실 → 밀室 → 密室
- 욕실 → 욕室 → 浴室
- 도서실 → 도서室 → 도書室 → 圖書室
- 온실효과 → 온室효과 → 溫室효과 → 溫室效과 → 溫室效果
- 국어교실 → 국어교室 → 국어敎室 → 국語敎室 → 國語敎室

室 室 室

열매 **실** : 움집 면(宀) 부 - 총 14 획

實

문장이미지 유명무實한 實용품 판매라니? 사實무근입니다.

글자의유래 집 안에 재물(貫)이 가득 차 열매를 맺은 모습

단어이미지

- 실재 → 實재 → 實在
- 확실 → 확實 → 確實
- 과실 → 과實 → 果實
- 유명무실 → 유명무實 → 유명無實 → 유名無實 → 有名無實
- 사실무근 → 사實무근 → 事實무근 → 事實無근 → 事實無根
- 실용품 → 實용품 → 實用품 → 實用品
- 실리추구 → 實리추구 → 實利추구 → 實利追구 → 實利追求

實 實 實

깊을 **심** : 물 수(氵) 부 - 총 11 획

深

문장이미지 深산유곡은 수深이 깊기도 하니 수영하려면 深사숙고 하시오.

글자의유래 물(水)이 깊은 곳에 나무(木)도 잠겨 있는 모습

단어이미지

- 수심 → 수深 → 水深
- 심층부 → 深층부 → 深層부 → 深層部
- 심사숙고 → 深사숙고 → 深思숙고 → 深思熟고 → 深思熟考
- 심산유곡 → 深산유곡 → 深山유곡 → 深山幽곡 → 深山幽谷
- 심해 → 深해 → 深海
- 심야 → 深야 → 深夜
- 심도 → 深도 → 深度

深 深 深

마음 **심** : 마음 심(心) 부 - 총 4 획

心

문장이미지 일편단心 자존心을 가지고 야心작인 이 책을 만들었어요.

글자의유래 사람의 심장의 모양(心)을 본떠서 마음을 나타낸다.

단어이미지

- 天心 → 천心 → 天心
- 자존심 → 자존心 → 자尊心 → 自尊心
- 야심작 → 야心작 → 野心작 → 野心作
- 효심지극 → 효心지극 → 孝心지극 → 孝心至극→ 孝心至極
- 욕심 → 욕心 → 慾心
- 일편단심 → 일편단心 → 일편丹心 → 일片丹心 → 一片丹心
- 시심 → 시心 → 詩心

心 心 心

열 **십** : 열 십(十) 부 - 총 2 획

十

문장이미지 十중팔구 十리도 못가 적十자 신세가 될 저 十대 마라톤 선수.

글자의유래 동서남북이 합쳐 수 10이 됨을 나타낸다.

단어이미지

- 십팔번 → 十팔번 → 십팔番 → 十八番
- 십리 → 十리 → 十里
- 십장생 → 十장생 → 十長생→ 十長生
- 적십자 → 적十자 → 赤十자 → 赤十字
- 십년감수 → 十년감수 → 十年감수 → 十年減수 → 十年減壽
- 십중팔구 → 十중팔구 → 十中팔구 → 十中八구 → 十中八九
- 권불십년 → 권불十년 → 권불十年 → 권不十年 → 權不十年

十 十 十

성 **씨** : 성 씨(氏) 부 - 총 4 획

氏

문장이미지 형氏 ! 성氏가 뭐요? 나요? 무명氏요.

글자의유래 나무의 뿌리가 땅 속과 땅 위로 뻗어나가듯 씨족이 퍼짐을 뜻함.

단어이미지

- 형씨 → 형氏 → 兄氏
- 종씨 → 종氏 → 宗氏
- 씨족사회 → 氏족사회 → 氏族사회 → 氏族社회 → 氏族社會
- 무명씨 → 무명氏 → 무名氏 → 無名氏
- 성씨 → 성氏 → 姓氏
- 제씨 → 제氏 → 弟氏
- 창씨개명 → 창氏개명 → 創氏개명 → 創氏改명 → 創氏改名

氏 氏 氏

兒

아이 **아** : 어진사람 인 (儿) 부 - 총 8 획

문장이미지 고兒로 자라 결식兒동을 돕는 저 분이야말로 풍운兒!

글자의유래 머리가 가분수인 아이가 뽈뽈 기어가는 모습(兒)이 보인다.

단어이미지

- 고아 → 고兒 → 孤兒
- 신생아 → 신생兒 → 新生兒
- 미아보호 → 미兒보호 → 迷兒보호 → 迷兒保호 → 迷兒保護
- 유아 → 유兒 → 幼兒
- 풍운아 → 풍운兒 → 풍雲兒 → 風雲兒
- 결식아동 → 결식아童 → 결식兒童 → 결食兒童 → 缺食兒童
- 소아 → 소兒 → 小兒

兒 兒 兒

惡

악할 **악** 미워할 **오** : 마음 심(心) 부 - 총 12 획

문장이미지 인터넷에 惡성 코드를 惡의적으로 뿌리는 것은 죄惡이다.

글자의유래 등이 굽은 꼽추의 모양으로 마음이 일그러져 악(惡)하다는 뜻

단어이미지

- 악성 → 惡성 → 惡性
- 악질분자 → 惡질분자 → 惡質분자 → 惡質分자 → 惡質分子
- 죄악 → 죄惡 → 罪惡
- 악의적 → 惡의적 → 惡意적 → 惡意的
- 악조건 → 惡조건 → 惡條건 → 惡條件
- 필요악 → 필요惡 → 필要惡 → 必要惡
- 오심 → 惡심 → 惡心
- 오한 → 惡한 → 惡寒

惡 惡 惡

安

편안 **안** : 움집 면(宀) 부 - 총 6 획

문장이미지 경찰이 치安을 유지하고 安전을 기하고 있으니 安심하세요.

글자의유래 집 안에 여자(女)가 있으니 편안하다.

단어이미지

- 치안 → 치安 → 治安
- 편안 → 편安 → 便安
- 국태민안 → 국태민安 → 국태民安 → 국泰民安 → 國泰民安
- 안전사고 → 安전사고 → 安全사고 → 安全事고 → 安全事故
- 보안 → 보安 → 保安
- 안심 → 安심 → 安心
- 안부 → 安부 → 安否

安 安 安

案

책상, 생각할 **안** : 나무 목(木) 부 - 총 10 획

문장이미지 법案을 제案하자는 案건을 제출하였다.

글자의유래 편안히(安) 글을 읽게 만든 나무(木) 제품이 책상이다.

단어이미지

- 법안 → 법案 → 法案
- 제안 → 제案 → 提案
- 안건 → 案건 → 案件
- 문안작성 → 문案작성 → 文案작성 → 文案作성 → 文案作成
- 의안 → 의案 → 議案
- 실용신안 → 실용신案 → 실용新案 → 실用新案 → 實用新案
- 개헌안 → 개헌案 → 개憲案 → 改憲案

案	案	案		

眼

눈 **안** : 눈 목(目) 부 - 총 11 획

문장이미지 근시眼적인 眼목으로 오만한 眼하무인 같으니라구.

글자의유래 눈(目)으로 볼 수 있는 한계(艮), 가까운 곳을 보는 눈을 뜻함.

단어이미지

- 혈안 → 혈眼 → 血眼
- 안목 → 眼목 → 眼目
- 안경 → 眼경 → 眼鏡
- 근시안 → 근시眼 → 근視眼 → 近視眼
- 어안 → 어眼 → 魚眼
- 안하무인 → 眼하무인 → 眼下무인 → 眼下無인 → 眼下無人
- 육안 → 육眼 → 肉眼

眼	眼	眼		

暗

어두울 **암** : 날 일(日) 부 - 총 13 획

문장이미지 暗거래를 일삼는 暗시장에 暗행어사 출두야 !

글자의유래 해(日)가 지니 보이지는 않고 소리(音)만 들리니 어둡구나.

단어이미지

- 명암 → 명暗 → 明暗
- 암실 → 暗실 → 暗室
- 암행어사 → 暗행어사 → 暗行어사 → 暗行御사 → 暗行御史
- 암거래 → 暗거래 → 暗去래 → 暗去來
- 암시장 → 暗시장 → 暗市장 → 暗市場
- 암기위주 → 暗기위주 → 暗記위주 → 暗記爲주 → 暗記爲主
- 암살 → 暗살 → 暗殺

暗	暗	暗		

壓

누를 **압** : 흙 토(土) 부 - 총 17 획

문장이미지 壓력단체의 壓박으로 사태를 진壓하였네.

글자의유래 흙(土)을 위에서 더 쌓는 모양으로 누른다는 뜻.

단어이미지
- 진압 → 진壓 → 鎭壓
- 압박 → 壓박 → 壓迫
- 언론탄압 → 언론탄壓 → 언론彈壓 → 언論彈壓 → 言論彈壓
- 압축 → 壓축 → 壓縮
- 압권 → 壓권 → 壓卷
- 압력단체 → 壓력단체 → 壓力단체 → 壓力團체 → 壓力團體
- 압도 → 壓도 → 壓倒

壓 壓 壓

愛

사랑 **애** : 마음 심(心) 부 - 총 13 획

문장이미지 담배를 愛지중지하는 골초 愛연가의 슬픈 愛착심.

글자의유래 몸과 마음(心)을 주고받으니(受) 사랑이 된다.

단어이미지
- 우애 → 우愛 → 友愛
- 구애 → 구愛 → 求愛
- 연애 → 연愛 → 戀愛
- 애연가 → 愛연가 → 愛煙가 → 愛煙家
- 애착심 → 愛착심 → 愛着심 → 愛着心
- 애지중지 → 愛지중지 → 愛之중지 → 愛之重지 → 愛之重之
- 애인 → 愛인→ 愛人

愛 愛 愛

液

진 **액** : 물 수(氵) 부 - 총 11 획

문장이미지 사람은 혈液검사. 자동차는 부동液 검사.

글자의유래 물(水)이 밤(夜)에 고이니 진한 즙이 된다.

단어이미지
- 액체 → 液체 → 液體
- 액화 → 液화 → 液化
- 혈액검사 → 혈液검사 → 血液검사 → 血液檢사 → 血液檢査
- 부동액 → 부동液 → 부凍液 → 不凍液
- 액정화면 → 液정화면→ 液晶화면 → 液晶畵면 → 液晶畵面
- 정액 → 정液 → 精液
- 수액 → 수液 → 樹液

液 液 液

額

이마 **額** : 머리 혈(頁) 부 – 총 18 획

문장이미지	지출額 총額이 안 맞네. 차額은 어디 간 거야? 임마.
글자의유래	방문하는 손님(客)의 머리(頁)는 이마부터 들어온다.

단어이미지

- 차액 → 차額 → 差額
- 총액 → 총額 → 總額
- 금액 → 금額 → 金額
- 지출액 → 지출額 → 지出額 → 支出額
- 액자 → 額자 → 額子
- 액면가격 → 額면가격 → 額面가격 → 額面價격 →額面價格
- 액수 → 額수 → 額數

額 額 額

夜

밤 **야** : 저녁 석(夕) 부 – 총 8 획

문장이미지	심夜에 夜근중 夜식하면서 夜경을 감상하는 밤손님.
글자의유래	저녁(夕)이 되면 사람(人)이 이불 덮고 길게 누으니 밤이로다.

단어이미지

- 심야 → 심夜 → 深夜
- 야근 → 夜근 → 夜勤
- 야식 → 夜식 → 夜食
- 전야제 → 전夜제 → 전夜祭 → 前夜祭
- 주경야독 → 주경夜독 → 주경夜讀 → 주耕夜讀 → 晝耕夜讀
- 불야성 → 불夜성 → 불夜城 → 不夜城
- 야경 → 夜경 → 夜景

夜 夜 夜

野

들 **야** : 마을 리(里) 부 – 총 11 획

문장이미지	시野가 탁 트인 광野로 野유회 가세.
글자의유래	마을(里) 사람들이 먹을 것을 얻는 곳은 들판이다.

단어이미지

- 광야 → 광野 → 廣野
- 시야 → 시野 → 視野
- 야심만만 → 野심만만 → 野心만만 → 野心滿만 → 野心滿滿
- 야유회 → 野유회 → 野遊회 → 野遊會
- 야사 → 野사 → 野史
- 야망달성 → 野망달성 → 野望달성 → 野望達성 → 野望達成
- 평야 → 평野 → 平野

野 野 野

弱

약할 **약** : 활 궁(弓) 부 - 총 10 획

문장이미지 노弱자처럼 허弱하면 弱육강식 시대에 어이 견디리.

글자의유래 새끼 새의 두 날개(弱)는 아직 약하다는 뜻.

단어이미지
- 허약 → 허弱 → 虛弱
- 강약 → 강弱 → 强弱
- 약점보완 → 弱점보완 → 弱點보완 → 弱點補완 → 弱點補完
- 빈약 → 빈弱 → 貧弱
- 약골 → 弱골 → 弱骨
- 약육강식 → 弱육강식 → 弱肉강식 → 弱肉强식 →弱肉强食
- 노약 → 노弱 → 老弱

弱 弱 弱

藥

약 **약** : 풀 초(艹) 부 - 총 19 획

문장이미지 藥대 나온 藥사가 藥국에서 보藥을 파는구나.

글자의유래 풀(艹)이나 나무(木)로 제조한 것이 한방 약(樂)이다.

단어이미지
- 약물 → 藥물 → 藥物
- 약사 → 藥사 → 藥師
- 약국 → 藥국→ 藥局
- 한약방 → 한藥방 → 한藥房 → 韓藥房
- 약방감초 → 藥방감초 → 藥房감초 → 藥房甘초 → 藥房甘草
- 의약품 → 의藥품 → 의藥品 → 醫藥品
- 보약 → 보藥 → 補藥

藥 藥 藥

約

맺을, 약속할 **약** : 실 사(糸) 부 - 총 9 획

문장이미지 두 사람은 約혼하기로 언約을 하고 내일을 기約했다.

글자의유래 실(糸)로 작은 매듭(勺)을 묶어 약속을 하는 것.

단어이미지
- 약혼 → 約혼 → 約婚
- 언약 → 언約 → 言約
- 백년가약 → 백년가約 → 백년佳約 → 백年佳約 → 百年佳約
- 공약수 → 공約수 → 공約數 → 公約數
- 약정일자 → 約정일자 → 約定일자 → 約定日자 → 約定日子
- 기약 → 기約 → 期約
- 협약 → 협約 → 協約

約 約 約

陽

별 **양** : 언덕 부(阝) 부 – 총 12 획

문장이미지 음陽오행설에 의거 陽지바른 한陽에 도읍을 정한 조선.

글자의유래 언덕(阝)에 빛나게(昜) 내리쪼이는 햇볕.

단어이미지
- 양지 → 陽지 → 陽地
- 한양 → 한陽 → 漢陽
- 양력 → 陽력 → 陽曆
- 석양 → 석陽 → 夕陽
- 양성화 → 陽성화 → 陽性화 → 陽性化
- 음양오행 → 음陽오행 → 陰陽오행 → 陰陽五행 → 陰陽五行
- 태양계 → 태陽계 → 태陽界 → 太陽界

陽 陽 陽

洋

큰바다 **양** : 물 수(氵) 부 – 총 9 획

문장이미지 태평洋에 원洋어선을 타고 나간 동洋인.

글자의유래 양(羊)떼가 몰려다니는 것처럼 파도치는 광활하고 큰 바다.

단어이미지
- 양복 → 洋복 → 洋服
- 양주 → 洋 → 洋酒
- 양궁선수 → 洋궁선수 → 洋弓선수 → 洋弓選수 → 洋弓選手
- 태평양 → 태평洋 → 태平洋 → 太平洋
- 경양식 → 경洋식 → 輕洋식 → 輕洋食
- 원양어선 → 원洋어선 → 遠洋어선 → 遠洋漁선 → 遠洋漁船
- 동양 → 동洋 → 東洋

洋 洋 洋

樣

모양 **양** : 나무 목(木) 부 – 총 15 획

문장이미지 각樣각색의 樣식을 다樣하게 구비하시오.

글자의유래 여러 가지 나무(木)가 어울린 모양을 나타낸다.

단어이미지
- 문양 → 문樣 → 文樣
- 다양 → 다樣 → 多樣
- 각양각색 → 각樣각색 → 各樣각색 → 各樣各색 → 各樣各色
- 양태 → 樣태 → 樣態
- 양식 → 樣식 → 樣式
- 양상 → 樣상 → 樣相
- 모양 → 모樣 → 模樣

樣 樣 樣

羊 양 양 : 양 양(羊) 부 - 총 6 획

문장이미지 산羊이 백羊이니 羊모도 좋고 羊피도 일품일세.

글자의유래 뿔 달린 양(羊)의 모습을 본 뜬 글자.

단어이미지
- 산양 → 산羊 → 山羊
- 양모 → 羊모 → 羊毛
- 백양 → 백羊 → 白羊
- 양피 → 羊피 → 羊皮
- 양육 → 羊육 → 羊肉
- 양두구육 → 羊두구육 → 羊頭구육 → 羊頭狗육 → 羊頭狗肉
- 구절양장 → 구절羊장 → 구절羊腸 → 구折羊腸 → 九折羊腸

羊 羊 羊

養 기를, 봉양할 양 : 밥 식(食) 부 - 총 15 획

문장이미지 입養된 養자가 養부모를 잘 봉養하더라.

글자의유래 양(羊)에게 먹을 것(食)을 주어 키우고 봉양한다는 뜻.

단어이미지
- 입양 → 입養 → 入養
- 양자 → 養자 → 養子
- 부모봉양 → 부모봉養→ 부모奉養 → 父母奉養 → 父母奉養
- 양부모 → 養부모 → 養父모 → 養父母
- 양어장 → 養어장 → 養魚장 → 養魚場
- 휴양 → 휴養 → 休養
- 양계농장 → 養계농장 → 養鷄농장 → 養鷄農장→ 養鷄農場

養 養 養

漁 고기잡을 어 : 물 수(氵) 부 - 총 14 획

문장이미지 漁촌사는 漁부가 漁선도 없이 漁부지리로 고기 잡는 법 개발.

글자의유래 물(水)에 있는 물고기(魚)를 잡다.

단어이미지
- 어촌 → 漁촌 → 漁村
- 어부 → 漁부 → 漁夫
- 어부지리 → 漁부지리 → 漁父지리 → 漁父之리 → 漁父之利
- 농어민 → 농漁민 → 농漁民 → 農漁民
- 어선 → 漁선 → 漁船
- 어업기지 → 漁업기지 → 漁業기지 → 漁業基지→ 漁業基地
- 출어 → 출漁 → 出漁

漁 漁 漁

물고기 어 : 물고기 어(魚) 부 - 총 11 획

魚

문장이미지 魚시장에 나온 은魚. 청魚. 산천魚.

글자의유래 물고기의 머리 몸통 지느러미를 본뜬 글자.

단어이미지
- 은어 → 은魚 → 銀魚
- 청어 → 청魚 → 青魚
- 산천어 → 산천魚 → 산川魚 → 山川魚
- 어시장 → 魚시장 → 魚市장 → 魚市場
- 양어시설 → 양魚시설 → 養魚시설 → 養魚施설 → 養魚施設
- 자생어종 → 자생魚종 → 자생魚種 → 自生魚종 → 自生魚種
- 어안 → 魚안 → 魚眼

魚	魚	魚		

말씀 어 : 말씀 언(言) 부 - 총 14 획

語

문장이미지 영語 불語 등 외국語 보다 국語를 사랑해야지.

글자의유래 말(言)은 얼굴의 입. 코. 귀 다섯(五) 구멍(口)이 조화하여 나온다.

단어이미지
- 영어 → 영語 → 英語
- 불어 → 불語 → 佛語
- 국어 → 국語 → 國語
- 외국어 → 외국語 → 외國語 → 外國語
- 어불성설 → 語불성설 → 語不성설 → 語不成설 → 語不成說
- 표준어 → 표준語 → 표準語 → 標準語
- 어감 → 語감 → 語感

語	語	語		

억 억 : 사람 인(人) 부 - 총 15 획

億

문장이미지 나도 로또복권 백億에 당첨되어 億만장자 될 수 있다.

글자의유래 사람(人)이 뜻(意)을 세우면 수천억 재산도 모을 수 있다.

단어이미지
- 백억 → 백億 → 百億
- 수억 → 수億 → 數億
- 억만장자 → 億만장자 → 億萬장자 → 億萬長자 → 億萬長者
- 억만년 → 億만년 → 億萬년 → 億萬年
- 일억 → 일億 → 一億
- 십억 → 십億 → 十億
- 천억 → 천億 → 千億

億	億	億		

말씀 언 : 말씀 언 (言) 부 - 총 7 획

言

문장이미지 정치가가 실言하면 言론이 들끓으니 유구무言하시오.

글자의유래 입(口)으로 하나 하나 (一) 또박또박 말씀하다.

단어이미지

- 실언 → 실言 → 失言
- 언론 → 言론 → 言論
- 증언 → 증言 → 證言
- 언약 → 言약 → 言約
- 명언 → 명言 → 名言
- 유구무언 → 유구무言 → 유구無言 → 유口無言 → 有口無言
- 언어사용 → 言어사용 → 言語사용 → 言語使용 → 言語使用

言 言 言

엄할 엄 : 입 구(口) 부 - 총 20 획

嚴

문장이미지 嚴동설한의 음주는 嚴금 ! 이를 嚴수하자.

글자의유래 두 입으로 감히 엄하게 꾸짖는다는 뜻에서 유래.

단어이미지

- 엄금 → 嚴금 → 嚴禁
- 엄수 → 嚴수 → 嚴守
- 계엄선포 → 계嚴선포 → 戒嚴선포 → 戒嚴宣포 → 戒嚴宣布
- 엄중 → 엄重→ 嚴重
- 존엄성 → 존嚴성 → 尊嚴성 → 尊嚴性
- 엄동설한 → 嚴동설한 → 嚴冬설한 → 嚴冬雪한 → 嚴冬雪寒
- 엄격 → 嚴격 → 嚴格

嚴 嚴 嚴

업 업 : 나무 목(木) 부 - 총 13 획

業

문장이미지 어業. 농業. 상業 직業에는 귀천이 없단다.

글자의유래 풀도 베고 양(羊)도 치고 나무(木)도 하니 이것이 업(業)이다.

단어이미지

- 어업 → 어業 → 漁業
- 농업 → 농業 → 農業
- 작업완료 → 작業완료 → 作業완료 → 作業完료 → 作業完了
- 요식업 → 요식業 → 요食業 → 料食業
- 상업 → 상業 → 商業
- 직업소개 → 직業소개 → 職業소개 → 職業紹개 → 職業紹介
- 졸업 → 졸業 → 卒業

業 業 業

餘

남을 **여** : 밥 식(食) 부 - 총 16 획

문장이미지 餘생을 餘유로운 餘가로 보내는 행복한 인생이 되자.

글자의유래 먹을(食) 것이 남으니(余) 여유가 있다.

단어이미지

- 여운 → 餘운 → 餘韻
- 여가활용 → 餘가활용 → 餘暇활용 → 餘暇活용 → 餘暇活用
- 여생 → 餘생→ 餘生
- 여유 → 餘유 → 餘裕
- 여백 → 餘백 → 餘白
- 궁여지책 → 궁餘지책 → 窮餘지책 → 窮餘之책 → 窮餘之策
- 여념 → 餘념 → 餘念

餘 餘 餘

如

같을 **여** : 여자 여(女) 부 - 총 6 획

문장이미지 하如간 如차하면 나타나는 如전한 못된 버릇하고는.

글자의유래 여자(女)의 입(口)에서 나오는 말이 같다.

단어이미지

- 여차 → 如차 → 如此
- 여전 → 如전 → 如前
- 혹여 → 혹如 → 或如
- 하여간 → 하如간 → 하如間 → 何如間
- 여반장 → 如반장 → 如反장 → 如反掌
- 약사여래 → 약사如래 → 약사如來 → 약師如來 → 藥師如來
- 결여 → 결如 → 缺如

如 如 如

與

줄, 더불 **여** : 절구 구(臼) 부 - 총 14 획

문장이미지 급與에 상與금이 포함되었는지 與부를 알려주세요.

글자의유래 손으로 물건을 같이 들어 올리는 모양에서 준다. 더불어의 뜻.

단어이미지

- 급여 → 급與 → 給與
- 여부 → 與부 → 與否
- 여민동락 → 與민동락 → 與民동락 → 與民同락 → 與民同樂
- 상여금 → 상與금 → 상與金 → 賞與金
- 여야 → 與야 → 與野
- 여신 → 與신 → 與信
- 참여정부 → 참與정부 → 參與정부 → 參與政부 → 參與政府

與 與 與

지경 **역** : 흙 토(土) 부 - 총 11 획

域

문장이미지 이곳이 행정구域 내에 성域으로 지정된 구域이다.

글자의유래 흙무더기가 경계하여 쌓인 뜻으로 한 지역을 나타낸다.

단어이미지
- 성역 → 성域 → 聖域
- 구역 → 구域 → 區域
- 지역주의 → 지域주의 → 地域주의 → 地域主의 → 地域主義
- 수역 → 수域 → 水域
- 광역시 → 광域시 → 廣域시 → 廣域市
- 행정구역 → 행정구域 → 행정區域 → 행政區域 → 行政區域
- 영역 → 영域 → 領域

域 域 域

바꿀 **역** 쉬울 **이** : 날 일(日) 부 - 총 8 획

易

문장이미지 나라 간의 교易을 용易(이)하게 한 것이 무易.

글자의유래 도마뱀의 모습을 본떠 그 색깔이 쉽게 바뀐다는 뜻.

단어이미지
- 교역 → 교易 → 交易
- 용이 → 용易 → 容易
- 간이 → 간易 → 簡易
- 무역회사 → 무易회사 → 貿易회사 → 貿易會사 → 貿易會社
- 안이 → 안易 → 安易
- 역지사지 → 易지사지→ 易地사지 → 易地思지 → 易地思之
- 역학 → 易학 → 易學

易 易 易

거스를 **역** : 책받침(⻌) 부 - 총 10 획

逆

문장이미지 반逆한 逆도들이 나라 뜻에 逆행하여 꾸미는 것이 逆모다.

글자의유래 사람이 거꾸로 서서 반대로 간다는 의미에서 거스르다.

단어이미지
- 반역 → 반逆 → 反逆
- 역도 → 逆도 → 逆徒
- 역이용 → 逆이용→ 逆利용→ 逆利用
- 역효과 → 逆효과 → 逆效과 → 逆效果
- 역행 → 逆행 → 逆行
- 역모 → 逆모 → 逆謀
- 역광촬영 → 逆광촬영 → 逆光촬영 → 逆光撮영 → 逆光撮影

逆 逆 逆

研

연구할, 갈 **연** : 돌 석(石) 부 - 총 11 획

문장이미지 돌 研구소에서 돌을 研마하고 研수하는 돌박사님.

글자의유래 돌(石)을 연장으로 갈고 닦는다는 뜻.

단어이미지
- 연마 → 研마 → 研磨
- 연수 → 研수 → 研修
- 연구활동 → 研구활동 → 研究활동 → 研究活동 → 研究活動
- 연찬 → 研찬 → 研鑽
- 연구소 → 研구소 → 研究소 → 研究所
- 연고 → 研고 → 研考
- 연수원 → 研수원 → 研修원 → 研修院

研 研 研

延

늘일 **연** : 길게걸을 인(廴) 부 - 총 7 획

문장이미지 탑승 지延으로 비행기가 延착되어 회의가 延기되었다.

글자의유래 길(廴)을 바르게(正) 길게 늘인다는 의미.

단어이미지
- 지연 → 지延→ 遲延
- 연착 → 延착 → 延着
- 연기 → 延기→ 延期
- 연장전 → 延장전 → 延長전 → 延長戰
- 연세대 → 延세대 → 延世大
- 연명 → 延명 → 延命
- 연장근무 → 延장근무 → 延長근무 → 延長勤무 → 延長勤務

延 延 延

鉛

납 **연** : 쇠 금(金) 부 - 총 13 획

문장이미지 이것이 아鉛과 흑鉛으로 만든 鉛필이다.

글자의유래 쇠(金)중에서 구멍(口) 뚫기가 좋은 것이 납이다.

단어이미지
- 연관 → 鉛관 → 鉛管
- 흑연 → 흑鉛 → 黑鉛
- 아연탄광 → 亞연탄광 → 亞鉛탄광 → 亞鉛炭광 → 亞鉛炭鑛
- 연필화 → 鉛필화 → 鉛筆화 → 鉛筆畵
- 연판 → 鉛판 → 鉛版
- 연필생산 → 鉛필생산 → 鉛筆생산 → 鉛筆生산 → 鉛筆生産
- 연분 → 鉛분 → 鉛粉

鉛 鉛 鉛

演

펼 연 : 물 수(氵) 부 - 총 14 획

문장이미지: 演극에서 좋은 演기는 땀 흘린 演습 덕이야.

글자의유래: 물(水)을 잡아당기다 에서 '펼치다'라는 뜻이 나옴.

단어이미지
- 실연 → 실演 → 實演
- 연기 → 演기 → 演技
- 연습 → 演습 → 演習
- 강연장 → 강演장 → 강演場 → 講演場
- 경연 → 경演 → 競演
- 연극무대 → 演극무대 → 演劇무대 → 演劇舞대 → 演劇舞臺
- 출연배우 → 출演배우 → 出演배우 → 出演俳우 → 出演俳優

演 演 演

煙

연기, 담배 연 : 불 화(火) 부 - 총 13 획

문장이미지: 애煙가들이 다 흡煙하니 煙기가 장난이 아니다.

글자의유래: 불(火)이 서(西)쪽 땅(土)에서 나니 연기가 오른다.

단어이미지
- 금연 → 금煙 → 禁煙
- 연기 → 煙기 → 煙氣
- 흡연 → 흡煙 → 吸煙
- 애연가 → 애煙가 → 愛煙가 → 愛煙家
- 연막탄 → 煙막단 → 煙幕단 → 煙幕彈
- 끽연실 → 끽煙실 → 끽煙室 → 喫煙室
- 연초 → 煙초 → 煙草

煙 煙 煙

燃

탈 연 : 불 화(火) 부 - 총 16 획

문장이미지: 석유는 가燃성이라 燃료로 쓰면 燃소가 잘 된다.

글자의유래: 불(火)을 붙이니 자연(然)히 잘 탄다.

단어이미지
- 불연재 → 불燃재 → 不燃재 → 不燃材
- 연소 → 燃소 → 燃燒
- 연료부족 → 燃료부족 → 燃料부족 → 燃料不족 → 燃料不足
- 가연성 → 가燃성 → 可燃성 → 可燃性
- 연등 → 燃등 → 燃燈
- 연료비 → 燃료비 → 燃料비 → 燃料費
- 연비 → 燃비 → 燃比

燃 燃 燃

然

그럴 **연** : 불 화(灬) 부 - 총 12 획

문장이미지 自然보호는 당然한 인간 본然의 의무입니다.

글자의유래 개고기(犬肉)를 불(灬)에 구워먹는 것을 자연스럽게 여긴 중국 풍습에서 유래.

단어이미지
- 당연 → 당然 → 當然
- 본연 → 본然 → 本然
- 과연 → 과然 → 果然
- 필연적 → 필然적 → 必然적 → 必然的
- 결연 → 결然 → 決然
- 자연보호 → 자然보호 → 自然보호 → 自然保호 → 自然保護
- 연후 → 然후→ 然後

然 然 然

緣

인연 **연** : 실 사(糸) 부 - 총 15 획

문장이미지 그와는 학緣. 지緣이 닿는 인緣으로 매우 친하다.

글자의유래 실(糸)처럼 엮어지니 이것이 인연이다.

단어이미지
- 연고 → 緣고 → 緣故
- 학연 → 학緣 → 學緣
- 인연 → 인緣 → 因緣
- 연목구어 → 緣목구어 → 緣木구어 → 緣木求어 → 緣木求魚
- 혈연 → 혈緣 → 血緣
- 연유 → 緣유 → 緣由
- 지연 → 지緣 → 地緣

緣 緣 緣

熱

더울 **열** : 불 화(灬) 부 - 총 15 획

문장이미지 젊음의 熱기로 공부에 熱중하여 熱망을 이룬 그대 !

글자의유래 불(灬)이 아래서 세게(勢) 타니 더울 수밖에.

단어이미지
- 열기 → 熱기 → 熱氣
- 열중 → 熱중 → 熱中
- 이열치열 → 이열치熱 → 이열治熱 → 이熱治熱 → 以熱治熱
- 고열 → 고熱 → 高熱
- 열애 → 熱애 → 熱愛
- 열망 → 熱망 → 熱望
- 열심 → 熱심 → 熱心

熱 熱 熱

葉

입 **엽** : 풀 초(艹) 부 - 총 13 획

문장이미지 오葉송과 침葉수가 그려진 葉서 한 장.

글자의유래 나무(木) 세상(世)의 풀(艹)이 모두 잎(엽)이다.

단어이미지

- 엽서 → 葉서 → 葉書
- 지엽 → 지葉 → 枝葉
- 오엽송 → 오葉송 → 五葉송 → 五葉松
- 침엽수 → 침葉樹 → 針葉수 → 針葉樹
- 중엽 → 중葉 → 中葉
- 금지옥엽 → 금지옥葉 → 금지玉葉 → 금枝玉葉 → 金枝玉葉
- 엽록소 → 葉록소 → 葉綠소 → 葉綠素

葉 葉 葉

永

길, 멀 **영** : 물 수(水) 부 - 총 5 획

문장이미지 永구불변 永원히 중립을 지키고자 하는 永세중립국.

글자의유래 길게 흘러가는 물(水)줄기에서 길고 멀다는 뜻이 유래되었다.

단어이미지

- 영년 → 永년 → 永年
- 영세 → 永세 → 永世
- 영원 → 永원 → 永遠
- 영주권 → 永주권 → 永住권 → 永住權
- 영구불변 → 永구불변 → 永久불변 → 永久不변 → 永久不變
- 영세중립 → 永세중립 → 永世중립 → 永世中립 → 永世中立
- 영면 → 永면 → 永眠

永 永 永

映

비칠 **영** : 날 일(日) 부 - 총 9 획

문장이미지 映사기로 映화를 상映하니 映상도 고와라.

글자의유래 태양(日)이 가운데(央)서 비치는 모습.

단어이미지

- 촬영 → 촬映 → 撮映
- 상영 → 상映 → 上映
- 영화극장 → 映화극장 → 映畵극장 → 映畵劇장 → 映畵劇場
- 영사기 → 映사기 → 映寫기 → 映寫機
- 영상 → 映상 → 映像
- 반영 → 반映 → 反映
- 방영시간 → 방映시간 → 放映시간 → 放映時간 → 放映時間

映 映 映

英

꽃부리 **영** : 풀 초(艹) 부 - 총 9 획

문장이미지　英국의 英시는 英문학의 꽃 봉우리다.

글자의유래　풀(艹) 가운데(央) 솟는 것이 꽃부리라는 뜻.

단어이미지
- 영국 → 英국 → 英國
- 영시 → 英시 → 英詩
- 영문학 → 英문학 → 英文학 → 英文學
- 영자 → 英자 → 英字
- 영웅호걸 → 英웅호걸 → 英雄호걸 → 英雄豪걸 → 英雄豪傑
- 육영사업 → 육英사업 → 育英사업 → 育英事업 → 育英事業
- 영어 → 英어 → 英語

英 英 英

榮

영화 **영** : 나무 목(木) 부 - 총 14 획

문장이미지　부귀 榮화는 가문의 榮광, 나의 榮예 !

글자의유래　나무(木)에 꽃이 불(火)같이 피어나니 영화롭다는 뜻.

단어이미지
- 영광 → 榮광 → 榮光
- 영예 → 榮예 → 榮譽
- 영달 → 榮달 → 榮達
- 부귀영화 → 부귀榮화 → 부귀榮華 → 부貴榮華 → 富貴榮華
- 공영 → 공榮 → 共榮
- 허영심 → 허榮심 → 虛榮심 → 虛榮心
- 존영 → 존榮 → 尊榮

榮 榮 榮

營

경영할 **영** : 불 화(火) 부 - 총 17 획

문장이미지　營리를 목적으로 營업하는 것이 경營자의 도리다.

글자의유래　임금이 불(火)밝히듯 궁(宮)을 다스리며 경영한다는 뜻.

단어이미지
- 영리 → 營리 → 營利
- 영업 → 營업 → 營業
- 영업이익 → 營업이익→ 營業이익 → 營業利익→ 營業利益
- 경영자 → 경營자 → 經營자 → 經營者
- 병영 → 병營 → 兵營
- 영양 → 營양 → 營養
- 경영 → 경營 → 經營

營 營 營

迎

맞을 **영** : 책받침(辶) 부 - 총 8 획

문장이미지 손님을 환迎하고 잘 迎접해 드려야 또 오시지.

글자의유래 오는 손님을 어귀에서 우러러(卬) 맞는다는 뜻.

단어이미지

- 영입 → 迎입 → 迎入
- 영접 → 迎접 → 迎接
- 봉영 → 봉迎 → 奉迎
- 영합 → 迎합 → 迎合
- 환영식 → 환迎식 → 歡迎식 → 歡迎式
- 송구영신 → 송구迎신 → 송구迎新 → 송舊迎新 → 送舊迎新
- 영빈 → 迎빈 → 迎賓

迎 迎 迎

藝

재주 · 학문 **예** : 풀 초(艹) 부 - 총 19 획

문장이미지 나는 서藝, 문藝, 무藝 모두 뛰어난 사나이.

글자의유래 화초(艹) 심어 잘 자라게(埶)하니 재주가 좋다.

단어이미지

- 서예 → 서藝 → 書藝
- 무예 → 무藝 → 武藝
- 문예사조 → 문藝사조 → 文藝사조 → 文藝思조 → 文藝思潮
- 공예품 → 공藝품 → 工藝품 → 工藝品
- 예술극장 → 藝술극장 → 藝術극장 → 藝術劇장 → 藝術劇場
- 원예사 → 원藝사 → 園藝사 → 園藝師
- 예인 → 藝인 → 藝人

藝 藝 藝

豫

미리 **예** : 돼지 시(豕) 부 - 총 16 획

문장이미지 혼잡이 豫상되니 표를 미리 豫매해두자.

글자의유래 코끼리(象)는 자기가 죽을 때를 스스로(予) 미리 안다.

단어이미지

- 예상 → 豫상 → 豫想
- 예매 → 豫매 → 豫買
- 기상예보 → 기상豫보 → 기상豫報 → 기象豫報 → 氣象豫報
- 예기 → 豫기 → 豫期
- 예견 → 豫견 → 豫見
- 예감적중 → 豫감적중 → 豫感적중 → 예감적中 → 豫感的中
- 유예 → 유豫 → 猶豫

豫 豫 豫

五

다섯 오 : 두 이(二) 부 - 총 4 획

문장이미지 십五야 보름 달밤 五선지에 五감을 동원 작곡하는 베토벤

글자의유래 음과 양을 움켜진 다섯 손가락을 형상화한 글.

단어이미지
- 오감 → 五감 → 五感
- 오선지 → 五선지 → 五線지 → 五線紙
- 십오야 → 십五야 → 十五야 → 十五夜
- 오복 → 五복 → 五福
- 오경 → 五경 → 五更
- 음양오행 → 음양五행 → 음양五行 → 음陽五行 → 陰陽五行
- 오륜 → 五륜 → 五倫

五 五 五

午

낮 오 : 열 십(十) 부 - 총 4 획

문장이미지 午전 午후로 나뉘어 그네를 타는 단午절 행사.

글자의유래 들어 올린 절굿공이가 한낮의 태양을 가리킨다는 뜻에서 정오를 나타냄.

단어이미지
- 오전 → 午전 → 午前
- 오후시간 → 午후시간 → 午後시간 → 午後時간 → 午後時間
- 단오행사 → 단午행사 → 端午행사 → 端午行사 → 端午行事
- 자오선 → 자午線 → 子午선 → 子午線
- 상오 → 상午 → 上午
- 오전반 → 午전반 → 午前반 → 午前班
- 정오 → 정午 → 正午

午 午 午

誤

그르칠 오 : 말씀 언(言) 부 - 총 14 획

문장이미지 기자의 誤판으로 誤보를 하니 독자들이 誤해를 하지.

글자의유래 말(言)이 어긋나면(吳) 일을 그르친다.

단어이미지
- 오판 → 誤판 → 誤判
- 오보 → 誤보 → 誤報
- 과오 → 과誤 → 過誤
- 오답처리 → 誤답처리 → 誤答처리 → 誤答處리 → 誤答處理
- 오해 → 誤해 → 誤解
- 오산 → 誤산 → 誤算
- 약물오용 → 약물誤용 → 약물誤用 → 약物誤用 → 藥物誤用

誤 誤 誤

屋

집 옥 : 주검 시(尸) 부 - 총 9 획

문장이미지 한屋이요. 양屋이요. 모두 가屋이고 집이다.

글자의유래 사람 몸(尸)이 이르러(至) 머무는 곳이 집이다.

단어이미지
- 한옥 → 한屋 → 韓屋
- 가옥 → 가屋 → 家屋
- 양옥증축 → 양屋증축 → 洋屋증축 → 洋屋增축 → 洋屋增築
- 고옥 → 古옥 → 古屋
- 옥상 → 屋상 → 屋上
- 옥외집회 → 屋외집회 → 屋外집회 → 屋外集회 → 屋外集會
- 초옥 → 초屋 → 草屋

屋 屋 屋

玉

구슬 옥 : 구슬 옥(玉) 부 - 총 5 획

문장이미지 백玉 같고 홍玉 같은 딸을 금지玉엽으로 키웠다.

글자의유래 왕(王)이 몸에 차고 있는 것이 구슬이다.

단어이미지
- 백옥 → 백玉 → 白玉
- 옥체 → 玉체 → 玉體
- 옥편 → 玉편 → 玉篇
- 옥동자 → 玉동자 → 玉童자 → 玉童子
- 금지옥엽 → 금지玉엽 → 금지玉葉 → 금枝玉葉 → 金枝玉葉
- 옥석구별 → 玉석구별 → 玉石구별 → 玉石區별 → 玉石區別
- 홍옥 → 홍玉 → 紅玉

玉 玉 玉

溫

따뜻할, 부드러울 온 : 물 수(氵) 부 - 총 13 획

문장이미지 溫상의 꽃에 溫도에 맞는 溫수를 뿌려주어라.

글자의유래 물(水)이 온화(昷)하니 부드럽고 따뜻하다.

단어이미지
- 온상 → 溫상 → 溫床
- 온수 → 溫수 → 溫水
- 온고지신 → 溫고지신 → 溫故지신 → 溫故知신 → 溫故知新
- 온난화 → 溫난화 → 溫暖화 → 溫暖化
- 온화 → 溫화 → 溫和
- 온도유지 → 溫도유지 → 溫度유지 → 溫度維지 → 溫度維持
- 보온 → 보溫 → 保溫

溫 溫 溫

完

완전할 **완** : 움집 면(宀) 부 - 총 7 획

문장이미지 完전무결한 完제품을 드디어 完성 !

글자의유래 근본(元)이 있는 집은 완전하다는데서 유래.

단어이미지
- 완성 → 完성 → 完成
- 완승 → 完승 → 完勝
- 건물완공 → 건물完공 → 건물完工 → 건物完工 → 建物完工
- 완제품 → 完제품 → 完製품 → 完製品
- 완결 → 完결 → 完決
- 완전무결 → 完전무결 → 完全무결 → 完全無결 → 完全無缺
- 완비 → 完비 → 完備

完 完 完

往

갈 **왕** : 자축거릴 척(彳) 부 - 총 8 획

문장이미지 왕往, 往년의 주먹자랑하며 설往설래하며 싸우는 조폭들.

글자의유래 사람들(彳)은 세상에 주인(主)으로 있다가 간다.

단어이미지
- 왕왕 → 왕往 → 往往
- 왕년 → 往년 → 往年
- 왕복 → 往복 → 往復
- 설왕설래 → 설往설래 → 說往설래 → 說往說래 → 說往說來
- 왕래 → 往래 → 往來
- 기왕지사 → 기往지사 → 旣往지사 → 旣往之사 → 旣往之事
- 이왕 → 이往 → 以往

往 往 往

王

임금 **왕** : 구슬 옥(玉) 부 - 총 4 획

문장이미지 王조의 王세자는 王위를 물려받아 국王이 된다네.

글자의유래 하늘과 땅과 인간을 상징하는 세 가지를 아우르는 자가 왕이다.

단어이미지
- 왕조 → 王조 → 王朝
- 왕위 → 王위 → 王位
- 조선왕국 → 조선王국 → 조선王國 → 조鮮王國 → 朝鮮王國
- 왕세자 → 王세자 → 王世자 → 王世子
- 국왕 → 국王 → 國王
- 왕권강화 → 王권강화 → 王權강화 → 王權强화 → 王權强化
- 왕자 → 王자 → 王子

王 王 王

外

바깥 **외** : 저녁 석(夕) 부 - 총 5 획

문장이미지 나는 해外 여러 外국을 두루 外유하는 外교관이 될 테야.

글자의유래 저녁(夕)에 점(卜)치는 것은 상식 밖(外)이라는 뜻.

단어이미지
- 해외 → 해外 → 海外
- 외유 → 外유 → 外遊
- 외교관 → 外교관 → 外交관 → 外交官
- 열외조항 → 열外조항 → 列外조항 → 列外條항 → 列外條項
- 대외 → 대外 → 對外
- 외식산업 → 外식산업 → 外食산업 → 外食産업 → 外食産業
- 외국 → 外國 → 外國

外 外 外

謠

노래 **요** : 말씀 언(言) 부 - 총 17 획

문장이미지 너는 가謠, 민謠, 동謠 못 부르는 노래가 없구나.

글자의유래 말(言)하듯 즐겁게 노래한다는 뜻.

단어이미지
- 속요 → 속謠 → 俗謠
- 동요 → 동謠 → 童謠
- 민요경연 → 민謠경연 → 民謠경연 → 民謠競연 → 民謠競演
- 노동요 → 노동謠 → 노動謠 → 勞動謠
- 속요 → 속謠 → 俗謠
- 가요무대 → 가謠무대 → 歌謠무대 → 歌謠舞대 → 歌謠舞臺
- 요곡 → 謠곡 → 謠曲

謠 謠 謠

曜

빛날 **요** : 날 일(日) 부 - 총 18 획

문장이미지 토曜일, 일曜일 다음에 오는 것이 바로 월曜병.

글자의유래 햇빛(日)에 새(隹)의 깃털이 빛난다. 후에 요일을 나타 냄.

단어이미지
- 화요 → 화曜 → 火曜
- 금요 → 금曜 → 金曜
- 토요휴무 → 토曜휴무 → 土曜휴무 → 土曜休무 → 土曜休務
- 월요병 → 월曜병 → 月曜병 → 月曜病
- 근무요일 → 근무曜일 → 근무曜日 → 근務曜日 → 勤務曜日
- 수요일 → 수曜일 → 수曜日 → 水曜日
- 목요 → 목曜 → 木曜

曜 曜 曜

要

요긴할, 구할 **요** : 덮을 아(襾) 부 - 총 9 획

문장이미지 중要한 要소를 要약하여 보고하세요.

글자의유래 여자(女)의 허리는 인체에서 매우 중요하다.

단어이미지
- 중요 → 중要 → 重要
- 요소 → 要소 → 要素
- 요약보고 → 要약보고 → 要約보고 → 要約報고 → 要約報告
- 요구 → 要구 → 要求
- 요청 → 要청 → 要請
- 요망사항 → 要망사항 → 要望사항 → 要望事항 → 要望事項
- 요지 → 要지 → 要旨

要 要 要

浴

목욕할 **욕** : 물 수(氵) 부 - 총 10 획

문장이미지 목浴탕 浴실에서 일하시며 일광浴을 꿈꾸는 때밀이 아저씨.

글자의유래 물(水) 좋은 계곡(谷)에서 목욕을 한다.

단어이미지
- 욕실 → 浴실 → 浴室
- 입욕 → 입浴 → 入浴
- 목욕재계 → 목浴재계 → 沐浴재계 → 沐浴齋계 → 沐浴齋戒
- 일광욕 → 일광浴 → 일光浴 → 日光浴
- 해수욕 → 해수浴 → 해水浴 → 海水浴
- 삼림욕 → 삼림浴 → 삼林浴 → 森林浴
- 욕탕 → 浴탕 → 浴湯

浴 浴 浴

勇

날랠 **용** : 힘 력(力) 부 - 총 9 획

문장이미지 勇장 밑의 勇사는 과연 모두 勇감하구나 !

글자의유래 힘(力)을 잘 쓰니 물 솟듯 날래고 용감하다.

단어이미지
- 용장 → 勇장 → 勇將
- 용사 → 勇사 → 勇士
- 무용담 → 무勇담 → 武勇담 → 武勇談
- 용기백배 → 勇기백배 → 勇氣백배 → 勇氣百배 → 勇氣百倍
- 용감무쌍 → 勇감무쌍 → 勇敢무쌍 → 勇敢無쌍 → 勇敢無雙
- 용맹 → 勇맹 → 勇猛
- 용단 → 勇단 → 勇斷

勇 勇 勇

쓸 용 : 쓸 용(用) 부 - 총 5 획

用

문장이미지 개의 用도를 식用으로만 적用하지 맙시다.

글자의유래 점치는 나무판 모양을 본뜬 글자로 수시로 유용하게 쓴다는 뜻.

단어이미지
- 용도 → 用도 → 用道
- 식용 → 식用 → 食用
- 적용 → 적用 → 適用
- 대용품 → 대용품 → 대用品 → 代用品
- 국산애용 → 국산애用 → 국산愛用 → 국産愛用 → 國産愛用
- 상용한자 → 상用한자 → 常用한자 → 常用漢자 → 常用漢字
- 자가용 → 자가用 → 자家用 → 自家用

用	用	用		

얼굴 · 받아들일 용 : 움집 면(宀) 부 - 총 10 획

容

문장이미지 미容사의 容모가 단정치 못함은 容납할 수 없는 일이다.

글자의유래 사람의 얼굴을 본 떠 만든 글자.

단어이미지
- 용납 → 容납 → 容納
- 용서 → 容서 → 容恕
- 용이 → 容이 → 容易
- 미용사 → 미容사 → 美容사 → 美容師
- 용모단정 → 容모단정 → 容貌단정 → 容貌端정 → 容貌端正
- 용의자 → 容의자 → 容疑자 → 容疑者
- 수용인원 → 수容인원 → 收容인원 → 收容人원 → 收容人員

容	容	容		

오른 우 : 입 구(口) 부 - 총 5 획

右

문장이미지 右왕좌왕하지 말고 右측으로 右회전 하이소.

글자의유래 오른쪽에 있는 손 주먹을 나타낸다.

단어이미지
- 우측 → 右측 → 右側
- 우익 → 右익 → 右翼
- 우왕좌왕 → 右왕좌왕 → 右往좌왕 → 右往左왕 → 右往左往
- 우회전 → 右회전 → 右回전 → 右回轉
- 우파 → 右파→ 右派
- 우파정부 → 右파정부 → 右派정부 → 右派政부 → 右派政府
- 우경 → 右경 → 右傾

右	右	右		

遇

만날 우 : 책받침( ) 부 - 총 13 획

문장이미지 불遇한 이웃의 처遇를 돕고 예遇해주어야 한다.

글자의유래 길을 가다가 우(愚)연히 사람을 만난다는 뜻.

단어이미지
- 불우 → 불遇 → 不遇
- 처우 → 처遇 → 處遇
- 예우 → 예遇 → 禮遇
- 대우 → 대遇 → 待遇
- 조우 → 조遇 → 遭遇
- 천재일우 → 천재일遇 → 천재一遇 → 천載一遇 → 千載一遇
- 처우개선 → 처遇개선 → 處遇개선 → 處遇改선 → 處遇改善

遇 遇 遇

優

넉넉할 우 : 사람 인 (人) 부 - 총 17 획

문장이미지 優수한 선수 팀이 優세하더니 결국 優승 !

글자의유래 탈을 쓴 광대에서 재주가 뛰어나다는 뜻으로 쓰임.

단어이미지
- 우수 → 優수 → 優秀
- 우세 → 優세 → 優勢
- 단체우승 → 단체優승 → 단체優勝 → 단體優勝 → 團體優勝
- 우량아 → 優량아 → 優良아 → 優良兒
- 우등생 → 優등생 → 優等생 → 優等生
- 우월 → 優월 → 優越
- 우열평가 → 優열평가 → 優劣평가 → 優劣評가 → 優劣評價

優 優 優

友

벗 우 : 또 우(又) 부 - 총 4 획

문장이미지 우리는 友정과 友애가 있는 죽마고友다.

글자의유래 왼손과 오른손이 함께 합치듯 또(又) 뜻이 맞는 벗이라는 뜻.

단어이미지
- 우정 → 友정 → 友情
- 우애 → 友애 → 友愛
- 죽마고우 → 죽마고友 → 죽마故友 → 죽馬故友 → 竹馬故友
- 우호 → 友호 → 友好
- 전우 → 戰友→ 戰友
- 우군 → 友군 → 友軍
- 친우방문 → 친友방문 → 親友방문 → 親友訪문 → 親友訪問

友 友 友

郵

우편 **우** : 언덕 부(阝) 부 - 총 11 획

문장이미지 郵체국에서 郵표를 부치지 않은 郵편물을 반송한다.

글자의유래 고을의 땅 끝 언덕까지 문서를 수레에 싣고 전달을 한다는 뜻.

단어이미지

- 우표 → 郵표 → 郵票
- 우편 → 郵편 → 郵便
- 우송 → 郵송 → 郵送
- 우체국 → 郵체국 → 郵遞국 → 郵遞局
- 우체부 → 郵체부 → 郵遞부 → 郵遞夫
- 우표수집 → 郵표수집 → 郵票수집 → 郵票蒐집 → 郵票蒐集
- 우정사무 → 郵정사무 → 郵政사무 → 郵政事무 → 郵政事務

郵 郵 郵

牛

소 **우** : 소 우(牛) 부 - 총 4 획

문장이미지 소는 牛골, 牛족, 牛황, 牛유 등을 주는 소중한 가축이다.

글자의유래 머리에 뿔이 달린 소의 모양을 본뜬 글자이다.

단어이미지

- 우족 → 牛足 → 牛足
- 우골 → 牛골 → 牛骨
- 우황 → 牛황 → 牛黃
- 우시장 → 牛시장 → 牛市장 → 牛市長
- 우유생산 → 牛유생산 → 牛乳생산 → 牛乳生산 → 牛乳生産
- 우이독경 → 牛이독경 → 牛耳독경 → 牛耳讀경 → 牛耳讀經
- 우보 → 牛보→ 牛步

牛 牛 牛

雨

비 **우** : 비 우(雨) 부 - 총 8 획

문장이미지 雨기에는 폭풍雨를 동반한 폭雨가 쏟아진다.

글자의유래 하늘에서 구름 사이로 떨어지는 빗방울 모양을 본 뜬 글자.

단어이미지

- 우기 → 雨기→ 雨期
- 폭우 → 폭雨→ 暴雨
- 강우량 → 강雨량 → 降雨량 → 降雨量
- 폭풍우 → 폭풍雨 → 폭風雨 → 暴風雨
- 우수 → 雨수→ 雨水
- 우중시합 → 雨중시합 → 雨中시합 → 雨中試합 → 雨中試合
- 우의착용 → 雨의착용 → 雨衣착용 → 雨衣着용 → 雨衣着用

雨 雨 雨

運 — 옮길, 나를 운 : 책받침 ( ) 부 - 총 13 획

문장이미지 대運과 길運이 깃들 행運의 運명이 나에게 오라 !

글자의유래 군(軍)인들이 전차를 옮겨간다는 뜻에서 나르고 운반한다는 의미.

단어이미지
- 대운 → 대運 → 大運
- 길운 → 길運 → 吉運
- 운명철학 → 運명철학 → 運命철학 → 運命哲학 → 運命哲學
- 행운 → 행運 → 幸運
- 운행 → 運行→ 運行
- 운동장 → 運동장 → 運動장 → 運動場
- 운송수단 → 運송수단 → 運送수단 → 運送手단 → 運送手段

運 運 運

雲 — 구름 운 : 비 우(雨) 부 - 총 12 획

문장이미지 전雲이 감도는 전장터에 雲집한 풍雲아들.

글자의유래 비(雨)를 가진 것이 움직이니(云) 구름이다.

단어이미지
- 전운 → 전雲 → 戰雲
- 운집 → 雲집 → 雲集
- 운해 → 雲해 → 雲海
- 풍운아 → 풍雲아 → 風雲아 → 風雲兒
- 백운 → 백雲→ 白雲
- 운우지정 → 雲우지정 → 雲雨지정 → 雲雨之정 → 雲雨之情
- 우주성운 → 우주성雲 → 우주星雲 → 우宙星雲 → 宇宙星雲

雲 雲 雲

雄 — 수컷 웅 : 새 추(隹) 부 - 총 12 획

문장이미지 雄대한 雄지를 품고 雄비하는 영雄 이야기.

글자의유래 새(隹) 중에서 날개 죽지가 더 강한 것이 수컷이다.

단어이미지
- 웅대 → 雄대→ 雄大
- 자웅 → 자雄 → 雌雄
- 영웅호걸 → 영雄호걸 → 英雄호걸 → 英雄豪걸 → 英雄豪傑
- 웅변가 → 雄변가 → 雄辯가 → 雄辯家
- 웅비 → 雄비 → 雄飛
- 전쟁영웅 → 전쟁영雄 → 전쟁英雄 → 전爭英雄 → 戰爭英雄
- 웅지 → 雄지 → 雄志

雄 雄 雄

元

으뜸 원 : 어진사람 인 (儿) 부 - 총 4 획

문장이미지 내가 元래 하천으로 복元하는 고차元 신기술을 개발하였소.

글자의유래 어진 사람을 받치고 있는 모습, 머리(二)라는 데서 '으뜸, 근본, 처음'을 나타내게 됨.

단어이미지
- 원래 → 元래 → 元來
- 하천복원 → 하천복元 → 하천復元 → 하川復元 → 河川復元
- 고차원 → 고차원 → 고次元 → 高次元
- 장원 → 장元 → 壯元
- 원조 → 元조 → 元祖
- 국가원수 → 국가元수 → 국가元首 → 국家元首 → 國家元首
- 신원 → 신元 → 身元

元 元 元

院

집 원 : 언덕 부(阝) 부 - 총 10 획

문장이미지 종합병院 院장도 병나면 병院에 간다.

글자의유래 언덕(阝)에 튼튼하고 완(完)전하게 지은 집.

단어이미지
- 원장 → 院長 → 院長
- 원장실 → 院장실 → 院長실 → 院長室
- 종합병원 → 종합병院 → 종합病院 → 종合病院 → 綜合病院
- 대법원 → 대법院 → 대法院 → 大法院
- 대학원 → 대학院 → 대學院 → 大學院
- 원내총무 → 院내총무 → 院內총무 → 院內總무 → 院內總務
- 병원 → 병院 → 病院

院 院 院

原

언덕, 들판 원 : 굴바위 엄(厂) 부 - 총 10획

문장이미지 지구의 많은 대평原과 原시림이 파괴되는 原인은?

글자의유래 굴바위 언덕(厂) 밑에 샘(泉)이 시작되어 들판을 흐른다.

단어이미지
- 평원 → 평原 → 平原
- 원인 → 原인 → 原因
- 고원지대 → 고原지대 → 高原지대 → 高原地대 → 高原地帶
- 원본대조 → 原본대조 → 原本대조 → 原本對조 → 原本對照
- 원시림 → 原시림 → 原始림 → 原始林
- 원료 → 原료 → 原料
- 원가 → 原가 → 原價

原 原 原

源

근원 **원** : 물 수(氵) 부 - 총 19 획

문장이미지 물이 발源하는 源천에 오염源이 있으면 안 되지.

글자의유래 물(水)이 원래(原)부터 흐르는 곳은 모든 것의 근원이 되더라.

단어이미지
- 발원 → 발源 → 發源
- 원천 → 源천 → 源泉
- 오염원 → 오염源 → 오染源 → 汚染源
- 원류 → 源류 → 源流
- 단어어원 → 단어어源 → 단어語源 → 단語語源 → 單語語源
- 지하자원 → 지하자源 → 지하資源 → 지下資源 → 地下資源
- 점원 → 점源 → 点源

源 源 源

願

원할 **원** : 머리 혈(頁) 부 - 총 19 획

문장이미지 염願하던 대학에 지願하려면 願서부터 사야지.

글자의유래 원래(原) 머리(頁)에서 원하는 것을 추구한다.

단어이미지
- 염원 → 염願 → 念願
- 지원 → 지願 → 志願
- 민원 → 민願 → 民願
- 소원성취 → 소願성취 → 所願성취 → 所願成취 → 所願成就
- 숙원 → 숙願 → 宿願
- 자원봉사 → 자願봉사 → 自願봉사 → 自願奉사 → 自願奉仕
- 원서 → 願서 → 願書

願 願 願

員

인원 **원** : 입 구(口) 부 - 총 10 획

문장이미지 국회는 의員이, 회사는 사員이, 학교는 교員이 일한다.

글자의유래 사람이 정복을 입고 걸어가는 모습으로 인원을 나타낸다.

단어이미지
- 교원 → 教員 → 教員
- 사원모집 → 사員모집 → 社員모집 → 社員募집 → 社員募集
- 국회의원 → 국회의員 → 국회議員 → 국會議員 → 國會議員
- 위원회 → 위員회 → 委員회 → 委員會
- 관원 → 관員 → 官員
- 회원 → 회員 → 會員
- 인원 → 인員 → 人員

員 員 員

圓

둥글 **원** : 큰입 구(口) 부 - 총 13 획

문장이미지 연못에 돌을 던지면 圓만한 동심圓이 일어난다.

글자의유래 사람(員)은 주위가 둥글둥글해야 한다. 화폐단위로도 쓰임.

단어이미지
- 원만 → 圓만 → 圓滿
- 동심원 → 동심圓 → 동心圓 → 同心圓
- 원불교 → 圓불교 → 圓佛교 → 圓佛教
- 원무 → 圓무 → 圓舞
- 원탁 → 圓탁 → 圓卓
- 원추화서 → 圓추화서 → 圓錐화서 → 圓錐花서 → 圓錐花序
- 원숙 → 圓숙 → 圓熟

圓	圓	圓		

園

동산 **원** : 큰입 구(口) 부 - 총 13 획

문장이미지 園예를 배워 화園과 과수園을 경영하고 있는 내 친구.

글자의유래 열매가 열린 곳을 울타리로 감싸니 동산이 된다.

단어이미지
- 전원 → 전園→ 田園
- 화원 → 화園 → 花園
- 정원 → 정園 → 庭園
- 과수원 → 과수園 → 과樹園 → 果樹園
- 공원입구 → 공園입구 → 公園입구 → 公園入구 → 公園入口
- 원예학과 → 園예학과 → 園藝학과 → 園藝學과 → 園藝學科
- 학원비 → 학園비→ 학園費→ 學園費

園	園	園		

遠

멀 **원** : 책받침(辶(辵)) - 총 14 획

문장이미지 불遠천리 남태평양까지 遠정온 遠양어선.

글자의유래 긴 옷을 입고 쉬엄쉬엄 가니 갈 길이 멀다는 뜻.

단어이미지
- 원정 → 遠정 → 遠征
- 원근법 → 遠근법 → 遠近법 → 遠近法
- 불원천리 → 불遠천리 → 不遠천리 → 不遠千리 → 不遠千里
- 원심력 → 遠심력 → 遠心력 → 遠心力
- 원양어선 → 遠양어선 → 遠洋어선 → 遠洋漁선 → 遠洋漁船
- 원경 → 遠경 → 遠景
- 원시 → 遠시 → 遠視

遠	遠	遠		

援

도울 원 : 손 수(手) 부 - 총 12 획

문장이미지 한국이 이제 후진국을 경제援조하여 구援해주고 있어요.

글자의유래 손(手)을 당겨서 도와준다는 뜻.

단어이미지

- 구원 → 구援 → 救援
- 청원 → 청援 → 請援
- 원군 → 援군 → 援軍
- 축구응원 → 축구응援 → 축구應援 → 축球應援 → 蹴球應援
- 원호 → 援호 → 援護
- 경제원조 → 경제援조 → 경제援助 → 경濟援助 → 經濟援助
- 지원처 → 지援처 → 지援處 → 支援處

援 援 援

怨

원망할 원 : 마음 심(心) 부 - 총 9 획

문장이미지 怨한을 가진 자들의 민怨을 처리 못하면 怨성이 자자해진다.

글자의유래 몸 누워 뒹굴며(夗) 마음(心) 속으로 원망한다.

단어이미지

- 원한 → 怨한 → 怨恨
- 민원 → 민怨 → 民怨
- 원성 → 怨성 → 怨聲
- 구원 → 구怨 → 舊怨
- 원망심 → 怨망심 → 怨望심 → 怨望心
- 원한백년 → 怨한백년 → 怨恨百年 → 怨恨百년 → 怨恨百年
- 사원 → 사怨 → 私怨

怨 怨 怨

月

달 월 : 달 월(月) 부 - 총 4 획

문장이미지 月출산 月광에 취해 풍月을 읊는 소월(素月) 시인이여!

글자의유래 초승달의 모습을 본떠 만든 글자.

단어이미지

- 월광 → 月광 → 月光
- 풍월 → 풍月 → 風月
- 일취월장 → 일취月장 → 일취月將 → 일就月將 → 日就月將
- 월출산 → 月출산 → 月出산 → 月出山
- 세월유수 → 세月유수 → 歲月유수 → 歲月流수 → 歲月流水
- 매월 → 매月 → 每月
- 월급 → 月급 → 月給

月 月 月

位

자리. 벼슬 **위** : 사람 인 (人) 부 - 총 7 획

문장이미지 예전엔 벼슬 순位별로 서있는 位치도 달랐다.

글자의유래 높은 사람(人 :임금)앞에 서있는(立) 자리에 따라 벼슬이 다르다.

단어이미지 • 순위 → 순位 → 順位	• 위치 → 位치 → 位置
• 왕위즉위 → 王위즉위 → 王位즉위 → 王位卽위 → 王位卽位	• 위격 → 位격 → 位格
• 금본위 → 금본位 → 금本位 → 金本位	• 삼위일체 → 삼位일체 → 三位일체 → 三位一체 → 三位一體
• 최상위 → 최상位 → 최上位 → 最上位	位 位 位

偉

클 **위** : 사람 인 (人) 부 - 총 11 획

문장이미지 너는 偉대한 偉인이 되어 큰 偉업을 달성하리라.

글자의유래 보통 사람(人)과는 다르니(韋) 위대하다는 뜻

단어이미지 • 위대 → 偉대 → 偉大	• 위인 → 偉인 → 偉人
• 위용 → 偉용 → 偉容	• 태풍위력 → 태풍偉력 → 태풍偉力 → 태風偉力 → 颱風偉力
• 위인전 → 偉인전 → 偉人전 → 偉人傳	• 위업달성 → 偉업달성 → 偉業달성 → 偉業達성 → 偉業達成
偉 偉 偉	• 위풍 → 偉풍 → 偉風

圍

에워쌀 **위** : 큰입 구(口) 부 - 총 12 획

문장이미지 광범圍한 주圍를 포圍하여 적을 물리쳐라

글자의유래 다른(韋) 곳 모두를 테두리로(口)로 에워쌓는다의 의미

단어이미지 • 흉위 → 胸위 → 胸圍	• 포위 → 포圍 → 包圍
• 시험범위 → 시험범圍 → 시험範圍 → 시驗範圍 → 試驗範圍	• 광범위 → 광범圍 → 광範圍 → 廣範圍
• 포위망 → 포圍망 → 包圍망 → 包圍網	• 주위수색 → 주圍수색 → 周圍수색 → 周圍搜색 → 周圍搜索
• 위립 → 圍립→ 圍立	圍 圍 圍

衛

지킬 **위** : 갈 행(行) 부 - 총 16 획

문장이미지 시설을 방衛하기 위해 수衛실에 서있는 衛병

글자의유래 길거리에서(行) 다른(韋) 이들을 지킨다는 의미에서 옴

단어이미지
- 위병 → 衛병 → 衛兵
- 방위 → 방衛 → 防衛
- 조국방위 → 조국방衛 → 조국防衛 → 조國防衛 → 祖國防衛
- 수위실 → 수衛실 → 守衛실 → 守衛室
- 자위대 → 자衛대 → 自衛대 → 自衛隊
- 위성궤도 → 衛성궤도 → 衛星궤도 → 衛星軌도 → 衛星軌道
- 위생 → 衛생 → 衛生

衛 衛 衛

爲

할, 위할 **위** : 손톱 조(爫) 부 - 총 12 획

문장이미지 爲정자가 국민을 爲해 일해야지 무爲도식하다니 !

글자의유래 손을 나타내는 조(爫)에 동물을 길들이는 모양을 합해 인위적으로 무엇을 한다는 뜻

단어이미지
- 위주 → 爲주 → 爲主
- 인위적 → 人위적 → 人爲적 → 人爲的
- 위시 → 爲始 → 爲始
- 요식행위 → 요식행爲 → 요식行爲 → 요式行爲 → 要式行爲
- 무위도식 → 무爲도식 → 無爲도식 → 無爲徒식 → 無爲徒食
- 위정자 → 爲정자 → 爲政자 → 爲政者
- 소위 → 소爲 → 所爲

爲 爲 爲

危

위태할 **위** : 병부 절(卩) 부 총 6 획

문장이미지 危험에 처했을 때 危기에서 벗어나는 방법을 찾으라

글자의유래 사람이 언덕(厂) 밑에 쭈그리고 있으니 위태롭다는 뜻

단어이미지
- 위험 → 危험 → 危險
- 안위 → 安危 → 安危
- 국가안위 → 국가안危 → 국가安危 → 국家安危 → 國家安危
- 위기상황 → 危기상황 → 危機상황 → 危機狀황 → 危機狀況
- 위중 → 危중 → 危重
- 위기감 → 危기감 → 危機감 → 危機感
- 위해 → 危해 → 危害

危 危 危

委

맡길 **위** : 여자 여(女) 부 - 총 8 획

문장이미지 네가 너를 委원으로 委임할테니 열심히 하게

글자의유래 벼(禾)를 이고 가는 여자(女)의 모양에서 무엇을 맡기다의 뜻

단어이미지
- 위원 → 委원 → 委員
- 위탁 → 委탁 → 委託
- 위임장 → 委임장 → 委任장 → 委任狀
- 위원회 → 委원회 → 委員회 → 委員會
- 위임 → 委임 → 委任
- 위탁통치 → 委탁통치 → 委託통치 → 委託統치 → 委託統治
- 위원장 → 委원장 → 委員장 → 委員長

委 委 委

威

위엄 **위** : 여자 여(女) 부 - 총 9 획

문장이미지 사내라면 한번쯤 威풍당당 威세를 떨쳐봐야지 !

글자의유래 도끼로 약한 여자를 윽박지르는 모양세로 위세, 위엄의 의미

단어이미지
- 위세 → 威세 → 威勢
- 위신 → 威신 → 威信
- 위력 → 威력 → 威力
- 위풍당당 → 威풍당당 → 威風당당 → 威風堂당 → 威風堂堂
- 권위주의 → 권威주의 → 權威주의 → 權威主의 → 權威主義
- 시위대 → 시威대 → 示威대 → 示威隊
- 위엄 → 威엄 → 威嚴

威 威 威

慰

위로할 **위** : 마음 심(心) 부 - 총 15 획

문장이미지 친구가 아프니 慰문하여 慰로해 주어야지

글자의유래 마음(心)을 따뜻하게 펴주니(尉) 위로한다는 뜻

단어이미지
- 위문 → 慰문 → 慰問
- 위안 → 慰安 → 慰安
- 위락시설 → 慰락시설 → 慰樂시설 → 慰樂施설 → 慰樂施設
- 위자료 → 慰자료 → 慰藉료 → 慰藉料
- 위문공연 → 慰문공연 → 慰問공연 → 위問公演 → 慰問公演
- 위로 → 慰로 → 慰勞
- 자위 → 자慰 → 自慰

慰 慰 慰

乳

젖 유 : 새 을(乙) 부 - 총 8 획

문장이미지: 乳아에게 우乳가 아닌 모乳를 수乳하라

글자의유래: 어머니가 아이(子)를 안고 젖을 먹이는 모양에서 유래

단어이미지
- 우유 → 牛유 → 牛乳
- 모유 → 모乳 → 母乳
- 유제품 → 乳제품 → 乳製품 → 乳製品
- 수유 → 수乳 → 授乳
- 유모 → 乳모 → 乳母
- 분유생산 → 분乳생산 → 粉乳생산 → 粉乳生산 → 粉乳生産
- 유방 → 乳방 → 乳房

乳 乳 乳

儒

선비 유 : 사람 인(人) 부 - 총 16 획

문장이미지: 儒교에 빠진 儒림의 儒생들 그 왕고집

글자의유래: 비를 비는 사람(人) 기우제를 올리는 자가 선비라는 뜻

단어이미지
- 유교 → 儒교 → 儒教
- 유림 → 儒림 → 儒林
- 유학 → 儒학 → 儒學
- 유교사상 → 儒교사상 → 儒教사상 → 儒教思상 → 儒教思想
- 숭유배불 → 숭儒배불 → 崇儒배불 → 崇儒排불 → 崇儒排佛
- 유불선 → 儒불선 → 儒佛선 → 儒佛仙
- 유생 → 儒생 → 儒生

儒 儒 儒

由

말미암을 유 : 밭 전(田) 부 - 총 5 획

문장이미지: 자由무역을 해야 하는 이由를 알겠는가?

글자의유래: 열매가 줄기에 달린 모양.
열매는 줄기로 말미암아 생긴다는 뜻

단어이미지
- 연유 → 연由 → 緣由
- 사유 → 사由 → 事由
- 지명유래 → 지명由래 → 지명由來 → 지名由來 → 地名由來
- 자유무역 → 자由무역 → 自由무역 → 自由貿역 → 自由貿易
- 경유지 → 경由지 → 經由지 → 經由地
- 이유 → 이由 → 理由
- 연유 → 연由 → 緣由

由 由 由

油

기름 유 : 물 수(氵) 부 - 총 8 획

문장이미지 우리도 油전이 개발되면 산油국이 될 수 있다오

글자의유래 액체(氵)로 말미암아(由) 타는 것이 바로 기름이다.

단어이미지
- 유전 → 油전 → 油田
- 주유소 → 주油소 → 注油소 → 注油所
- 유가급락 → 油가급락 → 油價급락 → 油價急락 → 油價急落
- 산유국 → 산油국 → 産油국 → 産油國
- 급유 → 급油 → 給油
- 석유왕국 → 석油왕국 → 石油왕국 → 石油王국 → 石油王國
- 원유 → 원油 → 原油

油 油 油

有

있을, 가질 유 : 달 월(月) 부 - 총 6 획

문장이미지 有능하고 有식한 학자일수록 有구무언이로다

글자의유래 손에 고기(肉)를 들고 있는 모습에서 가지다, 있다의 뜻

단어이미지
- 유능 → 有능 → 有能
- 유식 → 有식 → 有識
- 유력 → 有력 → 有力
- 유종지미 → 有종지미 → 有終지미 → 有終之미 → 有終之美
- 사유화 → 사有화 → 私有화 → 私有化
- 유구무언 → 有구무언 → 有口무언 → 有口無언 → 有口無言
- 유부녀 → 有부녀 → 有夫녀 → 有夫女

有 有 有

遊

놀, 즐길 유 : 책받침(辶(辵)) 부 - 총 13 획

문장이미지 遊원지에 遊람하며 시를 읊는 음遊시인이시여!

글자의유래 사람들이 아이(子)들과 여러 곳(方)으로 놀러 다닌다는 뜻

단어이미지
- 유람 → 遊람 → 遊覽
- 유세 → 遊세 → 遊說
- 음유시인 → 음遊시인 → 吟遊시인 → 吟遊詩인 → 吟遊詩人
- 유원지 → 遊원지 → 遊園지 → 遊園地
- 야유회 → 야遊회 → 野遊회 → 野遊會
- 유흥장 → 遊흥장 → 遊興장 → 遊興場
- 회유 → 회遊 → 回遊

遊 遊 遊

遺

남길 **유** : 책받침 (辶(辵)) 부 - 총 16 획

문장이미지: 遺전자 확인으로 遺산을 받게 된 遺가족

글자의유래: 길을 가면서 귀(貴)한 물건을 남겨둔다는 뜻

단어이미지
- 유산 → 遺산 → 遺産
- 유전자 → 遺전자 → 遺傳자 → 遺傳子
- 유가족 → 遺가족 → 遺家족 → 遺家族
- 유언 → 遺언 → 遺言
- 유실물 → 遺실물 → 遺失물 → 遺失物
- 천추유한 → 천추遺한 → 천추遺恨 → 천秋遺恨 → 千秋遺恨
- 유물 → 遺물 → 遺物

遺 遺 遺

肉

고기 **육** : 고기 육(肉) 부 - 총 6 획

문장이미지: 정肉점 아저씨는 肉체미도 좋아요

글자의유래: 잘라내어 걸어놓은 고깃덩어리를 본 뜬 글자

단어이미지
- 육식 → 肉식 → 肉食
- 육안 → 肉안 → 肉眼
- 육체미 → 肉체미 → 肉體미 → 肉體美
- 정육점 → 정肉점 → 精肉점 → 精肉店
- 육류 → 肉류 → 肉類
- 어두육미 → 어두肉미 → 어두肉尾 → 어頭肉尾 → 魚頭肉尾
- 약육강식 → 약肉강식 → 弱肉강식 → 弱肉强식 → 弱肉强食

肉 肉 肉

育

기를 **육** : 고기 육(肉) 부 - 총 8 획

문장이미지: 교育의 목표는 인재를 育성하는 것이다

글자의유래: 아이가 어머니의 몸에서 나오는 모양에서 기르다, 자라다 뜻

단어이미지
- 교육 → 教육 → 教育
- 육성 → 育성 → 育成
- 육영사업 → 育영사업 → 育英사업 → 育英事업→ 育英事業
- 체육회 → 체育회 → 體育회 → 體育會
- 육종 → 育종 → 育種
- 가정교육 → 가정교育 → 가정教育 → 가庭教育 → 家庭教育
- 육아 → 育아 → 育兒

育 育 育

銀

은, 돈 은 : 쇠 금(金) 부 - 총 14 획

문장이미지 銀하수에 사는 물고기는 빛나는 銀어

글자의유래 흰빛을 띤 쇠(金)라는 뜻에서 은을 나타냄

단어이미지
- 은어 → 銀어 → 銀魚
- 은하수 → 銀하수 → 銀河수 → 銀河水
- 은혼식 → 銀혼식 → 銀婚식 → 銀婚式
- 은상 → 銀상 → 銀賞
- 은행장 → 銀행장 → 銀行장 → 銀行長
- 수은중독 → 수銀중독 → 水銀중독 → 水銀中독 → 水銀中毒
- 순은 → 순銀 → 純銀

銀 銀 銀

隱

숨을 은 : 언덕 부(阝) 부 - 총 17 획

문장이미지 隱퇴하여 시골에 隱거하시는 노 선비님

글자의유래 언덕(阝)에 몸을 기대어 숨긴다는 뜻

단어이미지
- 은퇴 → 隱퇴 → 隱退
- 은거 → 隱거 → 隱居
- 은퇴식 → 隱퇴식 → 隱退식 → 隱退式
- 은둔지사 → 隱둔지사 → 隱遁지사 → 隱遁志사 → 隱遁志士
- 은인자중 → 隱인자중 → 隱忍자중 → 隱忍自중 → 隱忍自重
- 은닉처 → 隱닉처 → 隱匿처 → 隱匿處
- 은닉 → 隱닉 → 隱匿

隱 隱 隱

恩

은혜 은 : 마음 심(心) 부 - 총 10 획

문장이미지 부모님의 恩혜에 결초보恩하리라

글자의유래 마음(心)에서 우러나 도와줌에 은혜를 입었다는 뜻

단어이미지
- 은공 → 恩공 → 恩功
- 은혜 → 恩혜 → 恩惠
- 결초보은 → 결초보恩 → 결초報恩 → 결草報恩 → 結草報恩
- 은인 → 恩인 → 恩人
- 은사 → 恩사 → 恩師
- 배은망덕 → 배恩망덕 → 背恩망덕 → 背恩忘덕 → 背恩忘德
- 은덕 → 恩덕 → 恩德

恩 恩 恩

저그늘자 **아음** : 언덕 부(阝) 부 - 총 11 획	陰
문장이미지 야陰을 틈타 陰지를 벗어나 탈출에 성공한 사람들	
글자의유래 언덕(阝) 밑에는 빛이 가려 그늘이 진다는 뜻	

단어이미지	
• 음지 → 陰지 → 陰地	• 음해 → 陰해 → 陰害
• 일촌광음 → 일촌광陰 → 일촌光陰 → 일寸光陰 → 一寸光陰	• 야음 → 야陰 → 夜陰
• 음흉 → 陰흉 → 陰凶	• 음양오행 → 陰양오행 → 陰陽오행 → 陰陽五행 → 陰陽五行
• 음성 → 陰성 → 陰性	陰 陰 陰

音	소리 **음** : 소리 음(音) 부 - 총 9 획
	문장이미지 전자 음악보다 역시 생음악이 音질이 더 좋구나.
	글자의유래 말씀(曰)하는 입에서 나오는 소리를 뜻한다

단어이미지	
• 음질 → 音질 → 音質	• 발음 → 발音 → 發音
• 복음 → 복音 → 福音	• 훈민정음 → 훈민정音 → 훈민正音 → 훈民正音 → 訓民正音
• 전자음악 → 전자音악 → 전자音樂 → 전子音樂 → 電子音樂	• 경음악 → 경음樂 → 경音樂 → 輕音樂
音 音 音	• 모음 → 모音 → 母音

마실 **음** : 밥 식(食) 부 - 총 13 획	飮
문장이미지 과飮을 피하고 飮주 후에는 飮료수를 마셔요	
글자의유래 하품하듯(欠) 입벌리고 무엇을 마신다는 뜻	

단어이미지	
• 과음 → 과飮 → 過飮	• 음주 → 飮주 → 飮酒
• 시음행사 → 시飮행사 → 試飮행사 → 試飮行사 → 試飮行事	• 음료수 → 飮료수 → 飮料수 → 飮料水
• 음식점 → 飮식점 → 飮食점 → 飮食店	• 음식궁합 → 飮식궁합 → 飮食궁합 → 飮食宮합 → 飮食宮合
• 폭음 → 폭飮 → 暴飮	飮 飮 飮

고을 **읍** : 고을 읍(邑) 부 - 총 7 획

邑

문장이미지 시골 소邑에서 邑장을 하시는 삼촌

글자의유래 일정한 구역(口)안에 사람들이 모여 사니 고을이 된다.

단어이미지
- 소읍 → 소邑 → 小邑
- 읍장 → 邑장 → 邑長
- 도읍선정 → 도邑선정 → 都邑선정 → 都邑選정 → 都邑選定
- 읍면리 → 邑면리 → 邑面리 → 邑面里
- 읍민 → 邑민 → 邑民
- 읍내시장 → 邑내시장 → 邑內시장 → 邑內市장 → 邑內市場
- 남해읍 → 남해邑 → 남海邑 → 南海邑

邑 邑 邑

응할, 대답할 **응** : 마음 심(心) 부 - 총 17 획

應

문장이미지 내가 한자시험에 잘 應시하도록 應원해주세요

글자의유래 매(鷹)가 주인의 마음(心)에 답해 다른 새를 잡는다에서 유래

단어이미지
- 응시 → 應시 → 應試
- 응원 → 應원 → 應援
- 응당 → 應당 → 應當
- 응접실 → 應접실 → 應接실 → 應接室
- 인과응보 → 인과應보 → 인과應報 → 인果應報 → 因果應報
- 응원단 → 應원단 → 應援단 → 應援團
- 질의응답 → 질의應답 → 질의應答 → 질疑應答 → 質疑應答

應 應 應

옷 **의** : 옷 의(衣) 부 - 총 6 획

衣

문장이미지 우리는 백衣민족, 衣상이 날개다. 衣복을 깨끗이 입자

글자의유래 사람(人)이 옷을 입은 모양을 본떠 만든 글자

단어이미지
- 의상 → 衣상 → 衣裳
- 의복 → 衣복 → 衣服
- 호의호식 → 호衣호식 → 好衣호식 → 好衣好식 → 好衣好食
- 의류 → 衣류 → 衣類
- 의식주 → 衣식주 → 衣食주 → 衣食住
- 백의민족 → 백衣민족 → 白衣민족 → 白衣民족 → 白衣民族
- 상의 → 상衣 → 上衣

衣 衣 衣

依

의지할, 따를 **의** : 사람 인(人) 부 - 총 8 획

문장이미지 종교에 귀依하여 교리에 依존하여 새 삶을 사는 사람들

글자의유래 사람(人)은 짐승과 달리 옷(衣)으로 몸을 의지하고 보호한다는 뜻

단어이미지

- 귀의 → 귀依 → 歸依
- 의거 → 依거 → 依據
- 구태의연 → 구태依연 → 구태依然 → 구態依然 → 舊態依然
- 의존심 → 依존심 → 依存심 → 依存心
- 의법 → 依법 → 依法
- 의원면직 → 依원면직 → 依願면직 → 依願免직 → 依願免職
- 의탁 → 依탁 → 依託

依 依 依

義

옳을, 뜻 **의** : 양 양(羊) 부 - 총 13 획

문장이미지 신義를 바탕으로 義형제의 義리를 다하려고 도원결義하다.

글자의유래 내(我)가 착한 양(羊)처럼 옳고 착해야 한다는 데서 유래

단어이미지

- 의리 → 義리 → 義理
- 의무 → 義무 → 義務
- 신의 → 신義 → 信義
- 의무교육 → 義무교육 → 義務교육 → 義務教육 → 義務教育
- 의형제 → 義형제 → 義兄제 → 義兄弟
- 민주주의 → 민주주義 → 민주主義 → 민主主義 → 民主主義
- 의인 → 義인 → 義人

義 義 義

儀

거동 **의** : 사람 인(人) 부 - 총 15 획

문장이미지 국민儀례시 태극기에 대한 예儀를 지키는 우리는 한국인

글자의유래 사람(人)이 옳게(義) 행하여야 한다는 뜻에서 유래

단어이미지

- 의표 → 儀표 → 儀表
- 의식 → 儀식 → 儀式
- 국민의례 → 국민儀례 → 국민儀禮 → 국民儀禮 → 國民儀禮
- 통과의식 → 통과儀식 → 통과儀式 → 통過儀式 → 通過儀式
- 의전 → 儀전 → 儀典
- 예의 → 예儀 → 禮儀
- 지구의 → 지구儀 → 지球儀 → 地球儀

儀 儀 儀

議

의논할, 말할 **의** : 말씀 언(言) 부 - 총 20 획

문장이미지 議결권을 가진 議원들이 밤새 논議한 여기는 국회議사당

글자의유래 올바른(義) 결과를 얻기 위해 말(言)로 의논한다는 뜻

단어이미지
- 의결 → 議결 → 議決
- 의원 → 議원 → 議員
- 지방의회 → 지방議회 → 지방議會 → 지方議會 → 地方議會
- 의사당 → 議사당 → 議事당 → 議事堂
- 합의 → 합議 → 合議
- 불가사의 → 불가사議 → 불가思議 → 불可思議 → 不可思議
- 논의 → 논議 → 論議

議 議 議

意

뜻 **의** : 마음 심(心) 부 - 총 13 획

문장이미지 청년이여 실意에 빠지지 말고 자신 있게 意견을 말해보라.

글자의유래 마음(心)에서 나오는 소리(音)에는 뜻이 있다.

단어이미지
- 실의 → 실意 → 失意
- 의견 → 意견 → 意見
- 결의 → 결意 → 決意
- 무의식 → 무意식 → 무意識 → 無意識
- 의도적 → 意도적 → 意圖적 → 意圖的
- 의미심장 → 意미심장 → 意味심장 → 意味深장 → 意味深長
- 상의하달→ 상意하달 → 上意하달 → 上意下달 → 上意下達

意 意 意

疑

의심할 **의** : 발 소(疋) 부 - 총 14 획

문장이미지 내 사랑을 疑심하지 마. 난 한 점 疑혹도 없어.

글자의유래 사람이 갈림길에서 어디로 갈까 의심한다는 뜻에서 유래

단어이미지
- 의심 → 疑심 → 疑心
- 의혹 → 疑혹 → 疑惑
- 질의응답 → 질疑응답 → 質疑 응답 → 質疑應답 → 質疑應答
- 회의감 → 회疑감 → 懷疑감 → 懷疑感
- 의아 → 疑아 → 疑訝
- 의문사항 → 疑문사항 → 疑問사항 → 疑問事항 → 疑問事項
- 의문 → 疑문 → 疑問

疑 疑 疑

의원 의 : 닭 유(酉) 부- 총 18 획

醫

문장이미지 군醫관이나 수醫사도 醫약분업을 해야 할까?

글자의유래 독한 술(酉)로 소독하여 수술을 하는 사람, 즉 의사를 말함

단어이미지
- 의사 → 醫사 → 醫師
- 의무관 → 醫무관 → 醫務관 → 醫務官
- 의료행위 → 醫료행위 → 醫療행위 → 醫療行위 → 醫療行爲
- 의원 → 醫원 → 醫院
- 수의사 → 수醫사 → 수醫師 → 獸醫師
- 의약분업 → 醫약분업 → 醫藥분업 → 醫藥分업 → 醫藥分業
- 군의관 → 군醫관 → 군醫官 → 軍醫官

醫	醫	醫		

두 이 : 두 이(二) 부 - 총 2 획

二

문장이미지 二중인격으로 일구二언하는 사람을 조심해야 할 것이야.

글자의유래 하늘과 땅 즉 둘(二)을 나타낸다.

단어이미지
- 이등 → 二등 → 二等
- 이차 → 二차 → 二次
- 이십 → 二십 → 二十
- 이중인격 → 二중인격 → 二重인격 → 二重人격 → 二重人格
- 일구이언 → 일구二언 → 일구二言 → 일口二言 → 一口二言
- 이모작 → 二모작 → 二毛작 → 二毛作
- 십이지 → 십二지 → 십二支 → 十二支

二	二	二		

써, 까닭 이 : 사람 인(人) 부 - 총 5 획

以

문장이미지 以왕에 만난 우리, 以심전심 잘 살아보세

글자의유래 사람(人)이 쟁기를 써서 밭을 간다는 데서 까닭의 뜻을 포함한다.

단어이미지
- 이왕 → 以왕 → 以往
- 이북 → 以북 → 以北
- 이심전심 → 以심전심 → 以心전심 → 以心傳심 → 以心傳心
- 이열치열 → 以열치열 → 以熱치열 → 以熱治열 → 以熱治熱
- 이외 → 以외 → 以外
- 이내 → 以내 → 以內
- 이전 → 以전 → 以前

以	以	以		

耳

귀 **이** : 귀 이(耳) 부 - 총 6 획

문장이미지 耳목을 집중하여 들으라고 했더니 결국 마耳동풍이로다.

글자의유래 사람의 귀 모양을 본떠서 만든 글자

단어이미지

- 이목 → 耳목 → 耳目
- 이석 → 耳석 → 耳石
- 우이독경 → 우耳독경 → 牛耳독경 → 牛耳讀경 → 牛耳讀經
- 중이염 → 중耳염 → 중耳炎 → 中耳炎
- 이순 → 耳순 → 耳順
- 마이동풍 → 마耳동풍 → 馬耳동풍 → 馬耳東풍 → 馬耳東風
- 이비인 → 耳비인 → 耳鼻인 → 耳鼻咽

耳 耳 耳

異

다를 **이** : 밭 전(田) 부 - 총 11 획

문장이미지 異방인이 되어 異국에서 異색적인 체험을 해보자

글자의유래 밭(田)을 같이 나누어도 실지는 똑같지 않다. 다르다는 뜻

단어이미지

- 이국 → 異국 → 異國
- 이견 → 異견 → 異見
- 이변 → 異변 → 異變
- 이방인 → 異방인 → 異邦인 → 異邦人
- 이색적 → 異색적 → 異色적 → 異色的
- 이구동성 → 異구동성 → 異口동성 → 異口同성 → 異口同聲
- 이례 → 異례 → 異例

異 異 異

移

옮길, 변할 **이** : 벼 화(禾) 부 - 총 11 획

문장이미지 별을 따라 가누나, 移주할 곳 찾아 移동하는 집시 移민들이여!

글자의유래 벼(禾)가 많이(多) 자라 수확하여 옮겨가니 위치도 변한다.

단어이미지

- 이주 → 移주 → 移住
- 이동 → 移동 → 移動
- 심장이식 → 심장移식 → 심장移植 → 심臟移植 → 心臟移植
- 이전주소 → 移전주소 → 移轉주소 → 移轉住소 → 移轉住所
- 이양 → 移양 → 移讓
- 이민 → 移민 → 移民
- 이관 → 移관 → 移管

移 移 移

益

더할. 이익 **익** : 그릇 명(皿) 부 - 총 10 획

문장이미지 사업 이益을 많이 내 공益에도 앞장서면 이 아니 다다益선

글자의유래 그릇(皿)에 물이 넘치는 모습에서 더하다. 이익이다는 뜻

단어이미지
- 이익 → 이益 → 利益
- 공익 → 공益 → 公益
- 부익부 → 부益부 → 부益富 → 富益富
- 백해무익 → 백해무益 → 백해無益 → 백害無益 → 百害無益
- 익모초 → 益모초 → 益母초 → 益母草
- 다다익선 → 다다益선 → 다다益善 → 다多益善 → 多多益善
- 권익 → 권益 → 權益

益 益 益

人

사람 **인** : 사람 인(人) 부 - 총 2 획

문장이미지 대人관계 좋고 人물 좋으니 팔방미人이로다

글자의유래 사람의 몸 모양을 본떠 만든 글자

단어이미지
- 인물 → 人물 → 人物
- 인격 → 人격 → 人格
- 성인 → 성人 → 成人
- 대인관계 → 대人관계 → 對人관계 → 對人關계 → 對人關係
- 팔방미인 → 팔방미人 → 팔방美人 → 팔方美人 → 八方美人
- 인사과 → 人사과 → 人事과 → 人事課
- 현인 → 현人 → 賢人

人 人 人

仁

어질 **인** : 사람 인(人) 부 - 총 4 획

문장이미지 仁자한 마음으로 仁술을 베푸는 허준의 살신성仁의 정신이여!

글자의유래 두(二) 사람(人)이 친하여 어질게 지낸다는 뜻에서 유래

단어이미지
- 인자 → 仁자 → 仁慈
- 인술 → 仁술 → 仁術
- 인자무적 → 仁자무적 → 仁者무적 → 仁者無 적 → 仁者無敵
- 살신성인 → 살신성仁 → 살신成仁 → 살身成仁 → 殺身成仁
- 경인전철 → 경仁전철 → 京仁전철 → 京仁電철 → 京仁電鐵
- 인의예지 → 仁의예지 → 仁義예지 → 仁義禮지 → 仁義禮智
- 인덕 → 仁덕 → 仁德

仁 仁 仁

認

알. 인정할 **인** : 말씀 언(言) 부 - 총 14 획

문장이미지 이곳에 건축 認가가 났는지 확認해 봅시다.

글자의유래 말(言)을 참고(忍) 들어 그 뜻을 알고 인정해 준다라는 뜻

단어이미지

- 확인 → 확認 → 確認
- 인지 → 認지 → 認知
- 자타공인 → 자타공認 → 자타共認 → 자他共認 → 自他共認
- 인식 → 認식 → 認識
- 인정 → 認정 → 認定
- 건축인가 → 건축認가 → 건축認可 → 건築認可 → 建築認可
- 인증 → 認증 → 認證

認 認 認

印

도장찍을 **인** : 병부 절(卩) 부 - 총 5 획

문장이미지 책이 많이 印쇄되어 잘 팔려 印세를 받아 印도여행을 갈 희망

글자의유래 사람의 개인 표시로 도장(印)을 찍어 증거로 삼았다는 데서 유래

단어이미지

- 인쇄 → 印쇄 → 印刷
- 인세 → 印세 → 印稅
- 인장 → 印장 → 印章
- 인화지 → 印화지 → 印畵지 → 印畵紙
- 인도여행 → 印도여행 → 印度여행 → 印度旅행 → 印度旅行
- 관인 → 관印 → 官印
- 인상 → 印상 → 印象

印 印 印

因

인할. 까닭 **인** : 큰입 구(口) 부 - 총 6 획

문장이미지 너와 내가 만난 요因, 돌이켜보니 아름다운 因연이라네

글자의유래 큰 돗자리(口) 안에 사람이 누운 형상, 뒤에 원인과 까닭의 뜻으로 변하게 됨

단어이미지

- 원인 → 원因 → 原因
- 인연 → 因연 → 因緣
- 인과응보 → 因과응보 → 因果응보 → 因果應보 → 因果應報
- 유전인자 → 유전因 자 → 유전因子 → 유傳因子 → 遺傳因子
- 기인 → 기因 → 起因
- 인습 → 因습 → 因習
- 요인 → 요因 → 要因

因 因 因

引

끌. 인도할 **인** : 활 궁(弓) 부 - 총 4 획

문장이미지 윤수회사 아전引수격으로 요금을 引상하지 말라.

글자의유래 활(弓)에 화살을 재어 당기니 끌고 인도해준다는 뜻

단어이미지
- 인도 → 引도 → 引導
- 인상 → 引상 → 引上
- 예금인출 → 예금引출 → 예금引出 → 예金引出 → 預金引出
- 인솔 → 引솔 → 引率
- 인화성 → 引화성 → 引火성 → 引火性
- 아전인수 → 아전引수 → 아전引水 → 아田引水 → 我田引水
- 인양 → 引양 → 引揚

引 引 引

一

한. 첫째 **일** : 한 일(一) 부 - 총 1 획

문장이미지 一인자 되는 一념, 사나이 一평생 一편단심이로세

글자의유래 나무 막대 하나를 놓은 모양에서 1 과 시초라는 뜻

단어이미지
- 동일 → 동一 → 同一
- 일념 → 一념 → 一念
- 일류 → 一류 → 一流
- 일편단심 → 一편단심 → 一片단심 → 一片丹심 → 一片丹心
- 일평생 → 一평생 → 一平생 → 一平生
- 일인자 → 一인자 → 一人자 → 一人者
- 일등 → 一등 → 一等

一 一 一

日

날 · 해 **일** : 날 일(日) 부 - 총 4 획

문장이미지 매日 한자 실력이 느니 여러분 모두 日취월장입니다.

글자의유래 해를 본떠 만든 글자로 해와 하루를 뜻한다.

단어이미지
- 매일 → 매日 → 每日
- 일기 → 日기 → 日記
- 일취월장 → 日취월장 → 日就월장 → 日就月장 → 日就月將
- 백일장 → 백日장 → 白日장 → 白日場
- 휴일 → 휴日 → 休日
- 생년월일 → 생년월日 → 생년月日 → 생年月日 → 生年月日
- 일출 → 日출 → 日出

日 日 日

맡길 **임** : 사람 인(人) 부 - 총 6 획

任

문장이미지 책任이 막중한 任무이니 任기내에 잘 완수바란다.

글자의유래 사람(人)이 짐을 떠맡고(壬) 있는 모습에서 유래

단어이미지
- 책임 → 책任 → 責任
- 임무 → 任무 → 任務
- 임용 → 任용 → 任用
- 임의 → 任의 → 任意
- 책임감 → 책任감 → 責任감 → 責任感
- 자유방임 → 자유방任 → 자유放任 → 자由放任 → 自由放任
- 임기내 → 任기내 → 任期내 → 任期內

任 任 任

들 **입** : 들 입(入) 부 - 총 2 획

入

문장이미지 入금을 하고 출入구에서 기다리면 入장권을 준다네.

글자의유래 나무의 뿌리가 갈라져 땅으로 뻗어 들어가는 모양에서 유래

단어이미지
- 입금 → 入금 → 入金
- 수입 → 수入 → 收入
- 입성 → 入성 → 入城
- 출입구 → 출入구 → 출入口 → 出入口
- 단도직입 → 단도직入 → 단도直入 → 단刀直入 → 單刀直入
- 입장권 → 入장권 → 入場권 → 入場券
- 입학 → 入학 → 入學

入 入 入

손윗누이 **자** : 여자 여(女) 부 - 총 8 획

姉

문장이미지 형제 姉매가 한 타스나 된다고 자랑하는 우리 姉형

글자의유래 다 자란 여자누이(女)가 시장(市)보러 간다.

단어이미지
- 자매 → 姉매 → 姉妹
- 자매시 → 姉매시 → 姉妹시 → 姉妹市
- 자매결연 → 姉매결연 → 姉妹결연 → 姉妹結연 → 姉妹結緣
- 자모 → 姉모 → 姉母
- 자매교 → 姉매교 → 姉妹교 → 姉妹校
- 자형 → 姉형 → 姉兄
- 형제자매 → 형제姉매 → 형제姉妹 → 형弟姉妹 → 兄弟姉妹

姉 姉 姉

姿

모양 **자** : 여자 여(女) 부 - 총 9 획

문장이미지: 姿색 고운 그대여 姿태 고운 꽃조차 시샘하는 봄날

글자의유래: 편히 쉬는 여자의 모습과 모양을 나타내어 뜻이 됨

단어이미지
- 자색 → 姿색 → 姿色
- 자질 → 姿질 → 姿質
- 웅자 → 웅姿 → 雄姿
- 자세 → 姿세 → 姿勢
- 고자세 → 고姿세 → 고姿勢 → 高姿勢
- 자태단정 → 姿태단정 → 姿態단정 → 姿態端정 → 姿態端正
- 자용 → 姿용 → 姿容

姿 姿 姿

資

재물 **자** : 조개 패(貝) 부 - 총 13 획

문장이미지: 좋은 資료를 구입할 資금을 출資할 資산가를 찾았다.

글자의유래: 재물(貝)을 많이 꽤차고 있는 모습에서 유래

단어이미지
- 자료 → 資료 → 資料
- 자금 → 資금 → 資金
- 자산가 → 資산가 → 資産가 → 資産家
- 군자금 → 군資금 → 군資金 → 軍資金
- 출자 → 출資 → 出資
- 자본주의 → 資본주의 → 資本주의 → 資本主의 → 資本主義
- 합자 → 합資 → 合資

資 資 資

子

아들 **자** : 아들 자(子) 부 - 총 3 획

문장이미지: 남子가 여子를 만나 결혼하니 子녀가 생기누나.

글자의유래: 어린 아이가 두 팔을 벌린 모습에서 유래

단어이미지
- 남자 → 남子 → 男子
- 여자 → 여子 → 女子
- 부전자전 → 부전子전 → 부전子傳 → 부傳子傳 → 父傳子傳
- 귀공자 → 귀공子 → 귀公子 → 貴公子
- 천자 → 천子 → 天子
- 삼척동자 → 삼척동子 → 삼척童子 → 삼尺童子 → 三尺童子
- 자녀 → 子녀 → 子女

子 子 子

글자 **자** : 아들 자(子) 부 - 총 6 획

字

문장이미지 한字 모르는 일字무식이 상팔字는 아니니 열심히 공부하자

글자의유래 집에서 자식을 기르며 글자를 깨우치게 한다에서 유래

단어이미지

- 한자 → 한字 → 漢字
- 자전 → 字전 → 字典
- 상팔자 → 상팔字 → 상八字 → 上八字
- 일자무식 → 일字무식 → 一字무식 → 一字無식 → 一字無識
- 문자 → 문字 → 文字
- 갑골문자 → 갑골문字 → 갑골文字 → 갑骨文字 → 甲骨文字
- 흑자 → 흑字 → 黑字

字 字 字

사람, 놈 **자** : 늙을 노(老) 부 - 총 9 획

者

문장이미지 이 책 쓰는 저者의 마음이 배우는 당사者인 독者에게 전달되었다.

글자의유래 늙은이(老)가 이것저것 고백을 하는 사람의 모습

단어이미지

- 저자 → 저者 → 著者
- 독자 → 독者 → 讀者
- 적자생존 → 적者생존 → 適者생존 → 適者生존 → 適者生存
- 소비자 → 소비者 → 소費者 → 消費者
- 당사자 → 당사者 → 당事者 → 當事者
- 억만장자 → 억만장者 → 억만長者 → 억萬長者 → 億萬長者
- 학자 → 학者 → 學者

者 者 者

스스로 · 부터 **자** : 스스로 자(自) 부 - 총 6 획

自

문장이미지 自존심을 버리고 自연을 보라, 自생화가 피어난 저 산하를

글자의유래 사람이 제 코를 가르키니 스스로의 뜻을 가지게 됨

단어이미지

- 자연 → 自연 → 自然
- 자습 → 自습 → 自習
- 자수성가 → 自수성가 → 自手성가 → 自手成가 → 自手成家
- 자존심 → 自존심 → 自尊심 → 自尊心
- 자족 → 自족 → 自足
- 자생화 → 自생화 → 自生화 → 自生花
- 자신감 → 自신감 → 自信감 → 自信感

自 自 自

일할, 지을 **작** : 사람 인(人) 부 - 총 7 획

作

문장이미지 作가여 시作이 반이다. 열심히 글 作업하자.

글자의유래 사람(人)이 무엇을 쓰고 짓는다는 뜻

단어이미지
- 작가 → 作가 → 作家
- 시작 → 시作 → 始作
- 상승작용 → 상승作용 → 상승作用 → 상乘作用 → 相乘作用
- 작품 → 作품 → 作品
- 저작권 → 저作권 → 저作權 → 著作權
- 협동작업 → 협동作업 → 협동作業 → 협同作業 → 協同作業
- 작곡 → 作곡 → 作曲

作 作 作

어제 **작** : 날 일(日) 부 - 총 9 획

昨

문장이미지 그대를 昨년 이후 못 보니 그리운 昨금지사 눈에 선하고

글자의유래 하루(日)가 잠깐 사이에 지나가서 어제가 된다는 뜻

단어이미지
- 작금 → 昨금 → 昨今
- 작일 → 昨일 → 昨日
- 작년도 → 昨년도 → 昨年도 → 昨年度
- 재작년 → 재昨년 → 재昨年 → 再昨年
- 작년이후 → 昨년이후 → 昨年이후 → 昨年以후 → 昨年以後
- 작금지사 → 昨금지사 → 昨今지사 → 昨今之사 → 昨今之事
- 작일담 → 昨일담 → 昨日담 → 昨日談

昨 昨 昨

남을 · 이를 **잔** : 뼈앙상할 알(歹) 부 - 총 12 획

殘

문장이미지 동족상殘의 비극이 아직 殘재하네. 여기 휴전선

글자의유래 뼈를 도막내어 남은 것에서 남다는 뜻과 잔인하다는 뜻이 생김

단어이미지
- 잔재 → 殘재 → 殘在
- 잔고 → 殘고 → 殘高
- 동족상잔 → 동족상殘 → 동족相殘 → 동族相殘 → 同族相殘
- 잔액부족 → 殘액부족 → 殘額부족 → 殘額不족 → 殘額不足
- 쇠잔 → 쇠殘 → 衰殘
- 잔업 → 殘업 → 殘業
- 잔인 → 殘인 → 殘忍

殘 殘 殘

섞일 잡 : 새 추(隹) 부 - 총 18 획

雜

문장이미지	雜담과 雜념이 가득 찬 雜지를 누가 보는가?
글자의유래	여러 가지 나무에 새들이 뒤섞여 있는 모습에서 온 뜻이다

단어이미지

- 잡념 → 雜념 → 雜念
- 잡지 → 雜지 → 雜誌
- 잡음 → 雜음 → 雜音
- 잡학 → 雜학 → 雜學
- 잡상인 → 雜상인 → 雜商인 → 雜商人
- 주색잡기 → 주색雜기 → 주색雜技 → 주色雜技 → 酒色雜技
- 잡담 → 雜담 → 雜談

雜 雜 雜

마당, 곳 장 : 흙 토(土) 부 - 총 12 획

場

문장이미지	모임 場소를 운동場으로 하기로 만場일치로 결정
글자의유래	햇볕이 잘(昜) 드는 땅(土) 즉, 마당, 터를 말함

단어이미지

- 장소 → 場소 → 場所
- 도장 → 도場 → 道場
- 개장 → 개場 → 開場
- 운동장 → 운동場 → 운動場 → 運動場
- 만장일치 → 만場일치 → 滿場일치 → 滿場一치 → 滿場一致
- 야구장 → 야구場 → 야球場 → 野球場
- 장면 → 場면 → 場面

場 場 場

창자 장 : 고기 육(肉) 부 - 총 13 획

腸

문장이미지	소腸과 대腸을 거쳐 우렁차게 항문에서 터지는 방귀 소리
글자의유래	몸(肉) 속에 구불구불하게 놓인 것이 창자를 말함

단어이미지

- 소장 → 소腸 → 小腸
- 대장 → 대腸 → 大腸
- 구절양장 → 구절양腸 → 구절羊腸 → 구折羊腸 → 九折羊腸
- 대장균 → 대腸균 → 大腸균 → 大腸菌
- 췌장 → 췌臟 → 膵臟
- 비장 → 비腸 → 腓腸
- 장염 → 腸염 → 腸炎

腸 腸 腸

壯

장할. 굳셀 **장** : 선비 사(士) 부 - 총 7 획

문장이미지	건壯한 천하壯사 출신 웃기는 노익壯 개그맨 강호동
글자의유래	크다는 爿(장)과 남자(士)를 합쳐 장하고 굳세다는 뜻이 나옴

단어이미지	
• 건장 → 건壯 → 健壯	• 장담 → 壯담 → 壯談
• 장원 → 壯원 → 壯元	• 장관 → 壯관 → 壯觀
• 노익장 → 노익壯 → 노益壯 → 老益壯	• 천하장사 → 천하壯사 → 천하壯士 → 천下壯士 → 天下壯士
• 장대 → 壯대 → 壯大	壯 壯 壯

裝

꾸밀 **장** : 옷 의(衣) 부 - 총 13 획

문장이미지	裝신구로 온 몸을 裝식하여 아름다움을 뽐낸 여인이여
글자의유래	옷(衣)으로 몸을 굳세게(壯) 감싸고 꾸민다는 뜻

단어이미지	
• 장식 → 裝식 → 裝飾	• 포장 → 포裝 → 包裝
• 가장 → 가裝 → 假裝	• 장신구 → 裝신구 → 裝身구 → 裝身具
• 무장세력 → 무裝세력 → 武裝세력 → 武裝勢력 → 武裝勢力	• 시험장비 → 시험裝비 → 시험裝備 → 시驗裝備 → 試驗裝備
裝 裝 裝	• 장치 → 裝치 → 裝置

將

장수. 장차 **장** : 마디 촌(寸) 부- 총 11 획

문장이미지	將차 將군이 되기 위해서는 將병을 내 몸같이
글자의유래	신에게 많은 재물을 펼치고 씨족을 거느린 장수라는 의미에서 유래

단어이미지	
• 장차 → 將차 → 將次	• 장군 → 將군 → 將軍
• 백전노장 → 백전노將 → 백전老將 → 백戰老將 → 百戰老將	• 장래성 → 將래성 → 將來성 → 將來性
• 명장 → 명將 → 名將	• 육군장교 → 육군將교 → 육군將校 → 육軍將校 → 陸軍將校
• 장병 → 將병 → 將兵	將 將 將

장려할 **장** : 클 대(大) 부 - 총 14 획

獎

문장이미지 권獎사항 공고 : 공부 잘 해 獎학금타서 효도할 것 !

글자의유래 장차(將) 큰(大) 인물이 되라고 장려한다는 뜻에서 유래

단어이미지
- 장려 → 獎려 → 獎勵
- 추장 → 추獎 → 推獎
- 장학 → 獎학 → 獎學
- 장려상 → 獎려상 → 獎勵상 → 獎勵賞
- 장학금 → 獎학금 → 獎學금 → 獎學金
- 권장사항 → 권獎사항 → 勸獎사항 → 勸獎事항 → 勸獎事項
- 장려금 → 獎려금 → 獎勵금 → 獎勵金

獎	獎	獎		

길, 어른 **장** : 길 장(長) 부 - 총 8 획

長

문장이미지 長기적 안목으로 長시간 생각 끝에 투자하는 사長이 되자

글자의유래 나이 많은 사람이 머리를 날리고 서 있는 모습에서 어른, 길다라는 뜻이 나오게 됨

단어이미지
- 장기 → 長기 → 長期
- 사장 → 사長 → 社長
- 장녀 → 長녀 → 長女
- 불로장생 → 불로長생 → 불로長生 → 불老長生 → 不老長生
- 장시간 → 長시간 → 長時간 → 長時間
- 무병장수 → 무병長수 → 무병長壽 → 무病長壽 → 無病長壽
- 선장 → 선長 → 船長

長	長	長		

베풀 **장** : 활 궁(弓) 부 - 총 11 획

張

문장이미지 긴張하지 말고 출張비 개선에 대한 자네 주張을 얘기해.

글자의유래 활(弓) 시위를 길게(長) 당긴다는 데서 베푼다는 뜻이 나옴

단어이미지
- 긴장 → 긴張 → 緊張
- 주장 → 주張 → 主張
- 확장공사 → 확張공사 → 擴張공사 → 擴張工사 → 擴張工事
- 출장비 → 출張비 → 出張비 → 出張費
- 과장 → 과張 → 誇張
- 장씨 → 張씨 → 張氏
- 확장 → 확張 → 擴張

張	張	張		

장막 **장** : 수건 건(巾) 부 - 총 11 획

帳

문장이미지 포帳마차를 운영해도 帳부 기帳이 필요하다

글자의유래 수건(巾)을 길게(長) 펼쳐 만든 것이 바로 장막이다.

단어이미지

- 장막 → 帳막 → 帳幕
- 휘장 → 휘帳 → 揮帳
- 장부 → 帳부 → 帳簿
- 일기장 → 일기帳 → 일記帳 → 日記帳
- 장부검사 → 帳부검사 → 帳簿검사 → 帳簿檢사 → 帳簿檢査
- 포장마차 → 포帳마차 → 布帳마차 → 布帳馬차 → 布帳馬車
- 기장 → 기帳 → 記帳

帳 帳 帳

글 **장** : 설 입(立) 부 - 총 11 획

章

문장이미지 아름다운 시의 문章을 보고 작곡가는 악章을 쓴다.

글자의유래 소리 음(音)에 수의 끝자리(十)를 더해 글의 단락을 뜻하게 됨

단어이미지

- 문장 → 문章 → 文章
- 악장 → 악章 → 樂章
- 교육헌장 → 교육헌章 → 교육憲章 → 교育憲章 → 教育憲章
- 문장력 → 문章력 → 문章力 → 文章力
- 초장 → 초章 → 初章
- 중장 → 중章 → 中章
- 종장 → 종章 → 終章

章 章 章

막을 **장** : 언덕 부(阝) 부 - 총 14 획

障

문장이미지 길가의 障해물을 치워 障애우의 안전보장을 !

글자의유래 언덕(阝)에 가려 보이지 않게 막는다는 뜻

단어이미지

- 고장 → 고障 → 故障
- 지장 → 지障 → 支障
- 안전보장 → 안전보障 → 안전保障 → 안全保障 → 安全保障
- 장애우 → 障애우 → 障碍우 → 障碍友
- 장해 → 障해 → 障害
- 장해물 → 障해물 → 障害물 → 障害物
- 고장차 → 고障차 → 故障차 → 故障車

障 障 障

두번 **재** : 멀 경(冂) 부 - 총 6 획

再

문장이미지	再수생이 비일비再하니 입시제도를 再고하라
글자의유래	쌓아놓은 나무위에 또 거듭 쌓는다는 뜻

단어이미지
- 재차 → 再차 → 再次
- 재고 → 再고 → 再考
- 재생 → 再생 → 再生
- 재활용 → 再활용 → 再活용 → 再活用
- 재개발 → 再개발 → 再開발 → 再開發
- 비일비재 → 비일비再 → 비일非再 → 비一非再 → 非一非再
- 재활 → 再활 → 再活

再	再	再		

있을 **재** : 흙 토(土) 부 - 총 6 획

在

문장이미지	현在 在학 중인 학생들의 출신 소在지별 조사를 해봅시다.
글자의유래	땅(土)에서 나온 싹의 모습에서 확실히 있다라는 의미가 됨

단어이미지
- 현재 → 현在 → 現在
- 재학 → 在학 → 在學
- 재경 → 在경 → 在京
- 소재지 → 소在지 → 所在지 → 所在地
- 재야 → 在야 → 在野
- 인명재천 → 인명在천 → 인명在天 → 인命在天 → 人命在天
- 부재중 → 부在중 → 부在中 → 不在中

在	在	在		

재주 **재** : 손 수(手) 부 - 총 3 획

才

문장이미지	다才다능한 천才를 하늘이 내리시니 바로 그대로다.
글자의유래	식물이 뿌리를 내리고 자라는 모습에서 가능성. 재주를 나타냄

단어이미지
- 천재 → 천才 → 天才
- 재담 → 才담 → 才談
- 다재다능 → 다才다능 → 多才다능 → 多才多능 → 多才多能
- 수재반 → 수才반 → 秀才반 → 秀才班
- 재색 → 才색 → 才色
- 재치 → 才치 → 才致
- 둔재 → 둔才 → 鈍才

才	才	才		

材

재목 **재** : 나무 목(木) 부 - 총 7 획

문장이미지 대학에서는 신소材 材료를 연구해 적材적소에 쓰고 있다

글자의유래 집을 지을 때 바탕이 되는 나무(木), 즉 재목을 말한다

단어이미지

- 재료 → 材료 → 材料
- 골재 → 골材 → 骨材
- 교재 → 교材 → 教材
- 약재상 → 약材상 → 藥材상 → 藥材商
- 신소재 → 신소材 → 신素材 → 新素材
- 적재적소 → 적材적소 → 適材적소 → 適材適소 → 適材適所
- 취재 → 취材 → 取材

材 材 材

財

재물 **재** : 조개 패(貝) 부 - 총 10 획

문장이미지 문화財는 후손에 물려줄 국가 財산이다

글자의유래 살아가는 데 바탕이 되는 것이 재물(貝)이라는 뜻

단어이미지

- 재물 → 財물 → 財物
- 재화 → 財화 → 財貨
- 재계 → 財계 → 財界
- 문화재 → 문화財 → 문化財 → 文化財
- 재산 → 財산 → 財産
- 재력과시 → 財력과시 → 財力과시 → 財力誇시 → 財力誇示
- 이재 → 이財 → 理財

財 財 財

災

재앙 **재** : 불 화(灬) 부 - 총 7 획

문장이미지 災난과 災해를 당한 수災민을 돕는 마음

글자의유래 물(水)과 불(火)은 사람에게 재앙을 내린다는 뜻

단어이미지

- 재난 → 災난 → 災難
- 재해 → 災해 → 災害
- 천재지변 → 천災지변 → 天災지변 → 天災地변 → 天災地變
- 수재민 → 수災민 → 水災민 → 水災民
- 재앙 → 災殃 → 災殃
- 인재 → 인災 → 人災
- 화재 → 화災 → 火災

災 災 災

다툴 쟁 : 손톱 조(爫) 부 - 총 8 획

爭

문장이미지	사랑을 爭취하기 위한 투爭, 아 힘들구나.
글자의유래	물건을 서로 차지하기 위해 손을 당겨 다툰다는 뜻

단어이미지
- 쟁취 → 爭취 → 爭取
- 정쟁 → 정爭 → 政爭
- 항쟁 → 항爭 → 抗爭
- 논쟁 → 논爭 → 論爭
- 쟁탈전 → 爭탈전 → 爭奪전 → 爭奪戰
- 경쟁상대 → 경爭상대 → 競爭상대 → 競爭相대 → 競爭相對
- 전쟁지역 → 전爭지역 → 戰爭지역 → 戰爭地역 → 戰爭地域

爭 爭 爭

낮을 저 : 사람 인(人) 부 - 총 7 획

低

문장이미지	低속하고 低질인 사람들과는 어울리지 말거라
글자의유래	사람이 낮게 자리한 모습에서 나온 글

단어이미지
- 저속 → 低속 → 低俗
- 저질 → 低질 → 低質
- 저공 → 低공 → 低空
- 최저가 → 최저價 → 최低價 → 最低價
- 최저속도 → 최低속도 → 最低속도 → 最低速도 → 最低速度
- 동고서저 → 동고서低 → 동고西低 → 동高西低 → 東高西低
- 저음 → 低음 → 低音

低 低 低

밑 저 : 집 엄(广) 부 - 총 8 획

底

문장이미지	해底를 철底히 조사하는 것도 우리의 底력이다
글자의유래	집의 아래(低)로 밑바닥을 나타낸다

단어이미지
- 해저 → 해底 → 海底
- 저의 → 底의 → 底意
- 철저조사 → 철底조사 → 徹底조사 → 徹底調사 → 徹底調査
- 민족저력 → 민족底력 → 민족底力 → 민族底力 → 民族底力
- 기저 → 기底 → 基底
- 저변 → 底변 → 底邊
- 저력 → 底력 → 底力

底 底 底

貯

쌓을 **저** : 조개 패(貝) 부 - 총 12 획

문장이미지	아침 햇살 아래 貯수지! 그 빛나는 물의 貯장고
글자의유래	재물(貝)을 모으고 저장한다는 뜻

단어이미지 • 저축 → 貯축 → 貯蓄	• 저장 → 貯장 → 貯藏
• 저수지 → 貯수지 → 貯水지 → 貯水池	• 저유 → 貯유 → 貯油
• 저장고 → 貯장고 → 貯藏고 → 貯藏庫	• 저금통장 → 貯금통장 → 貯金 통장 → 貯金通장 → 貯金通帳
• 저금통 → 貯금통 → 貯金통 → 貯金筒	貯 貯 貯

敵

대적할 **적** : 둥근월 문(攴(攵)) - 총 15 획

문장이미지	우리는 천하무敵 대敵할 자 누구냐?
글자의유래	몸을 움직여 서로 맞서 공격을 하는 형태에서 나옴

단어이미지 • 대적 → 대敵 → 對敵	• 숙적 → 숙敵 → 宿敵
• 외적 → 외敵 → 外敵	• 천하무적 → 천하무敵 → 천하無敵 → 천下無敵 → 天下無敵
• 호적수 → 호敵수 → 호敵手 → 好敵手	• 적대적 → 敵대적 → 敵對적 → 敵對的
敵 敵 敵	• 필적 → 필敵 → 匹敵

適

맞을 **적** : 책받침(辶(辵)) 부 - 총 15 획

문장이미지	너는 適재적소에 배치된 適응력 강한 適임자로다
글자의유래	똑바르게(啇) 앞으로 가는 것이 맞다는 뜻

단어이미지 • 적기 → 適기 → 適期	• 적당 → 適當 → 適當
• 적재적소 → 적재適소 → 적재適所 → 적材適所 → 適材適所	• 적임자 → 適임자 → 適任자 → 適任者
• 적응 → 適응 → 適應	• 적자생존 → 適자생존 → 適者생존 → 適者生존 → 適者生存
• 쾌적 → 쾌適 → 快適	適 適 適

과녁 적 : 흰 백(白) 부 - 총 8 획

的

문장이미지 그들의 목的은 이곳에 다목的 댐을 짓는 것이다.

글자의유래 흰(白) 동그라미 과녁에 활을 쏜다는 뜻에서 유래

단어이미지
- 목적 → 목的 → 目的
- 적중 → 的중 → 的中
- 다목적 → 다목的 → 다目的 → 多目的
- 지적소유 → 지的소유 → 知的소유 → 知的所유 → 知的所有
- 심적 → 심的 → 心的
- 천문학적 → 천문학的 → 천문學的 → 천文學的 → 天文學的
- 물적 → 물的 → 物的

的 的 的

쌓을 적 : 벼 화(禾) 부 - 총 16 획

積

문장이미지 누積 포인트 쌓아 積선하기 위해 모두 積극적이다.

글자의유래 벼(禾)를 쌓아 올리다에서 유래된 글자

단어이미지
- 누적 → 누積 → 累積
- 적선 → 積선 → 積善
- 적립 → 積립 → 積立
- 적극적 → 積극적 → 積極적 → 積極的
- 적립금 → 積립금 → 積立금 → 積立金
- 적재함 → 積재함 → 積載함 → 積載函
- 실적 → 실積 → 實積

積 積 積

길쌈 적 : 실 사(糸) 부 - 총 17 획

績

문장이미지 방績공장의 올해 수출실績이 좋은 것은 근로자의 공덕일세.

글자의유래 실(糸)을 잣아 베를 짠다는 뜻

단어이미지
- 공적 → 공績 → 功績
- 치적 → 치績 → 治績
- 방적공장 → 방績공장 → 紡績공장 → 紡績工장 → 紡績工場
- 실적 →실績 → 實績
- 방적 → 방績 → 紡績
- 업적달성 → 업績달성 → 業績달성 → 業績達성 → 業績達成
- 공적비 → 공績비 → 功績비 → 功績碑

績 績 績

籍

문서 적 : 대 죽(竹) 부 - 총 20 획

문장이미지 국籍은 바꿀 수 있어도 학籍은 바꿀 수 없다.

글자의유래 대(竹)에 쓴 글이 책이 되어 모인 것이 문서이다.

단어이미지
- 국적 → 국籍 → 國籍
- 학적 → 학籍 → 學籍
- 서적출판 → 서籍출판 → 書籍출판 → 書籍出판 → 書籍出版
- 사적 → 사籍 → 史籍
- 호적 → 호籍 → 戶籍
- 호적정리 → 호籍정리 → 戶籍정리 → 戶籍整리 → 戶籍整理
- 병적 → 병籍 → 兵籍

籍 籍 籍

賊

도둑 적 : 조개 패(貝) 부 - 총 13 획

문장이미지 예전에는 해賊, 도賊이 많았지만 의賊도 있었다.

글자의유래 창과 칼로 재물(貝)을 훔친다는 뜻

단어이미지
- 해적 → 해賊 → 海賊
- 도적 → 도賊 → 盜賊
- 의적 → 의賊 → 義賊
- 해적선 → 해賊선 → 해賊船 → 海賊船
- 역적모의 → 역賊모의 → 逆賊모의 → 逆賊謀의 → 逆賊謀議
- 적반하장 → 賊반하장 → 賊反하장 → 賊反荷장 → 賊反荷杖
- 적도 → 賊도 → 賊徒

賊 賊 賊

赤

붉을 적 : 붉을 적(赤) 부 - 총 7 획

문장이미지 赤십자 깃발에는 赤색 십자가가 그려져 있다.

글자의유래 큰(大) 불(火)이 붉게 타는 색깔에서 유래

단어이미지
- 적십자 → 赤십자 → 赤十자 → 赤十字
- 적외선 → 赤외선 → 赤外선 → 赤外線
- 적자탈출 → 赤자탈출 → 赤字탈출 → 赤字脫출 → 赤字脫出
- 적신호 → 赤신호 → 赤信호 → 赤信號
- 적조 → 赤조 → 赤潮
- 적색 → 赤색 → 赤色
- 적혈구 → 赤혈구 → 赤血구 → 赤血球

赤 赤 赤

專

오로지 **전** : 마디 촌(寸) 부 - 총 11 획

문장이미지 專공 공부에 專념하여 專문가가 되어라.

글자의유래 실을 실패에서 손으로 감다에서 집중시키다, 오로지의 뜻이 나옴

단어이미지
- 전공 → 專공 → 專攻
- 전념 → 專념 → 專念
- 전임 → 專임 → 專任
- 전문가 → 專문가 → 專門가 → 專門家
- 전결 → 專결 → 專決
- 전제정치 → 專제정치 → 專制정치 → 專制政치 → 專制政治
- 전횡 → 專횡 → 專橫

專 專 專

傳

전할 **전** : 사람 인(人) 부 - 총 13 획

문장이미지 傳설이 주저리주저리 구傳되어 내려오는 傳통마을

글자의유래 실패에서 실이 풀리듯 다른 사람(人)에게 옮겨 전한다는 뜻

단어이미지
- 전설 → 傳설 → 傳說
- 구전 → 구傳 → 口傳
- 영웅전 → 영웅傳 → 영雄傳 → 英雄傳
- 전도사 → 傳도사 → 傳道사 → 傳道師
- 입지전 → 입지傳 → 입志傳 → 立志傳
- 전통계승 → 傳통계승 → 傳統계승 → 傳統繼승 → 傳統繼承
- 전달 → 傳달 → 傳達

傳 傳 傳

轉

구를 **전** : 수레 거(車) 부 - 총 18 획

문장이미지 좋은 학교로 轉학오니 심기일轉하여 공부하는 맹자

글자의유래 수레가 실패에 감긴 실처럼 구른다는 뜻

단어이미지
- 전학 → 轉학 → 轉學
- 전근 → 轉근 → 轉勤
- 전화위복 → 轉화위복 → 轉禍위복 → 轉禍爲복 → 轉禍爲福
- 심기일전 → 심기일轉 → 심기一轉 → 심機一轉 → 心機一轉
- 회전력 → 회傳력 → 回傳력 → 回傳力
- 공전 → 공轉 → 公轉
- 자전 → 자轉 → 自轉

轉 轉 轉

全

온전. 갖출 **전** : 들 입(入) 부 - 총 6 획

문장이미지: 학생 全원은 안全에 유의하여 물놀이를 하세요.

글자의유래: 구슬(玉)중에 온전한 것만 집에 들여온다(入)는 뜻에서 유래

단어이미지
- 전원 → 全원 → 全員
- 완전 → 완全 → 完全
- 전인교육 → 全인교육 → 全人교육 → 全人教육 → 全人教育
- 전부 → 全부 → 全部
- 전능 → 全능 → 全能
- 안전제일 → 안全제일 → 安全제일 → 安全第일 → 安全第一
- 전체 → 全체 → 全體

全 全 全

典

법. 경전 **전** : 여덟 팔(八) 부 - 총 8 획

문장이미지: 이것이 원典에 충실한 典형적인 경典이외다.

글자의유래: 책(冊)을 손으로 받들고 있으니 소중한 책에서 법전, 경전의 뜻

단어이미지
- 원전 → 원典 → 元典
- 경전 → 경典 → 經典
- 전형적 → 典형적 → 典型적 → 典型的
- 고전적 → 고典적 → 古典적 → 古典的
- 사전 → 사典 → 辭典
- 백과사전 → 백과사典 → 백과事典 → 백科事典 → 百科事典
- 축전 → 축典 → 祝典

典 典 典

前

앞 **전** : 칼 도(刀) 부 - 총 9 획

문장이미지: 前야제 이前부터 여전히 몰려드는 나의 소녀 팬들

글자의유래: 배가 앞으로 나간다는 데서 앞의 뜻으로 쓰임

단어이미지
- 이전 → 이前 → 以前
- 전후좌우 → 前후좌우 → 前後좌우 → 前後左우 → 前後左右
- 사전허가 → 사前허가 → 事前허가 → 事前許가 → 事前許可
- 전야제 → 前야제 → 前夜제 → 前夜祭
- 전생 → 前생 → 前生
- 여전 → 여前 → 如前
- 오전 → 오前 → 午前

前 前 前

展

펼 전 : 주검 시(尸) 부- 총 10 획

문장이미지	展시회에 발展을 축하하는 화환을 보내주자.
글자의유래	비단옷을 벗고 누워(尸) 몸을 펼친다에서 유래함

단어이미지

• 전개 → 展개 → 展開	• 발전 → 발展 → 發展
• 급진전 → 급진展 → 급進展 → 急進展	• 전망대 → 展망대 → 展望대 → 展望臺
• 전시회 → 展시회 → 展示회 → 展示會	• 전시효과 → 展시효과 → 展示효과 → 展示效과 → 展示效果
• 국전 → 국展 → 國展	展 展 展

戰

싸울 전 : 창 과(戈) 부 - 총 16 획

문장이미지	산戰수戰 겪다보면 역戰의 용사가 되는 법일세.
글자의유래	사냥도구(單)와 창(戈)으로 서로 싸운다는 뜻

단어이미지

• 역전 → 역戰 → 力戰	• 관전 → 관戰 → 觀戰
• 전쟁 → 戰쟁 → 戰爭	• 결승전 → 결승戰 → 결勝戰 → 決勝戰
• 산전수전 → 산전수戰 → 산전水戰 → 산戰水戰 → 山戰水戰	• 협동작전 → 협동작戰 → 협동作戰 → 협同作戰 → 協同作戰
戰 戰 戰	• 종전 → 종戰 → 終戰

錢

돈 전 : 쇠 금(金) 부 - 총 16 획

문장이미지	급錢이 필요해도 금錢거래는 신중을 기해야 할 것이야.
글자의유래	쇠(金)를 작게 깎아 만든 것이 바로 돈이다.

단어이미지

• 급전 → 급錢 → 急錢	• 전주 → 錢주 → 錢主
• 금전거래 → 金전거래 → 金錢거래 → 金錢去래 → 金錢去來	• 당백전 → 당백錢 → 당百錢 → 當百錢
• 동전 → 동錢 → 銅錢	• 전표 → 錢票 → 錢票
• 본전 → 본錢 → 本錢	錢 錢 錢

밭 전 : 밭 전(田) 부 - 총 5 획

田

문장이미지 田답을 일구며 田원일기를 쓰는 화田민 아저씨

글자의유래 가로와 세로로 구획된 밭의 모양을 본뜬 글자

단어이미지

- 전답 → 田답 → 田畓
- 유전 → 유田 → 油田
- 단전 → 단田 → 丹田
- 아전인수 → 아田인수 → 我田인수 → 我田引수 → 我田引水
- 화전민 → 화田민 → 火田민 → 火田民
- 전원일기 → 田원일기 → 田園일기 → 田園日기 → 田園日記
- 공전 → 공田 → 公田

田 田 田

번개, 전기 전 : 비 우(雨) 부 - 총 13 획

電

문장이미지 광電자로 電기를 발電하여 고속電철을 타는 시대가 올 것이다.

글자의유래 비(雨)가 오면 번쩍 전기꼬리를 펼치는 것이 번개

단어이미지

- 전기 → 電기 → 電氣
- 원전 → 원電 → 原電
- 고속전철 → 고속電철 → 고속電鐵 → 고速電鐵 → 高速電鐵
- 전광판 → 電광판 → 電光판 → 電光板
- 광전자 → 광電자 → 光電자 → 光電子
- 가전 → 가電 → 家電
- 발전 → 발電 → 發電

電 電 電

끊을, 온통 절 : 칼 도(刀) 부 - 총 4 획

切

문장이미지 切망감을 일찍 切단할수록 희망은 다시 살아난다.

글자의유래 칼(刀)을 이용하여 여러 갈래로 모두 끊는다는 뜻

단어이미지

- 친절 → 친切 → 親切
- 절단 → 切단 → 切斷
- 절차탁마 → 切차탁마 → 切磋탁마 → 切磋琢마 → 切磋琢磨
- 절개 → 切개 → 切開
- 품절 → 품切 → 品切
- 일체 → 일切 → 一切
- 절감 → 切감 → 切感

切 切 切

折

꺾을 **절** : 재방변(扌) 부 - 총 7 획

문장이미지 좌折하지 않는 의지를 가지면 折반은 성공이다.

글자의유래 도끼를 손으로 들어 나무를 자르고 꺾는다는 뜻

단어이미지
- 좌절 → 좌折 → 挫折
- 절반 → 折반 → 折半
- 절충안 → 折충안 → 折衷안 → 折衷案
- 골절 → 골折 → 骨折
- 요절 → 요折 → 夭折
- 구절양장 → 구折양장 → 九折양장 → 九折羊장 → 九折羊腸
- 절충 → 折충 → 折衷

折 折 折

節

마디 **절** : 대 죽(竹) 부 - 총 15 획

문장이미지 節도있는 예節은 주위로 사람을 불러 모으는 재산이다.

글자의유래 대나무(竹)는 자라면서 마디가 생긴데서 유래

단어이미지
- 절도 → 節도 → 節度
- 예절 → 예節→ 禮節
- 절약정신 → 節약정신 → 節約정신 → 節約情신 → 節約情神
- 광복절 → 광복節 → 광復節 → 光復節
- 구구절절 → 구구절節 → 구구節節 → 구句節節 → 句句節節
- 개천절 → 개천節 → 개天節 → 開天節
- 절전 → 節전 → 節電

節 節 節

絶

끊을, 으뜸 **절** : 실 사(絲) 부 - 총 12 획

문장이미지 絶대다수가 우기면 어느 여자나 絶세미인이 된다.

글자의유래 실(糸)을 색(色)깔별로 끊어 자르니 가장 으뜸이라는 뜻

단어이미지
- 절경 → 絶경 → 絶景
- 절호 → 絶호 → 絶好
- 절대다수 → 絶대다수 → 絶對 다수 → 絶對多수 → 絶對多數
- 절세미인 → 絶세미인 → 絶世미인 → 絶世美인 → 絶世美人
- 절찬 → 絶찬 → 絶讚
- 절정 → 絶정 → 絶頂
- 근절 → 근絶 → 根絶

絶 絶 絶

점칠. 점령할 점 : 점 복(卜) 부 - 총 5 획

占

문장이미지 마음을 성공의 占괘로 占거하면 실패가 도망친다.

글자의유래 입(口)으로 점(卜)괘를 말한다는 뜻

단어이미지

- 점괘 → 占괘 → 占卦
- 점령 → 占령 → 占領
- 독점품목 → 독占품목 → 獨占품목 → 獨占品목 → 獨占品目
- 점술가 → 占술가 → 占術가 → 占術家
- 점유 → 占유 → 占有
- 도로점거 → 도로占거 → 도로占據 → 도路占據 → 道路占據
- 점용 → 占용 → 占用

占 占 占

가게 점 : 집 엄(广) 부 - 총 8 획

店

문장이미지 시인은 지식을 파는 정신 서店의 영원한 店원이다.

글자의유래 출입이 자유로운 집에서 물건을 파는 곳이라는 뜻

단어이미지

- 서점 → 서店 → 書店
- 점원 → 店원 → 店員
- 점방 → 店방 → 店房
- 점포세 → 店포세 → 店鋪세 → 店鋪稅
- 은행지점 → 은행지店 → 은행支店 → 은行支店 → 銀行支店
- 백화점 → 백화店 → 백貨店 → 百貨店
- 상점 → 상店 → 商店

店 店 店

점 점 : 검을 흑(黑) 부 - 총 17 획

點

문장이미지 나의 하루 성실 點수는 얼마인지 點검해 보라

글자의유래 한 곳을 검게(黑) 표시하니 점이 된다는 뜻

단어이미지

- 점수 → 點수 → 點數
- 점검 → 點검 → 點檢
- 점호시간 → 點호시간 → 點呼시간 → 點呼時간 → 點呼時間
- 점선표시 → 點선표시 → 點線표시 → 點線表시 → 點線表示
- 점선 → 點선 → 點線
- 점등 → 點등 → 點燈
- 점화 → 點화 → 點火

點 點 點

接

이을, 접근할 **접** : 재방변 (扌) 부 - 총 11 획

문장이미지　행복은 자신만이 직接 接속하는 마음의 웹사이트다.

글자의유래　손(手)을 써서 서있는(立) 여자(女)에게 접근하는 모양

단어이미지
- 직접 → 직接 → 直接
- 접속 → 接속 → 接續
- 응접실 → 응接실 → 應接실 → 應接室
- 접객업소 → 接객업소 → 接客 업소 → 接客業소 → 接客業所
- 접수 → 接수 → 接受
- 직접선거 → 직接선거 → 直接선거 → 直接選거 → 直接選擧
- 접근 → 接근 → 接近

接 接 接

丁

고무래, 장정 **정** : 한 일(一) 부 - 총 2 획

문장이미지　내 자신을 지키는 병丁이 되고 장丁이 되어야 한다.

글자의유래　몸못의 모양을 본뜬 글자. 후에 넷째, 젊은 남자를 뜻함

단어이미지
- 병정 → 병丁 → 兵丁
- 원정 → 원丁 → 園丁
- 장정 → 장丁 → 壯丁
- 정남 → 丁남 → 丁男
- 독일병정 → 독일병丁 → 독일兵丁 → 독逸兵丁 → 獨逸兵丁
- 丁時 → 丁시 → 丁時
- 백정 → 백丁 → 白丁

丁 丁 丁

停

머무를 **정** : 사람 인(人) 부- 총 11 획

문장이미지　차가 停거장에 停차하듯이 인생도 가끔 쉼이 있어야 한다.

글자의유래　사람(人)이 정자(亭)에 잠시 머물고 간다는 뜻

단어이미지
- 정차 → 停차 → 停車
- 정전 → 停전 → 停戰
- 임시정회 → 임시停회 → 임시停會 → 임時停會 → 臨時停會
- 정차장 → 停차장 → 停車장 → 停車場
- 정류장 → 停류장 → 停留장 → 停留場
- 정년 → 停년 → 停年
- 정지 → 停지→ 停止

停 停 停

程

길. 한도 **정** : 벼 화(禾) 부 - 총 12 획

문장이미지 인생의 공程에 맞추어 일程을 잘 조정해야 성공하느니라.

글자의유래 벼(禾)가 왕성하게 성장하는 과정을 뜻함

단어이미지
- 규정 → 규程 → 規程
- 공정 → 공程 → 工程
- 일정 → 일程 → 日程
- 정도 → 程도 → 程度
- 여정 → 여程 → 旅程
- 생산일정 → 생산일程 → 생산日程 → 생産日程 → 生産日程
- 노정변경 → 노程변경 → 路程변경 → 路程變경 → 路程變更

程 程 程

定

정할. 고칠 **정** : 갓머리 (宀) - 총 8 획

문장이미지 인생이란 지定된 定착촌에 안주하는 것이 아니다.

글자의유래 집안을 정리해서 바르게(正) 한다는 데서 유래

단어이미지
- 지정 → 지定 → 指定
- 정석 → 定석 → 定石
- 정가 → 定가 → 定價
- 정착촌 → 定착촌 → 定着촌 → 定着村
- 결정권 → 결定권 → 決定권 → 決定權
- 통상협정 → 통상협定 → 통상協定 → 통商協定 → 通商協定
- 선정 → 선定 → 選定

定 定 定

庭

뜰. 집안 **정** : 집 엄(广) 부 - 총 10 획

문장이미지 친庭에서 가庭교육을 잘 받은 신부를 맞으라.

글자의유래 집과 조정이 합쳐 뜰과 정원을 나타내게 됨

단어이미지
- 친정 → 친庭 → 親庭
- 교정 → 교庭 → 校庭
- 가정교육 → 가庭교육 → 家庭교육 → 家庭教육 → 家庭教育
- 정원사 → 庭원사 → 庭園사 → 庭園師
- 가정학 → 가庭학 → 家庭학 → 家庭學
- 법정 → 법庭 → 法庭
- 정원 → 庭원 → 庭園

庭 庭 庭

正

바른 **정** : 그칠 지(止) 부 - 총 5 획

문장이미지 공명正대한 사람은 늘 正正당당하다.

글자의유래 발(止)이 목표하는 곳으로 똑바로(一) 나간다는 뜻

단어이미지

- 정의 → 正의 → 正義
- 진정 → 진正 → 眞正
- 정정당당 → 正정당당 → 正正당당 → 正正堂당 → 正正堂堂
- 정상 → 正상 → 正常
- 정론 → 正론 → 正論
- 사필귀정 → 사필귀正 → 사필歸正 → 사必歸正 → 事必歸正
- 정도 → 正도 → 正道

正	正	正		

整

가지런할 **정** : 등근월 문(문攴(攵)) - 총 16 획

문장이미지 질서 整연하게 삶을 가꾸고 자신에게 늘 엄整하라.

글자의유래 바르게(正) 묶어 가지런하게 만든다는 뜻

단어이미지

- 엄정 → 엄整 → 嚴整
- 정리 → 整리 → 整理
- 조정 → 조整 → 調整
- 정렬 → 整렬 → 整列
- 차량정비 → 차량整비 → 차량整備 → 차輛整備 → 車輛整備
- 질서정연 → 질서整연 → 질서整然 → 질序整然 → 秩序整然
- 정숙 → 整肅 → 整肅

整	整	整		

政

정사 **정** : 등근월 문(攴(攵)) - 총 9 획

문장이미지 국민은 깨끗한 政치를 하는 政권을 원하는 것이다.

글자의유래 바르게(正) 매질하여 잘 다스린다는 뜻

단어이미지

- 정략 → 政략 → 政略
- 정권 → 政권 → 政權
- 정당정치 → 政당정치 → 政黨정치 → 政黨政치 → 政黨政治
- 참정권 → 참政권 → 參政권 → 參政權
- 선정 → 선政 → 善政
- 위정자 → 위政자 → 爲政자 → 爲政者
- 정부 → 政부 → 政府

政	政	政		

뜻. 사랑 **정** : 마음 심(心) 부 - 총 11 획

情

문장이미지 우情과 情열을 그대 품안에 간직하시라.

글자의유래 사람(人)의 마음이 푸르다(靑)에서 '뜻', '사랑'으로 변함

단어이미지
- 우정 → 우情 → 友情
- 다정다감 → 다情다감 → 多情다감 → 多情多감 → 多情多感
- 표정 → 표情 → 表情
- 인정 → 인情 → 人情
- 정열 → 情열 → 情熱
- 정담 → 情담 → 情談
- 정보산업 → 情보산업 → 情報산업 → 情報産업 → 情報産業

情 情 情

정할. 깨끗할 **정** : 쌀 미(米) 부 - 총 14 획

精

문장이미지 물고기는 精성 깃든 체외수精으로 번식한다.

글자의유래 쌀(米)을 푸른빛(靑)이 나도록 깨끗이 씻다의 의미에서 나옴

단어이미지
- 정성 → 精성 → 精誠
- 정진 → 精진 → 精進
- 체외수정 → 체외수精 → 체외受精 → 체外受精 → 體外受精
- 정자 → 精자 → 精子
- 정력적 → 精력적 → 精力적 → 精力的
- 정자은행 → 精자은행 → 精子은행 → 精子銀행 → 精子銀行
- 정독 → 精독 → 精讀

精 精 精

고요할 **정** : 푸를 청(靑) 부 - 총 16 획

靜

문장이미지 환자가 안靜을 취하도록 병원에서는 늘 靜숙해야지

글자의유래 푸른(靑) 초목이 말없이 다투듯(爭) 고요하고 편안함에서 유래

단어이미지
- 정태 → 靜태 → 靜態
- 절대안정 → 절대안靜 → 절대安靜 → 절對安靜 → 絶對安靜
- 정적 → 靜적 → 靜寂
- 정물화 → 靜물화 → 靜物화 → 靜物畵
- 정숙 → 靜숙 → 靜肅
- 정중동 → 靜중동 → 靜中동 → 靜中動
- 정좌 → 靜좌 → 靜坐

靜 靜 靜

制

절제할 **제** : 칼 도(刀) 부 - 총 8 획

문장이미지 예술에는 制한이 없다. 끼를 억制하지 말자.

글자의유래 칼(刀)로 불필요한 부분을 깨끗이 한다. 억제한다는 뜻

단어이미지

- 제한 → 制한 → 制限
- 억제 → 억制 → 抑制
- 규칙제정 → 규칙制정 → 규칙制定 → 규則制定 → 規則制定
- 제복 → 制복 → 制服
- 제도 → 制도 → 制度
- 제어장치 → 制어장치 → 制御장치 → 制御裝치 → 制御裝置
- 전제 → 전制 → 專制

制 制 制

製

지을. 만들 **제** : 옷 의(衣) 부 - 총 14 획

문장이미지 컴퓨터칩 신製품 製조는 한국이 세계 1위지

글자의유래 옷(衣)을 만드는(制) 과정, 즉 짓고 만든다는 뜻

단어이미지

- 제조 → 製조 → 製造
- 제지 → 製지 → 製紙
- 제약 → 製약 → 製藥
- 신제품 → 신製품 → 신製品 → 新製品
- 가전제품 → 가전製품 → 가전製品 → 가電製品 → 家電製品
- 제품생산 → 製품생산 → 製品생산 → 製品生산 → 製品生産
- 제작 → 製작 → 製作

製 製 製

濟

건널 **제** : 물 수(氵) 부 - 총 17 획

문장이미지 경濟를 살리고 국민을 구濟하는 대통령이 최고

글자의유래 물(氵)을 헤쳐 나아가다(齊), 건너다의 의미

단어이미지

- 경제 → 경濟 → 經濟
- 구제 → 구濟 → 救濟
- 결제서류 → 결濟서류 → 決濟서류 → 決濟書류 → 決濟書類
- 경제난 → 경濟난 → 經濟난 → 經濟難
- 제민 → 濟민 → 濟民
- 결제 → 결濟 → 決濟
- 인류구제 → 인류구濟 → 인류救濟 → 인類救濟 → 人類救濟

濟 濟 濟

提

끌 **제** : 손 수(扌) 부 - 총 12 획

문장이미지 희망을 提시하는 자에게 하늘은 기회를 提공한다.

글자의유래 손(手)으로 수저(是)를 끌어 당긴다에서 '끌다'의 뜻

단어이미지
- 제시 → 提시 → 提示
- 제공 → 提공 → 提供
- 답안제출 → 답안提출 → 답안提出 → 답案提出 → 答案提出
- 제안서 → 提안서 → 提案서 → 提案書
- 제기 → 提기 → 提起
- 기술제휴 → 기술提휴 → 기술提携 → 기術提携 → 技術提携
- 제출 → 提출 → 提出

提 提 提

題

제목 **제** : 머리 혈(頁) 부 - 총 18 획

문장이미지 이 문題는 숙題로 내줄테니 題목과 함께 내일 제출해라.

글자의유래 바로 앞의 좋은(是) 이마(頁)에서 '제목'의 뜻으로 변함

단어이미지
- 제호 → 題호 → 題號
- 제목 → 題목 → 題目
- 과제 → 과題 → 課題
- 별문제 → 별문題 → 별問題 → 別問題
- 화제집중 → 화題집중 → 話題집중 → 話題集중 → 話題集中
- 문제출제 → 문제출題 → 문제出題 → 문題出題 → 問題出題
- 숙제 → 숙題 → 宿題

題 題 題

帝

임금 **제** : 수건 건(巾) 부 - 총 9 획

문장이미지 황帝를 부러워 말라. 너 자신도 네 인생에 帝왕일지니

글자의유래 하늘에 제사를 지내는 우두머리, 즉 제왕을 뜻하게 됨

단어이미지
- 황제 → 황帝 → 皇帝
- 제왕 → 帝왕 → 帝王
- 제국주의 → 帝국주의 → 帝國주의 → 帝國主의 → 帝國主義
- 옥황상제 → 옥황상帝 → 옥황上帝 → 옥皇上帝 → 玉皇上帝
- 제정 → 帝정 → 帝政
- 대제 → 대帝 → 大帝
- 천제 → 천帝 → 天帝

帝 帝 帝

弟

아우, 제자 **제** : 활 궁(弓) 부 - 총 7 획

문장이미지 그 형弟의 모두 출중하여 실력이 난형난弟하더라.

글자의유래 활(弓)을 메고 화살을 쏘며 노는 아우에서 유래

단어이미지
- 형제 → 형弟 → 兄弟
- 제자 → 弟자 → 弟子
- 난형난제 → 난형난弟 → 난형難弟 → 난兄難弟 → 難兄難弟
- 사제 → 사弟 → 師弟
- 수제자 → 수弟자 → 수弟子 → 首弟子
- 호형호제 → 호형호弟 → 호형呼弟 → 호兄呼弟 → 呼兄呼弟
- 매제 → 매弟 → 妹弟

弟	弟	弟		

第

차례, 과거 **제** : 대 죽(竹) 부 - 총 11 획

문장이미지 옛날에는 과거 급第를 第일로 쳤다.

글자의유래 대나무 마디가 하나씩 차례를 나타낸다에서 유래

단어이미지
- 급제 → 급第 → 及第
- 제일 → 第일 → 第一
- 제이 → 第이 → 第二
- 제삼자 → 第삼자 → 第三자 → 第三者
- 대과급제 → 대과급第 → 대과及第 → 대科及第 → 大科及第
- 제일선 → 第일선 → 第一선 → 第一線
- 낙제 → 낙第 → 落第

第	第	第		

除

덜, 버릴 **제** : 언덕 부(阝) 부 - 총 10 획

문장이미지 除초제로 풀을 다 除거한들 여름 옴을 어이 배除하리오.

글자의유래 언덕(阝) 밑의 남은(余) 것들을 '덜다, 버리다'에서 유래

단어이미지
- 제거 → 除거 → 除去
- 제명 → 除명 → 除名
- 회비면제 → 회비면除 → 회비免除 → 회費免除 → 會費免除
- 제초제 → 除초제 → 除草제 → 除草劑
- 제적 → 除적 → 除籍
- 제外 → 除외 → 除外
- 배제 → 배除 → 排除

除	除	除		

祭

제사, 기고 **제** : 보일 시(示) 부 총 11 획

문장이미지	사랑의 사육祭, 제일 멋진 젊음의 축祭!
글자의유래	고기(肉)를 전시(示)하여 제사를 지낸다는 뜻

단어이미지

- 제단 → 祭단 → 祭壇
- 제례 → 祭례 → 祭禮
- 제물 → 祭물 → 祭物
- 사육제 → 사육祭 → 사肉祭 → 謝肉祭
- 전야제 → 전야祭 → 전夜祭 → 前夜祭
- 지역축제 → 지역축祭 → 지역祝祭 → 지域祝祭 → 地域祝祭
- 제문 → 祭문 → 祭文

祭 祭 祭

際

즈음, 가 **제** : 언덕 부(阝) 부 - 총 14 획

문장이미지	차際에 서로 국際 교際 후 실際 결혼한 커플을 조사해보자.
글자의유래	언덕(阝) 사이 서로 제사(祭)를 지내는 땅의 경계선에서 '가', '즈음'의 뜻으로 사용되어짐

단어이미지

- 실제 → 실際 → 實際
- 국제 → 국際 → 國際
- 차제 → 차際 → 此際
- 실제적 → 실際적 → 實際적 → 實際的
- 이성교제 → 이성교際 → 이성交際 → 이性交際 → 異性交際
- 국제교류 → 국際교류 → 國際교류 → 國際交류 → 國際交流
- 교제 → 교際 → 交際

際 際 際

助

도울, 유익할 **조** : 힘 력(力) 부 - 총 7 획

문장이미지	좋은 친구는 助언과 협助를 아끼지 않는다.
글자의유래	짐진 사람을 힘써서(力) 도와주다는 뜻

단어이미지

- 조언 → 助언 → 助言
- 협조 → 협助 → 協助
- 원조교제 → 원助교제 → 援助교제 → 援助交제 → 援助交際
- 구조견 → 구助견 → 救助견 → 救助犬
- 조수 → 助수 → 助手
- 조력 → 助력 → 助力
- 내조 → 내助 → 內助

助 助 助

할아버지, 조상 **조** : 보일 시(示) 부 – 총 10 획	祖
문장이미지 선祖가 지켜온 대한민국 우리 祖국 만만세!	
글자의유래 시조의 신위(示)로부터 대대로 내려온다는 뜻에서 조상을 나타냄	

단어이미지 • 시조 → 시祖 → 始祖	• 비조 → 비祖 → 鼻祖
• 조상 → 祖상 → 祖上	• 선조 → 선祖 → 先祖
• 조부모 → 祖부모 → 祖父모 → 祖父母	• 조국찬가 → 祖국찬가 → 祖國찬가 → 祖國讚가 → 祖國讚歌
• 오대조 → 오대祖 → 오代祖 → 五代祖	祖 祖 祖

組	짤 **조** : 실 사(糸) 부 – 총 11 획
	문장이미지 저런 組직 폭력배들에게도 노동組합이 있을까?
	글자의유래 실을 포개고 조깨어 천으로 짜고 맞춘다는 뜻

단어이미지 • 조직 → 組직 → 組織	• 개조 → 개組 → 改組
• 조성 → 組성 → 組成	• 조립품 → 組립품 → 組立품 → 組立品
• 노동조합 → 노동組합 → 노동組合 → 노動組合 → 勞動組合	• 제일조 → 제일組 → 제一組 → 第一組
組 組 組	• 조별 → 組별 → 組別

고를, 조화로울 **조** : 말씀 언(言) 부 – 총 15 획	調
문장이미지 調화로운 단어 調절은 문장의 맛을 살리는 調미료.	
글자의유래 말씀(言)이 두루두루(周) 조화롭다는 데서 조화, 고르다는 뜻	

단어이미지 • 조화 → 調화 → 調和	• 조리 → 調리 → 調理
• 식사조절 → 식사調절 → 식사調節 → 식事調節 → 食事調節	• 조미료 → 調미료 → 調味료 → 調味料
• 곡조 → 곡調 → 曲調	• 순조 → 순調 → 順調
• 동조 → 동調 → 同調	調 調 調

操

잡을 조 : 재방변 (扌) - 총 11 획

문장이미지 지操있는 선비의 마음은 감히 누군들 操종하지 못할 것이야.

글자의유래 손(手)으로 나무(木)로 된 연장을 부리고 조정한다는 뜻

단어이미지
- 지조 → 지操 → 志操
- 조업 → 操업 → 操業
- 조작 → 操작 → 操作
- 조롱 → 操롱 → 操弄
- 조심성 → 操심성 → 操心성
- 기계조작 → 기계操작 → 기계操作 → 기械操作 → 機械操作
- 조종 → 操종 → 操縱

操 操 操

朝

아침. 조정 조 : 달 월(月) 부 - 총 12 획

문장이미지 보라 여기 오백년 朝선 왕朝의 발자취를

글자의유래 동쪽에 아침 해가 솟고 서쪽으로 달(月)이 기우니 새벽이라는 뜻

단어이미지
- 조선 → 朝선 → 朝鮮
- 왕조 → 왕朝 → 王朝
- 조석 → 朝석 → 朝夕
- 조변석개 → 朝변석개 → 朝變석개 → 朝變夕개 → 朝變夕改
- 조반 → 朝반→ 朝飯
- 조삼모사 → 朝삼모사 → 朝三모사 → 朝三暮사 → 朝三暮四
- 조회 → 朝회 → 朝會

朝 朝 朝

潮

조수 조 : 물 수(氵) 부 - 총 15 획

문장이미지 바다에 만潮와 간潮가 있듯 성공에도 때와 흐름이 있다.

글자의유래 바다 조수가 아침(朝)에 몰려 왔다 가는 것을 뜻함

단어이미지
- 만조 → 만潮 → 滿潮
- 간조 → 간潮 → 干潮
- 조수간만 → 潮수간만 → 潮水간만 → 潮水干만 → 潮水干滿
- 문학사조 → 문학사潮 → 문학思潮 → 문學思潮 → 文學思潮
- 풍조 → 풍조 → 風潮
- 사조 → 사潮 → 思潮
- 조류 → 潮류 → 潮流

潮 潮 潮

早

이를 **조** : 날 일(日) 부 - 총 6 획

문장이미지 무급하게 무기 교육을 시키면 아이가 무로한다.

글자의유래 해(日)가 막 떠오르는 모양이니 아직은 '이르다'라는 뜻

단어이미지
- 조산 → 무산 → 早産
- 조로 → 무로 → 早老
- 조만간 → 무만간 → 早晩간 → 早晩間
- 조숙 → 무숙 → 早熟
- 조생종 → 무생종 → 早生종 → 早生種
- 조기교육 → 무기교육 → 早期교육 → 早期敎육 → 早期敎育
- 조퇴 → 무퇴 → 早退

早 早 早

條

가지 **조** : 나무 목(木) 부 - 총 11 획

문장이미지 條목별 따져 條건에 맞지 않는 條약인가를 보라.

글자의유래 나무(木)에 줄기가 여러 갈래 가지 친 모양에서 유래

단어이미지
- 소건 → 條건 → 條件
- 조약 → 條약 → 條約
- 신조 → 신條 → 信條
- 조목별 → 條목별 → 條目별 → 條目別
- 보호조약 → 보호條약 → 보호條約 → 보護條約 → 保護條約
- 부조리 → 부條리 → 부條理 → 不條理
- 조례 → 條례 → 條例

條 條 條

造

지을 **조** : 책받침 辶(辵) 부 - 총 11 획

문장이미지 造물주가 창造한 자연 위에 인간은 도시를 造성한다.

글자의유래 남에게 주기위해 무엇인가를 만들고 짓는다는 뜻

단어이미지
- 조성 → 造성 → 造成
- 창조 → 창造 → 創造
- 인조인간 → 인造인간 → 人造인간 → 人造人간 → 人造人間
- 조물주 → 造물주 → 造物주 → 造物主
- 조형 → 造형 → 造型
- 조경 → 造경 → 造景
- 목조 → 목造 → 木造

造 造 造

鳥

새 조 : 새 조(鳥) 부 - 총 11 획

문장이미지 백鳥의 호수에 노을이 지니 구관鳥가 시를 노래하누나.

글자의유래 새의 모양을 본떠서 만든 글자

단어이미지
- 백조 → 백鳥 → 白鳥
- 탐조 → 탐鳥 → 探鳥
- 불사조 → 불사鳥 → 불死鳥 → 不死鳥
- 조류 → 鳥류 → 鳥類
- 구관조 → 구관鳥 → 구官鳥 → 九官鳥
- 일석이조 → 일석이鳥 → 일석二鳥 → 일石二鳥 → 一石二鳥
- 길조 → 길鳥 → 吉鳥

鳥 鳥 鳥

族

무리. 겨레 **족** : 모 방(方) 부 - 총 11 획

문장이미지 어族자원이 풍부한 곳에 어부 가族이 잘 사는구나.

글자의유래 깃발 아래 화살(矢)이 쌓여 있어 많은 무리와 한겨레를 나타냄

단어이미지
- 가족 → 가族 → 家族
- 친족 → 친族 → 親族
- 혈족 → 혈族 → 血族
- 한민족 → 한민族 → 한民族 → 韓民族
- 어족자원 → 어族자원 → 魚族자원 → 魚族資원 → 魚族資源
- 거족적 → 거族적 → 擧族적 → 擧族的
- 종족 → 종族 → 種族

族 族 族

足

발. 흡족할 **족** : 발 족(足) 부 - 총 7 획

문장이미지 足구시합에서 최선을 다했으나 역부足인걸 어떡해.

글자의유래 무릎 아래 발의 모습을 본떠 만든 글자

단어이미지
- 족구 → 足구 → 足球
- 사족 → 사足 → 四足
- 자급자족 → 자급자足 → 자급自足 → 자給自足 → 自給自足
- 역부족 → 역부足 → 역不足 → 力不足
- 풍족 → 풍足 → 豊足
- 수족 → 수足 → 手足
- 족적 → 足적 → 足跡

足 足 足

存

있을 존 : 아들 자(子) 부 - 총 6 획

문장이미지 공存하는 存재의 생存권에 대한 이야기를 다루어보자.

글자의유래 아들(子)이 잘 자라고 있다에서 존재의 뜻을 나타냄

단어이미지
- 공존 → 공存 → 共存
- 존재 → 存재 → 存在
- 생존권 → 생存권 → 生存권 → 生存權
- 실존 → 실存 → 實存
- 보존 → 보存 → 保存
- 적자생존 → 적자생存 → 적자生存 → 적者生存 → 適者生存
- 존립 → 存립 → 存立

存 存 存

尊

높을 존 : 마디 촌(寸) 부 - 총 12 획

문장이미지 유아독尊 자尊심을 버리고 자아의 尊엄성을 찾아가는 구도자.

글자의유래 술병을 손에 들고 높은 사람에게 공경해 따르는 데서 유래

단어이미지
- 존경 → 尊경 → 尊敬
- 존대 → 尊대 → 尊待
- 존귀 → 尊귀 → 尊貴
- 자존심 → 자尊심 → 自尊심 → 自尊心
- 유아독존 → 유아독尊 → 유아獨尊 → 유我獨尊 → 唯我獨尊
- 존엄성 → 尊엄성 → 尊嚴성 → 尊嚴性
- 지존 → 지尊 → 至尊

尊 尊 尊

卒

마칠, 군사 졸 : 열 십(十) 부 - 총 8 획

문장이미지 고卒이든 대卒이든 그냥 군대가면 처음엔 오합지卒 卒병일세.

글자의유래 표시가 나는 옷을 입은 사람은 아래 사람으로 '하인 졸병' 이라는 뜻과 '마치다, 끝나다'의 의미를 같이 가진 글자.

단어이미지
- 고졸 → 고卒 → 高卒
- 대졸 → 대卒 → 大卒
- 오합지졸 → 오합지卒 → 오합之卒 → 오合之卒 → 烏合之卒
- 졸업생 → 卒업생 → 卒業생 → 卒業生
- 졸병 → 卒병 → 卒兵
- 병졸 → 병卒 → 兵卒
- 졸도 → 卒도 → 卒倒

卒 卒 卒

宗

마루, 으뜸 **종** : 갓머리 (宀) 부 - 총 8 획

문장이미지 宗주국답게 宗가에서 김치를 담을 때는 차라리 宗교의식이었다.

글자의유래 집(宀)에 신(示)을 모신 종묘, 사당, 마루로 으뜸이라는 뜻도 더해졌다.

단어이미지
- 종가 → 宗가 → 宗家
- 종손 → 宗손 → 宗孫
- 종주국 → 宗주국 → 宗主국 → 宗主國
- 종친 → 宗친 → 宗親
- 종파 → 宗파 → 宗派
- 종교의식 → 宗교의식 → 宗教의식 → 宗教儀식 → 宗教儀式
- 종묘 → 宗묘 → 宗廟

宗	宗	宗		

從

따를, 좇을 **종** : 두 인(彳) 부 - 총 11 획

문장이미지 국가의 부름에 순從하여 백의從군하는 이순신 장군.

글자의유래 앞 사람들의 뒤를 좇아 따른다는 뜻

단어이미지
- 복종 → 복從 → 服從
- 종전 → 從전 → 從前
- 순종 → 순從 → 順從
- 백의종군 → 백의從군 → 백의從軍 → 백衣從軍 → 白衣從軍
- 여필종부 → 여필從부 → 여필從夫 → 여必從夫 → 女必從夫
- 추종 → 추從 → 追從
- 상종 → 상從 → 相從

從	從	從		

種

씨, 종류 **종** : 벼 화(禾) 부 - 총 14 획

문장이미지 생물種에는 순種, 잡種, 변種, 아種 등 별種들이 다 있다.

글자의유래 벼(禾)씨는 무거워(重) 가라앉아야 싹트는 씨가 된다에서 유래

단어이미지
- 순종 → 순種 → 純種
- 종자 → 種자 → 種子
- 잡종강세 → 잡種강세 → 雜種강세 → 雜種強세 → 雜種強勢
- 생물종 → 생물種 → 생物種 → 生物種
- 별종 → 별種 → 別種
- 특종 → 특種 → 特種
- 아종 → 아種 → 亞種

種	種	種		

마칠 종 : 실 사(糸) 부 - 총 11 획

終

문장이미지	진終일 어디서 무엇을 했는지 자초지終을 말해보라.
글자의유래	실사(糸)에 겨울(冬)이 합쳐 사계절이 마치는 때라는 뜻

단어이미지 • 종강 → 終강 → 終講	• 종신 → 終신 → 終身
• 진종일 → 진終일 → 진終日→ 盡終日	• 종결 → 終결 → 終決
• 최종 → 최終 → 最終	• 자초지종 → 자초지終 → 자초至終 → 자初至終 → 自初至終
• 종례 → 終례 → 終禮	終 終 終

쇠북 종 : 쇠 금(金) 부 - 총 17 획

鐘

문장이미지	鐘로에 퍼지는 鐘각의 타鐘 소리에 또 한해가 저물고.
글자의유래	쇠(金)종을 치면 아이(童)처럼 운다에서 쇠북 즉 종의 뜻

단어이미지 • 범종 → 범鐘 → 梵鐘	• 종각 → 鐘각 → 鐘閣
• 타종 → 타鐘 → 打鐘	• 자명종 → 자명鐘 → 자鳴鐘 → 自鳴鐘
• 종루 → 鐘루 → 鐘樓	• 종로오가 → 鐘로오가 → 鐘路오가 → 鐘路五가 → 鐘路五街
鐘 鐘 鐘	• 만종 → 만鐘 → 晩鐘

왼 좌 : 장인 공(工) 부 - 총 5 획

左

문장이미지	내 젊은 날의 左충우돌, 때로는 左우를 살필 틈도 없었다.
글자의유래	목수가 자를 쥘 때는 왼손으로 쥔다해서 왼쪽의 뜻이 됨

단어이미지 • 좌우 → 左우 → 左右	• 좌상 → 左상 → 左相
• 좌충우돌 → 左충우돌 → 左衝우돌 → 左衝右돌 → 左衝右突	• 좌의정 → 左의정 → 左議정 → 左議政
• 좌심방 → 左심방 → 左心방 → 左心房	• 좌수 → 左수 → 左手
• 좌익 → 左익 → 左翼	左 左 左

座

자리 **좌** : 집 엄(广) 부 - 총 10 획

문장이미지 저 교수 강座는 인기가 있어 座석이 항상 꽉 차지.

글자의유래 집(广)에 있는 자리(坐), 즉 자리나 위치를 뜻함

단어이미지
- 강좌 → 강座 → 講座
- 좌석 → 座석 → 座席
- 좌담 → 座담 → 座談
- 좌우 → 座우 → 座右
- 계좌 → 계座 → 計座
- 계좌번호 → 계座번호 → 計座번호 → 計座番호 → 計座番號
- 좌우명 → 座우명 → 座右명 → 座右銘

座 座 座

罪

허물, 죄 **죄** : 그물 망(罒) 부 - 총 13 획

문장이미지 국민에게 사罪를 하지 않은 자에게 면罪를 주다니. 이럴 수가

글자의유래 법의 그물(罒)에 걸린 그릇된(非) 것이 바로 죄라는 뜻

단어이미지
- 사죄 → 사罪 → 赦罪
- 면죄 → 면罪 → 免罪
- 무죄 → 무罪 → 無罪
- 죄악시 → 罪악시 → 罪惡시 → 罪惡視
- 친고죄 → 친고罪 → 친告罪 → 親告罪
- 범죄자 → 범罪자 → 범罪者 → 犯罪者
- 죄목 → 罪목 → 罪目

罪 罪 罪

主

주인, 임금 **주** : 점 주(丶) 부 - 총 5 획

문장이미지 인생의 主인공은 나다. 主체와 主관을 갖고 살자.

글자의유래 촛대 위에 불이 타니 방안의 중심이므로 '주인'을 나타냄

단어이미지
- 주상 → 主상 → 主上
- 주어 → 主어 → 主語
- 주체의식 → 主체의식 → 主體의식 → 主體意식 → 主體意識
- 주인공 → 主인공 → 主人공 → 主人公
- 주부 → 主부 → 主婦
- 주의 → 主의 → 主義
- 주장 → 主장 → 主張

主 主 主

住

살, 머무를 주 : 사람 인(人) 부 - 총 7 획

문장이미지 住거조건이 좋은 住택에 안住하려는 것이 인간 심리의 현住소.

글자의유래 사람(人)이 일정한 터에 주(主)로 머물러 산다에서 나온 말

단어이미지
- 주택 → 住택 → 住宅
- 안주 → 안住 → 安住
- 현주소 → 현住소 → 현住所 → 現住所
- 의식주 → 의식住 → 의食住 → 衣食住
- 주민 → 住민 → 住民
- 주거조건 → 住거조건 → 住居조건 → 住居條건 → 住居條件
- 거주 → 거住 → 居住

住 住 住

注

부을, 물댈 주 : 물 수(氵) 부 - 총 8 획

문장이미지 注입식 교육보다는 학생들이 스스로 注목할 수 있는 교육을 하자.

글자의유래 흐르는 물(水)은 한쪽으로 주력(主)하여 흐르다에서 유래

단어이미지
- 주목 → 注목 → 注目
- 주시 → 注시 → 注視
- 주사 → 注사 → 注射
- 주입식 → 注입식 → 注入식 → 注入式
- 주문생산 → 注문생산 → 注文생산 → 注文生산 → 注文生産
- 요주의 → 요注의 → 要注의 → 要注意
- 외주 → 외注 → 外注

注 注 注

周

두루 주 : 입 구(口) 부 - 총 8 획

문장이미지 周위 환경을 용의周도하게 살핀 후 투자를 결정합시다.

글자의유래 본래 뜻은 입(口)을 써서 말을 삼가는 것에서 변하여 두루두루의 뜻을 나타냄

단어이미지
- 주지 → 周지→ 周知
- 주역 → 周역 → 周易
- 주위환경 → 周위환경 → 周圍 환경 → 周圍環경 → 周圍環境
- 용의주도 → 용의周도 → 용의周到 → 용意周到 → 用意周到
- 주도 → 周도 → 周到
- 주년 → 周년 → 周年
- 세계일주 → 世계일주 → 世界일주 → 世界一주 → 世界一周

周 周 周

週

주일 **주** : 책받침 辶(辵) 부 - 총 12 획

문장이미지 매週 週초에 週간 목표를 세우고 일하자.

글자의유래 주(周)나라의 성을 한 바퀴 도는 데 일주일 걸림에서 주일을 나타내게 됨

단어이미지

- 매주 → 매週 → 每週
- 주초 → 週초 → 週初
- 주간 → 週간 → 週間
- 주보 → 週보 → 週報
- 주간지 → 週간지 → 週刊지 → 週刊誌
- 주말여행 → 週말여행 → 週末여행 → 週末旅행 → 週末旅行
- 내주 → 내週 → 來週

週 週 週

州

고을 **주** : 내 천(川) 부 - 총 6 획

문장이미지 전州. 광州, 청州. 나州. 경州는 모두 물 좋은 고을.

글자의유래 강의 삼각주에 생긴 섬에 고을이 있다에서 유래

단어이미지

- 광주 → 광州 → 光州
- 청주 → 청州 → 淸州
- 나주 → 나州 → 羅州
- 삼각주 → 삼각洲 → 삼角洲 → 三角洲
- 주지사 → 州지사 → 州知사 → 州知事
- 나주시 → 나州시 → 羅州시 → 羅州市
- 전주 → 전州 → 全州

州 州 州

晝

낮 **주** : 날 일(日) 부 - 총 11 획

문장이미지 晝간에는 밭을 갈고 밤에는 공부하는 것이 晝경야독.

글자의유래 밤과 낮을 구별하여 해(日)가 뜬 시기가 낮이라는 뜻

단어이미지

- 주간 → 晝간 → 晝間
- 백주 → 백晝 → 白晝
- 주경야독 → 晝경야독 → 晝耕야독 → 晝耕夜독 → 晝耕夜讀
- 주야장천 → 晝야장천 → 晝夜장천 → 晝夜長천 → 晝夜長川
- 주식 → 晝식 → 晝食
- 주야 → 晝야 → 晝夜
- 주근 → 晝근 → 晝勤

晝 晝 晝

朱

붉을 주 : 나무 목(木) 부 - 총 6 획

문장이미지 인朱와 朱목은 모두 붉은 朱황색 계통이다.

글자의유래 나무(木)의 가운데를 베면 붉다에서 유래

단어이미지
- 인주 → 인朱 → 印朱
- 주목 → 朱목 → 朱木
- 주황색 → 朱황색 → 朱黃색 → 朱黃色
- 주홍 → 朱홍 → 朱紅
- 주단 → 朱단 → 朱丹
- 주자학파 → 朱자학파 → 朱子학파 → 朱子學파 → 朱子學派
- 무주 → 무朱 → 戊朱

朱 朱 朱

走

달릴, 달아날 주 : 달아날 주(走) 부 - 총 7 획

문장이미지 경走에 역走했던 그 시절이 走마등처럼 떠오르네.

글자의유래 사람(人)이 땅(土)을 박차고 뛰어가는 모습을 나타낸 글자

단어이미지
- 경주 → 경走 → 競走
- 역주 → 역走 → 力走
- 주자 → 走자 → 走者
- 주마등 → 走마등 → 走馬등 → 走馬燈
- 주마간사 → 走마간산 → 走馬간산 → 주마간山 → 走馬看山
- 축주마 → 출走마 → 出走마 → 出走馬
- 탈주 → 탈走 → 脫走

走 走 走

酒

술 주 : 닭 유(酉) 부 - 총 10 획

문장이미지 酒량껏 마시자, 반酒는 좋으나 폭酒는 건강에 해롭다.

글자의유래 술병에 들어 있는 물(水)이니 곧 술이로다.

단어이미지
- 주량 → 酒량 → 酒量
- 반주 → 반酒 → 飯酒
- 주색잡기 → 酒색잡기 → 酒色잡기 → 酒色雜기 → 酒色雜技
- 합환주 → 합환酒 → 합歡酒 → 合歡酒
- 폭주 → 폭酒 → 暴酒
- 금주 → 금酒 → 禁酒
- 양주 → 양酒 → 洋酒

酒 酒 酒

竹

대나무. 피리 **죽** : 대 죽(竹) 부 – 총 6 획

문장이미지 竹도를 가지고 놀던 그리운 검도부 竹마고우들

글자의유래 대나무 줄기에 잎이 나있는 모습을 나타낸 글자

단어이미지

- 죽도 → 竹도 → 竹刀
- 오죽→ 오竹→ 烏竹
- 죽부인 → 竹부인 → 竹夫인 → 竹夫人
- 죽세공 → 竹세공 → 竹細공 → 竹細工
- 장죽 → 장竹 → 長竹
- 죽마고우 → 竹마고우 → 죽마故友 → 죽馬故友 → 竹馬故友
- 죽림 → 竹림 → 竹林

竹 竹 竹

準

준할 **준** : 물 수(氵) 부 – 총 13 획

문장이미지 만년 꼴찌도 準우승하는 것을 보니 실력이 평準화된건가?

글자의유래 물을 담아 수평을 재는 도구의 모양에서 유래

단어이미지

- 표준 → 표準 → 標準
- 준칙 → 準칙 → 準則
- 준비 → 準비 → 準備
- 평준화 → 평準화 → 平準화 → 平準化
- 준우승 → 準우승 → 準優승 → 準優勝
- 준용 → 準용 → 準用
- 기준시가 → 기準시가 → 基準시가 → 基準時가 → 基準時價

準 準 準

中

가운데. 맞을 **중** : 뚫을 곤(丨) 부 – 총 4 획

문장이미지 체전에서 과녁 中앙에 백발백中 적中시키는 中학생 양궁선수

글자의유래 사물의 가운데를 꿰뚫는 모양에서 가운데, 맞춘다는 뜻

단어이미지

- 중앙 → 中앙 → 中央
- 적중 → 적中 → 的中
- 중견작가 → 中견작가 → 中堅작가 → 中堅作가 → 中堅作家
- 중년층 → 中년층 → 中年층 → 中年層
- 중학생 → 中學生 → 中學生 → 中學生
- 백발백중 → 백발백中 → 백발百中 → 백發百中 → 百發百中
- 중립 → 中립 → 中立

中 中 中

衆

무리. 많을 **중** : 피 혈(血) 부 - 총 12 획

문장이미지 많은 청衆들에게 衆생과 민생의 참삶의 길을 설법하는 큰 스님

글자의유래 본시 인(人)자 셋을 써서 무리를 나타내었다가 이 글자로 바뀜

단어이미지

- 청중 → 청衆 → 聽衆
- 관중 → 관衆 → 觀衆
- 민중 → 민衆 → 民衆
- 중생 → 衆생 → 衆生
- 중구난방 → 衆구난방 → 衆口난방 → 衆口難방 → 衆口難防
- 중과부적 → 衆과부적 → 衆寡부적 → 衆寡不적 → 衆寡不敵
- 대중 → 대衆 → 大衆

衆 衆 衆

重

무거울. 거듭할 **중** : 마을 리(里) 부 - 총 9 획

문장이미지 자신을 애지重지하라. 체重이 너무 나가면 비만이요. 重병이다.

글자의유래 사람이 등에 짐을 지고 서있는 모양에서 무겁다. 거듭하다의 뜻

단어이미지

- 체중 → 체重 → 體重
- 중병 → 重병 → 重病
- 귀중품 → 귀重품 → 귀重品 → 貴重品
- 중공업 → 重공업 → 重工업 → 重工業
- 중책 → 重책 → 重責
- 애지중지 → 애지重지 → 애지重之 → 애之重之 → 愛之重之
- 중대 → 重대 → 重大

重 重 重

增

더할 **증** : 흙 토(土) 부 - 총 15 획

문장이미지 할增요금인 심야에는 택시 잡기 힘들어도 기사는 수입 增대.

글자의유래 흙 (土) 위에 거듭 무엇을 올려 더한다는 뜻

단어이미지

- 할증 → 할增 → 割增
- 증대 → 增대 → 增大
- 차량증편 → 차량增편 → 車輛增便 → 車輛增便 → 車輛增便
- 증감액 → 增감액 → 增減액 → 增減額
- 급증 → 급增 → 急增
- 증산 → 增산 → 增産
- 증설 → 增설 → 增設

增 增 增

證

증거. 증명할 **증** : 말씀 언(言) 부 - 총 19 획

문장이미지 심證은 가는 데 아무런 물證이 없는 그대 사랑

글자의유래 말(言)로서 잘 밝히다(登)에서 증거, 증명하다의 뜻

단어이미지

- 심증 → 심證 → 心證
- 물증 → 물證 → 物證
- 증언 → 證언 → 證言
- 영수증 → 領수증 → 領收증 → 領收證
- 증서 → 證서 → 證書
- 공증서류 → 공證서류 → 公證서류 → 公證書류 → 公證書類
- 통행증 → 통행證 → 통行證 → 通行證

證 證 證

地

땅. 바탕 **지** : 흙 토(土) 부 - 총 6 획

문장이미지 우리 학교는 地리적으로 地하철에서도 가까워 좋아.

글자의유래 큰 뱀이 꿈틀거리듯 땅(土)의 굴곡된 형상을 나타냄

단어이미지

- 농지 → 농地 → 農地
- 지리적 → 地리적 → 地理적 → 地理的
- 지도 → 地도 → 地圖
- 지하철 → 地하철 → 地下철 → 地下鐵
- 소재지 → 소재地 → 소在地 → 所在地
- 역지사지 → 역地사지 → 易地사지 → 易地思지 → 易地思之
- 지主 → 地주 → 地主

地 地 地

止

그칠. 막을 **지** : 그칠 지(止) 부 - 총 4 획

문장이미지 일단 정止! 여기는 테러 방止로 출입금지 구역입니다.

글자의유래 사람이 서 있는 모습에서 움직이지 않고 그치다. 막다의 뜻

단어이미지

- 정지 → 정止 → 停止
- 지혈 → 止혈 → 止血
- 출입금지 → 출입금止 → 출입禁止 → 출入禁止 → 出入禁止
- 방지책 → 방止책 → 防止책 → 防止策
- 지양 → 止양 → 止揚
- 중지 → 중止 → 中止
- 해지 → 해止 → 解止

止 止 止

持

가질 **지** : 손 수(手) 부 - 총 9 획

문장이미지 긍持를 가지고 전통을 유持하는 민속마을에 持속적 관심을!

글자의유래 손(手)에 절(寺)의 물건을 소중히 지니고 있음에서 가지다의 뜻

단어이미지
- 긍지 → 긍持 → 矜持
- 유지 → 유持 → 維持
- 지구력 → 持구력 → 持久력 → 持久力
- 소지 → 소持 → 所持
- 지참금 → 持참금 → 持参금 → 持参金
- 현상유지 → 현상유持 → 현상維持 → 현狀維持 → 現狀維持
- 지병 → 持병 → 持病

持 持 持

指

가리킬, 손가락 **지** : 손 수(手) 부 - 총 9 획

문장이미지 너를 指명타자로 指명하였으니 홈런 하나 갈겨다오.

글자의유래 손(手)으로 어딘가를 가리킨다는 뜻. 손가락의 뜻도 겸함

단어이미지
- 지적 → 指적 → 指摘
- 지칭 → 指칭 → 指稱
- 지침 → 指침 → 指針
- 지남철 → 指남철 → 指南철 → 指南鐵
- 시밍라자 → 指명티지 → 指名타자 → 指名打자 → 指名打者
- 중지 → 중指 → 中指
- 지시 → 指시 → 指示

指 指 指

志

뜻 **지** : 마음 심(心) 부 - 총 7 획

문장이미지 志망하는 학교에 志원했으니 합격하여 입志전적인 인물이 되어라.

글자의유래 선비(士)의 마음(心) 가는 곳에 뜻이 있다.

단어이미지
- 지망 → 志망 → 志望
- 지원 → 志원 → 志願
- 촌지사절 → 촌志사절 → 寸志謝絶 → 寸志謝絶 → 寸志謝絶
- 입지전 → 입志전 → 立志전 → 立志傳
- 동지 → 동志 → 同志
- 의지 → 의志 → 意志
- 입지 → 입志 → 立志

志 志 志

誌

기록할 **지** : 말씀 언(言) 부 - 총 14 획

문장이미지 우리 인쇄소에서는 교誌, 잡誌, 회誌를 찍어드립니다.

글자의유래 말(言)과 그 뜻(志)에 맞추어 말을 기록한다는 뜻

단어이미지
- 교지 → 교誌 → 校誌
- 잡지 → 잡誌 → 雜誌
- 회지 → 회誌 → 會誌
- 본지 → 본誌 → 本誌
- 잡지책 → 잡誌책 → 雜誌책 → 雜誌冊
- 학습일지 → 학습일誌 → 학습日誌 → 학習日誌 → 學習日誌
- 지면 → 誌면 → 誌面

誌 誌 誌

支

지탱할, 가를 **지** : 지탱할 지(支) 부 - 총 4 획

문장이미지 고객들의 支지로 支점의 支배인이 된 친구.

글자의유래 대나무 가지(十)를 손(又)으로 잡아 지탱하다, 가르다에서 유래

단어이미지
- 지지 → 支지 → 支持
- 지점 → 支점 → 支店
- 지원 → 支원 → 支援
- 지배인 → 支배인 → 支配인 → 支配人
- 십이지 → 십이支 → 십二支 → 十二支
- 지급창구 → 支급창구 → 支給창구 → 支給窓구 → 支給窓口
- 지탱 → 支탱 → 支撐

支 支 支

知

알 **지** : 화살 시(矢) 부 - 총 8 획

문장이미지 이 책을 한자 교재로 선정한 그대, 知각있는 知식인이여!

글자의유래 체험한 바를 입(口)으로 설명하니 많이 안다는 뜻

단어이미지
- 지각 → 知각 → 知覺
- 인지 → 인知 → 認知
- 지적소유 → 知적소유 → 知的소유 → 知的所유 → 知的所有
- 지성인 → 知성인 → 知性인 → 知性人
- 지식 → 知식 → 知識
- 지인 → 知인 → 知人
- 친지 → 친知 → 親知

知 知 知

智

지혜 **지** : 날 일(日) 부 - 총 12 획

문장이미지 그는 智혜와 智략을 다 갖춘 장군감이야.

글자의유래 낮(日)에는 더 슬기롭게 안다(知)에서 지혜롭다는 의미가 됨.

단어이미지
- 지혜 → 智혜 → 智慧
- 지견 → 智견 → 智見
- 지덕체 → 智덕체 → 智德체 → 智德體
- 지략 → 智략 → 智略
- 지과 → 智과 → 智果
- 생활지혜 → 생활智혜 → 생활智慧 → 생活智慧 → 生活智慧
- 지략가 → 智략가 → 智略가 → 智略家

智 智 智

紙

종이, 편지 **지** : 실 사(糸) 부 - 총 10 획

문장이미지 편紙에는 우표를 붙여야지 수입인紙는 안 된다.

글자의유래 언덕(氏)에 실(糸)이 얽혀 만들어진 것이라는 뜻에서 후에 '종이'를 뜻함

단어이미지
- 지전 → 紙전 → 紙錢
- 지폐 → 紙폐 → 紙幣
- 벽지 → 벽紙 → 壁紙
- 수입인지 → 수입인紙 → 수입印紙 → 수入印紙 → 收入印紙
- 편지지 → 편지紙 → 片紙지 → 片紙紙
- 오선지 → 오선紙 → 오線紙 → 五線紙
- 답안지 → 답안紙 → 답案紙 → 答案紙

紙 紙 紙

至

이를, 지극할 **지** : 이를 지(至) 부 - 총 6 획

문장이미지 조엄하신 안전이다. 어서 자초조종을 말하라.

글자의유래 새가 날아 땅(土)에 이르는 모양을 나타내는 데서 유래

단어이미지
- 동지 → 동조 → 冬至
- 하지 → 하조 → 夏至
- 자초지종 → 자초조종 → 자초至終 → 자初至終 → 自初至終
- 심지어 → 심조어 → 甚至어 → 甚至於
- 지엄 → 조엄 → 至嚴
- 지급 → 조급 → 至急
- 지극 → 조극 → 至極

至 至 至

곧을 **직** 값 **치** : 눈 목(目) 부 - 총 8 획

直

문장이미지	예리한 直감은 성공으로 가는 直통노선과 直결된다.
글자의유래	눈(目)을 바로보고 있으니 사실 그대로 곧게 본다는 뜻에서 유래

단어이미지
- 직감 → 直감 → 直感
- 직결 → 直결 → 直結
- 직통 → 直통 → 直通
- 직항 → 直항 → 直航
- 직선 → 直선 → 直線
- 직접선거 → 直접선거 → 直接선거 → 直接選거 → 直接選擧
- 직접적 → 直접적 → 直接적 → 直接的

直 直 直

짤 **직** : 실 사(糸) 부 - 총 18 획

織

문장이미지	실을 織조하여 염織한 것이 織물이다.
글자의유래	실(絲)을 베틀과 같은 도구로 짜서 천을 만들다라는 뜻

단어이미지
- 직물 → 織물 → 織物
- 견직 → 견織 → 絹織
- 방직 → 방織 → 紡織
- 직녀성 → 織녀성 → 織女성 → 織女星
- 면직기 → 면織기 → 綿織기 → 綿織機
- 직조 → 織조 → 織造
- 조직 → 조織 → 組織

織 織 織

직분 **직** : 귀 이(耳) 부 - 총 18 획

職

문장이미지	관職은 職능에 관계없이 좋은 職업이라는 것으로 알려졌다.
글자의유래	귀(耳)로 들어 작은 것까지 잘 판별하는 일을 한다에서 직분의 뜻을 가지게 됨

단어이미지
- 관직 → 관職 → 官職
- 직분 → 職분 → 職分
- 직장선택 → 職장선택 → 職場선택 → 職場選택 → 職場選擇
- 구직처 → 구職처 → 求職처 → 求職處
- 직업 → 職업 → 職業
- 직무 → 職무 → 職務
- 공직 → 공職 → 公職

職 職 職

진칠 진 : 언덕 부(阝) 부 - 총 10 획

陣

문장이미지 마지막 배수陣을 치고 陣지를 사수하자는 참모陣들의 건의.

글자의유래 언덕(阝)에 전차(車)와 병력으로 진을 펼쳐 대열을 만든다는 뜻

단어이미지
- 진지 → 陣지 → 陣地
- 필진 → 필陣 → 筆陣
- 연구진 → 연구陣 → 연究陣 → 研究陣
- 진영 → 陣영 → 陣營
- 참모진 → 참모陣 → 참謀陣 → 參謀陣
- 진두지휘 → 陣두지휘 → 陣頭지휘 → 陣頭指휘 → 陣頭指揮
- 진막 → 陣막 → 陣幕

陣 陣 陣

보배 진 : 구슬 옥(玉) 부 - 총 9 획

珍

문장이미지 珍주 조개와 산해珍미가 넘치는 섬, 아! 珍도여

글자의유래 귀중한 구슬(玉)을 품고 있으니 보물, 보배라는 뜻

단어이미지
- 진주 → 珍주 → 珍珠
- 진본 → 珍본 → 珍本
- 진기 → 珍기 → 珍技
- 산해진미 → 산해珍미 → 산해珍味 → 산海珍味 → 山海珍味
- 진도 → 珍도 → 珍島
- 진도군 → 珍도군 → 珍島군 → 珍島郡
- 진품 → 珍품 → 珍品

珍 珍 珍

나아갈 진 : 책받침 辶(辵) 부 - 총 12 획

進

문장이미지 신시장에 점進적으로 進출하기로 모두 뜻을 모읍시다.

글자의유래 새(隹)가 날아서 길을 헤쳐 나가듯이 앞으로 나아간다는 뜻

단어이미지
- 진출 → 進출 → 進出
- 점진적 → 점進적 → 漸進적 → 漸進的
- 일진일퇴 → 일進일퇴 → 一進일퇴 → 一進一퇴 → 一進一退
- 급진적 → 급進적 → 急進적 → 急進的
- 진격 → 進격 → 進擊
- 진로 → 進로 → 進路
- 승진 → 승進 → 昇進

進 進 進

盡

다할 **진** : 그릇 명(皿) 부 - 총 14 획

문장이미지: 기盡맥盡한 부모님을 극盡히 간병하는 효녀 김심청 양.

글자의유래: 그릇(皿) 속을 솔로 털어서 비운다는 의미에서 힘이 다하다는 뜻

단어이미지
- 진력 → 盡력 → 盡力
- 극진 → 극盡 → 極盡
- 탕진 → 탕盡 → 蕩盡
- 맥진 → 맥盡 → 脈盡
- 매진 → 매盡 → 賣盡
- 기진맥진 → 기진맥盡 → 기진脈盡 → 기盡脈盡 → 氣盡脈盡
- 진충 → 盡충 → 盡忠

盡 盡 盡

眞

참 **진** : 눈 목(目) 부 - 총 10 획

문장이미지: 미스 코리아 眞선미 사眞을 모두 인터넷에서 보았지.

글자의유래: 숟가락으로 솥에 물건을 채우다에서 뒤에 진실의 뜻으로 변함

단어이미지
- 진실 → 眞실 → 眞實
- 사진 → 사眞 → 寫眞
- 진솔 → 眞솔 → 眞率
- 진선미 → 眞선미 → 眞善미 → 眞善美
- 진골 → 眞골 → 眞骨
- 진위성 → 眞위성 → 眞僞성 → 眞僞性
- 진주 → 眞주 → 眞珠

眞 眞 眞

質

바탕 **질** : 조개 패(貝) 부 - 총 15 획

문장이미지: 체質개선과 항생물質에 대한 質문을 받겠습니다.

글자의유래: 물건(貝)의 무게를 달다, 돈(貝)의 가치를 알다에서 후에 바탕으로 바뀜

단어이미지
- 질권 → 質권 → 質權
- 질량 → 質량 → 質量
- 항생물질 → 항생물質 → 항생物質 → 항生物質 → 抗生物質
- 체질개선 → 체質개선 → 體質개선 → 體質改선 → 體質改善
- 인질 → 인質 → 人質
- 질문 → 質문 → 質問
- 변질 → 변質 → 變質

質 質 質

集

모을 **집** : 새 추(隹) 부 - 총 12 획

문장이미지 현대 시인의 작품을 集대성한 시集을 발간하기로 하였다.

글자의유래 나무(木)에 여러 마리의 새(隹)가 앉아있는 모양에서 모이다. 모으다의 뜻

단어이미지
- 모집 → 모集 → 募集
- 집결 → 集결 → 集結
- 집합 → 集합 → 集合
- 집대성 → 集대성 → 集大성 → 集大成
- 수집 → 수集 → 收集
- 집중공격 → 集중공격 → 集中공격 → 集中攻격 → 集中攻擊
- 시집 → 시集 → 詩集

集 集 集

差

다를 **차** : 장인 공(工) 부 - 총 10 획

문장이미지 무역회사에서는 환差가 중요하지, 差액이 발생하기 때문이지.

글자의유래 손에 든 벼이삭의 크기가 각각 다르다는 의미에서 유래

단어이미지
- 차이 → 差이 → 差異
- 차별 → 差별 → 差別
- 차액 → 差액 → 差額
- 함흥차사 → 함흥差사 → 함흥差使 → 함興差使 → 咸興差使
- 천차만별 → 천差만별 → 千差만별 → 千差萬별 → 千差萬別
- 격차 → 격差 → 隔差
- 시차 → 시差 → 時差

差 差 差

次

버금 **차** : 하품 흠(欠) 부 - 총 6 획

문장이미지 석次가 좋아야 장次 좋은 학교에 갈 수 있는 거야.

글자의유래 피곤하여 나가지 못하고 둘째에 머물렀다는 뜻에서 '다음'

단어이미지
- 장차 → 장次 → 將次
- 석차 → 석次 → 席次
- 국방차관 → 국방次관 → 국방次官 → 국防次官 → 國防次官
- 차선책 → 次선책 → 次善책 → 次善策
- 차석 → 次석 → 次席
- 차관 → 次관 → 次官
- 차상 → 次상 → 次上

次 次 次

着

붙을 착 : 눈 목(目) 부 - 총 12 획

문장이미지 인생 종着역까지는 멀다, 가끔은 연着하여 천천히 가자.

글자의유래 지을 저(著)의 속자에서 '입다' '붙다'의 뜻으로 변형되었다.

단어이미지

• 연착 → 연着 → 延着	• 착륙 → 着륙 → 着陸
• 도착 → 도着 → 到着	• 불시착 → 불시着 → 불時着 → 不時着
• 착상 → 着상 → 着想	• 인상착의 → 인상着의 → 인상着衣 → 인相着衣 → 人相着衣
• 종착 → 종着 → 終着	着 着 着

讚

기릴 찬 : 말씀 언(言) 부 - 총 26 획

문장이미지 상사가 칭讚해주고 친구들의 讚사도 받는 그대여.

글자의유래 말씀(言)에 칭찬하다는 찬(贊)을 합친 글로 '기리다'의 뜻

단어이미지

• 찬사 → 讚사 → 讚辭	• 칭찬 → 칭讚 → 稱讚
• 찬양 → 讚양 → 讚揚	• 찬미 → 讚미 → 讚美
• 찬송가 → 讚송가 → 讚頌가 → 讚頌歌	• 극찬 → 극讚 → 極讚
讚 讚 讚	• 격찬 → 격讚 → 激讚

察

살필 찰 : 갓머리 (宀) 부 - 총 14 획

문장이미지 경察과 검察이 합동으로 그곳을 순察하기로 하였다.

글자의유래 집에서 제사(祭)를 지내며 모두를 잘 살필다는 뜻에서 유래

단어이미지

• 경찰 → 경察 → 警察	• 검찰 → 검察 → 檢察
• 의무경찰 → 의무警찰 → 의무警察 → 의務警察 → 義務警察	• 통찰력 → 통察력 → 洞察력 → 洞察力
• 고찰 → 고察 → 考察	• 순찰 → 순察 → 巡察
• 관찰 → 관察 → 觀察	察 察 察

참여할 참 : 마늘 모(厶) 부 - 총 11 획

參

문장이미지 — 이 경기에 參가는 못해도 반드시 參관은 해야 해.

글자의유래 — 숫자 3을 나타내며 '참가하다'의 뜻으로 같이 쓰인다.

단어이미지
- 참여 → 參여 → 參與
- 참관 → 參관 → 參觀
- 참가 → 參가 → 參加
- 참석자 → 參석자 → 參席자 → 參席者
- 참고서 → 參고서 → 參考서 → 參考書
- 참전국가 → 參전국가 → 參戰국가 → 參戰國가 → 參戰國家
- 불참 → 불參 → 不參

參 參 參

비롯할 창 : 말씀 언(言) 부 - 총 12 획

創

문장이미지 — 독創성이 있는 새 사업을 創업하려고 한다.

글자의유래 — 칼(刀)에 다치다, 처음 새기다에서 '비롯하다' '시작하다'의 뜻으로 바뀜

단어이미지
- 창설 → 創설 → 創設
- 창업 → 創업 → 創業
- 창당 → 創당 → 創黨
- 창의력 → 創의력 → 創意력 → 創意力
- 독창성 → 독創성 → 獨創성 → 獨創性
- 창간호 → 創간호 → 創刊호 → 創刊號
- 창건 → 創건 → 創建

創 創 創

부를 창 : 입 구(口) 부- 총 11 획

唱

문장이미지 — 한 명이 애唱곡을 독唱하고 이어 모두 합唱하는 가수들

글자의유래 — 입(口)으로 풍부한(昌) 소리를 내며 노래를 부른다는 뜻

단어이미지
- 독창 → 독唱 → 獨唱
- 합창 → 합唱 → 合唱
- 부창부수 → 부唱부수 → 夫唱부수 → 夫唱婦수 → 夫唱婦隨
- 애창곡 → 애唱곡 → 愛唱곡 → 愛唱曲
- 창가 → 唱가 → 唱歌
- 명창 → 명唱 → 名唱
- 선창 → 선唱 → 先唱

唱 唱 唱

窓 창 창 : 구멍 혈(穴) 부 - 총 11 획

문장이미지 저 은행 窓구에 있는 사람이 바로 우리 학교 동窓생이야.

글자의유래 담에 구멍(穴)을 내어 밝게하는 장치에서 '창'의 뜻

단어이미지

• 선창 → 선窓 → 船窓	• 동창생 → 동窓생 → 同窓생 → 同窓生
• 창구 → 窓구 → 窓口	• 창문 → 窓문 → 窓門
• 철창 → 철窓 → 鐵窓	• 이중창문 → 이중窓문 → 이중窓門 → 이重窓門 → 二重窓門
• 학창 → 학窓 → 學窓	窓 窓 窓

採 캘 채 : 재방변(扌) 부 - 총 11 획

문장이미지 한자가 사원 採용시험에 採택되었으니 열심히 공부하자.

글자의유래 손(手)으로 나무(木)의 뿌리를 캔다는 뜻에서 유래

단어이미지

• 채취 → 採취 → 採取	• 채용 → 採용 → 採用
• 채점 → 採점 → 採點	• 곤충채집 → 곤충採집 → 곤충採集 → 곤蟲採集 → 昆蟲採集
• 사원채용 → 사원採용 → 사원採用 → 사員採用 → 社員採用	• 특채 → 특採 → 特採
採 採 採	• 채택 → 採택 → 採擇

冊 책 책 : 멀 경(冂) 부 - 총 5 획

문장이미지 이 冊이 잘 팔려야 冊방도 좋고 저자도 웃지.

글자의유래 옛날 대나무로 만든 책의 모양을 본떠서 만든 글자.

단어이미지

• 책방 → 冊방 → 冊房	• 별책 → 별冊 → 別冊
• 세자책봉 → 세자冊봉 → 세자冊封 → 세子冊封 → 世子冊封	• 소책자 → 소冊자 → 小冊자 → 小冊子
• 책자 → 冊자 → 冊子	• 책봉 → 冊봉 → 冊封
• 공책 → 공冊 → 空冊	冊 冊 冊

天

하늘 **천** : 클 대(大) 부 - 총 4 획

문장이미지 天하를 호령하던 天자의 기상을 가져 보아라.

글자의유래 클 대(大)와 한 일(一)을 합친 글자로 사람 머리 위에 있는 하늘을 나타냄

단어이미지
- 천하 → 天하 → 天下
- 천자 → 天자 → 天子
- 노천 → 노天 → 露天
- 인내천 → 인내天 → 인乃天 → 人乃天
- 천문대 → 天문대 → 天文대 → 天文臺
- 청천벽력 → 청天벽력 → 青天벽력 → 青天霹력 → 青天霹靂
- 천지 → 天지 → 天地

天 天 天

川

내 **천** : 개미허리 巛/川부 - 총 3 획

문장이미지 산川어의 어미는 산川초목을 보러 바다에서 하川으로 온다네.

글자의유래 양 개울 둑 사이로 물이 흘러가는 모습을 본뜬 글자

단어이미지
- 하천 → 하川 → 河川
- 인천 → 인川 → 仁川
- 건천 → 건川 → 乾川
- 산천어 → 산川어 → 山川어 → 山川魚
- 산천초목 → 산川초목 → 山川초목 → 山川草목 → 山川草木
- 청계천 → 청계川 → 청溪川 → 清溪川
- 천변→ 川변→ 川邊

川 川 川

泉

샘 **천** : 물 수(水) 부 - 총 9 획

문장이미지 온泉수와 광泉수를 팔아 부자된 물장수 봉이 김선달 후예

글자의유래 땅 속에서 하얀(白) 물(水)이 솟아나오니 '샘'이다.

단어이미지
- 냉천 → 냉泉 → 冷泉
- 광천 → 광泉 → 鑛泉
- 원천과세 → 원泉과세 → 源泉과세 → 源泉課세 → 源泉課稅
- 온천수 → 온泉수 → 溫泉수 → 溫泉水
- 구천 → 구泉 → 九泉
- 황천 → 黃泉 → 황泉
- 감천 → 감泉 → 甘泉

泉 泉 泉

責

꾸짖을 **책** : 조개 패(貝) 부 - 총 11 획

문장이미지 責임감이 없는 사람은 문責을 받게 된다는 것을 명심하게.

글자의유래 준 돈(貝)을 달라고 다구치는 것에서 '꾸짖다'의 뜻

단어이미지
- 면책 → 면責 → 免責
- 죄책 → 죄責 → 罪責
- 책임감 → 責임감 → 責任감 → 責任感
- 문책 → 문責 → 問責
- 책무 → 責무 → 責務
- 귀책사유 → 귀責사유 → 歸責사유 → 歸責事유 → 歸責事由
- 중책 → 중責 → 重責

責 責 責

處

곳 **처** : 범호 밑 (虍) 부 - 총 11 획

문장이미지 홍수 때 잘못된 하수處리 때문에 물고기가 피난處를 잃었다.

글자의유래 사람이 걸음을 멈추고 한 자리에 머물고 쉬는 곳을 듯함

단어이미지
- 처서 → 處서 → 處暑
- 상처 → 상處 → 傷處
- 처우 → 處우 → 處遇
- 피난처 → 피난處 → 피難處 → 避難處
- 하수처리 → 하수處리 → 하수處理 → 하水處理 → 下水處理
- 거래처 → 거래處 → 거來處 → 去來處
- 처녀 → 處녀 → 處女

處 處 處

千

일천 **천** : 열 십(十) 부 - 총 3 획

문장이미지 삼千리 강산에는 인물도 千태만상이라네.

글자의유래 사람인(人)에 열 십(十)을 합쳐 일천의 뜻을 나타냄

단어이미지
- 천금 → 千금 → 千金
- 삼천리 → 삼千리 → 삼千里 → 三千里
- 천태만상 → 千태만상 → 千態만상 → 千態萬상 → 千態萬象
- 천리안 → 千리안 → 千里안 → 千里眼
- 천만 → 千만 → 千萬
- 천자문 → 千자문 → 千字문 → 千字文
- 천인공노 → 天인공노 → 天人공노 → 天人共노 → 天人共怒

千 千 千

鐵

쇠 **철** : 쇠 금(金) 부 - 총 21 획

문장이미지 鐵도와 鐵교를 만드는 강鐵은 鐵광석에서 나온다.

글자의유래 땅 속에서 나오는 검은 금(金)에서 '쇠'라는 뜻

단어이미지 • 철도 → 鐵도 → 鐵道	• 철교 → 鐵교 → 鐵橋
• 철광석 → 鐵광석 → 鐵鑛석 → 鐵鑛石	• 강철 → 강鐵 → 鋼鐵
• 철근 → 鐵근 → 鐵筋	• 촌철살인 → 촌鐵살인 → 寸鐵살인 → 寸鐵殺인 → 寸鐵殺人
• 지하철 → 지하鐵 → 지下鐵 → 地下鐵	鐵 鐵 鐵

廳

관청 **청** : 집 엄(广) 부 - 총 25 획

문장이미지 國稅, 구廳의 우두머리는 廳장인데 군廳과 도廳은?

글자의유래 큰 집에서 주의 깊게 듣는다(聽)에서 관의 업무를 보는 곳이 됨

단어이미지 • 구청 → 구廳 → 區廳	• 군청 → 군廳 → 郡廳
• 도청 → 도廳 → 都廳	• 국세청 → 국세廳 → 국稅廳 → 國稅廳
• 병무청 → 병무廳 → 병務廳 → 兵務廳	• 경찰청 → 경찰廳 → 경察廳 → 警察廳
廳 廳 廳	• 청장 → 廳장 → 廳長

聽

들을 **청** : 귀 이(耳) 부 - 총 22 획

문장이미지 공聽회에 온 聽중들이 귀를 기울여 聽취하고 있다.

글자의유래 귀(耳)를 기울여 덕(德)으로 받아들인다 에서 듣는다의 뜻이 됨

단어이미지 • 청중 → 聽중 → 聽衆	• 청취 → 聽취 → 聽取
• 청각기관 → 聽각기관 → 聽覺기관 → 聽覺器관 → 聽覺器官	• 공청회 → 공聽회 → 公聽회 → 公聽會
• 환청 → 환聽 → 幻聽	• 보청기 → 보聽기 → 補聽기 → 補聽器
• 도청 → 도聽 → 盜聽	聽 聽 聽

푸를 청 : 푸를 청(靑) 부 - 총 9 획

靑

문장이미지 靑년이여 靑운의 꿈을 안고 인생의 靑사진을 설계하라.

글자의유래 싹(生)과 우물(井)이 합친 글자로 '푸르다'의 뜻이 됨

단어이미지
- 청년 → 靑년 → 靑年
- 청운 → 靑운 → 靑雲
- 청룡 → 靑룡 → 靑龍
- 청와대 → 靑와대 → 靑瓦대 → 靑瓦臺
- 청사진 → 靑사진 → 靑寫진 → 靑寫眞
- 청출어람 → 靑출어람 → 靑出어람 → 靑出於람 → 靑出於藍
- 청과 → 靑과 → 靑果

靑 靑 靑

맑을 청 : 물 수(氵) 부 - 총 11 획

淸

문장이미지 淸풍명월을 벗 삼아 淸빈한 삶을 보내는 선비님.

글자의유래 물(水)이 푸르니(靑) 맑다는 뜻

단어이미지
- 청소 → 淸소 → 淸掃
- 청빈 → 淸빈 → 淸貧
- 숙청 → 숙淸 → 肅淸
- 청결 → 淸결 → 淸潔
- 청풍명월 → 淸풍명월 → 淸風명월 → 淸風明월 → 淸風明月
- 청교도 → 淸교도 → 淸敎도 → 淸敎徒
- 청정 → 淸정 → 淸淨

淸 淸 淸

청할 청 : 말씀 언(言) 부 - 총 15 획

請

문장이미지 선생님이 초請인사로 오시길 간請드려 주시기 바랍니다.

글자의유래 말로서 예의를 갖추어 부탁한다에서 청하다의 뜻

단어이미지
- 청구 → 請구 → 請求
- 청탁 → 請탁 → 請託
- 초청인사 → 초請인사 → 招請인사 → 招請人사 → 招請人士
- 청구권 → 請구권 → 請求권 → 請求權
- 청원 → 請원 → 請願
- 간청 → 간請 → 懇請
- 소청 → 소請 → 所請

請 請 請

몸 **체** : 뼈 골(骨) 부 - 총 23 획

體

문장이미지 뭐! 나體로 體조한 사건으로 體육부가 해體되었다고?

글자의유래 뼈(骨)와 살이 풍(豊)부하게 모여 형성된 것 즉 몸을 말한다.

단어이미지
- 나체 → 나體 → 裸體
- 체조 → 體조 → 體操
- 체온 → 體온 → 體溫
- 액체 → 액體 → 液體
- 체육 → 體육 → 體育
- 체외수정 → 體외수정 → 體外수정 → 體外受정 → 體外受精
- 해체 → 해體 → 解體

體 體 體

처음 **초** : 칼 도(刀) 부 - 총 7 획

初

문장이미지 初등 학벌로 初지일관 도전, 드디어 初선위원이 된 고아.

글자의유래 옷(衣)을 만들기 위해서는 칼(刀)로 처음에 자른다는 뜻

단어이미지
- 초단 → 初단 → 初段
- 초선 → 初선 → 初選
- 초대 → 初대 → 初代
- 원초적 → 원初적 → 原初적 → 原初的
- 초등 → 初등 → 初等
- 초지일관 → 初지일관 → 初志일관 → 初志一관 → 初志一貫
- 최초 → 최初 → 最初

初 初 初

풀 **초** : 풀 초(艹) 부 - 총 10 획

草

문장이미지 귀한 약草를 주신다면 그 은혜 결草보은 하오리다.

글자의유래 봄에 일찍(早) 돋아 나오는 싹(艹) 즉. 풀

단어이미지
- 약초 → 약草 → 藥草
- 건초 → 건草 → 乾草
- 결초보은 → 결草보은 → 結草보은 → 結草報은 → 結草報恩
- 익모초 → 익모草 → 익母草 → 益母草
- 초안 → 草안 → 草案
- 연초 → 연草 → 煙草
- 초목 → 草목 → 草木

草 草 草

招

부를 **초** : 재방변 (扌) 부 - 총 8 획

문장이미지 招청인사를 招대하기 위해 보내는 招대장.

글자의유래 손(手)으로 가까이 부른다(召)는 뜻

단어이미지

- 초청 → 招청 → 招請
- 초빙 → 招빙 → 招聘
- 초혼 → 招혼 → 招魂
- 초대 → 招대 → 招待
- 초대장 → 招대장 → 招待장 → 招待狀
- 초청인사 → 招청인사 → 招請인사 → 招請人사 → 招請人士
- 자초 → 자招 → 自招

招 招 招

寸

마디 **촌** : 마디 촌(寸) 부 - 총 3 획

문장이미지 삼寸과 외삼寸 사이에는 寸수가 없다네.

글자의유래 손가락 마디를 본 따서 만든 글. 마디를 나타냄

단어이미지

- 촌지 → 寸지 → 寸志
- 촌수 → 寸수 → 寸數
- 촌음 → 寸음 → 寸陰
- 촌철살인 → 寸철살인 → 寸鐵살인 → 寸鐵殺인 → 寸鐵殺人
- 외삼촌 → 외삼寸 → 외三寸 → 外三寸
- 구촌 → 九촌 → 九寸
- 삼촌 → 三촌 → 三寸

寸 寸 寸

村

마을 **촌** : 나무 목(木) 부 - 총 7 획

문장이미지 농村, 어村 등 시골이 발달해야 밝은 미래 지구村 !

글자의유래 사람이 편히 머무르는 나무(木)가 있는 곳, 마을을 뜻함

단어이미지

- 어촌→ 어村→ 漁村
- 산촌 → 산村 → 山村
- 농촌부락 → 농村부락 → 農村부락 → 農村部락 → 農村部落
- 지구촌 → 지구村 → 지球村 → 地球村
- 촌로 → 촌老 → 村老
- 촌장 → 村장 → 村長
- 부촌 → 부村 → 富村

村 村 村

總 다 총 : 실 사(糸) 부 - 총 17 획

문장이미지 總장을 보좌하여 업무를 總괄할 總무부를 신설하라.

글자의유래 실(絲)을 모두 한데 묶다에서 총괄하다의 뜻

단어이미지
- 총장 → 總장 → 總長
- 총괄 → 總괄 → 總括
- 총무부 → 總무부 → 總務부 → 總務部
- 총론 → 總론 → 總論
- 총파업 → 總파업 → 總罷업 → 總罷業
- 참모총장 → 참모總장 → 참모總長 → 참謀總長 → 參謀總長
- 총판 → 總판 → 總販

總 總 總

銃 총 총 : 쇠 금(金) 부 - 총 14 획

문장이미지 기관단銃 銃성이 아스라이 들리던 이 고지 저 능선.

글자의유래 쇠(金)로 된 것에 화약과 탄약을 채우니(充) 이것이 총

단어이미지
- 총기 → 銃기 → 銃器
- 권총 → 권銃 → 拳銃
- 총성 → 銃성 → 銃聲
- 총검술 → 銃검술 → 銃劍술 → 銃劍術
- 총포 → 銃포 → 銃砲
- 기관단총 → 기관단銃 → 기관短銃 → 기關短銃 → 機關短銃
- 총탄 → 銃탄 → 銃彈

銃 銃 銃

最 가장 최 : 가로 왈(曰) 부 - 총 12 획

문장이미지 最우수학교로 선정되는 것만이 最선책이라는 교장

글자의유래 어떤 것의 제일 나은 부분을 취한다는 데서 '가장'의 뜻

단어이미지
- 최고 → 最고 → 最高
- 최초 → 最초 → 最初
- 최후발악 → 最후발악 → 最後발악 → 최후발惡 → 最後發惡
- 최선책 → 最선책 → 最善책 → 最善策
- 최우수 → 最우수 → 最優수 → 最優秀
- 최다 → 最다 → 最多
- 최신 → 最신 → 最新

最 最 最

밀 **추** 밀 **퇴** : 재방변 (扌) 부 - 총 11 획

推

문장이미지 이 시인이 推천작가로 推대될 것으로 推정되고 있다.

글자의유래 새(隹)가 날듯 손에 힘을 주어 밀어낸다는 뜻

단어이미지
- 추론 → 推론 → 推論
- 추정 → 推정 → 推定
- 추대 → 推대 → 推戴
- 추진력 → 推진력 → 推進력 → 推進力
- 추리 → 推리 → 推理
- 추천작가 → 推천작가 → 推薦작가 → 推薦作가 → 推薦作家
- 퇴고 → 推고 → 推敲

推 推 推

가을 **추** : 벼 화(禾) 부 - 총 9 획

秋

문장이미지 입秋가 지나고 秋석이 지나니 秋풍에 지는 낙엽!

글자의유래 햇볕에 곡식(禾)을 거두는 철, 즉 가을

단어이미지
- 추석 → 秋석 → 秋夕
- 추수 → 秋수 → 秋收
- 입추 → 입秋 → 立秋
- 중추절 → 중秋절 → 仲秋절 → 仲秋節
- 추풍낙엽 → 秋풍낙엽 → 秋風낙엽 → 秋風落엽 → 秋風落葉
- 추사체 → 秋사체 → 秋史체 → 秋史體
- 만추 → 만秋 → 晩秋

秋 秋 秋

모을 **축** : 풀 초(艹) 부 - 총 14 획

蓄

문장이미지 저蓄은 곧 국력을 비蓄하는 힘의 원천이다.

글자의유래 풀(草)을 길러 밭에 그것을 쌓으니 '모으다'의 뜻

단어이미지
- 저축 → 저蓄 → 貯蓄
- 비축 → 비蓄 → 備蓄
- 저축은행 → 저蓄은행 → 貯蓄은행 → 貯蓄銀행 → 貯蓄銀行
- 함축성 → 함蓄성 → 含蓄性 → 含蓄性
- 축재 → 蓄재 → 蓄財
- 함축 → 함蓄 → 含蓄
- 축재자 → 蓄재자 → 蓄財자 → 蓄財者

蓄 蓄 蓄

祝

빌. 축하할 **축** : 보일 시(示) 부 - 총 10 획

문장이미지 그대의 성공을 祝하하며 祝배를 듭시다.

글자의유래 제단(示) 앞에서 무릎을 꿇고 축문(兄)을 올리며 빈다는 뜻에서 유래

단어이미지

- 축하 → 祝하 → 祝賀
- 축배 → 祝배 → 祝杯
- 경축 → 경祝 → 慶祝
- 축전 → 祝전 → 祝典
- 축사 → 祝사 → 祝辭
- 봉축행렬 → 봉祝행렬 → 奉祝행렬 → 奉祝行렬 → 奉祝行列
- 경축일 → 경祝일 → 慶祝일 → 慶祝日

祝	祝	祝		

築

쌓을 **축** : 대 죽(竹) 부 - 총 16 획

문장이미지 새 건물로 증築하고자 건築가를 모셔왔다.

글자의유래 여러 연장과 나무(木)로 무엇을 세우고 만들다에서 '쌓다'는 뜻

단어이미지

- 증축 → 증築 → 增築
- 개축 → 개築 → 改築
- 축성 → 築성 → 築城
- 건축가 → 建축가 → 建築가 → 建築家
- 축대 → 築대 → 築臺
- 건축공사 → 건築공사 → 建築공사 → 建築工사 → 建築工事
- 축조 → 築조 → 築造

築	築	築		

縮

줄일 **축** : 실 사(糸) 부 - 총 17 획

문장이미지 나라간 군비縮소는 냉전의 시대를 단縮시켰다.

글자의유래 실(絲)이 오므라들다에서 무엇이 줄어들다는 뜻

단어이미지

- 농축 → 농縮 → 濃縮
- 압축 → 압縮 → 壓縮
- 군비축소 → 군비縮소 → 군비縮小 → 군備縮小 → 軍備縮小
- 축지법 → 縮지법 → 縮地법 → 縮地法
- 감축 → 감縮 → 減縮
- 수축 → 수縮 → 收縮
- 축소 → 縮소 → 縮小

縮	縮	縮		

봄 춘 : 날 일(日) 부- 총 9 획

春

문장이미지	입春의 봄기운에 사春기로 돌아가듯 회春하는 기분이네.
글자의유래	풀이 햇빛(日)을 보고 싹이 돋아나는 계절. 즉 봄.

단어이미지 • 춘몽 → 春몽 → 春夢	• 회춘 → 회春 → 回春
• 춘곤 → 春곤 → 春困	• 사춘기 → 사春기 → 思春기 → 思春期
• 춘향전 → 春향전 → 春香전 → 春香傳	• 춘하추동 → 春하추동 → 春夏추동 → 春夏秋동 → 春夏秋冬
• 입춘 → 입春 → 立春	春 春 春

날 출 : 위터진입 구(凵) 부 - 총 5 획

出

문장이미지	신出귀몰한 네가 出근길에 지하철 出구를 잘못 찾아 지각했다고?
글자의유래	구덩이에서 싹이 자라 나오는 모습에서 유래

단어이미지 • 출장 → 출張 → 出張	• 출구 → 出구 → 出口
• 선출 → 선出 → 選出	• 출사표 → 出사표 → 出師표 → 出師表
• 신출귀몰 → 신出귀몰 → 神出귀몰 → 神出鬼몰 → 神出鬼沒	• 출생지 → 出생지 → 出生지 → 出生地
出 出 出	• 출근 → 出근 → 出勤

채울 충 : 어진사람 인 (儿) 부 - 총 5 획

充

문장이미지	인재를 확充하고 인원을 더 보充하라.
글자의유래	사람(人)이 자라면서 차츰 완전한(允) 것을 채워나간다는 뜻

단어이미지 • 확충 → 확充 → 擴充	• 충실 → 充실 → 充實
• 충원계획 → 充원계획 → 充員계획 → 充員計획 → 充員計劃	• 확충안 → 확充안 → 擴充안 → 擴充案
• 보충 → 보充 → 補充	• 충당 → 充당 → 充當
• 충만 → 充만 → 充滿	充 充 充

충성 충 : 마음 심(心) 부 - 총 8 획

忠

문장이미지 현忠일에 忠무공의 忠효 정신을 다시 기리다.

글자의유래 마음(心)을 중심(中)으로 잡고 기울이지 않음. 충성과 정성을 나타냄

단어이미지
- 충성 → 忠성 → 忠誠
- 충실 → 忠실 → 忠實
- 충효 → 忠효 → 忠孝
- 충혼 → 忠혼 → 忠魂
- 현충일 → 현忠日 → 顯忠일 → 顯忠日
- 충효사상 → 忠효사상 → 忠孝사상 → 忠孝思상 → 忠孝思想
- 충무공 → 忠무공 → 忠武공 → 忠武公

忠 忠 忠

벌레 충 : 벌레 충(虫) 부 - 총 18 획

蟲

문장이미지 익蟲이든 해蟲이든 곤蟲학자에겐 연구과제.

글자의유래 여러 가지 벌레(虫)들이 모여 있는 모습에서 유래

단어이미지
- 익충 → 익蟲 → 益蟲
- 해충 → 해蟲 → 害蟲
- 충치 → 蟲치 → 蟲齒
- 곤충학자 → 곤蟲학자 → 昆蟲학자 → 昆蟲學자 → 昆蟲學者
- 기생충 → 기생蟲 → 기生蟲 → 寄生蟲
- 병충해 → 병蟲해 → 병蟲害 → 病蟲害
- 성충 → 성蟲 → 成蟲

蟲 蟲 蟲

가질 취 : 또 우(又) 부 - 총 8 획

取

문장이미지 어느 쪽을 取득할 지 取사 선택해보라.

글자의유래 싸움에 이겨 적의 귀(耳)를 가져온다에서 가지다. 취하다의 뜻

단어이미지
- 취득 → 取득 → 取得
- 취식 → 取식 → 取食
- 취사선택 → 取사선택 → 取捨선택 → 取捨選택 → 取捨選擇
- 취득세 → 取득세 → 取得세 → 取得稅
- 취소 → 取소 → 取消
- 채취 → 채取 → 採取
- 선취점 → 선取점 → 先取점 → 先取點

取 取 取

趣

뜻 **취** : 달아날 주(走) 부 - 총 15 획

문장이미지	흥趣가 나는 趣미를 가지자는 것이 우리 모임의 趣지.
글자의유래	빨리 달리다(走)에서 점차 '재미. 취지, 취미'의 뜻으로 바뀜

단어이미지	
• 취미 → 趣미 → 趣味	• 취지 → 趣지 → 趣旨
• 흥취 → 흥趣 → 興趣	• 취향 → 趣향 → 趣向
• 악취미 → 악趣미 → 악趣味 → 惡趣味	• 건전취미 → 건전趣미 → 건전趣味 → 건全趣味 → 健全趣味
• 취의 → 趣의 → 趣意	趣 趣 趣

就

나아갈. 이룰 **취** : 절름발이 왕(尢0 부 - 총 12 획

문장이미지	就직난에 어렵게 就업을 하였으니 그 성就감이란 ~
글자의유래	개(犬)가 도시(京)로 가다에서 '나아가다. 이루다'의 뜻

단어이미지	
• 취업 → 就업 → 就業	• 취침 → 就침 → 就寢
• 취임 → 就임 → 就任	• 취직난 → 就직난 → 就職난 → 就職難
• 성취감 → 성就감 → 成就감 → 成就感	• 일취월장 → 일就월장 → 日就월장 → 日就月장 → 日就月將
就 就 就	• 취학 → 就학 → 就學

測

헤아릴 **측** : 물 수(氵) 부 - 총 12 획

문장이미지	관測소에는 기상관測용 測우기가 있다.
글자의유래	물(水)의 깊이를 자로 재어(則) 헤아린다는 뜻

단어이미지	
• 측정 → 測정 → 測定	• 추측 → 추測 → 推測
• 기상관측 → 기상관測 → 기상觀測 → 기象觀測 → 氣象觀測	• 관측소 → 관測소 → 觀測소 → 觀測所
• 측량 → 測량 → 測量	• 측우기 → 測우기 → 測雨기 → 測雨器
• 억측 → 억測 → 臆測	測 測 測

層

층 층 : 주검 시(尸) 부 - 총 15 획

문장이미지 부유層이라고 다 지식層은 아니지요.

글자의유래 지붕(尸)이 포개어 쌓인(曾) 다락에서 '층'이 됨

단어이미지
- 층계 → 層계 → 層階
- 심층 → 심層 → 深層
- 계층 → 계層 → 階層
- 지식층 → 지식層 → 지識層 → 知識層
- 부유층 → 부유層 → 부裕層 → 富裕層
- 층층시하 → 層층시하 → 層層시하 → 層層侍하 → 層層侍下
- 단층 → 단層 → 單層

層 層 層

置

둘 치 : 그물 망(罒) 부 - 총 13 획

문장이미지 응급처置를 바로 한 119의 조置 덕에 살아난 환자.

글자의유래 그물(罒)을 곧게(直) 쳐서 설치하다에서 '두다, 놓다'의 뜻이 됨

단어이미지
- 배치 → 배置 → 配置
- 조치 → 조置 → 措置
- 유치 → 유置 → 留置
- 예치금 → 예置금 → 預置금 → 預置金
- 구치소 → 구置소 → 拘置소 → 拘置所
- 응급처치 → 응급처置 → 응급處置 → 응急處置 → 應急處置
- 안치 → 안置 → 安置

置 置 置

治

다스릴 치 : 물 수(氵) 부 - 총 8 획

문장이미지 정治가는 나라를 다스리고 주治의는 그의 몸통을 다스린다.

글자의유래 가래를 써서 물(水)의 흐름을 조절한다에서 '다스리다, 관리하다'

단어이미지
- 치안 → 治안 → 治安
- 자치 → 자治 → 自治
- 만병통치 → 만병통治 → 만병通治 → 만病通治 → 萬病通治
- 주치의 → 주治의 → 主治의 → 主治醫
- 정치가 → 政치가 → 政治가 → 政治家
- 퇴치 → 퇴治 → 退治
- 치세 → 治세 → 治世

治 治 治

致

이를, 보낼 **치** : 이를 지(至) 부 – 총 10 획

문장이미지 이곳이 운致 있는 경致라고? 너무 공致사 아냐?

글자의유래 걸어서 목적지 까지(至) 간다는 데서 '이르다, 보내다'의 뜻이 됨

단어이미지
- 경치 → 경致 → 景致
- 운치 → 운致 → 韻致
- 합치 → 합致 → 合致
- 치부 → 致부 → 致富
- 공치사 → 공致사 → 공致辭 → 空致辭
- 일치단결 → 일致단결 → 一致단결 → 一致團결 → 一致團結
- 치성 → 致성 → 致誠

致 致 致

齒

이 **치** : 이 치(齒) 부 – 총 획

문장이미지 齒아가 아픈 齒통에는 <이다나아> 치과로 오세요.

글자의유래 입(口)에 이가 돋아나 있는 모습을 본떠 만든 글자

단어이미지
- 치과 → 齒과 → 齒科
- 치아 → 齒아 → 齒牙
- 치통 → 齒통 → 齒痛
- 치주염 → 齒주염 → 齒周염 → 齒周炎
- 치석 → 齒석 → 齒石
- 절치부심 → 절齒부심 → 切齒부심 → 切齒腐심 → 切齒腐心
- 충치 → 蟲치 → 蟲齒

齒 齒 齒

則

법칙 **칙** : 칼 도(刀) 부 – 총 9 획

문장이미지 근무수則과 그 부則을 지키지 못하면 법則금을 문다네.

글자의유래 재물(貝)을 공평히 나누려면 법칙이 필요한 데서 유래

단어이미지
- 규칙 → 규則 → 規則
- 법칙 → 법則 → 法則
- 근무수칙 → 근무수則 → 근무守則 → 근務守則 → 勤務守則
- 범칙금 → 범則금 → 犯則금 → 犯則金
- 총칙 → 총則 → 總則
- 부칙 → 부則 → 附則
- 원칙 → 원則 → 原則

則 則 則

친할, 어버이 **친** : 볼 견(見) 부 - 총 16 획

親

문장이미지: 親숙한 親구, 좋은 親척이 많은 사람은 행복하다.

글자의유래: 서있는(立) 나무(木)를 옆에서 지켜보듯이(見) 가깝고 친한 사이를 말함

단어이미지
- 친구 → 親구 → 親舊
- 친숙 → 親숙 → 親熟
- 친척 → 親척 → 親戚
- 친필 → 親필 → 親筆
- 양친 → 양親 → 兩親
- 부자유친 → 부자유親 → 부자有親 → 부子有親 → 父子有親
- 친형제 → 親형제 → 親兄제 → 親兄弟

親 親 親

일곱 **칠** : 한 일(一) 부 - 총 2 획

七

문장이미지: 七면조를 七백 마리나 기르는 七성당 아저씨

글자의유래: 10(十)보다 작다고 아래를 휘어 7을 나타 냄

단어이미지
- 칠석 → 七석 → 七夕
- 칠순 → 七순 → 七旬
- 칠백 → 七백 → 七百
- 칠면조 → 七면조 → 七面조 → 七面鳥
- 칠성당 → 七성당 → 七星당 → 七星堂
- 칠거지악 → 七거지악 → 七去지악 → 七去之악 → 七去之惡
- 칠월 → 七월 → 七月

七 七 七

침노할 **침** : 사람 인(人) 부 - 총 9 획

侵

문장이미지: 남의 권리를 侵해하거나 영토를 侵범해서는 안 된다.

글자의유래: 사람(人)이 손에 빗자루를 들고 쓸어나간다에서 '점령하다, 쓸어버리다'의 뜻이 나옴

단어이미지
- 외침 → 외侵 → 外侵
- 남침 → 남侵 → 南侵
- 침략행위 → 侵략행위 → 侵略행위 → 侵略行위 → 侵略行爲
- 침해 → 侵해 → 侵害
- 침범 → 侵범 → 侵犯
- 침탈 → 侵탈 → 侵奪
- 침입자 → 侵입자 → 侵入자 → 侵入者

侵 侵 侵

寢

잘 **침** : 갓머리 (宀) 부 - 총 14 획

문장이미지 寢대는 寢구가 아니라 과학이라는 말이 맞나요?

글자의유래 집의 조용한 방에서 잠을 잔다는 데서 유래

단어이미지
- 침실 → 寢실 → 寢室
- 침대 → 寢대 → 寢臺
- 침구 → 寢구 → 寢具
- 동침 → 동寢 → 同寢
- 기침 → 기寢 → 起寢
- 취침시간 → 취寢시간 → 就寢시간 → 就寢時간 → 就寢時間
- 침소 → 寢소 → 寢所

寢 寢 寢

針

바늘 **침** : 쇠 금(金) 부 - 총 10 획

문장이미지 그대는 내 인생의 나針반이자 피뢰針이라오.

글자의유래 쇠(金)로 만든 뾰족한(十) 바늘, 즉 침

단어이미지
- 방침 → 방針 → 方針
- 검침 → 검針 → 檢針
- 침장 → 針장 → 針匠
- 나침반 → 나針반 → 羅針반 → 羅針盤
- 검침원 → 검針원 → 檢針원 → 檢針員
- 피뢰침 → 피뢰針 → 피雷針 → 避雷針
- 침봉 → 針봉 → 針峰

針 針 針

稱

일컬을, 부를 **칭** : 벼 화(禾) 부 - 총 14 획

문장이미지 존稱이 아닌 약稱과 애稱을 주로 사용하는 인터넷 동우회

글자의유래 곡물(禾)을 저울질하는 데서 '칭하다, 부르다'의 뜻이 나옴

단어이미지
- 존칭 → 존稱 → 尊稱
- 애칭 → 애稱 → 愛稱
- 선행칭찬 → 선행稱찬 → 선행稱讚 → 선行稱讚 → 善行稱讚
- 극존칭 → 극존稱 → 극尊稱 → 極尊稱
- 약칭 → 약稱 → 略稱
- 호칭 → 호稱 → 呼稱
- 명칭 → 명稱 → 名稱

稱 稱 稱

快

쾌할, 즐거울 쾌 : 마음 심(忄) 부 - 총 7 획

문장이미지 여기는 快적한 환경이라 불快지수가 낮아요.

글자의유래 생기가 넘치는 마음(心)이니 즐겁고 상쾌하다는 뜻

단어이미지

- 쾌적 → 快적 → 快適
- 쾌락 → 快락 → 快樂
- 명쾌 → 명快 → 明快
- 경쾌 → 경快 → 輕快
- 쾌거 → 快거 → 快擧
- 불쾌지수 → 불快지수 → 不快지수 → 不快指수 → 不快指數
- 유쾌 → 유快 → 愉快

快 快 快

他

다를, 남 타 : 사람 인(人) 부 - 총 5 획

문장이미지 他인이나 他향의 좋은 점을 우리는 他산지석으로 삼아야 한다.

글자의유래 다른 사람(人)의 안부를 묻는다에서 점차 '남, 다르다'의 뜻으로 쓰이게 됨

단어이미지

- 타인 → 他인 → 他人
- 타향 → 他향 → 他鄕
- 기타 → 기他 → 其他
- 이타적 → 이他적 → 利他적 → 利他的
- 타산지석 → 他산지석 → 他山지석 → 他山之석 → 他山之石
- 타종 → 他종 → 他種
- 여타 → 여他 → 餘他

他 他 他

打

칠 타 : 손 수(扌) 부 - 총 5 획

문장이미지 打석에 들어선 打자 투수의 공을 힘껏 打격했습니다. 홈런!

글자의유래 손(手)에 몽둥이(丁)를 들고 못 등을 박고 친다는 데서 나온 글자

단어이미지

- 타석 → 打석 → 打席
- 타자 → 打자 → 打者
- 이해타산 → 이해打산 → 이해打算 → 이害打算 → 利害打算
- 타령 → 打령 → 打令
- 타진 → 打진 → 打診
- 치명타 → 치명打 → 치命打 → 致命打
- 타파 → 打파 → 打破

打 打 打

卓

높을 **탁** : 열 십(十) 부 - 총 8 획

문장이미지 원卓의 기사들이 식卓에서 卓상공론 후 卓구를 치러 갔다네.

글자의유래 높이(上) 나는 새를 그물로 잡는다는 뜻에서 '높다, 뛰어남'을 말함

단어이미지

- 탁월 → 卓월 → 卓越
- 탁구 → 卓구 → 卓球
- 원탁 → 원卓 → 圓卓
- 탁월성 → 卓월성 → 卓越성 → 卓越性
- 탁구장 → 卓구장 → 卓球장 → 卓球場
- 탁상공론 → 卓상공론 → 卓上공론 → 卓上空론 → 卓上空論
- 식탁 → 식卓 → 食卓

卓 卓 卓

彈

탄알 **탄** : 활 궁(弓) 부 - 총 15 획

문장이미지 폭彈주를 마신 군인은 간이 부어 원자폭彈도 두려워하지 않는다.

글자의유래 활(弓)을 쉽게(單) 쏘는 도구에서 '화살, 탄알' 등의 뜻으로 쓰임

단어이미지

- 탄력 → 彈력 → 彈力
- 탄압 → 彈압 → 彈壓
- 실탄 → 실彈 → 實彈
- 폭탄주 → 폭彈주 → 爆彈酒 → 爆彈酒
- 원자폭탄 → 원자폭彈 → 원자爆彈 → 원子爆彈 → 原子爆彈
- 방탄복 → 방彈복 → 防彈복 → 防彈服
- 탄약 → 彈약 → 彈藥

彈 彈 彈

歎

탄식할 **탄** : 하품 흠(欠) 부 - 총 15 획

문장이미지 신세 한歎하지 말고 이제라도 歎원서를 내어 보게나.

글자의유래 어려운(難) 일이 있어 입으로 한탄하는(欠) 데서 유래

단어이미지

- 한탄 → 한歎 → 恨歎
- 탄원서 → 歎원서 → 歎願서 → 歎願書
- 만시지탄 → 만시지歎 → 만시之歎 → 만時之歎 → 晩時之歎
- 감탄사 → 감歎사 → 感歎사 → 感歎詞
- 찬탄 → 찬歎 → 讚歎
- 통탄 → 통歎 → 痛歎
- 개탄 → 개歎 → 慨歎

歎 歎 歎

숯 탄 : 불 화(火) 부 - 총 9 획

炭

문장이미지 炭광에서 나오는 석炭으로 연炭을 만들었다.

글자의유래 산(山)의 언덕에서 나무가 불타서(火) 오래 남아 만들어진 것이 숯

단어이미지

- 석탄 → 석炭 → 石炭
- 탄광 → 炭광 → 炭鑛
- 탄소 → 炭소 → 炭素
- 연탄 → 연炭 → 煉炭
- 채탄 → 채炭 → 採炭
- 탄수화물 → 炭수화물 → 炭水화물 → 炭水化물 → 炭水化物
- 무연탄 → 무연炭 → 무煙炭 → 無煙炭

炭 炭 炭

벗을 탈 : 고기 육(月, 肉) 부 - 총 11 획

脫

문장이미지 대열에서 이脫하면 脫락자가 된다.

글자의유래 살(肉)이 떨어지고 벗겨져 마르다에서 '벗다, 빠지다'의 뜻이 됨

단어이미지

- 이탈 → 이脫 → 離脫
- 탈북 → 脫북 → 脫北
- 해탈 → 해脫 → 解脫
- 탈락자 → 脫락자 → 脫落자 → 脫落者
- 탈수 → 脫수 → 脫水
- 위기탈출 → 위기脫출 → 위기脫出 → 위機脫出 → 危機脫出
- 탈선 → 脫선 → 脫線

脫 脫 脫

찾을 탐 : 손 수(扌) 부 - 총 11 획

探

문장이미지 探사 전에 상세히 探문하는 探험가의 探구정신

글자의유래 깊은 곳에 있는 것을 손(手)으로 찾는다에서 유래

단어이미지

- 탐험 → 探험 → 探險
- 탐사 → 探사 → 探査
- 탐구정신 → 探구정신 → 探究정신 → 探究精신 → 探究精神
- 탐험가 → 探험가 → 探險가 → 探險家
- 탐색 → 探색 → 探索
- 탐문 → 探문 → 探問
- 염탐 → 염探 → 廉探

探 探 探

클, 심할 태 : 클 대(大) 부 - 총 4 획

太

문장이미지 太음력은 달을 기준으로 太양력은 해를 기준으로 한 것이다.

글자의유래 클 대(大)에 점하나를 더 찍어 더 크다는 것을 나타내었다.

단어이미지

- 태양 → 太양 → 太陽
- 태극 → 太극 → 太極
- 태양력 → 太양력 → 太陽력 → 太陽曆
- 태음력 → 太음력 → 太陰력 → 太陰曆
- 태조 → 太조 → 太祖
- 태평성대 → 太평성대 → 太平성대 → 太平聖대 → 太平聖代
- 태초 → 太초 → 太初

太 太 太

모습 태 : 마음 심(心) 부 - 총 14 획

態

문장이미지 현 상態의 구態의연한 態도를 버려야 한다.

글자의유래 마음(心)의 능력(能)이 행동으로 나타나니 곧 '태도, 모양'을 나타낸다.

단어이미지

- 상태 → 상態 → 狀態
- 태도 → 態도 → 態度
- 실태 → 실態 → 實態
- 구태의연 → 구態의연 → 舊態의연 → 舊態依연 → 舊態依然
- 수동태 → 수동態 → 수動態 → 受動態
- 능동태 → 능동態 → 능動態 → 能動態
- 자태 → 자態 → 姿態

態 態 態

집 택 : 갓머리 (宀) 부 - 총 6 획

宅

문장이미지 선생님의 자宅으로 서류를 宅배로 보냈습니다.

글자의유래 사람이 편하게 쉬고 의지하는 곳이 집(宅)이라는 뜻

단어이미지

- 자택 → 자宅 → 自宅
- 저택 → 저宅 → 邸宅
- 연립주택 → 연립주宅 → 연립住宅 → 연立住宅 → 聯立住宅
- 주택난 → 주宅난 → 住宅난 → 住宅難
- 택배 → 宅배 → 宅配
- 가택 → 가宅 → 家宅
- 택지 → 宅지 → 宅地

宅 宅 宅

擇

가릴 **택** : 손 수(扌) 부 - 총 16 획

문장이미지 두 가지 채擇안 중 양자擇일 바랍니다.

글자의유래 손(手)으로 어떤 것을 가려내다, 고르다는 뜻

단어이미지

- 선택 → 선擇 → 選擇
- 채택 → 채擇 → 採擇
- 간택 → 간擇 → 簡擇
- 택선 → 擇선 → 擇善
- 채택안 → 採택안 → 採擇안 → 採擇案
- 양자택일 → 양자擇일 → 양자擇一 → 양者擇一 → 兩者擇一
- 취택 → 취擇 → 取擇

擇 擇 擇

土

흙 **토** : 흙 토(土) 부 - 총 3 획

문장이미지 향土에 土지를 많이 가진 부자를 土호라고 하였다.

글자의유래 땅 위에 솟아있는 흙더미를 본 떠 만든 글자

단어이미지

- 향토 → 향土 → 鄕土
- 토지 → 土지 → 土地
- 토호 → 土호 → 土豪
- 풍토병 → 풍土병 → 風土병 → 風土病
- 서방정토 → 서방정土 → 서방淨土 → 서方淨土 → 西方淨土
- 토산품 → 土산품 → 土産품 → 土産品
- 영토 → 영土 → 領土

土 土 土

討

칠 **토** : 말씀 언(言) 부 - 총 10 획

문장이미지 이번 討론의 결과를 잘 검討하여 보고하라.

글자의유래 말로서 사람을 추궁하여 묻다에서 '논의하다, 치다'의 뜻

단어이미지

- 토적 → 討적 → 討賊
- 검토 → 검討 → 檢討
- 정치토론 → 정치討론 → 정치討論 → 정治討論 → 政治討論
- 토벌대 → 討벌대 → 討伐대 → 討伐隊
- 토의 → 討의 → 討議
- 토벌 → 討벌 → 討伐
- 토역 → 討역 → 討逆

討 討 討

통할, 알릴 통 : 책받침 辶(辵) 부 - 총 11 획

通

문장이미지 通풍이 잘 되는 通로에서는 휴대전화 通화도 잘 되네.

글자의유래 골목길(甬)을 빠져나와 큰 길로 가니 모든 것이 다 통한다는 뜻

단어이미지
- 통풍 → 通풍 → 通風
- 통로 → 通로 → 通路
- 통화 → 通화 → 通話
- 통역관 → 通역관 → 通譯관 → 通譯官
- 통보 → 通보 → 通報
- 일맥상통 → 일맥상通 → 일맥相通 → 일脈相通 → 一脈相通
- 통학 → 通학 → 通學

通 通 通

아플 통 : 병질 엄(疒) 부 - 총 12 획

痛

문장이미지 요痛, 치痛, 생리痛에 진痛제 <아나파> 정

글자의유래 몸을 뚫을(甬) 정도의 아픈 병의 증상에서 나온 글자

단어이미지
- 요통 → 요痛 → 腰痛
- 치통 → 치痛 → 齒痛
- 복통 → 복痛 → 腹痛
- 생리통 → 생리痛 → 생理痛 → 生理痛
- 통한 → 痛한 → 痛恨
- 무통증 → 무痛증 → 무痛症 → 無痛症
- 통증 → 痛증 → 痛症

痛 痛 痛

거느릴, 합칠 통 : 실 사(糸) 부 - 총 12 획

統

문장이미지 統일 한국을 統치할 초대 대統령은 여러분들 중에서 나옵니다.

글자의유래 실(糸)을 여러 갈래로 다 채우니(充) 곧 '거느리다, 합치다, 계통'의 뜻

단어이미지
- 통합 → 統합 → 統合
- 통치 → 統치 → 統治
- 평화통일 → 평화統일 → 평화統一 → 평和統一 → 平和統一
- 대통령 → 대統령 → 대統領 → 大統領
- 정통 → 정統 → 正統
- 혈통 → 혈統 → 血統
- 전통 → 전統 → 傳統

統 統 統

退

물러날 **퇴** : 책받침 辶(辵) 부 - 총 10 획

문장이미지 환자가 退원하니 그제서야 의사도 退근하네.

글자의유래 하던 일을 그치고 간다(辶(辵))에서 '물러나다, 가다'의 뜻으로 쓰임

단어이미지

- 퇴원 → 退원 → 退院
- 퇴근 → 退근 → 退勤
- 퇴장 → 退장 → 退場
- 은퇴 → 은退 → 隱退
- 조퇴 → 早퇴 → 早退
- 진퇴양난 → 진退양난 → 進退양난 → 進退兩난 → 進退兩難
- 탈퇴 → 탈退 → 脫退

退 退 退

投

던질, 버릴 **투** : 손 수(扌) 부 - 총 7 획

문장이미지 증권 投자는 땅 投기와는 다르다고 하네.

글자의유래 손(手)으로 창을 던지다(殳)에서 '던지다, 버리다'

단어이미지

- 투기 → 投기 → 投機
- 투항 → 投항 → 投降
- 투수 → 投수 → 投手
- 투약구 → 投약구 → 投藥구 → 投藥口
- 투표권 → 投표권 → 投票권 → 投票權
- 증권투자 → 증권投자 → 증권投資 → 증券投資 → 證券投資
- 투입 → 投입 → 投入

投 投 投

鬪

싸움 **투** : 문 문(門) 부 - 총 20 획

문장이미지 그 노동조합의 鬪쟁은 마치 전鬪나 격鬪기를 연상하게 한다.

글자의유래 사람이 복잡하게(尌) 싸우고 있는 것을 나타낸 글자

단어이미지

- 권투 → 권鬪 → 拳鬪
- 전투 → 전鬪 → 戰鬪
- 결사투쟁 → 결사鬪쟁 → 결사鬪爭 → 결死鬪爭 → 決死鬪爭
- 격투기 → 격鬪기 → 激鬪기 → 激鬪技
- 건투 → 건鬪 → 健鬪
- 투병 → 鬪병 → 鬪病
- 투우 → 鬪우 → 鬪牛

鬪 鬪 鬪

特

특별할 **특** : 소 우(牛) 부 - 총 10 획

문장이미지 이번 特명을 잘 수행하면 特별히 特진을 시켜줄 것이야.

글자의유래 소(牛)중에서 관청(寺)에서 쓰는 것은 반드시 우수하다에서 유래

단어이미지
- 특명 → 特명 → 特命
- 특산 → 特산 → 特産
- 특진 → 特진 → 特進
- 특출 → 特출 → 特出
- 특허품 → 特허품 → 特許품 → 特許品
- 특용작물 → 特용작물 → 特用작물 → 特用作물 → 特用作物
- 특별시 → 特별시 → 特別시 → 特別市

特 特 特

波

물결 **파** : 물 수(氵) 부 - 총 8 획

문장이미지 波도치는 방波제에 한波는 몰아치고, 갈매기는 어디론가 날고

글자의유래 물(水)의 표면(皮)은 항상 움직이니 이것이 바로 물결

단어이미지
- 파도 → 波도 → 波濤
- 한파 → 한波 → 寒波
- 세파 → 세波 → 世波
- 방파제 → 방波제 → 防波제 → 防波堤
- 음파 → 음波 → 音波
- 평지풍파 → 평지풍波 → 평지風波 → 평地風波 → 平地風波
- 뇌파 → 뇌波 → 腦波

波 波 波

破

깨뜨릴 **파** : 돌 석(石) 부 - 총 10 획

문장이미지 광산을 발破하니 돌 破편이 破죽지세로 날아오는구나.

글자의유래 돌(石)의 표면(皮)이 잘 부서진다에서 '깨진다'의 뜻

단어이미지
- 발파 → 발破 → 發破
- 파편 → 破편 → 破片
- 파죽지세 → 破죽지세 → 破竹지세 → 破竹之세 → 破竹之勢
- 폭파력 → 폭破력 → 爆破력 → 爆破力
- 주파 → 주破 → 走破
- 독파 → 독破 → 讀破
- 타파 → 타破 → 打破

破 破 破

派

갈래 **파** : 물 수(氵) 부 - 총 9 획

문장이미지 뭐 누님이 派출부로 해외 派견을 나간 경력이 있다고?

글자의유래 물(水)이 갈래를 지어 흐르는데서 '지류, 갈래, 가지'를 나타 냄

단어이미지
- 당파 → 당派 → 黨派
- 급파 → 급派 → 急派
- 우파 → 우派 → 右派
- 파출부 → 派출부 → 派出부 → 派出婦
- 좌파 → 좌派 → 左派
- 해외파견 → 해외派견 → 해외派遣 → 해外派遣 → 海外派遣
- 파벌 → 派벌 → 派閥

派 派 派

判

판단할 **판** : 칼 도(刀) 부 - 총 7 획

문장이미지 유능한 判사는 예리한 判단력으로 재判을 한다.

글자의유래 물건을 칼(刀)로 절반(半)을 자르듯 모든 시시비비를 판단한다는 뜻

단어이미지
- 판사 → 判사 → 判事
- 재판 → 재判 → 裁判
- 담판 → 담判 → 談判
- 판결문 → 判결문 → 判決문 → 判決文
- 신언서판 → 신언서判 → 신언書判 → 신言書判 → 身言書判
- 참판 → 참判 → 參判
- 판서 → 判서 → 判書

判 判 判

板

널 **판** : 나무 목(木) 부 - 총 8 획

문장이미지 새로 개업하는 간板회사의 현板식에 가야 하네.

글자의유래 나무(木)를 다듬어 손바닥(反)처럼 만든 것, 널, 판때기

단어이미지
- 철판 → 철板 → 鐵板
- 강판 → 강板 → 鋼板
- 간판회사 → 看판회사 → 看板회사 → 看板會사 → 看板會社
- 현판식 → 현板식 → 懸板식 → 懸板式
- 칠판 → 칠板 → 漆板
- 흑판 → 흑板 → 黑板
- 판각 → 板각 → 板刻

板 板 板

여덟 **팔** : 여덟 팔(八) 부 - 총 2 획	八
문장이미지 八각정을 백八 번 돌면 백八번뇌 사라질까?	
글자의유래 두 손을 네 손가락을 들어 펼친 숫자 8을 나타 냄	

단어이미지 • 팔경 → 八경 → 八景	• 팔각정 → 八각정 → 八角정 → 八角亭
• 팔등신 → 八등신 → 八等신 → 八等身	• 삼팔선 → 삼八선 → 三八선 → 三八線
• 십팔번 → 십八번 → 十八번 → 十八番	• 백팔번뇌 → 백八번뇌 → 百八번뇌 → 百八煩뇌 → 百八煩惱
• 팔덕 → 八덕 → 八德	八 八 八

敗	패할 **패** : 등근월 문(攴(攵)) 부 - 총 11 획
	문장이미지 인생에 敗배는 없다. 승敗를 떠나 다시 도전하라.
	글자의유래 조개(貝)를 두드리면 깨진다에서 '패배하다. 지다. 무너지다'의 뜻

단어이미지 • 패배 → 敗배 → 敗北	• 승패 → 승敗 → 勝敗
• 참패 → 참敗 → 慘敗	• 패군지장 → 敗군지장 → 敗軍지장 → 敗軍之장 → 敗軍之將
• 무패 → 무敗 → 無敗	• 불패 → 불敗 → 不敗
敗 敗 敗	• 패색 → 敗색 → 敗色

편할 **편**, 똥오줌 **변** : 사람 인(人) 부 - 총 9 획	便
문장이미지 便소가기 힘든 便비환자에게 편리한 약은 <뚜러쥬>정	
글자의유래 사람(人)이 불편한 점을 고친다(更)에서 '편리하다, 대소변 보다'	

단어이미지 • 변소 → 便소 → 便所	• 용변 → 용便 → 用便
• 가내편안 → 가내便안 → 가내便安 → 가內便安 → 家內便安	• 대소변 → 대소便 → 대小便 → 大小便
• 편리 → 便리 → 便利	• 편지 → 便지 → 便紙
• 불편 → 불便 → 不便	便 便 便

篇

책 **편** : 대 죽(竹) 부 - 총 15 획

문장이미지 장篇소설의 전篇과 후篇을 모두 합해 상하篇이라고 한다.

글자의유래 대나무(竹)에 쓴 글들을 실로 엮어 책으로 만든 것을 말한다.

단어이미지

- 단편 → 단篇 → 短篇
- 전편 → 전篇 → 前篇
- 후편 → 후篇 → 後篇
- 상하편 → 상하篇 → 상下篇 → 上下篇
- 시편 → 시篇 → 詩篇
- 장편소설 → 장篇소설 → 長篇소설 → 長篇小설 → 長篇小說
- 옥편 → 옥篇 → 玉篇

篇	篇	篇		

平

평평할 **평** : 방패 간(干) 부 - 총 5 획

문장이미지 平온하고 平화스러운 바다라고 태平양이라고 하지.

글자의유래 干과 八로된 글자로 좌우로 나누어 평평한 모양

단어이미지

- 평온 → 平온 → 平穩
- 평화 → 平화 → 平和
- 평등 → 平등 → 平等
- 평준화 → 平준화 → 平準화 → 平準化
- 평상시 → 平상시 → 平常시 → 平常時
- 태평성대 → 태平성대 → 太平성대 → 太平聖대 → 太平聖代
- 평야 → 平야 → 平野

平	平	平		

評

평할 **평** : 말씀 언(言) 부 - 총 12 획

문장이미지 선생님의 강評을 잘 듣고 다른 작품을 評가해 보아라.

글자의유래 말씀 言에 평평함(平)을 합친 글자로 사물의 모양을 평한다는 뜻

단어이미지

- 강평 → 강評 → 講評
- 혹평 → 혹評 → 酷評
- 평가절하 → 平가절하 → 平價절하 → 平價切하 → 平價切下
- 하마평 → 하마評 → 하馬評 → 下馬評
- 만평 → 만評 → 漫評
- 평점 → 評점 → 評點
- 평론 → 評론 → 評論

評	評	評		

閉

닫을 **폐** : 문 문(門) 부 - 총 11 획

문장이미지 閉업신고를 하고 상점을 閉업하는 심정이 오죽하겠는가.

글자의유래 문(門)에 빗장(才)을 걸어 잠그다에서 '닫다, 그만두다, 마치다'의 뜻

단어이미지
- 폐관 → 閉관 → 閉館
- 폐쇄 → 閉쇄 → 閉鎖
- 폐문 → 閉문 → 閉門
- 폐경기 → 閉경기 → 閉經기 → 閉經期
- 폐점 → 閉점 → 閉店
- 폐업신고 → 閉업신고 → 閉業신고 → 閉業申고 → 閉業申告
- 밀폐 → 밀閉 → 密閉

閉 閉 閉

包

쌀 **포** : 쌀 포(勹) 부 - 총 5 획

문장이미지 불만을 내包한 사람을 包함해서 모두 包용력있게 설득하라.

글자의유래 사람이 태아를 뱃속에 임신한 모양(包)에서 '싸다'의 뜻

단어이미지
- 내포 → 내包 → 內包
- 포함 → 包함 → 包含
- 포괄 → 包괄 → 包括
- 포용력 → 包용력 → 包容력 → 包容力
- 소포 → 소包 → 小包
- 포장이사 → 包장이사 → 包裝이사 → 包裝移사 → 包裝移徙
- 포용 → 包용 → 包容

包 包 包

砲

대포 **포** : 돌 석(石) 부 - 총 10 획

문장이미지 박격砲의 砲성이 쓸고 간 전쟁터에도 봄은 오는가?

글자의유래 예전에는 돌(石)을 퉁겨서 적을 제압하는 무기에서 대포가 유래

단어이미지
- 포성 → 砲성 → 砲聲
- 포탄 → 砲彈 → 砲彈
- 포병장교 → 砲병장교 → 砲兵장교 → 砲兵將교 → 砲兵將校
- 박격포 → 박격砲 → 박擊砲 → 迫擊砲
- 축포 → 축砲 → 祝砲
- 총포 → 총砲 → 銃砲
- 포격 → 砲격 → 砲擊

砲 砲 砲

胞 세포 포 : 고기 육(月, 肉) 부 - 총 9 획

문장이미지 해외동胞를 다른 말로 교胞라고도 한다.

글자의유래 아이를 밴(包) 자궁의 모양에서 후에 세포의 뜻으로 쓰이게 됨

단어이미지
- 교포→ 교胞→ 僑胞
- 포자 → 胞자 → 胞子
- 단세포 → 단세胞 → 단細胞 → 單細胞
- 세포 → 세胞 → 細胞
- 세포질 → 세胞질 → 細胞질 → 細胞質
- 해외동포 → 해외동胞 → 해외同胞 → 해外同胞 → 海外同胞
- 동포애 → 동胞애 → 同胞애 → 同胞愛

胞 胞 胞

布 베, 펼칠 포 : 수건 건(巾) 부 - 총 5 획

문장이미지 사람들이 분布하는 곳이면 선전布고 한곳에도 布교하러 간다.

글자의유래 베(巾)를 다듬이질로 윤을 내다에서 '옷감, 펼치다'의 뜻

단어이미지
- 공포 → 공布 → 公布
- 배포 → 배布 → 配布
- 포교 → 布교 → 布教
- 선전포고 → 선전布고 → 선전布告 → 선戰布告 → 宣戰布告
- 안동포 → 안동布 → 안東布 → 安東布
- 부직포 → 부직布 → 부織布 → 不織布
- 유포 → 유布 → 流布

布 布 布

暴 사나울 폭 : 날 일(日) 부 - 총 15 획

문장이미지 暴설을 녹이고 暴염도 식히는 우리 사랑!

글자의유래 고기를 잡아 햇볕(日)에 말리다가 원 뜻이나 차츰 '사납다' 로 사용되어짐

단어이미지
- 폭설 → 暴설 → 暴雪
- 폭염 → 暴염 → 暴炎
- 폭풍전야 → 暴 풍전야 → 暴風 전야 → 暴風前 야 → 暴風前夜
- 폭풍우 → 暴풍우 → 暴風우 → 暴風雨
- 폭동 → 暴동 → 暴動
- 폭투 → 暴투 → 暴投
- 폭음 → 暴음 → 暴飮

暴 暴 暴

爆

터질 **폭** : 불 화(火) 부 - 총 19 획

문장이미지 爆격기가 爆탄을 쏟아 부으니 천지에 가득 찬 爆음

글자의유래 불(火)과 사납다(暴)를 합친 글자로 '터지다'의 뜻으로 쓰이게 됨

단어이미지

- 폭탄 → 爆탄 → 爆彈
- 폭음 → 爆음 → 爆音
- 폭격기 → 爆격기 → 爆擊기 → 爆擊機
- 폭죽 → 爆죽 → 爆竹
- 폭발 → 爆발 → 爆發
- 전폭기 → 전爆기 → 戰爆기 → 戰爆機
- 자폭 → 자爆 → 自爆

爆 爆 爆

票

표 **표** : 보일 시(示) 부 - 총 11 획

문장이미지 票를 가진 사람은 모두 투票할 수 있다.

글자의유래 지니고 있는 것을 보여주다(示)에서 점차 '표, 쪽지' 뜻이 됨

단어이미지

- 개표 → 개票 → 開票
- 투표 → 투票 → 投票
- 증표 → 증票 → 證票
- 투표권 → 投표권 → 投票권 → 投票權
- 차표 → 차票 → 車票
- 번호표 → 번호票 → 번號票 → 番號票
- 표결 → 票결 → 票決

票 票 票

標

표할 **표** : 나무 목(木) 부 - 총 15 획

문장이미지 학문은 내 삶의 이정標이자 미래로 가는 목標이다.

글자의유래 나무(木)의 끝에 표(票)를 달아 놓다에서 '표적, 표시'의 뜻

단어이미지

- 표적 → 標적 → 標的
- 표지 → 標지 → 標識
- 표본조사 → 標본조사 → 標本조사 → 標本調사 → 標本調査
- 표준시 → 標준시 → 標準시 → 標準時
- 표고 → 標고 → 標高
- 목표 → 목標 → 目標
- 이정표 → 이정標 → 이程標 → 里程標

標 標 標

表

겉 표 : 옷 의(衣) 부 - 총 8 획

문장이미지: 아니 회사의 대表이사도 사表를 내나요?

글자의유래: 옷(衣)과 털(毛)이 합친 글자로 '바깥쪽'을 나타냄

단어이미지
- 사표 → 사表 → 辭表
- 도표 → 도表 → 圖表
- 표명 → 表명 → 表明
- 무표정 → 무表정 → 무表情 → 無表情
- 표현 → 表현 → 表現
- 대표이사 → 대表이사 → 代表이사 → 代表理사 → 代表理事
- 표피 → 表피 → 表皮

表 表 表

品

물건 품 : 입 구(口) 부 - 총 9 획

문장이미지: 식물 品종개량으로 약品을 개발해 의료기관에 납品하였다.

글자의유래: 몸 입(口)이 세 개이니 여러 사람이고 이의 품격에서 후에 물건을 나타내게 되었다.

단어이미지
- 약품 → 약品 → 藥品
- 납품 → 납品 → 納品
- 품질 → 品질 → 品質
- 공산품 → 공산品 → 공産品 → 工産品
- 일용품 → 일용品 → 일用品 → 日用品
- 천하일품 → 천하일品 → 천하一品 → 천下一品 → 天下一品
- 품목 → 品목 → 品目

品 品 品

風

바람 풍 : 바람 풍(風) 부 - 총 9 획

문장이미지: 태風이 가시고 風랑도 잔잔해진 남쪽바다의 風경

글자의유래: 벌레(虫)들이 사는데 필요한 것이 공기 즉 바람이라는 의미

단어이미지
- 태풍 → 태風 → 颱風
- 풍랑 → 風랑 → 風浪
- 풍수지리 → 風수지리 → 風水지리 → 風水地리 → 風水地理
- 무역풍 → 무역風 → 무易風 → 貿易風
- 풍경 → 風경 → 風景
- 순풍 → 순風 → 順風
- 외풍 → 외風 → 外風

風 風 風

풍년들, 풍성할 **풍** : 콩 두(豆) 부 - 총 13 획

豊

문장이미지 올 가을은 豊성한 대豊일세 豊년가를 부르세.

글자의유래 제사 그릇에 음식이 넉넉히 담겨 있는 모습에서 '풍년, 풍성하다'의 뜻으로 쓰임

단어이미지 • 풍성 → 豊성 → 豊盛	• 대풍 → 대豊 → 大豊
• 풍년가 → 豊년가 → 豊年가 → 豊年歌	• 풍만 → 豊만 → 豊滿
• 풍족 → 豊족 → 豊足	• 감성풍부 → 감성豊부 → 감성豊富 → 감性豊富 → 感性豊富
• 풍작 → 豊작 → 豊作	豊 豊 豊

피곤할 **피** : 병질 엄(疒) 부 - 총 10 획

疲

문장이미지 한자 공부하느라 疲곤합니까? 자 여기 疲로회복제 한 병

글자의유래 병들어 절룩거리다에서 '피로, 피곤'의 뜻

단어이미지 • 피곤 → 疲곤 → 疲困	• 피로 → 疲로 → 疲勞
• 피폐 → 疲폐 → 疲弊	• 피로회복 → 疲로회복 → 疲勞회복 → 疲勞回복 → 疲勞回復
• 피둔 → 疲둔 → 疲鈍	• 피로감 → 疲로감 → 疲勞감 → 疲勞感
疲 疲 疲	• 피민 → 疲민 → 疲民

피할 **피** : 책받침 辶(辵) 부 - 총 17 획

避

문장이미지 일상에서 벗어나 避서지로 잠깐 避신해보자.

글자의유래 가다(辵)와 벽이 합친 글자로 '피하다, 비키다'의 뜻

단어이미지 • 피란 → 避란 → 避亂	• 피신 → 避신 → 避身
• 도피행각 → 도避행각 → 逃避행각 → 逃避行각 → 逃避行脚	• 피서지 → 避서지 → 避暑地 → 避暑地
• 기피 → 기避 → 忌避	• 피임 → 避임 → 避妊
• 피한 → 避한 → 避寒	避 避 避

必

반드시 **필** : 마음 심(心) 부 - 총 5 획

문장이미지 必수과목을 必독하여 시험에 기必코 패스하도록 하여라.

글자의유래 말뚝을 박아서 구역을 나누는 데서 '반드시'의 의미로 쓰임

단어이미지

- 필독 → 必독 → 必讀
- 필수 → 必수 → 必修
- 사필귀정 → 사必귀정 → 事必귀정 → 事必歸정 → 事必歸正
- 필승 → 必승 → 必勝
- 기필 → 기必 → 期必
- 여필종부 → 여必종부 → 女必종부 → 女必從부 → 女必從夫
- 필시 → 必시 → 必是

必 必 必

筆

붓, 글 **필** : 대 죽(竹) 부 - 총 12 획

문장이미지 筆기체로 쓴 명筆의 글씨가 발견되었다.

글자의유래 대나무로 붓의 대를 만든다에서 '붓, 글'의 뜻

단어이미지

- 명필 → 명筆 → 名筆
- 필법 → 筆법 → 筆法
- 대필 → 대筆 → 代筆
- 필기체 → 筆기체 → 筆記체 → 筆記體
- 대서특필 → 대서특筆 → 대서特筆 → 대書特筆 → 大書特筆
- 필자 → 筆자 → 筆者
- 친필 → 친筆 → 親筆

筆 筆 筆

下

아래 **하** : 한 일(一) 부 - 총 3획

문장이미지 下산하여 지下철 下행선을 타고 가는 스님들

글자의유래 일(一)은 일정한 위치를 나타내며 그 밑을 나타내어 아래라는 뜻

단어이미지

- 하행 → 下행 → 下行
- 하산 → 下산 → 下山
- 일인지하 → 일인지下 → 일인之下 → 일人之下 → 一人之下
- 지하철 → 지下철 → 地下철 → 地下鐵
- 하명 → 下명 → 下命
- 투하 → 투下 → 投下
- 귀하 → 귀下 → 貴下

下 下 下

河

물, 내 하 : 물 수(氵) 부 - 총 8 획

문장이미지 은河수가 河천에 내려앉았다. 시골의 밤이다.

글자의유래 크게 굽이쳐 흐르는 물줄기, "내, 하천, 개울'을 말함

단어이미지

- 하천 → 河천 → 河川
- 은하수 → 은河수 → 銀河수 → 銀河水
- 대하 → 대河 → 大河
- 하마 → 河마 → 河馬
- 빙하 → 빙河 → 氷河
- 백년하청 → 백년河청 → 백년河淸 → 백年河淸 → 百年河淸
- 산하 → 산河 → 山河

河 河 河

夏

여름 하 : 천천히걸을 쇠(夊) - 총 10 획

문장이미지 춘夏추동 중에서 夏계방학이 있는 여름이 제일 좋더라.

글자의유래 더워서 머리(首)와 발을 다 드러낸다고 해서 '여름'을 말함

단어이미지

- 하계 → 夏계 → 夏季
- 하지 → 夏지 → 夏至
- 하복 → 夏복 → 夏服
- 춘하추동 → 춘夏추동 → 春夏추동 → 春夏秋동 → 春夏秋冬
- 하절기 → 夏절기 → 夏節기 → 夏節期
- 입하 → 입夏 → 立夏
- 하기 → 夏기 → 夏期

夏 夏 夏

學

배울 학 : 아들 자(子) 부 - 총 16 획

문장이미지 대學교에서 아동문學을 공부하는 學생들도 많이 있다.

글자의유래 아이(子)가 좋은 것을 본받아 깨우침을 얻는다에서 '배우다'

단어이미지

- 학생 → 學생 → 學生
- 학자 → 學자 → 學者
- 아동문학 → 아동문學 → 아동文學 → 아童文學 → 兒童文學
- 대학교 → 대學교 → 대學校 → 大學校
- 학당 → 學당 → 學堂
- 학습 → 學습 → 學習
- 학기 → 學기 → 學期

學 學 學

寒

찰, 떨 寒 : 갓머리(宀) 부 - 총 12 획

문장이미지 寒파가 몰아치는 엄동설寒에도 이 방寒복만 있으면 되지.

글자의유래 집안에 풀을 깔고 사람이 누워 있는 모양, 집 밖에는 얼음이(冫) 언다는 데서 '춥다'를 뜻함.

단어이미지	
• 한식 → 寒식 → 寒食	• 한파 → 寒파 → 寒波
• 한기 → 寒기 → 寒氣	• 동한 → 동寒 → 冬寒
• 삼한사온 → 삼寒사온 → 三寒사온 → 三寒四온 → 三寒四溫	• 엄동설한 → 엄동설寒 → 엄동雪寒 → 엄冬雪寒 → 嚴冬雪寒
• 한냉 → 寒냉 → 寒冷	寒 寒 寒

恨

한 한 : 마음 심(心) 부 - 총 9 획

문장이미지 공부 안하면 훗날 통恨의 눈물을 흘리며 신세恨탄할 날 온다네.

글자의유래 마음에(忄=心) 뿌리를 박다(艮) 즉 언제까지나 한을 품는다는 뜻

단어이미지	
• 통한 → 통恨 → 痛恨	• 여한 → 여恨 → 餘恨
• 원한 → 원恨 → 怨恨	• 통한사 → 통恨사 → 痛恨사 → 痛恨事
• 정한 → 정恨 → 情恨	• 신세한탄 → 신세恨탄 → 신세恨歎 → 신世恨歎 → 身世恨歎
恨 恨 恨	• 지한 → 지恨 → 至恨

限

한정할 아 : 언덕 부(阝) 부 - 총 9 획

문장이미지 극限 상황에서의 인간 限계에 도전하는 탐험가들

글자의유래 언덕(阝)에서 나가지 못하고 그치다(艮)에서 '머무르다, 한계, 한정'의 뜻

단어이미지	
• 극한 → 극限 → 極限	• 한정 → 限정 → 限定
• 한계상황 → 限계상황 → 限界상황 → 限界狀황 → 限界狀況	• 기한부 → 기限부 → 期限부 → 期限附
• 제한 → 제限 → 制限	• 기한 → 기限 → 期限
• 권한 → 권限 → 權限	限 限 限

漢

한나라 **한** : 물 수(水) 부 - 총 14 획

문장이미지 漢문을 잘 배워두어야 네가 바라는 漢학자가 될 수 있어.

글자의유래 양자강 상류 하천(水) 이라는 뜻에서 '한나라'를 뜻함.

단어이미지
- 한문 → 漢문 → 漢文
- 나한 → 나漢 → 羅漢
- 악한 → 악漢 → 惡漢
- 한학자 → 漢학자 → 漢學 자 → 漢學者
- 한양 → 漢양 → 漢陽
- 상용한자 → 상용漢자 → 상용漢字 → 상用漢字 → 常用漢字
- 한시 → 漢시 → 漢詩

漢 漢 漢

韓

한국, 나라 **한** : 가죽 위(韋) 부 - 총 17 획

문장이미지 우리는 자랑스런 대韓의 건아, 오 필승 대韓민국 ~~

글자의유래 아침 해가 돋는다에 가죽 위(韋)가 붙은 글자로 아름다운 '한국'을 뜻함

단어이미지
- 대한 → 대韓 → 大韓
- 남한 → 남韓 → 南韓
- 한복 → 韓복 → 韓服
- 한반도 → 韓반도 → 韓半도 → 韓半島
- 한국 → 韓국 → 韓國
- 대한민국 → 대韓민국 → 大韓민국 → 大韓民국 → 大韓民國
- 방한 → 방韓 → 訪韓

韓 韓 韓

閑

한가할 **한** : 문 문(門) 부 - 총 12 획

문장이미지 휴가지에서 閑가하게 망중閑을 즐기다.

글자의유래 문(門) 사이에 나무(木)가 있어 칸막이에서 후에 '한가하다'의 뜻

단어이미지
- 한가 → 閑가 → 閑暇
- 한적 → 閑적 → 閑寂
- 유한계급 → 유閑계급 → 有閑계급 → 有閑階급 → 有閑階級
- 망중한 → 망중閑 → 망中閑 → 忙中閑
- 한거 → 閑거 → 閑居
- 한산 → 閑산 → 閑散
- 한사 → 閑사 → 閑事

閑 閑 閑

합할 합 : 입 구(口) 부 - 총 6 획

合

문장이미지 양당이 合당하니 여러 기구가 통폐合되었다.

글자의유래 여러 사람들이(人) 한(一) 가지로 말(口)을 하니 일치하고 합하다는 뜻

단어이미지
- 합당 → 合당 → 合黨
- 이합 → 이合 → 離合
- 혼합 → 혼合 → 混合
- 통합 → 통合 → 統合
- 융합 → 융合 → 融合
- 합동작전 → 合同작전 → 合同作전 → 合同作戰
- 통폐합 → 통폐合 → 통廢合 → 統廢合

合 合 合

겨룰 항 : 손 수(扌) 부 - 총 7 획

抗

문장이미지 불의에 抗거하고 잘못된 정책에 抗의하는 언론의 길

글자의유래 손(手)을 높이 들어 막다에서 '겨루다'의 뜻

단어이미지
- 항거 → 抗거 → 抗拒
- 항의 → 抗의 → 抗議
- 항변 → 抗변 → 抗辯
- 저항력 → 저抗력 → 抵抗력 → 抵抗力
- 항생물질 → 抗생물질 → 抗生물질 → 抗生物질 → 抗生物質
- 반항 → 반抗 → 反抗
- 대항 → 대抗 → 對抗

抗 抗 抗

배 항 : 배 주(舟) 부 - 총 7 획

航

문장이미지 航로를 잘 찾아 배를 순航시키는 선장.

글자의유래 배가 앞으로 나아가는 모양에서 '배, 배로 건너다'

단어이미지
- 항로 → 航로 → 航路
- 순항 → 순航 → 順航
- 항공모함 → 航공모함 → 航空모함 → 航空母함 → 航空母艦
- 난항 → 난航 → 難航
- 귀항 → 귀航 → 歸航
- 밀항 → 밀航 → 密航
- 항법 → 航법 → 航法

航 航 航

港

항구 **항** : 물 수(氵) 부 - 총 12 획

문장이미지 인천港은 개港된지 오래된 港구다.

글자의유래 물(水)의 고을(巷)이라는 의미에서 배가 드나드는 '항구'를 나타냄

단어이미지
- 개항 → 개港 → 開港
- 항구 → 港구 → 港口
- 항도 → 港도 → 港都
- 귀항 → 귀港 → 歸港
- 출항 → 출港 → 出港
- 국제공항 → 국제공港 → 국제空港 → 국際空港 → 國際空港
- 어항 → 어港 → 漁港

港 港 港

害

해할 **해** : 갓머리 (宀) 부 - 총 10 획

문장이미지 害충이라고 모두 다 인간에게 害독을 주는 것은 아니다.

글자의유래 집안(宀)을 어지럽히다에서 '해치다'의 뜻

단어이미지
- 해충 → 害충 → 害蟲
- 해독 → 害독 → 害毒
- 상해 → 상害 → 傷害
- 장해 → 장害 → 障害
- 박해 → 박害 → 迫害
- 이해타산 → 이害타산 → 利害타산 → 利害打산 → 利害打算
- 음해 → 음害 → 陰害

害 害 害

海

바다 **해** : 물 수(氵) 부 - 총 10 획

문장이미지 진海는 벚꽃이 유명한 海군 기지이다.

글자의유래 물(水)이 마르지 않고 매양(每) 가득 찬 곳, 바다를 뜻한다.

단어이미지
- 진해 → 진海 → 鎭海
- 해군 → 海군 → 海軍
- 인산인해 → 인산인海 → 인산人海 → 인山人海 → 人山人海
- 해수욕 → 海수욕 → 海水욕 → 海水浴
- 해전 → 海전 → 海戰
- 해류 → 海류 → 海流
- 해변 → 海변 → 海邊

海 海 海

풀 해 : 뿔 각(角) 부 - 총 13 획

解

문장이미지 문장이 너무 난解해서 解석이 어렵구나.

글자의유래 칼(刀)을 가지고 소(牛)를 잡아 뿔(角)을 자르다에서 '가르다, 해부하다'

단어이미지
- 난해 → 난解 → 難解
- 해석 → 解석 → 解釋
- 해몽 → 解몽 → 解夢
- 양해 → 양解 → 諒解
- 오해 → 오解 → 誤解
- 공중분해 → 공중분解 → 공중分解 → 공中分解 → 空中分解
- 이해 → 이解 → 理解

解 解 解

씨 핵 : 나무 목(木) 부 - 총 10 획

核

문장이미지 문제의 核심은 사회가 점점 核가족화된다는 것이었다.

글자의유래 나무(木)의 단단한(亥) 부분 즉 열매의 씨에서 '핵심, 가운데'

단어이미지
- 핵심 → 核심 → 核心
- 핵과 → 核과 → 核果
- 결핵 → 결核 → 結核
- 핵가족 → 核가족 → 核家족 → 核家族
- 핵실험 → 核실험 → 核實험 → 核實驗
- 균핵 → 균核 → 菌核
- 핵산 → 核산 → 核酸

核 核 核

다행, 바랄 행 : 방패 간(干) 부 - 총 8 획

幸

문장이미지 아무도 다치지 않았다니 불幸중 다幸이로구나.

글자의유래 사람(人)이 오래 사는 것은 좋은 일이다에서 '다행, 바라는' 뜻

단어이미지
- 다행 → 다幸 → 多幸
- 불행 → 불幸 → 不幸
- 천만다행 → 천만다幸 → 천만多幸 → 천萬多幸 → 千萬多幸
- 행운아 → 幸운아 → 幸運아 → 幸運兒
- 행복 → 幸복 → 幸福
- 천행 → 천幸 → 天幸
- 순행 → 순幸 → 巡幸

幸 幸 幸

行

다닐 **행**, 항렬 **항** : 다닐 행(行) 부 - 총 6 획

문장이미지 비行기를 타고 해외여行을 떠나보고 싶다.

글자의유래 사람(人)이 걸어다니는 번화한 교차로를 본뜬 글자로'다니다'의 뜻

단어이미지
- 여행 → 여行 → 旅行
- 보행 → 보行 → 步行
- 행성 → 行성 → 行星
- 비행기 → 비行기 → 飛行기 → 飛行機
- 관행 → 관行 → 慣行
- 통행요금 → 통行요금 → 通行요금 → 通行料금 → 通行料金
- 항렬 → 行렬 → 行列

行 行 行

向

향할 **향** : 입 구(口) 부 - 총 6 획

문장이미지 고객의 취向과 동向을 알아야 사업이 발전한다.

글자의유래 집에 창문(口)이 나 있는 모양에서 '향하다'의 뜻으로 쓰임

단어이미지
- 남향 → 남向 → 南向
- 취향 → 취向 → 趣向
- 동향 → 동向 → 動向
- 향학열 → 向학열 → 向學열 → 向學熱
- 경향 → 경向 → 傾向
- 외향성 → 외向성 → 外向성 → 外向性
- 전향 → 전向 → 轉向

向 向 向

鄕

시골 **향** : 고을 읍(邑) 부 - 총 13 획

문장이미지 북에 고鄕을 둔 실鄕민의 鄕수를 달래주어야 한다.

글자의유래 작은 골목이 있는 사람 사는 곳, 즉 시골 마을을 나타낸다.

단어이미지
- 고향 → 고鄕 → 故鄕
- 향수 → 鄕수 → 鄕愁
- 이상향 → 이상鄕 → 이想鄕 → 理想鄕
- 실향민 → 실鄕민 → 失鄕민 → 失鄕民
- 귀향 → 귀鄕 → 歸鄕
- 망향 → 망鄕 → 望鄕
- 향교 → 鄕교 → 鄕校

鄕 鄕 鄕

香

향기 **향** : 향기 향(香) 부 - 총 9 획

문장이미지 사랑하는 춘香이에게 香수를 선물하는 이도령

글자의유래 벼(禾)가 햇살(日)에 잘 익을 때 좋은 냄새가 나다에서 '향기'의 뜻

단어이미지
- 향수 → 香수 → 香水
- 춘향전 → 춘香전 → 春香전 → 春香傳
- 묵향 → 묵香 → 墨香
- 향기 → 香기 → 香氣
- 방향 → 방香 → 芳香
- 천리향 → 천리香 → 천里香 → 千里香
- 향료 → 香료 → 香料

香 香 香

虛

빌 **허** : 범호 밑 엄(虍) 부 - 총 12 획

문장이미지 젊었을 때 虛송세월을 보낸다면 정말 虛망한 일이지.

글자의유래 범((虍)이 나오는 언덕(丘)이라 사람도 동물도 없는 빈 곳에서 '비다, 공허하다'

단어이미지
- 허망 → 虛망 → 虛妄
- 허세 → 虛세 → 虛勢
- 허례 → 虛례 → 虛禮
- 허구 → 虛구 → 虛構
- 허식 → 虛식 → 虛飾
- 허송세월 → 虛송세월 → 虛送 세월 → 虛送歲월 → 虛送歲月
- 허위 → 虛위 → 虛僞

虛 虛 虛

許

허락할 **허** : 말씀 언(言) 부 - 총 11 획

문장이미지 면許시험에 붙었으니 이제 차 운전을 許락하마.

글자의유래 말(言)할 수 있게하다에서 '허락하다, 들어주다'의 뜻

단어이미지
- 허락 → 許락 → 許諾
- 허가 → 許가 → 許可
- 특허출원 → 특許출원 → 特許출원 → 特許出원 → 特許出願
- 인허가 → 인許가 → 인許可 → 認許可
- 허용 → 許용 → 許容
- 허다 → 許다 → 許多
- 면허 → 면許 → 免許

許 許 許

憲

법 **헌** : 마음 심(心) 부 - 총 16 획

문장이미지 憲법에 위배되는 것을 위憲이라고 한다.

글자의유래 눈(目)과 마음(心)은 늘 바르다에서 '법'의 뜻이 나옴

단어이미지
- 헌법 → 憲법 → 憲法
- 개헌 → 개憲 → 改憲
- 헌장 → 憲장 → 憲章
- 제헌절 → 제헌節 → 제憲節 → 制憲節
- 위헌 → 위憲 → 違憲
- 사헌부 → 사憲부 → 司憲부 → 司憲府
- 헌정 → 憲정 → 憲政

憲 憲 憲

險

험할 **험** : 언덕 부(阝) 부 - 총 16 획

문장이미지 탐險대는 만약에 대비해 모두 보險에 가입하였다.

글자의유래 사람을 엄하게 긴장(僉)시키는 언덕(阝)에서 '험하다, 모험하다'

단어이미지
- 보험 → 보險 → 保險
- 험담 → 險담 → 險談
- 모험 → 모險 → 冒險
- 탐험대 → 탐險대 → 探險대 → 探險隊
- 험난 → 險난 → 險難
- 화재보험 → 화재보險 → 화재保險 → 화災保險 → 火災保險
- 험악 → 險악 → 險惡

險 險 險

驗

시험 **험** : 말 마(馬) 부 - 총 23 획

문장이미지 실기시驗을 쳐 본 경驗이 있는 학생들 손들어 봐.

글자의유래 본래 말의 종류를 뜻했으나 뒤에 '시험하다, 겪다'의 뜻이 됨

단어이미지
- 효험 → 효驗 → 效驗
- 경험 → 경驗 → 經驗
- 실기시험 → 실기시驗 → 실기試驗 → 실技試驗 → 實技試驗
- 체험담 → 체驗담 → 體驗담 → 體驗談
- 영험 → 영驗 → 靈驗
- 실험 → 실驗 → 實驗
- 수험 → 수驗 → 受驗

驗 驗 驗

革

가죽 **혁** : 가죽 혁(革) 부 - 총 9 획

문장이미지 사회를 변革시키겠다고 군사革명을 일삼는 후진국 군인들

글자의유래 손으로 짐승의 털을 뽑아 가죽을 만든다에서 '가죽, 혁신하다'

단어이미지
- 혁대 → 革대 → 革帶
- 혁신 → 革신 → 革新
- 개혁 → 개革 → 改革
- 변혁 → 변革 → 變革
- 피혁 → 피革 → 皮革
- 군사혁명 → 군사革명 → 군사革命 → 군事革命 → 軍事革命
- 연혁 → 연革 → 沿革

革 革 革

現

나타날 **현** : 구슬 옥(玉) 부 - 총 11 획

문장이미지 이 연극은 現실을 잘 표現한 걸작이다.

글자의유래 구슬(玉)을 잘 닦으면 반짝 빛이 난다(見)에서 '나타난다'의 뜻

단어이미지
- 표현 → 표現 → 表現
- 현실 → 現실 → 現實
- 현상 → 現상 → 現像
- 현대화 → 現대화 → 現代화 → 現代化
- 현지법인 → 現지법인 → 現地법인 → 現地法인 → 現地法人
- 출현 → 출現 → 出現
- 현황 → 現황 → 現況

現 現 現

賢

어질 **현** : 조개 패(貝) 부 - 총 15 획

문장이미지 성賢들의 어머니는 모두 다 賢모양처였을까?

글자의유래 재물(貝)을 베풀어 좋은 일을 한다에서 '어질다'

단어이미지
- 성현 → 성賢 → 聖賢
- 현명 → 賢명 → 賢明
- 현모양처 → 賢모양처 → 賢母양처 → 賢母良처 → 賢母良妻
- 현자 → 賢자 → 賢者
- 현인 → 賢인 → 賢人
- 선현 → 선賢 → 先賢
- 제현 → 제賢 → 諸賢

賢 賢 賢

顯

나타날 **현** : 머리 혈(頁) 부 - 총 23 획

문장이미지 顯미경으로 보면 세포의 특징이 顯저히 나타난다.

글자의유래 햇빛(日)에서 보면 가는 실(絲)도 보인다에서 '나타나다'의 뜻

단어이미지
- 현저 → 顯저 → 顯著
- 현시 → 顯시 → 顯示
- 현고 → 顯고 → 顯考
- 현충일 → 顯충일 → 顯忠일 → 顯忠日
- 명현→ 명顯→ 明顯
- 현미경 → 顯미경 → 顯微경 → 顯微鏡
- 발현 → 발顯 → 發顯

顯 顯 顯

血

피 **혈** : 피 혈(血) 부 - 총 6 획

문장이미지 血기왕성할 때 자주 헌血을 하여야 한다.

글자의유래 제사지내는 그릇(皿)에 피를 담아 바친다에서 '피'

단어이미지
- 헌혈 → 헌血 → 獻血
- 혈액 → 血액 → 血液
- 혈연 → 血연 → 血緣
- 혈기왕성 → 血기왕성 → 血氣왕성 → 血氣旺성 → 血氣旺盛
- 혈색 → 血색 → 血色
- 뇌출혈 → 뇌출血 → 뇌出血 → 腦出血
- 혈압 → 血압 → 血壓

血 血 血

協

화할 **협** : 열 십(十) 부 - 총 8 획

문장이미지 協력업체와의 協상이 잘 타協되어 기쁘다.

글자의유래 많은 무리(十)의 힘을 합하다(力)에서 '화합하다' 의 뜻

단어이미지
- 협상 → 協상 → 協商
- 타협 → 타協 → 妥協
- 협력업체 → 協력업체 → 協力업체 → 協力業체 → 協力業體
- 협동심 → 協동심 → 協同心 → 協同心
- 협정 → 協정 → 協定
- 농협 → 농協 → 農協
- 협약 → 協약 → 協約

協 協 協

兄

형 **형** : 어진사람 인 (儿) 부 - 총 5 획

문장이미지 그 兄제의 게임 솜씨는 뛰어나 그야말로 난兄난제다.

글자의유래 입(口)이 큰 사람, 든든한 사람에서 '형'

단어이미지
- 형제 → 兄제 → 兄弟
- 형부 → 兄부 → 兄夫
- 매형 → 매兄 → 妹兄
- 처형 → 처兄 → 妻兄
- 의형제 → 의兄제 → 의兄弟 → 義兄弟
- 난형난제 → 난兄난제 → 難兄난제 → 難兄難제 → 難兄難弟
- 자형 → 자兄 → 姉兄

兄 兄 兄

刑

형벌 **형** : 칼 도(刂(刀)) 부 - 총 6 획

문장이미지 그 모범수는 중刑에서 감刑되어 석방되었다.

글자의유래 칼(刀)로 강제로 법을 따르게 하다에서 '형벌'

단어이미지
- 형벌 → 刑벌 → 刑罰
- 처형 → 처刑 → 處刑
- 중형 → 중型 → 重型
- 감형 → 감刑 → 減刑
- 형사재판 → 刑사재판 → 刑事재판 → 刑事裁판 → 刑事裁判
- 형무소 → 刑무소 → 刑務소 → 刑務所
- 실형 → 실刑 → 實刑

刑 刑 刑

形

모양 **형** : 터럭 삼(彡) - 총 7 획

문장이미지 물건의 形태를 변形시켜 새 작품을 만들어 보라.

글자의유래 털로 만든 붓을 가지런히 하는 모양에서 '형상, 모양'의 뜻

단어이미지
- 형편 → 形편 → 形便
- 형세 → 形세 → 形勢
- 상형문자 → 상形문자 → 象形문자 → 象形文자 → 象形文字
- 형태 → 形태 → 形態
- 변형 → 변形 → 變形
- 조형 → 조形 → 造形
- 인형 → 인形 → 人形

形 形 形

은혜 **혜** : 마음 심(心) 부 - 총 12 획

惠

문장이미지 어려서부터 크나 큰 惠택을 주신 부모님의 은惠에 보답해야지.

글자의유래 남에 대해 한결같은 마음(心)을 베푼다에서 '은혜, 혜택'의 뜻

단어이미지
- 혜택 → 惠택 → 惠澤
- 은혜 → 은惠 → 恩惠
- 자혜 → 자惠 → 慈惠
- 자혜 → 자惠 → 慈惠
- 혜은 → 惠은 → 惠恩
- 특혜관세 → 특惠관세 → 特惠관세 → 特惠關세 → 特惠關稅
- 혜량 → 惠량 → 惠諒

惠 惠 惠

부를 **호** : 입 구(口) 부 - 총 8 획

呼

문장이미지 呼흡을 가다듬고 呼소문을 낭독하여라.

글자의유래 입(口)으로 숨을 내쉬다(乎)에서 '호흡, 부르짖다'의 뜻

단어이미지
- 호흡 → 呼흡 → 呼吸
- 호칭 → 呼칭 → 呼稱
- 호응 → 呼응 → 呼應
- 호소문 → 呼소문 → 呼訴문 → 呼訴文
- 호형호제 → 呼형호제 → 呼兄호제 → 呼兄呼제 → 呼兄呼弟
- 호가 → 呼가 → 呼價
- 호출 → 呼출 → 呼出

呼 呼 呼

좋을 **호** : 여자 여(女) 부 - 총 6 획

好

문장이미지 모두 노력하여 好시절에 好의好식하며 살아 보자.

글자의유래 어머니인 여자(女)가 아이(子)를 안고 있으니 매우 좋다에서 나온 뜻

단어이미지
- 호감 → 好감 → 好感
- 호황 → 好황 → 好況
- 호의호식 → 호의好식 → 호의好食 → 호衣好食 → 好衣好食
- 호시절 → 好시절 → 好時절 → 好時節
- 호기 → 好기 → 好氣
- 양호 → 양好 → 良好
- 호색 → 好색 → 好色

好 好 好

호수 호 : 물 수(氵) 부 - 총 12 획

湖

문장이미지 한국의 湖수는 주로 민물로 이루어진 담수湖이다.

글자의유래 물 수(水)에 큰 호(胡)를 합친 글자로 연못보다 큰 호수를 말한다.

단어이미지
- 호수 → 湖수 → 湖水
- 호남 → 湖남 → 湖南
- 강호 → 강湖 → 江湖
- 호서 → 湖서 → 湖西
- 영호남 → 영湖남 → 영湖南 → 嶺湖南
- 호남평야 → 湖남평야 → 湖南평야 → 湖南平야 → 湖南平野
- 담수호 → 담수湖 → 담水湖 → 淡水湖

湖 湖 湖

집 호 : 집 호(戶) 부 - 총 4 획

戶

문장이미지 가가戶戶 방문하여 戶주를 만나고 오겠다.

글자의유래 문의 한 짝을 나타낸 글에서 점차 '집'을 뜻하게 됨

단어이미지
- 호구 → 戶구 → 戶口
- 호적 → 戶적 → 戶籍
- 호수 → 戶수 → 戶數
- 호주 → 戶주 → 戶主
- 가가호호 → 가가호戶 → 가가戶戶 → 가家戶戶 → 家家戶戶
- 창호 → 창戶 → 窓戶
- 문호 → 문戶 → 門戶

戶 戶 戶

이름, 부를 호 : 범호 엄(虍) 부 - 총 13 획

號

문장이미지 좋은 번號를 받았으니 아파트 분양 추첨에 될 청신號야.

글자의유래 범(虍)이 큰 소리로 울부짖는다 에서 '부르다, 이름'의 뜻

단어이미지
- 번호 → 번號 → 番號
- 구호 → 구號 → 口號
- 신호전달 → 신號전달 → 信號전달 → 信號傳달 → 信號傳達
- 청신호 → 청신號 → 青信號 → 靑信號
- 상호 → 상號 → 商號
- 국호 → 국號 → 國號
- 호외 → 號외 → 號外

號 號 號

護

도울 **호** : 말씀 언(言) 부 - 총 21 획

문장이미지 자신을 보護하려면 護신술을 익혀야 한다.

글자의유래 말(言)로서 감시하다에서 뒤에 '지키다, 돌보다' 뜻으로 쓰임

단어이미지
- 간호 → 간護 → 看護
- 보호 → 보護 → 保護
- 구호 → 구護 → 救護
- 호위 → 護위 → 護衛
- 호신술 → 護신술 → 護身술 → 護身術
- 호국영령 → 護국영령 → 護國영령 → 護國英 령 → 護國英靈
- 가호 → 가護 → 加護

護 護 護

或

혹 **혹** : 창 과(戈) 부 - 총 8 획

문장이미지 간或 이런 생각이 든다. 내 전생에는 或시 왕이 아니었을까?

글자의유래 창(戈)을 들고 일정한 땅을 경계한다에서 나온 글자. '혹시'

단어이미지
- 혹시 → 或시 → 或是
- 간혹 → 간或 → 間或
- 혹자 → 或자 → 或者
- 혹여 → 或여 → 或如
- 설혹 → 설或 → 設或
- 만혹 → 만或 → 萬或
- 혹간 → 或간 → 或間

或 或 或

婚

혼인할 **혼** : 여자 여(女) 부 - 총 11 획

문장이미지 婚담이 오가더니 결국 결婚식을 올리는구나.

글자의유래 여자(女)와 남자(子)가 만나 날(日)을 잡아 혼인을 하다.

단어이미지
- 혼담 → 婚담 → 婚談
- 혼사 → 婚사 → 婚事
- 약혼식 → 약婚식 → 約婚식 → 約婚式
- 결혼식 → 결婚식 → 結婚식 → 結婚式
- 초혼 → 초婚 → 初婚
- 재혼 → 재婚 → 再婚
- 신혼 → 신婚 → 新婚

婚 婚 婚

混

섞을 혼 : 물 수(氵) 부 - 총 11 획

문장이미지 저 친구는 외국인처럼 생겨 混혈아로 混동을 할 정도야.

글자의유래 여러 가지 물(水)이 섞이다(昆), '섞다, 합하다, 흐리다'의 뜻

단어이미지
- 혼동 → 混동 → 混同
- 혼잡 → 混잡 → 混雜
- 혼성 → 混성 → 混成
- 혼혈아 → 混혈아 → 混血아 → 混血兒
- 혼란 → 混란 → 混亂
- 잡곡혼식 → 잡곡混식 → 잡곡混食 → 잡穀混食 → 雜穀混食
- 혼선 → 混선 → 混線

混 混 混

紅

붉을 홍 : 실 사(糸) 부 - 총 9 획

문장이미지 따뜻한 紅차를 마시니 친구 얼굴이 紅안이 되었어.

글자의유래 붉은 물감으로 천(糸)을 물들인 색 '붉다, 주홍색'

단어이미지
- 홍자 → 紅자 → 紅茶
- 홍안 → 紅안 → 紅顔
- 주홍 → 주紅 → 朱紅
- 홍일점 → 紅일점 → 紅一점 → 紅一點
- 홍옥 → 紅옥 → 紅玉
- 만산홍엽 → 만산紅엽 → 만산紅葉 → 만山紅葉 → 滿山紅葉
- 홍색 → 紅색 → 紅色

紅 紅 紅

化

될 화 : 비수 비(匕) 부 - 총 4 획

문장이미지 도시化로 인한 인간 삶의 다변化 현상에 대해 논술하라.

글자의유래 바로 선 사람(人)과 뒤집어진 사람(匕)에서 '변화하다, 되다'의 뜻

단어이미지
- 화학 → 化학 → 化學
- 진화 → 진化 → 進化
- 화학공장 → 化학공장 → 化學공장 → 化學工장 → 化學工場
- 도시화 → 도시化 → 도市化 → 都市化
- 다변화 → 다변化 → 다邊化 → 多邊化
- 미화 → 미化 → 美化
- 정화 → 정化 → 淨化

化 化 化

꽃 **화** : 풀 초(艹) 부 - 총 8 획

花

문장이미지 花단에 핀 국花 한 송이 저 홀로 가을을 이고 있네.

글자의유래 풀(草)이 자라면 변해서(化) 꽃이 피어난다.

단어이미지
- 화단 → 花단 → 花壇
- 국화 → 국花 → 菊花
- 화환 → 花환 → 花環
- 개화 → 개花 → 開花
- 화원 → 花원 → 花園
- 낙화유수 → 낙花유수 → 落花유수 → 落花流수 → 落花流水
- 채송화 → 채송花 → 채松花 → 菜松花

花	花	花		

재물 **화** : 조개 패(貝) 부 - 총 11 획

貨

문장이미지 금은보貨는 貨폐가치도 높으니 잘 챙겨라.

글자의유래 다른 물품(貝)과 바꿀(化) 수 있는 것이 곧 '재화, 물품'이라는 뜻

단어이미지
- 화폐 → 貨폐 → 貨幣
- 화물 → 貨물 → 貨物
- 외화 → 외貨 → 外貨
- 금은보화 → 금은보貨 → 금은寶貨 → 금銀寶貨 → 金銀寶貨
- 통화량 → 통貨량 → 通貨량 → 通貨量
- 화주 → 貨주 → 貨主
- 미화 → 미貨 → 美貨

貨	貨	貨		

화할 **화** : 입 구(口) 부 - 총 8 획

和

문장이미지 가정의 평和와 가족의 和목을 빕니다.

글자의유래 곡식 (벼 禾)을 여러 사람이 같이 먹으니(口) 이로써 화목해진다.

단어이미지
- 평화 → 평和 → 平和
- 화목 → 和목 → 和睦
- 평화통一 → 평和통일 → 平和통일 → 平和統일 → 平和統一
- 친화력 → 친和력 → 親和력 → 親和力
- 화답 → 和답 → 和答
- 화음 → 和음 → 和音
- 조화 → 조和 → 調和

和	和	和		

華

빛날 **화** : 풀 초(艹) 부 - 총 12 획

문장이미지 노후에 부귀영華, 華려한 삶을 살아야 하느니라.

글자의유래 나뭇가지마다 꽃이 핀 모습에서 '빛나다. 화려하다'

단어이미지

• 화려 → 華려 → 華麗	• 중화 → 중華 → 中華
• 번화 → 번華 → 繁華	• 호화 → 호華 → 豪華
• 산화 → 산華 → 散華	• 부귀영화 → 부귀영華 → 부귀榮華 → 부貴榮華 → 富貴榮華
• 화혼 → 華혼 → 華婚	華 華 華

火

불 **화** : 불 화(火) 부 - 총 4 획

문장이미지 火재가 나자마자 119 소방대에서 즉시 진火하였습니다.

글자의유래 불이 활활 잘 타고 있는 모습을 본든 글자

단어이미지

• 화재 → 火재 → 火災	• 진화 → 진火 → 鎭火
• 화급 → 火급 → 火急	• 포화 → 포火 → 砲火
• 휴화산 → 휴火산 → 휴火山 → 休火山	• 등화가친 → 등火가친 → 燈火가친 → 燈火可친 → 燈火可親
火 火 火	• 화력 → 火력 → 火力

畵

그림 **화** : 밭 전(田) 부 - 총 12 획

문장이미지 그 畵랑에 가면 큰 벽畵를 감상할 수 있다오.

글자의유래 손으로 붓을 잡고 밭(田)의 경계를 표하다에서 '그리다. 그림'

단어이미지

• 영화 → 영畵 → 映畵	• 화랑 → 畵랑 → 畵廊
• 녹화방송 → 녹畵방송 → 錄畵방송 → 錄畵放송 → 錄畵放送	• 명화 → 명畵 → 名畵
• 동양화 → 동양畵 → 동洋畵 → 東洋畵	• 벽화 → 벽畵 → 壁畵
• 화법 → 畵법 → 畵法	畵 畵 畵

말씀 화 : 말씀 언(言) 부 - 총 13 획

話

문장이미지 재미난 일話를 동話로 풀어내는 위대한 아동문학가

글자의유래 혀(舌)를 움직이니 줄줄 말(言)이 잘 나온다에서 '말씀, 말하다'

단어이미지
- 일화 → 일話 → 逸話
- 동화 → 동話 → 童話
- 화법 → 話법 → 話法
- 화제 → 話제 → 話題
- 화두 → 話두 → 話頭
- 영어회화 → 영어회話 → 영어會話 → 영語會話 → 英語會話
- 실화 → 실話 → 實話

話	話	話		

굳을 확 : 돌 석(石) 부 - 총 15 획

確

문장이미지 確고부동한 그의 뜻을 確인하였을 뿐이다.

글자의유래 단단한(隺) 돌(石)에서 '확실하다, 굳다'의 뜻

단어이미지
- 확인 → 確인 → 確認
- 확증 → 確증 → 確證
- 확약 → 確약 → 確約
- 확고부동 → 確고부동 → 確固부동 → 確固不동 → 確固不動
- 확률적 → 確률적 → 確率적 → 確率的
- 정확 → 정確 → 正確
- 명확 → 명確 → 明確

確	確	確		

근심, 병 환 : 마음 심(心) 부 - 총 11 획

患

문장이미지 유비무患하여 절대로 후患이 없도록 하여라.

글자의유래 마음(心)을 꼬챙이로 아프게 뚫는다에서 '근심, 병'을 나타 냄

단어이미지
- 후환 → 후患 → 後患
- 우환 → 우患 → 憂患
- 유비무환 → 유비무患 → 유비無患 → 유備無患 → 有備無患
- 병환 → 병患 → 病患
- 노환 → 노患 → 老患
- 환란 → 患란 → 患亂
- 중환자 → 중患자 → 중患者 → 重患者

患	患	患		

歡

기쁠 **환** : 하품 흠(欠) 부 - 총 22 획

문장이미지 歡영인사를 마친 대통령은 수상과 歡담을 나누었다.

글자의유래 입을 벌려(欠) 큰 소리로 부르다에서 '기뻐하다, 반기다'의 뜻

단어이미지
- 환담 → 歡담 → 歡談
- 환대 → 歡대 → 歡待
- 애환 → 애歡 → 哀歡
- 환심 → 歡심 → 歡心
- 환호성 → 歡호성 → 歡呼성 → 歡呼聲
- 환영인사 → 歡영인사 → 歡迎인사 → 歡迎人사 → 歡迎人事
- 환송 → 歡송 → 歡送

歡 歡 歡

環

고리 **환** : 구슬 옥(玉) 부 - 총 17 획

문장이미지 순環보직제를 도입하니 다 좋은 環경 쪽으로만 가려하는구나.

글자의유래 구슬(玉)을 끼워 돌리는 것에서 둥근 고리를 나타 냄

단어이미지
- 환경 → 環경 → 環境
- 환상 → 環상 → 環狀
- 화환 → 화環 → 花環
- 환경부 → 環경부 → 環境부 → 環境部
- 순환보직 → 순環보직 → 循環보직 → 循環補직 → 循環補職
- 악순환 → 악순環 → 악循環 → 惡循環
- 금환 → 금環 → 金環

環 環 環

活

살 **활** : 물 수(氵) 부 - 총 9 획

문장이미지 건전한 여가생活로 쾌活하게 活기를 찾자.

글자의유래 냇물(水)이 활기차게(舌) 바위 틈새를 흐르다에서 '활기차다, 살다'

단어이미지
- 쾌활 → 쾌活 → 快活
- 활기 → 活기 → 活氣
- 여가생활 → 여가생活 → 여가生活 → 여暇生活 → 餘暇生活
- 활력소 → 活력소 → 活力소 → 活力素
- 활약 → 活약 → 活躍
- 활로 → 活로 → 活路
- 활동 → 活동 → 活動

活 活 活

況

상황 **상** : 물 수(氵) 부 - 총 8 획

문장이미지 위기상況일 수록 현況을 잘 파악해야 한다.

글자의유래 물(水)과 발음 부분인 형(형)이 합친 글자로 '상황, 모양'을 나타낸다.

단어이미지
- 해황 → 해況 → 海況
- 정황 → 정況 → 情況
- 개황 → 개況 → 槪況
- 현황 → 현況 → 現況
- 불황 → 불況 → 不況
- 위기상황 → 위기상況 → 위기狀況 → 위機狀況 → 危機狀況
- 호황 → 호況 → 好況

況 況 況

黃

누를 **황** : 누를 황(黃) 부 - 총 12 획

문장이미지 黃혼이 지나 가을 벌판 黃금 물결 더 출렁이고.

글자의유래 밭(田)의 곡식을 수확하니 빛깔이 황색이다.

단어이미지
- 황혼 → 黃혼 → 黃昏
- 황금 → 黃금 → 黃金
- 황해 → 黃해 → 黃海
- 주황색 → 주黃색 → 주黃色 → 朱黃色
- 황토색 → 黃토색 → 黃土색 → 黃土色
- 황색인종 → 黃색인종 → 黃色인종 → 黃色人종 → 黃色人種
- 우황 → 우黃 → 牛黃

黃 黃 黃

回

돌아올 **회** : 입 구(口) 부 - 총 6 획

문장이미지 건강이 回복되니 아픈 시절이 回상되는구나.

글자의유래 물이 소용돌이 치는 모습에서 '돌다, 돌아오다'

단어이미지
- 회복 → 回복 → 回復
- 회상 → 回상 → 回想
- 자금회전 → 자금回전 → 자금回轉 → 자金回轉 → 資金回轉
- 회고록 → 回고록 → 回顧록 → 回顧錄
- 회답 → 回답 → 回答
- 회귀 → 回귀 → 回歸
- 회피 → 回피 → 回避

回 回 回

會

모일 회 : 가로 왈(曰) 부 - 총 13 획

문장이미지 오늘은 우리 협會 會원들이 會식을 하는 날 !

글자의유래 집에서 무리들이 모인다에서 '모으다, 회동하다, 모임'

단어이미지

• 국회 → 국會 → 國會	• 회원 → 會원 → 會員
• 회식 → 會식 → 會食	• 개회 → 개會 → 開會
• 박람회 → 박람會 → 박覽會 → 博覽會	• 연구협회 → 연구협會 → 연구協會 → 연究協會 → 硏究協會
• 회의→ 會의→ 會議	會 會 會

灰

재 회 : 불 화(火) 부 - 총 6 획

문장이미지 석灰석은 灰색을 띤 경도가 약한 돌이다.

글자의유래 불(火)이 꺼지면 '재'가 남는다.

단어이미지

• 회색 → 灰색 → 灰色	• 양회 → 양灰 → 洋灰
• 암회색 → 암灰색 → 암灰色 → 暗灰色	• 회색분자 → 灰색분자 → 灰色분자 → 灰色分자 → 灰色分子
• 석회석 → 석灰석 → 석灰石 → 石灰石	• 백회 → 백灰 → 白灰
灰 灰 灰	• 화산회 → 화산灰 → 화山灰 → 火山灰

孝

효도 효 : 아들 자(子) 부 - 총 7 획

문장이미지 자녀가 모두 孝자 孝녀이니 더 없는 복이로다.

글자의유래 아들(子)이 나이 든(老) 부모를 업고 있는 모양에서 '효도'

단어이미지

• 효자 → 孝자 → 孝子	• 효녀 → 孝녀 → 孝女
• 충효사상 → 충孝사상 → 忠孝사상 → 忠孝思상 → 忠孝思想	• 불효자 → 불孝자 → 불孝子 → 不孝子
• 효부 → 孝부 → 孝婦	• 효행 → 孝행 → 孝行
• 효성 → 孝성 → 孝誠	孝 孝 孝

效

본받을 **효** : 채찍으로 칠 복(攵) 부 - 총 10 획

문장이미지 약속과는 달리 아무런 效과가 없으니 이 계약은 무效입니다.

글자의유래 덕망 있는 사람과 교류(交)하면 본받을 것이 있다.

단어이미지
- 유효 → 유效 → 有效
- 무효 → 무效 → 無效
- 효율 → 效율 → 效率
- 효험 → 效험 → 效驗
- 약효 → 약效 → 藥效
- 전시효과 → 전시效과 → 전시效果 → 전示效果 → 展示效果
- 특효약 → 특效약 → 特效약 → 特效藥

效 效 效

候

기후 **후** : 사람 인(亻) 부 - 총 10 획

문장이미지 상대편 징候를 잘 알아야 우리 候보가 선거에 이길 수 있다.

글자의유래 사람(人)이 문안하다에서 '묻다, 기후'의 뜻으로 쓰임

단어이미지
- 징후 → 징候 → 徵候
- 후보 → 候보 → 候補
- 기후→ 기候→ 氣候
- 입후보 → 입候보 → 立候보 → 立候補
- 전천후 → 전천候 → 전天候 → 全天候
- 척후병 → 척候병 → 斥候병 → 斥候兵
- 문후 → 문候 → 問候

候 候 候

厚

두터울 **후** : 언덕 한(厂) 부- 총 9 획

문장이미지 이렇게 극진하게 厚대하니 그 厚의에 감사드립니다.

글자의유래 밑으로 자식(子)을 감싸듯 두껍게 쌓는다는 뜻

단어이미지
- 후대 → 厚대 → 厚待
- 후의 → 厚의 → 厚誼
- 후생복지 → 厚생복지 → 厚生복지 → 厚生福지 → 厚生福祉
- 후덕 → 厚덕 → 厚德
- 후사 → 厚사 → 厚謝
- 중후 → 중厚 → 重厚
- 후박 → 厚박 → 厚薄

厚 厚 厚

뒤 **후** : 두 인(彳) 부 - 총 9 획

後

문장이미지 後배들에게 논술과 독後감을 가르치는 선배 학생

글자의유래 어린 아이가 조금씩 걸어 나가니 '뒤쳐지다, 후에' 의 뜻

단어이미지
- 후원 → 後원 → 後援
- 후배 → 後배 → 後輩
- 독후감 → 독後감 → 讀後감 → 讀後感
- 후불 → 後불 → 後拂
- 후임 → 後임 → 後任
- 후생가외 → 後생가외 → 後生가외 → 後生可외 → 後生可畏
- 후손 → 後손 → 後孫

後 後 後

가르칠 **훈** : 말씀 언(言) 부 - 총 10 획

訓

문장이미지 요즈음 교訓과 급訓을 모두 아는 아이들이 몇이나 될까?

글자의유래 말씀(言)이 물 흐르듯 순조롭다는 데서 '가르친다'

단어이미지
- 훈장 → 訓장 → 訓長
- 훈시 → 訓시 → 訓示
- 교훈 → 교訓 → 校訓
- 급훈 → 급訓 → 級訓
- 병영훈련 → 병영訓련 → 병영訓練 → 병營訓練 → 兵營訓練
- 훈련병 → 訓련병 → 訓鍊병 → 訓鍊兵
- 훈민정음 → 訓민정음 → 訓民정음 → 訓民正음 → 訓民正音

訓 訓 訓

휘두를 **휘** : 손 수(扌) 부 - 총 12 획

揮

문장이미지 명필 한석봉이 실력을 발揮하여 일필揮지 글을 썼다는 이 곳

글자의유래 군인(軍)이 손(水)을 들어 지휘하는 것에서 '휘두르다, 높이다'

단어이미지
- 발휘 → 발揮 → 發揮
- 지휘 → 지揮 → 指揮
- 일필휘지 → 일필揮지 → 일필揮之 → 일筆揮之 → 一筆揮之
- 휘발유 → 揮발유 → 揮發유 → 揮發油
- 휘호 → 揮호 → 揮毫
- 휘장 → 揮장 → 揮帳
- 지휘관 → 指휘관 → 指揮관 → 指揮官

揮 揮 揮

쉴 휴 : 사람 인(亻) 부 - 총 6 획

休

문장이미지 休가기간 잘 休식하여 에너지를 보충하고 오기 바랍니다.

글자의유래 사람(人)이 나무그늘(木) 아래 그늘에서 쉬는 모습

단어이미지

- 휴식 → 休식 → 休息
- 휴양 → 休양 → 休養
- 휴직 → 休직 → 休職
- 휴관 → 休관 → 休館
- 휴전선 → 休전선 → 休戰선 → 休戰線
- 휴가기간 → 休가기간 → 休暇기간 → 休暇期간 → 休暇期間
- 휴일 → 休일 → 休日

休 休 休

흉할 흉 : 위터진입 구(凵) 부 - 총 4 획

凶

문장이미지 凶악한 귀신이 나온다는 凶가를 조사해야겠다.

글자의유래 움푹 패인 함정(凵) 에 빠진 흉한 모양을 나타 냄

단어이미지

- 흉악 → 凶악 → 凶惡
- 흉가 → 凶가 → 凶家
- 흉풍 → 凶풍 → 凶豊
- 흉작 → 凶작 → 凶作
- 흉기 → 凶기 → 凶器
- 길흉화복 → 길凶화복 → 吉凶화복 → 吉凶禍복 → 吉凶禍福
- 간흉 → 간凶 → 奸凶

凶 凶 凶

검을 흑 : 검을 흑(黑) 부- 총 12 획

黑

문장이미지 태양의 黑점이라고 해서 아주 검은 黑색이 아니지요.

글자의유래 불길이 창문이나 굴뚝으로 나오면 검게 그을린다에서 '검다'

단어이미지

- 흑점 → 黑점 → 黑點
- 흑색 → 黑색 → 黑色
- 암흑세계 → 암黑세계 → 暗黑세계 → 暗黑世계 → 暗黑世界
- 흑사병 → 黑사병 → 黑死병 → 黑死病
- 흑막 → 黑막 → 黑幕
- 칠흑 → 칠黑 → 漆黑
- 흑발 → 黑발 → 黑髮

黑 黑 黑

마실 **흡** : 입 구(口) 부- 총 7 획

吸

문장이미지 호吸기의 질환에는 吸연이 그 주요인이 되고 있다.

글자의유래 입으로 숨을 들이 쉴 때 나는 소리(及)에서 공기를 마시다. 숨쉬다

단어이미지
- 흡출 → 吸출 → 吸出
- 호흡기 → 호吸기 → 呼吸기 → 呼吸器
- 흡입 → 吸입 → 吸入
- 흡착 → 吸착 → 吸着
- 흡수력 → 吸수력 → 吸收력 → 吸收力
- 흡연장소 → 吸연장소 → 吸煙장소 → 吸煙場소 → 吸煙場所
- 흡인 → 吸인 → 吸引

吸 吸 吸

일어날 **흥** : 절구 구(臼) 부- 총 16 획

興

문장이미지 취興이 도도하니 興취에 겨워 노래를 부르고 싶다.

글자의유래 힘을 합해 마주 같이(同) 들다는 데서 '일으키다, 흥성하다'

단어이미지
- 취흥 → 취興 → 醉興
- 흥취 → 興취 → 興趣
- 흥성 → 興성 → 興盛
- 부흥회 → 부興회 → 復興회 → 復興會
- 흥망성쇠 → 興망성쇠 → 興亡성쇠 → 興亡盛쇠 → 興亡盛衰
- 흥행사 → 興행사 → 興行사 → 興行師
- 부흥 → 부興 → 復興

興 興 興

기쁠 **희** : 입 구(口) 부 - 총 12 획

喜

문장이미지 喜소식만 들으니 얼굴에 喜색이 만면하다.

글자의유래 악기를 치며 노래 부르니(口) 기분이 좋아진다는 데서 '기쁘다'를 뜻함

단어이미지
- 희색 → 喜색 → 喜色
- 희열 → 喜열 → 喜悅
- 희희낙락 → 喜희낙락 → 喜喜낙락 → 喜喜樂낙 → 喜喜樂樂
- 희로애락 → 喜로애락 → 喜怒애락 → 喜怒哀락 → 喜怒哀樂
- 환희 → 환喜 → 歡喜
- 희수 → 喜수 → 喜壽
- 희소식 → 喜소식 → 喜消식 → 喜消息

喜 喜 喜

바랄 **희** : 수건 건(巾) 부- 총 7 획	希
문장이미지 고대 希랍인들의 希망은 웅장한 신전을 짓는 것이었다.	
글자의유래 수건(巾)에 수(爻)를 넣은 것은 누구나 탐낸다에서 나중에 '드물다, 바라다'의 뜻으로 쓰임	

단어이미지	
• 희구 → 希구 → 希求	• 희기 → 希기 → 希冀
• 희망자 → 希망자 → 希望자 → 希望者	• 희원 → 希원 → 希願
• 희망봉 → 希망봉 → 希望봉 → 希望峰	• 희랍신화 → 希랍신화 → 希臘신화 → 希臘神화 → 希臘神話
• 희랍인 → 希랍인 → 希臘인 → 希臘人	希 希 希

山中問答

問余何事棲碧山
笑而不答心自閑
桃花流水杳然去
別有天地非人間

- 당나라 시인 이태백 -

▶ 저자 소개

이학영 (李學暎)

* 호 : 어감(魚監), 상감(上監)
* 시인, 문학가, 칼럼니스트
* 고려대학교 중국어문학과
* 국립안동대학교 자연과학대학원
* 뉴스피플지 2007년 자랑스런 CEO 대상 (학술연구부문)
* 정부, 단체 학술자문위원(환경부, 국토해양부) 및 각 대학교 강의
* KBS, MBC, SBS 등 방송매체 100회 이상 출연(학술생태)
* 일간지, 잡지, 학회지 등에 칼럼, 논고 등 연재

현재 : 한국자생어종연구협회·한국하천연구학회 회장
한중일 한자현대화 연구소 연구위원

저서 : 「함께 떠나는 물고기 여행」, 「내린천 민물고기」, 「자연관찰」 등
고려대학교 교우회보 <學魚詩習誌> 5년 연재

김휘식 (金輝植)

* 부산 해양 고등학교
* 남성해운주식회사 항해사
* 부산 동의대학교 역사학과 (동양사학)
* 부산대학교 교육대학원 (동양사 전공)

현재 : 동의공업고등학교 한국사 교사
한중일 한자현대화 연구소 교육위원

오우 (梧宇, Ocica O'Kim Ph.D)

* 육군사관학교·동아대학교·부산수산대학교(공학박사)
* 한국건설기술연구원·한국산업환경연구원 책임연구원
* 환경뉴스신문논설위원·서울대학교·성균관대학교 강사

현재 : 한글·영어·일본어·중국어 Multi-translator
한중일 한자현대화 연구소 소장

저서 : 「환경분쟁소송(공저)」, 「지적재산권분쟁소송(공저)」,
「이공계글쓰기노하우」, 「한중일 상용한자 공부」

학습용어 · 실용단어 중심

한자 서당

2008년 12월 22일 초판 인쇄
2009년 1월 5일 초판 발행

저 자 / 이학영 · 김휘식 · 오우
발행자 / 오판근
발행처 / 교우사

주 소 / 서울 동대문구 제기2동 148-19
전 화 / 925-2861(대), 편집부 / 925-2825
팩 스 / 925-2860
E-mail / kw2861 @ chollian. net
http: // www. kyowoo. co. kr
등록 / 1994. 3. 24 제6-0256호

ISBN 978-89-8172-772-7 (13710)

값 **15,000**원